KB249909

현대교육학실기론

-Spasmodic education-

현대교육학실기론

-Spasmodic education-

한 만 봉 저

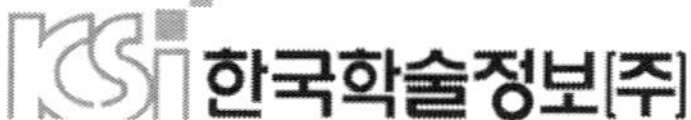

머 리 말

이 책은 대학에서 행정학, 교육학을 강의하는 가운데 실질적인 도움을 주기 위해 알기 쉽게 만들어졌다. 주지하다시피 시중에는 수십 종의 책들이 즐비하게 출판되었다. 그러나 대부분의 책들은 원론적 수준을 뛰어넘거나, 내용이 방대하여 학생들은 읽는 순간부터 지루함과 부담을 느끼는 책들이 대부분이었다. 대학에서 한 학기에 가르치는 내용 중에서 기본적으로 가르치기에는 너무 방대하고, 이론적인 면들이 너무 많음을 인식하였다. 학생들에게 대화하듯이 가르치고, 재미있게 기억시키고자 이 책을 발간하게 되었다. 학생들과의 회식자리에서 한 학생이 인터넷에서 만봉교육학을 아무리 쳐봐도 나오지 않아 이곳저곳 친구들에게까지 도움을 빌려가며 만봉교육학을 찾았다는 이야기에 힌트와 도전을 얻어 용기를 갖고 책 편찬에 힘을 쏟았다. 5년 이상을 경제학, 행정학, 교육학을 강의하고 있었음에도 학생들의 요구사항을 제대로 파악하지 않고 기존의 책 답습에 연연했던 나는 학생의 재치 있는 이야기에 스스로를 돌아볼 수 있었고, 이렇게 귀한 책이 나오게 된 것이다.

이 책은 교육학, 행정학, 경제학을 두루 넘나드는 포괄적인 강의 교재이다.

한마디로 희망의 교육학, 희망의 행정학, 희망의 성공학이라고 할 수 있다. 젊은이들에게 비전과 꿈과 소망을 심어주며 학문으로서만의 대학 교재가 아니라 현장교육, 현실적용의 살아있는 대학교재인 것이다. 이 세상에 단 하나밖에 없는 대학교재이며, 이후로도 이러한 책은 큰 용기가 있지 않는 한 나오기 힘든 책이라고 할 수 있다. 이 책은 학문의 기본적인 내용을 포괄적으로 다루는 데 중점을 두고, 학생들이 한 학기 동안 교수의 강의를 그대로 듣는 느낌을 최대한 살린 책이다.

각 전공분야를 전공하지 않은 사람들까지 이 책을 읽음으로써 어렵지 않게 전문가가 될 수 있게 배려를 하였다. 다만 내용을 개괄적으로 다루다 보니 각 학문에서 필히 다루어야 할 부문들을 누락시킨 점도 없진 않다. 내용 및 전개상 여러 부분들을 국내외 학계, 전문가의 이야기들을 요약 발췌한 부문이 있다. 그러나 독창적인 아이디어로 예화, 적용을 통해 재미있게 접근함은 필자의 독창성임을 밝혀둔다.

한 권의 책을 만들고 난 후의 느낌은 좀더 잘 만들걸 하는 후회가 조금 있게 된다. 그러나 미흡한 부문들은 앞으로 계속 보완해 나가 세계에 두루 사용되는 대학교재로서 손색이 없도록 만들겠다. 외국인의 이름을 딴 책들은 많은데 우리나라 우리 민족인의 이름을 딴 책들은 별로 없음을 안타깝게 여겨 감히 필자의 이름을 딴 책을 출판하였다. 이것이 시발점이 되어 대학교재를 비롯해 우리 교수들의 이름을 딴 책들이 더 많이 나왔으면 하는 바람이다. 끝으로 이 책이 출판되기까지 물심양면으로 도움을 주신 분들께 감사의 마음을 전한다. 아무쪼록 본 대학교재를 통하여 교수님들과 학생들이 하나가 되어 보다 재미있고, 활기차며, 유익하고, 그리고 크게 배우는 효과적인 교육의 좋은 결실이 이 책을 통하여 이루어졌으면 하는 바이다.

2006년 7월 저자 씀

명강의와 명교재

강의 시작 전 준비

1. 강좌에 따른 전략적 준비를 하여야 한다. 강의할 시간을 준비하고, 시간 계획을 제대로 세워야 한다. 단순히 가르친다는 의미보다 그들의 마음을 사로잡을 이벤트를 한다는 마음을 가져야 한다.

2. 교과서를 무엇으로 할 것인지를 정하여야 한다. 어렵지 않은 교과서 택하기

3. 강의노트를 준비하고, 학생들의 이름을 외워야 한다. 어떤 교수님은 매번 강의를 할 때마다 학생들 다섯 명씩 호명해 집중적으로 그들에게 질문 공세를 퍼붓고, 학생들은 긴장하며 강의를 듣는다고 한다. 이를 통해 학생들은 교수가 자기 이름을 불러주는 것에 감동을 받고, 교수는 이를 통해 학생들의 이름 외우는 기회로 삼는다고 한다. 이렇게 매번 돌아가면 한 학기가 끝나기도 전에 학생들 이름을 모두 외우게 된다고 한다. 이를 위해 이번 주 이번 시간에는 누구누구에게 집중적으로 질문하고 이름을 외울 것인지를 선택하고 메모를 해야 할 것이다.

강의 시작 과 강의 중

1. 강의시작 5분전에는 강의실에 도착할 것. 늦게 도착하고 시간을 지키지 않거나, 코리안 타임이라고 시간보다 항상 늦으면 학생들은 교수에 대한 신뢰도가 떨어진다. 따라서 시간관념이 철저하여야 한다.

2. 긴장을 풀고 들어가야 한다. 집에서 부부싸움을 하고 나왔더라도 얼굴을 풀고 밝은 표정으로 수업에 임하는 것이 좋다. 인상 찌푸리고 들어가면 학생들에게 가르침이 단순히 직업으로 인식된다.

3. 첫날 첫 시간이 제일 중요하다. 분위기를 확실하게 잡고 좋은 이미지로 명강의를 시작하는 것이 좋다.

4. 지각생이나 졸고 있는 학생을 키워서는 안 된다. 지각생과 졸고 있는 학생들은 확실히 감점 대상이라는 점을 인지, 주지시키는 것이 중요하다.

5. 선입견을 깨뜨리는 말을 하라. 고정관념을 파괴하는 이미지 변신을 꾀하여야 한다. 학생들과의 유대관계를 돈독히 하는 말로 시작하는 것이 좋다.

6. 남녀비하의 말이나 성추행의 말은 절대로 하면 안 된다. 야한 이야기를 원할지라도 정도를 넘어서는 이야기는 남 녀 학생들 모두의 귀를 불편하게하고 교수 이미지에 절대적인 손실을 가한다는 사실을 기억하여야 한다. 영웅주의 우월주의로 이런 말을 하는 사람들이 종종 있는데 교육자는 이를 염두에 두고 절제할 줄 알아야 한다.

7. 호기심과 기대를 불러일으키는 말을 하여야 한다.

8. 꿈과 비전을 심어 주어야 한다.

9. 농담으로 강의를 시작하면 안 된다. 강의의 품위를 낮추게 되고 학생들의 지적 호기심을 추락시키는 요인이 된다.

10. 시각자료를 강의 시작 후 바로 적용하는 것은 효과를 반감시키고 집중력을 떨어뜨리게 된다.

11. 자기비하, 즉 자기를 너무 낮추는 강의를 하여서는 안 된다. 교육자로서의 권위를 지켜야 한다. 학생들도 그런 교수를 존경하게 된다.

12. 학생들과 양방향의 강의를 하여야 한다. 과거 교육처럼 단방향의 획일적 강의가 아니라 쌍방향의 교류인 커뮤니티의 강의가 이루어져야 한다.

13. 때때로 질문을 던지며 분위기 쇄신을 하여야 한다.

14. 목소리 높이를 일정한 톤으로 지루하게 하지 말라. 높낮이를 분위기 있게 살려야 한다.

15. 발음은 분명하고 똑똑하게, 음성은 큰 소리로 말해야 한다. 특히 말끝을 흐리지 않아야 한다.

16. 너무 빠르거나 느리지 않게 말해야 한다. 한 가지 톤이 아니라 다양함을 가져야 한다. 중요한 부분은 강조해야 한다.

17. 습관적으로 불필요한 뒷말을 하지 말아야 한다. 으……에…….저……등

18. 칠판에 종종 적으며 가르쳐야 한다. 그래야 학생들이 집중한다.

19. 기자재를 활용하라. 파워포인트, OHP, 슬라이드, 실물화상기 등

20. 때때로 영어로 된 아티클, 한자로 된 아티클을 나눠주고, 이를 번역하며 진행하는 것도 도움이 된다. 번역할 때는 집중하여 적기 때문이다.

강의 마침

1. 강의 내용을 정리해주라. 그날의 강의를 더 돋보이게 한다.

2. 배운 내용에 대한 질문시간을 준다. 의문점을 해소하고 그날 배운 지식을 더욱 정확히 알 수 있게 하기 위함이다.

3. 다음 시간에 배울 내용을 예고해야 한다. 학생들이 예습하고 와야 할 부분을 알게 됨으로써 일주일 동안 놀지 않고 무엇인가 생각을 하게 된다.

4. 종이 울리면 바로 학생을 보내주라. 질질 끌고 있으면 잘된 강의도 지저분한 느낌이 든다.

5. 멋진 모습을 하고, 다음 시간에 만나자고 분명하게 말하고 경쾌하게 강의실을 나온다. 이 모습에 반하는 학생들도 있기 때문이다. 나오는 도중 학생들이 따라오면 다정하게 이야기를 나누어라. 너무 과장된 표현이나 음담패설은 절대로 해서는 안 된다. 영원히 멋있는 교육자의 품위를 유지하여야 한다. 교육의 효과는 교육할 때보다 그 뒤에 오는 모습 때문에 영향을 더 많이 받게 된다는 점을 기억해야 한다.[1)]

---

1) 조벽 교수의 교수법을 재편집하여 응용하였음.

차 례

제4장 실기교육과 현장적용 / 409

제5장 현대교육학실기론 프레젠테이션 / 487

제1장 현대교육학실기의 개념

Ⅰ. 가르치는 자의 품행과 자세

1. 외모와 행동

현대 교육은 가르친다는 기존의 개념보다는 학생들에게 느끼게 한다는 개념으로 바뀌게 되었다. 즉 얼마나 잘 가르치고 효과와 능력을 나타내는가가 문제가 아니라 얼마나 인기 있게 그리고 의미 있게, 기억에 남게 학생들에게 느낌을 주느냐가 중요한 문제가 되고 있다.

현대교육은 움직이고 있다. 움직임이 너무 빨라 발작적으로 되어가고 있다. 교육정책도 단순하게 교육을 받을 권리인 학생들을 가르치는 것에서 더 크게는 국가정치와의 관계, 문화와의 관계, 사회와의 관계까지 두루 영향을 주는 그리고 눈치를 보는 정책으로 변해가고 있다.

국가의 눈치를 보고, 학교의 눈치를 보고, 학부모의 눈치를 보고, 학생의 눈치를 보는 정책으로 끊임없이 발작적으로 변해가고 있다. 교육자 또한 모두의 눈치를 보고 있다. 학교 재단의 눈치, 학교장의 눈치, 학부모의 눈치,

교육청의 눈치, 지역여론의 눈치, 기업체의 눈치, 학생의 눈치를 보고 있다. 이에 교육이 교육다운 교육이 되지 않고 있다. 때로는 학교가 문제라고 질타되고, 국가정책의 문제라고 매도되기도 하고, 신세대들의 문제라고도 하며, 지나친 학부모의 문제라고도 한다.

교육에 대한 정의는 시대와 사람에 따라 매우 다양하게 제시되어 왔다. 그러면 누구의 편을 들어 교육을 하여야 할까. 교육은 변화이다. 어디로 변해야 할까.

교육에 있어서 중요한 것은 교육이 실천적인 활동이라는 것이다. 교육이 인간행동의 바람직한 변화를 유도하기 위해서는 상황에 맞는 적절한 교육이 되어야 한다. 그러므로 가르치는 자가 중요하다. 배우는 학생보다 더 품위있고, 질이 높아야 한다. 선생님이 선생님다워야 한다. 이에 가르치는 자의 품행과 자세를 바로 알아야 한다. 아래에서 간단히 다루어 보겠다.

▷ 부적당한 옷차림－옷은 많은 것을 나타낸다. 당신이 아무 말 하지 않아도 사람들에게는 당신에 대한 첫인상이 강하게 남는다.

성공전략－교육생을 알아야 한다. 교육생과 동일하거나 그들보다 한 단계 높게 보이는 옷을 선택한다. 예를 들어, 성장하는 한 그룹에서 연설하는 경우에도 당신은 역시 잘 차려 입어야 한다. 교육생들이 일반적으로 비즈니스 캐주얼 차림이면 대략 그들과 비슷하게 입도록 한다. 예를 들어, 제조업에 종사하는 종업원들에게는 고급 정장차림은 어울리지 않는다. 이것은 상황에 맞게라는 말로 표현할 수 있다. 후진국에 교육자로 사명을 갖고 나가서는 고급 옷에 고급차를 몰고 다니면서 교육을 한다면 위화감만 만들고 차이를 조장하여 그들의 공감대를 얻지 못한다.

그들이 맨발이면 함께 맨발로 다니며 이야기를 나눌 수 있는 동참이 필요한 것이다.

▷ 주목받고 싶어 하는 사람을 무시하는 일–프로그램이 진행되는 도중에 교육생들이 자기주장을 내세우는 경우가 종종 있다. Trainer는 이것을 무시하고 프로그램을 속개하려 하는데, 이는 그것이 교육생의 주의를 계속 집중시키는 방법이라고 생각하기 때문이다.

성공전략–그런 징후가 보이기 시작하면 정중하게 끼어들어 현재 이야기되고 있는 것이 논의 중인 주제와 관련된 것인지 물어본다. 관련된 것이라면 그에게 2, 3분 정도 자신의 의견을 말하도록 한다. 전혀 관계없는 내용이라면 휴식시간에 얘기하는 것이 좋겠다고 정중하게 말한다. 그 사람이 고집을 꺾지 않으면 방의 다른 쪽으로 이동한다. 이것이 효과가 없다면 그 사람에게 다가가서 이런 행동이 그룹에 미치는 효과에 대해 설명하고 그만해주기를 요구한다. 그 방법도 소용이 없다면 무시하는 수밖에 없다. 때로는 무시도 생각할 수 있는 교육의 방법이기 때문이다.

▷ 개인적인 접촉을 하지 않는다–이것은 강의 전이나 후에도 교육생과 개인적인 접촉을 하지 않는 것을 말한다. 또한 휴식시간이나 상호작용이 필요한 시간에도 그들을 무시한다. 뿐만 아니라 그들의 이름을 외워서 활용하려는 노력도 전혀 하지 않는다.

성공전략 몇 가지–기회가 날 때마다 그들과 이야기한다. 당신이 주목하고 있으며 관심을 갖고 있다는 것을 보여주기 위해 적절히 그들의 이름을 불러준다. 교육생들에게 명찰을 달거나 명패를 사용할 것을 요구한다. 모두 볼 수 있도록 충분히 크게 이름을 쓰도록 제안한다. 당신이 소극적인 편이라면 사교성을 향상시킬 수 있는 클래스에 참여하거나 코치를 받도록 한다. 언제 당신에게 질문하고 토론할 수 있는지를 교육생들에게 말한다.

▷ 흥분 상태이다–Trainer가 흥분 상태면 자제력을 잃게 된다.

성공 전략 몇 가지－꾸물거리지 않도록 프로그램에 대한 세부사항을 미리 계획한다. 준비 단계에서 이미 시각적인 보조물을 만든다. 필요한 모든 것에 대한 완벽한 체크리스트를 준비하고 적어도 시작하기 48시간 전에 재검토한다. 달리 필요한 것들이 있는지 동료에게 물어보고, 가능하다면 하루 전에 강의실에 필요한 모든 것을 갖다놓는다.

▷ 눈의 초점이 없다－Trainer는 사람들을 내려다보고 옆도 보고 둘러보고 훑어도 보지만 절대 교육생과 직접 눈을 마주치지는 않는다.

성공 전략 몇 가지－모든 사람과 접촉하도록 한다. 말을 할 때는 몇 초 동안 누군가의 눈을 똑바로 보았다가 또 다른 사람의 눈을 바라본다. 눈을 가지고 테니스를 하지 않도록 한다(오른쪽 왼쪽을 번갈아가며 보는 것). 스크린이 앞에 있을 때는 교육생들에게 말을 해야지 스크린에 대고 말을 해서는 안 된다. 누군가가 당신에게 말을 하면서 당신을 바라보지 않으려 할 때 당신은 어떤 기분이 드는지 상기해 보라.

2. 말하기와 듣기

▷ "오늘의 주제는……"－"오늘 우리가 얘기할 내용은……"이라는 말로 교육을 시작하는 것으로는 빈약하다.

성공 전략 몇 가지－주제와 관련된 질문을 몇 가지 한다(예를 들어, "여러분들 중 몇 분이나……?"). 당신의 주제와 관련된 몇 가지 강력한 통계를 제시한다. 그 주제와 관련한 최근의 이벤트나 사건에 대해 언급한다. 그 주제와 관련된 이야기를 들려준다. 창의적으로 생각하고 첫인상을 주기 위한 두 번째 기회는 절대 없음을 상기하라.

▷ 양해 구하기-"복사기가 고장 나서 직업노트를 정리하지 못했습니다." "제 애완견이 원본을 먹어치웠기 때문에 연습할 수 없게 되었습니다." 이런 식으로 사과하는 것은 실패의 지름길이다.

성공 전략 몇 가지-자료를 준비하기 위해 마지막 순간까지 기다리지 마라. 만약을 대비해 디스크와 작업 자료의 백업 파일을 보관해 둔다. 잘못될 수 있는 모든 것에 대비한 계획을 세워 둔다. 필요하다면 유료 복사 서비스를 활용한다(어떤 곳은 24시간 개방되어 있다).

▷ 약어(Meaples)사용-Meaples이란 개인마다 서로 다른 의미가 생각나게 하는 어구, 단어, 두문자어, 약어 등을 말한다. 예를 들어, PC는 퍼스널 컴퓨터(personal computer)를 의미할 수도 있고, 언론회의(press conference)를 의미할 수도 있고, 정치적으로 올바른(politically correct) 것을 의미할 수도 있다. 스테이플(staple)은 식료품 상인에게는 명산품을 의미할 수 있고 사무원들에게는 호치키스의 철쇠를 의미할 수 있다.

성공 전략 몇 가지-Trainer로서 어떠한 것도 추측해서는 안 된다. 약어를 사용하지는 않는지 경계하고, 말하기 전에 생각한다. 완전한 단어나 구를 사용한다. 약어가 어떤 것인지 규정한다. 약어를 사용했다면 참가자들의 모습을 살피고 즉시 분명하게 해줘야 한다. 항상 염두에 둘 점은 말은 말로서 끝나는 것이 아니라, 말이 사람들에게 의미하는 바를 알아야 한다는 점이다.

▷ 자신 없는 말투-"해 보다" 또는 "……된다면 좋겠습니다" 따위는 나약한 말투이다. 예를 들어, "이 다섯 가지 목표를 오늘 달성하도록 노력해 봅시다."라든가 "이 강의가 끝나고 여러분들이 부서별 행동 계획을 가질 수 있었으면 좋겠습니다."등의 말이 있다.

성공 전략 몇 가지－자신이 사용하는 어휘에서 나약한 단어들은 빼 버린다. 켄 블랜차드와 노먼 빈센트 필이 말했던 "해 본다는 것은 하지 않기 위한 요란스런 방법일 뿐이다"라는 말을 명심하라. 그 대신 다음과 같이 말하라. "우리는 오늘 이 다섯 가지 목적을 달성하게 될 것입니다."또는 "이 강의가 끝나면 여러분은 부서별 행동 계획을 갖게 될 것입니다."

▷ 애매한 단어나 문구－애매한 말은 정확하지 않다. 이런 말은 개개인에게 다른 의미를 줄 수 있고 혼돈과 모순을 일으킨다. "자주"니 "대개"라는 말을 얼마나 빈번하게 사용하는가? "곧"은 언제이고 "언젠가는"은 언제인가? "최근에"는 언제이고 "얼마 전에"는 또 언제인가?

성공 전략 몇 가지－애매한 말과 문구를 확실하게 한다. 당신이 애매한 말이나 문구를 들었을 때는 "무슨 뜻입니까?"하고 물어 보아라. 정확한 날짜나 시간 또는 양에 대해 확인하고 이를 서로에게 반복한다. 그 대신 정확한 단어를 사용한다.

▷ 최소어와 한정사 사용－"생각한다" "……일지도 모른다" "아마" "어쩌면" 등은 최소어이며 한정사이다. 이런 말들은 당신이 하는 말을 최소화시키고 한정시킨다. "우리는 생산적인 시간을 보낼 수 있을 것이라고 생각합니다." "아마 우리는 네 시쯤에 마치게 될지도 모르고, 그러면 교통 혼잡을 겪지 않아도 될 것입니다."

성공 전략 몇 가지－당신이 사용하는 어휘에서 나약한 말과 같은 이런 말들을 없애 버려라. 입장을 분명히 하고 확신을 보여준다. 구체적으로 이야기함으로써 듣는 사람이 당신의 말뜻을 분명히 알 수 있게 한다. "오늘의 강의는 생산적인 것이 될 것입니다." "네 시에 끝나면 교통 혼잡을 피할 수 있습니다."

▷ 단조로움과 우물거림－Trainer들이 단조로운 말투로 이야기하고 분명하게 말하지 않는 것은 실패를 자초하는 것이다.

성공 전략 몇 가지－단조로움과 우물거림을 극복하려면 녹음기나 비디오로 프리젠테이션하는 것을 연습해 보라. 주의 깊게 듣고 당신은 자기 자신의 말에 귀를 기울이고 싶은지 자문해 본다. 분명한 발음을 할 수 있기 위해 발음하기 어려운 말을 반복해서 빨리 연습해 본다. 예를 들어, "간장 공장 공장장은 강 공장 공장장이고 된장공장 공장장은 김 공장 공장장이다." "저기 저 콩깍지는 깐 콩깍지냐 안 깐 콩깍지냐" 등이 있다. 매번 다른 단어를 강조하면서 이런 문장을 반복해 본다. 목소리에 활력을 불어넣으려면 속도와 크기를 다양하게 한다. 강조하려면 잠깐 멈추거나 더 부드럽게 말한다. 목소리에도 다양성이 있다는 점을 명심하라.

▷ 습관적인 말투－"OK" "아시다시피" "내가 말하는 건" "제 말은"등과 같이 자신이 좋아하는 어구를 습관적으로 사용하는 Trainer들이 있다.

성공 전략 몇 가지－자신이 좋아하는 어구를 파악하고 이를 없애도록 하라. 누군가에게 부탁하여 한번 그런 말을 사용할 때마다 기록하게 한다. 자신의 모습을 녹화하거나 목소리를 녹음한다. 자신의 습관적인 말투를 직접 들음으로써 언제 어떤 상황에서 그런 말을 사용하는지 더 잘 알 수 있다. 화술코치를 초빙하거나 스피치 개선 강의에 참가하여 그런 습관을 없애도록 한다.

▷ "이런 얘기 들어본 적 있습니까?……"－"이런 얘기 들어본 적……"같은 도입부로 시작하는 농담이나 이야기는 실수이다. 무엇이 문제인가?

성공 전략 몇 가지－농담이나 이야기를 시작하기 위한 가장 나쁜 방법은 "이런 얘기 들어본 적 있습니까?"또는 "내가 이 얘기를 했던가요?"아니면 "이 얘기 들으면 무척 좋아 하실 겁니다"등이다. 재담가들은 그들이 할 농담이나 이야기를 미리 알려주지 않는다. 그 대신 그들은 도입부 없이 농담이나 이야기를 시작한다.

▷ 부적절한 유머 사용—교육생을 공격하는 유머는 농담을 하지 않는 것보다 더 나쁘다. 문제는 우리가 언제 공격적인 유머를 사용했는지를 모르는 경우가 많다는 것이다. 더 나쁜 것은, 때로 우리는 신경조차 쓰지 않는 것이다. (예를 들어, "당신은 그게 문제요." "내 말은 그런 뜻이 아니었는데." 또는 "농담도 못 알아들어요?" 등이다)

성공 전략 몇 가지—재미있는 이야기를 하는 방법에 대해 여러 사람들에게 충고를 구하라. 특히, 당신과는 다르거나 유머 감각이 다른 사람들에게 물어보라. 그들의 충고를 심각하게 받아들여야 한다. 또한 당신의 교육생을 아주 진지하게 분석하는 것을 잊어서는 안 된다. 당신이 적절하다고 생각하는 어떤 것에 대한 의심이 생기면 말하지 말라. 입을 잘 간수하라

▷ 유머를 위한 유머—Trainer들은 농담을 해야 한다고 생각하고는 흔해빠진 이야기를 끄집어내거나, 단지 프로그램을 빛나게 하기 위한 만화를 내보인다.

성공 전략 몇 가지—당신의 교육 목적에 유머를 결합시킨다. 미리 재미있는 유머를 준비한다. 당신이 정말 좋아하는 유머러스한 내용을 사용한다. 그들에게 얘기해서 정확히 당신이 원하는 효과를 가질 수 있을 때까지 농담과 이야기하는 법을 연습한다. 전문가에게 도움을 청한다.

▷ 불쾌한 화제—당신이 하는 얘기와 일화들은 모두 같은 주제를 갖고 있다. 즉, 스포츠, 요리, 자동차, 정원손질, 아니면 아이 얘기뿐이다.

성공 전략 몇 가지—교육을 시작하기 전 또는 서먹함을 푸는 동안 교육

생들을 관찰한다. 그들의 취미와 관심사가 무엇인지 파악한다. 모든 사람들을 끌어들이려면 이야기와 일화들을 다양하게 준비한다. 분위기를 바꿀 때 참가자들에게 그들의 경험에 대해 나누어 보는 것도 좋은 방법이다.

▷ "연구 결과에 따르면……"－토론을 주재할 때 Trainer는 "연구 결과에 따르면……"또는 "심리학자들이 말하기를……"이라고 말할 수 있다. 무슨 연구이며 어떤 심리학자 말인가?

성공 전략 몇 가지－연구 결과를 인용하고자 하는 경우에는 그 연구가 언제 이루어졌고 어디에서 행해졌으며 누가 데이터를 수집했고, 그 결과는 어떻게 나온 것인지를 구체적으로 말해야 한다. 심리학자나 당신이 논의하고자 하는 다른 전문가를 의미할 때는 그들의 이름과 배경을 밝히도록 한다. 데이터가 어디서 나온 것인지 모르는 경우에는 사용하지 말라

▷ "연결 지점으로 들어가기－Trainer들은 이따금 궤도를 벗어나 화제를 바꾸었다가 연결 지점에서 길을 잃고 되돌아오는 길을 찾지 못하는 경우가 있다.

성공 전략 몇 가지－초점을 약간 벗어나는 것은 좋지만 바로 되돌아와야 한다. 하나의 연결고리는 다른 연결고리로 이어질 수 있고 또 다른 연결고리로 이어질 수 있다. 각 순간을 의식적으로 인식하고 있다면 연결고리를 떠나서 프로그램으로 되돌아와야 할 때를 알 수 있을 것이다. 궤도에서 벗어난 내용을 요약함으로써 되돌아오고 어디서 벗어났는지 정확히 파악하라

▷ 이것은 나의 인생－Trainer가 자신의 경험담을 너무 많이 이야기하면 교육생은 자신이 마치 「나의 인생」이라는 TV프로그램을 보고 있는 것처럼 느낄 수 있다.

성공 전략 몇 가지－주제와 밀접한 관련이 있는 개인적인 이야기만 한다. 다만 이야기는 짧게 요점만 한다. 하루 종일 프로그램당 두 가지 이상은 이야기하지 말라. 교육생에게 하기 전에 먼저 자신의 이야기를 연습하라. 동료들에게도 물어본다(예를 들어, 이야기가 효과가 있는지?). 심각한 이야기라면 가볍게 되돌아올 수 있는 방법을 찾아내라.

▷ 다른 사람을 무시하는 것－Trainer가 단 한 사람의 교육생하고만 주거니받거니 하며 얘기를 한다.

성공 전략 몇 가지－사적인 논의를 공적으로 하고 있음을 인정하라. 이런 종류의 논의는 현재 적절하지 않다고 설명하라. 다음 휴식시간에 이 논의를 계속했으면 좋겠다고 그 교육생에게 얘기하라. 그룹 내의 다른 사람들이 정중하게 끼어들게 하라. 다른 사람들로부터 논의를 고무하기 위한 개방된 질문을 한다. 화제를 바꾸어 과정 진행을 한다.

▷ 질문 회피하기－교육생의 질문을 무시하거나 사람들이 질문하지 못하게 하는 것은 어리석은 일이다.

성공 전략 몇 가지－상호작용을 유도하고 그 모형을 만든다. 과정 진행시 질문할 것이 있느냐고 물어본다. 모든 질문에 대해 존중하는 마음을 갖고 적절하게 대답하되, 질문자에게 일일이 감사를 표할 필요는 없다(이를테면, "질문해 주셔서 감사합니다"라든가). 그리고 "오늘 나온 질문 중 가장 훌륭합니다"라는 식으로 질문을 평가해서도 안 된다.

▷ 질문을 중간에 잘라버린다－추가 정보나 해명을 요구하는 것은 학습 과정의 일부이다. 학습 과정을 방해하는 것은 Trainer가 원하는 방향의 정반대이다.

성공 전략 몇 가지－교육시작 시 질문 요령에 대해 언급하라. 질문들이 마치 당신에게 주어진 선물인 양 중시하라. 질문들을 다른 말로 바꿔 다시 설명함으로써 당신이 이해했다는 것을 참가자들로 하여금 알게 하라. 대답하기 전에 질문 전체를 듣는다. 그것이 어리석은 질문이라고 생각한다 해도 내색하지 않도록 하라.

▷ 폐쇄된 질문만 한다－폐쇄된 질문이란 '할 수 있는가', '하겠는가', '하는가', '……인가', '갖고 있는가' 등과 같은 말로 끝나는 것을 말한다. 이런 말을 사용하면 Trainer는 대화를 완벽하게 통제할 수 있다.

성공 전략 몇 가지－당신의 의도가 대화를 통제하는 것이라면 폐쇄된 질문을 사용하라. 그러나 정보의 흐름을 개방하려면 '무엇을', '어떻게', '왜'등으로 시작하는 개방된 질문을 하도록 한다. 토론을 더욱 고무시키려면 "설명해 보십시오" "말해 주십시오" "자세히 얘기해 주십시오"라는 말로 끝나는 말을 사용한다. 그리고 성인들은 참여하는 가운데 배우게 된다는 사실을 명심하도록 하라

▷ 부정적인 이야기－"……을 잊지 마십시오" "……을 안 해보시겠습니까? "등과 같은 어구는 부정적인 것이다.

성공 전략 몇 가지－학습을 극대화 하는 데 도움이 되는 도구로서 언어를 사용하는 법을 배워라. 혹시 부정적인 언어는 사용하지 않는지 신경을 쓴다. 그런 습관을 버리기 위해 참가자들에게 부정적인 언어가 나오는지 신중히 귀를 기울여 들으라고 부탁한다. 그들은 그런 말을 들을 때 당신에게 신호를 할 수 있다. 긍정적인 것에 초점을 맞추라(예를 들어, "기억해 두십시오"나 "……합시다"와 같이).

▷ 빈번한 사과—"미안합니다"라는 말은 노래 제목으로서는 좋을 수 있지만 Trainer의 어휘로는 좋지 않다. "방이 너무 추워서/더워서 죄송합니다" "유인물/슬라이드/소도구가 잘 보이지 않아 유감입니다" "미안하지만 이제 시작할/마칠 시간입니다" 등.

성공 전략 몇 가지—미리 계획을 세우고 문제가 생기기 전에 예방한다. 어떤 일이 옳지 않다면 그것부터 해결한다. 대단한 일이 아니라면 거기에 너무 신경을 쓰지 말고 무시하라. 가장 중요한 것은 모든 일에 대해 사과하지 말라는 것이다.

▷ 미숙한 마무리—살찐 돼지는 "이것이 전부야"라고 말하는 것이 보통이었다. Trainer들은 흔히 "오늘은 이만 마치겠습니다 "또는 "시간이 다됐습니다."라고 말한다. 이것은 미숙한 마무리다.

성공 전략 몇 가지—교육생들에게 그들이 새로운 개념들을 어떻게 적용할 것인지 말해 보도록 한다. 마지막 한 순간에 당신의 핵심 포인트를 강조한다(예를 들어, "우리가 하는 어리석은 짓은 우리의 성공을 걷어차는 것이 될 수 있습니다"). 그런 다음 한순간 멈추었다가 옆으로 움직인다. 관련된 적절한 인용문이나 이야기로 마무리를 하라. "결론적으로……"라는 말은 제발 하지 말라.

3. 교수방법과 자료

▷ 사전 정보가 없다—Trainer들은 그룹의 NEEDS에 대해 그리고 그들이 그 주제에 대해 이미 알고 있는 게 무엇인지 배우려 하지 않는다.

성공 전략 몇 가지－교육생이 필요로 하는 것들을 결정하기 위해 미리 조사를 한다. 참가할 사람들 중 몇몇을 인터뷰한다. 똑같은 주제를 놓고 수행되었던 이전의 교육에 대해 연구한다. 당신이 외부 컨설턴트라면 그 조직에 대해 조사한다(연례 보고서 등). 교육을 시작하기 전에 참가자들 중 몇 사람과 점심식사를 같이 한다. 그 조직에서 쓰이는 통용어 목록을 요청한다.

▷ 게으르다－게으르다는 것은, 한번 프로그램을 개발한 뒤 아무것도 바꾸지 않고 그것을 반복해서 사용하는 것을 말한다. 또한 이것은 외부 교육기관으로부터 일반형의 프로그램을 구입하여 그것을 자신의 교육생에게 맞추지 않은 채 그대로 사용하는 것을 말한다.

성공 전략 몇 가지－교육프로그램을 이용할 때마다 적어도 한 가지의 새로운 케이스 스터디, Action plan, 슬라이드, 플립 차트, 유인물 등을 마련한다. 5년이 지났으면 폐기해 버리고 새로 시작한다. 항상 지속적인 과정개선(Continuous Process Improvement)을 염두에 둔다. 마지막으로, 동료들에게 새로운 아이디어를 구한다.

▷ 부적절한 Ice breakers－를 보면, 누구나 한 발로 뛰어 다니면서 다른 사람들에게 인사하기를 좋아하지만, 사실 사람들은 그가 어느 곤충처럼 보인다고 생각하는 경우가 많다는 것이다.

성공 전략 몇 가지－그들이 왜 클래스에 참가하고 있는지 그리고 그들이 마지막으로 얻고자 하는 것이 무엇인지 등을 참가자들에게 물어본다. 이것은 짤막짤막하게 돌아가면 한마디씩 하는 방식으로도 할 수 있고, 교육생의 수가 많은 경우에는 서너 사람에게만 얘기할 수도 있다. 분위기를 고조시키는 이야기들이 씌어져 있는 책을 읽고 이것들을 창피를 주는 범위에 따라 등급을 나누고 가장 덜 위협적이고 굴욕적인 것으로 선택한다. 다른 Trainer들에게 성공적이고 바보 같지 않은 활력소가 되는 아이디어를 물어본다. 절대 아무에게도 뭔가를 하라고 강요해서는 안 된다.

▷ 교재를 꼭 붙잡고 있다－교재 또는 트레이닝 매뉴얼은 안전 담요가 아니다. 이것은 참고자료이므로 상황에 따라 사용해야 한다.

성공 전략 몇 가지－자료를 연구하고 확실하게 익힌다. 룸의 앞쪽에 놓을 테이블을 신청한다. 그곳에 매뉴얼을 놓고 이따금 가서 참조만 한다. 동작을 위해서 손에는 아무것도 들지 않는다. 근처에 한눈에 볼 수 있는 한 페이지짜리 요약문을 둔다. 플립 차트에 개요를 적어 두고 그것을 잘 보이는 곳에 걸어 둔다.

▷ 읽기－프리젠테이션 내용 전체를 읽기만 하면 아무런 문제가 없다고 믿는 것은 잘못이다. 앞에 나가서 당신의 슬라이드도 읽어 보라. 시, 편지, 유인물은 다르다. 읽는 것으로 당신은 모든 특별한 단어와 당신이 계획했던 생각들을 상기하게 된다.

성공 전략 몇 가지－교육생들에게 큰 소리로 읽어주는 행동을 하지 말라. 두 문장 이상을 축어적으로 낭독하는 일을 없앨 방법을 모색하라. 전체 그룹이 모두 종이나 스크린에 투사된 글귀를 보고 있는 경우는 아주 드문 몇 가지 예외에 속하는데, 이때 당신은 이것들을 말로 바꾸기보다 몇 개의 단어만을 읽어야 한다. 어떤 유명한 말에서 짧게 인용하는 경우에는 읽어도 좋다.

▷ 쓸데없는 이야기－Trainer가 하는 일은 강의와 계속해서 교육생에게 이야기하는 것이다.

성공 전략 몇 가지－신중하게 계획한다. 다양한 방법들을 동원한다. 논의를 이끌어 내기 위해 개방된 질문을 한다. 소그룹을 위한 활동을 하게 한다. 천연색 OHP 자료, 플립 차트, 유인물을 이용한다. 주제에 적합한 짤막한 비디오를 보여준다. 희망자에게 주제와 관련된 짤막한 역할극을 하게 한다

▷ 유머에 대한 과소평가—주제가 유머를 더하기에는 너무 진지하다고 생각할 때 또는 그들의 프로그램에 유머를 더하는 것이 불가능하다고 생각할 때 Trainer들은 문제에 봉착한다.

성공 전략 몇 가지—분위기를 밝게 하라. 매일 당신의 유머 감각을 훈련하여 필요할 때 항상 준비가 되게 하라. 당신이 존경하는 Trainer들은 유머를 어떻게 사용하는지 연구하고 배워라. 당신에게 재미있게 여겨지는 주제와 관련된 소재를 찾아서 다른 사람에게 얘기하는 모험을 강행해 보라. 유머를 트레이닝과 결합시키는 방법을 실험하라. 예를 들어, 당신이 잡지에서 본 놀라운 이야기를 말해주고 그것을 가르치고자 하는 것과 연관시켜 보라.

▷ 역할극을 강요한다—연극을 약간 섞는 것은 나쁜 생각은 아니지만, 원치 않는 사람을 가담시키면 나쁜 결과가 나올 수 있다.

성공 전략 몇 가지—지원자를 받는다. 아무도 지원하지 않으면 그냥 넘어간다. 강의실에서 학습한 개념을 시범할 소그룹을 만든다. 그룹의 모든 사람들이 참여해야 하지만, 한 사람은 감독이 되고 또 한 사람은 소개자가 될 수 있다. 연기를 원하는 사람은 연기를 한다.

▷ 공부할 것이 너무 많다—사람들이 알아야 할 많은 새로운 정보를 위해 교육이 필요한 경우, 당신은 하루에 모두 할 수 있는 교육 프로그램을 고안한다.

성공 전략 몇 가지—포함시킬 것이 너무 많을 때 Trainer들이 할 수 있는 일은 세 가지뿐이다. 단순화하고 또 단순화하는 일이다. 평균적인 사람이라면 한 번에 서너 가지 개념군밖에 기억하지 못한다. 적어도 일주일 간격을 두고 여러 개의 보다 짧은 강의로 나누어, 참가자들이 새로운 개념을 소화하고 적용할 수 있도록 하라.

▷ 교육생과의 상호작용이 없다—Trainer가 시청각 자료, 신체운동, 교육생과의 상호작용 없이 단순하게 강의만 한다.

성공 전략 몇 가지—사람들은 서로 다른 방법으로 배운다는 사실을 인정하라. 즉, 어떤 사람은 정보를 얻는 것을 좋아하고 어떤 사람은 직접 경험하는 것을 좋아한다. 모두를 위해 무언가를 제공하는 것은 중요하다. 따라서 시청각 자료, 색상, 음악, 소도구 등을 이용하여 교육 방법을 다양화한다. 그러나 과용하지는 마라. 그룹 활동을 계획하여 교육생들이 이야기를 하고 돌아다니게 하라. 그리고 한 장소에 몇 분 이상 머물지 마라.

▷ 성과에 대한 측정을 하지 않는다—프로그램을 언제 기획하고 실시하라고 요청받으면, Trainer는 그냥 한다. 나중에 이것은 참가자들 모두에게 보고되고 거의 모든 사람들이 좋아한다.

성공 전략 몇 가지—시작할 때마다 성과 목표를 설정한다. 사전에 몇 번이고 테스트한다. 즉, 프로그램 이전과 이후에 교육생들이 무엇을 알고 있는지 밝혀낸다. 학습시간 동안에는 학습이 일어나고 있는지 평가하기 위하여 분석, 리스트, 비교, 대조 등과 같은 적극적인 용어를 사용하여 질문을 한다. 나중에(3주 후, 3개월 후) 훈련자들에게 교육 프로그램 이후 뭔가 달라진 일을 하고 있느냐고 묻는다. 또 그들의 상사에게 뭔가 달라진 것이 있느냐고 묻는다. 성과를 측정하라.

▷ 평가를 게을리 한다–코스에 대한 평가를 제공하지 않거나, 그들이 제공받은 것을 읽어보지 않거나, 또는 그것들로부터 배우지 않는다면 당신의 성공은 물거품이 될 것이다.

성공 전략 몇 가지–커리큘럼을 짜고 있는 동안 평가과정에 대해 생각한다. 당신이 가르칠 프로그램과 구체적으로 연관이 있는 샘플 설문지를 적어둔다. 일단 리스트를 확보하면 평가 형식을 작성한다. 참가자들에게 더 구체적으로 묻는 몇 가지 개방된 질문뿐만 아니라 숫자로 등급을 매길 수 있는 폐쇄된 질문 몇 가지를 사용한다. 설문지가 모이면 모두 읽어본다. 숫자를 슬쩍 훑어보기만 해서는 안 된다. 유념하고 무언가를 배우라.

▷ F/UP을 소홀히 한다–일단 막이 내리면 Trainer는 그들의 일이 끝났다고만 생각하고 F/UP을 소홀히 하는 경향이 있다.

성공 전략 몇 가지–프로그램에 대한 F/UP을 한다. 참가자들에게 수시로 '확인을 위한' 전화를 한다. 한 달 뒤에는 그 개념들을 어떻게 적용하고 있는지 조사한다. Action Plan에 대해 논의하기 위해 핵심 멤버들을 만난다. 6개월 후에는 F/UP프로그램을 실시한다. 교육이 끝나고 4주 후 참가자들에게 개념 복습 카드를 발송한다. 프로그램에서 가르친 개념들을 복습할 수 있는 E-mail을 보낸다.

4. 교수 매체와 장비

▷ 장비 점검 소홀–OHP, 모니터, 비디오, 카세트 레코더, 전원, 코드 길이 등을 미리 테스트해 놓지 않으면 문제가 생길 수 있다.

성공 전략 몇 가지-일찍 도착해서 당신이 사용하게 될 모든 전원과 기계를 점검한다. 장비가 파손되었으면 교체한다. 비상시에는 프로그램을 조정한다. Extension 코드, 여분의 OHP 램프, 비디오 헤드 클리너 테이프, 전기 테이프 등이 들어 있는 개인용 비상장비 키트를 갖고 다닌다. 케이블을 바닥에 고정시킬 수 있는 전기 테이프를 사용한다. 그래야 미끄러지거나 밟는 일이 없을 것이다. 모든 것을 준비해야 한다.

▷ 무의미한 OHP 자료-흑백에, 프레임도 없고, 단어만 나열된 OHP 자료는 아무 의미도 없다.

성공 전략 몇 가지-OHP 자료를 생동감 있게 만들기 위해 프리젠테이션 소프트웨어를 사용한다. 몇 가지 추가 클립아트를 사용한다(다른 사람이 만화와 유머러스한 캐릭터로 부담을 갖고 있는 동안 여러 패키지가 비즈니스 프로그램을 위해 고안되어 있다). 창조적인 OHP 자료를 개발하기 위한 시간을 계획한다. 단순한 단어 이상의 것을 사용한다. 그것들을 컬러 프린터로 인쇄한다(컬러 프린터가 없다면 고속 프린트 기계를 이용한다). 이것들을 마분지로 된 프레임에 넣는다. 만약 당신이 게으르다면 그것을 할 사람을 고용하거나 동료에게 아양이라도 떨거나 자녀에게 도와 달라고 청한다.

▷ OHP 자료 공세-Trainer들은 영사기 옆에 OHP 자료를 잔뜩 쌓아놓고 왔다갔다하면서 계속해서 OHP 자료만 읽어댄다. 교육생들은 'OHP 자료에 파묻힌'느낌이다.

성공 전략 몇 가지-OHP는 학습 과정을 향상시키는 데 사용할 수 있는 많은 도구들 중 한 가지일 뿐이라는 점을 명심한다. OHP 필름은 뭔가를 강조할 때마다 매번 사용하지 말고 요점을 지적하는데 시각적으로 도움이 될 때만 사용한다. 그러면 교육생들은 "오늘은 OHP 자료에 파묻힌 하루였어!"라고 말하면 돌아가지 않게 될 것이다.

▷ 서투른 OHP 사용－OHP와 스크린 사이를 걸어다니면 당신은 보이지 않는다.

성공 전략 몇 가지－앞쪽에 1.5미터 테이블을 놓고 슬라이드, 노트, 소도구 등을 올려놓는다. 테이블 뒤 OHP 오른쪽에 서서 교육생을 바라보도록 선다. 앞에 나온 OHP 필름을 제거하려면 왼손을 사용하고 이것들을 영사기 왼쪽에 놓는다. 오른손으로는 다음 OHP 필름을 놓고 스크린 뒤쪽으로 물러서서 왼손으로 사물을 가리킨다. OHP와 스크린 사이를 왔다갔다 하지 말라.

▷ 플립 차트 넘기기－Trainer들은 모든 정보를 제시하려고 플립 차트에 검정색 보드마커로 글씨를 작게 쓴다. 게다가 오로지 단어들만 이용한다. 그런 다음 그 페이지를 넘기고 다음 페이지도 글씨만 가득 쓰고 또 페이지를 넘기면서 계속 글씨만 써댄다.

성공 전략 몇 가지－플립 차트 종이 전체를 가득 메울 필요가 없다는 사실을 명심하라. 플립 차트에는 글씨를 크게 쓰는 것이 좋다. 컬러풀한 그림도, 그리고 몇몇 페이지에는 그래프도 사용하라. 중요한 페이지는 벽에 걸어 두라. 그러기 위해 벽지를 손상시키지 않는 테이프나 핀을 갖고 다닌다.

▷ 부적절한 비디오－개념을 제시하는 데 사용하는 비디오는 유용한 학습도구가 될 수 있다. 그러나 등장인물이나 상황이 교육생의 현실 작업 세계와 맞지 않으면 효과는 반감된다. 정부 관료들에게 회사의 등장인물과 사례가 나오는 비디오를 보여주는 것은 어울리지 않는 것이다.

성공 전략 몇 가지－프로그램 기획 이전 단계에서 교육생에 대해 공부하

라. 비디오 전체를 항상 미리 보라. 비디오에서 연출되고 있는 상황과 역할이 교육생의 그것과 어울리는지 확인하라. 교육생들은 다른 역할이나 상황이 전개될 때도 연결감을 가질 수 있을 거라고 추측하지 마라

5. 시 간

▷ 질질 끌기-마지막 순간에 가서야 준비하는 것은 스트레스가 쌓이고 불필요한 일이다.

성공 전략 몇 가지-책상, 서류철, 화장실 거울, 승용차의 계기판 등에 메모지를 붙여 놓는다. 항상 마음에 새겨 두도록 한다."아직 시간이 많으니까 나중에 해도 늦지 않다"는 내면의 소리가 들리면 당장 멈추고 지금 시작하라! 동료나 친구에게 부탁하여 빨리 계획을 시작하도록 상기한다.

▷ 늦게 시작하는 일-이유 여하를 막론하고, 늦게 시작하면 성공은 물거품이 된다.

성공 전략 몇 가지-적어도 시작하기 45분전에는 트레이닝 장소에 도착한다. 외지에서 하는 경우에는 미리 전화를 걸어 장비와 방 배정이 계획대로 되었는지 점검한다. 플립 차트 종이는 미리 준비하고 차트 패드를 직접 가져간다. 일찍 도착하려면 일찍 잠자리에 들어야 한다. 정상적으로 일어나는 시간보다 알람을 30분 이르게 맞추어 둔다. 날씨와 교통 정보를 점검하고 이에 따라 계획한다.

▷ 제목만 훑어 내려가기-"16페이지에 제가 지금 말한 내용을 설명하는 다이어그램이 있습니다. 다음으로 17페이지를 넘기면 샘플 양식이 있고 18

페이지에는 뒤에 공부할 다른 다이어그램이 있습니다. 그리고 19페이지에는……"

성공 전략 몇 가지—소재들을 작은 부분으로 나눔으로써 대충 넘어가는 것은 피한다. 소화하기에 너무 어려운 소재는 포함시키지 마라. 시간 계획을 잘 세워서 자료를 소홀히 취급하는 일이 없도록 유의해야 한다. 각 개념을 제시한 다음에는 참가자들에게 질문이 있는지 묻고 당신이 대답하는 데 소모한 시간을 잰다. 질문을 하여 사람들을 그룹에 끌어들임으로써 논의를 활발하게 만들어 간다.

▷ 나쁜 휴식 방법—나쁜 휴식 방법이란, 휴식시간이 너무 길거나 너무 짧거나, 너무 많거나 너무 적은 것 또는 특수한 휴식 계획이 따라야 하는 것을 의미한다.

성공 전략 몇 가지—구조적인 휴식시간(10-15분)을 코스에 삽입시키되, 약간의 융통성을 부여한다. "나는 어떤 일이 있어도 내 계획을 지켜야 해"라는 식의 태도를 갖지 말라. 참가자들이 하품을 하면서 자꾸 손목시계를 들여다보면 간단히 휴식할 시간이다. 중요한 내용 중간에 휴식을 위해 멈추는 것을 피하려면 일단 1분간의 스트레칭 시간을 가진 다음 길게 휴식할 수 있도록 해 준다.

▷ 종료 시간 초과—강의가 순조롭게 진행되고 있다. 문득 당신은 아직 30분 분량의 자료가 남아 있는데 시간은 10분밖에 남지 않은 것을 알게 된다. 계속 강의를 하면 시간을 초과하게 되고, 멈추면 제시간에는 끝나지만 강의를 마무리하지 못하게 된다.

성공 전략 몇 가지—미리 정확한 시간표를 준비하고 그대로 지킨다. 필요하다면 스케줄에 융통성 있는 시간을 계획해 넣는다. 천천히 진행하면 어떤 내용이 남게 되는지 확인한다. 종료 시간 전에 끝나게 된다면 소재를 연장할 수 있는 방법을 익혀 둔다. 휴식시간이나 다른 기회에 스케줄을 검토하고 시간 조정을 한다.

6. 아이스 브레이킹 이란

- 아이스 브레이킹(Ice Breaking): 문자 그래도 얼음과 같이 차가운 강연장 분위기를 바꿔버리는 기법
- Spot skill: 강연 중에 집중력이 떨어진 청중의 분위기를 전환시켜 관심과 흥미를 유발시키는 기법

Ⅱ. 실기교육의 성격

1. 교육실습의 의의와 교육실습생의 역할

1) 교육실습의 의의

(1) 교육실습의 의미

교육실습(Teaching practice 또는 Student Teaching)은 교직 과정의 한 영역으로서, 대학에서 이수한 교직 및 전공 과정의 이론을 실제로 일선 학교 교육 활동의 구체적인 장면에서 행동화하고 실천하는 중요한 교사교육의 한 과정이다.

교육실습은 이제까지 배워 온 교육에 관한 이론을 현장에 적용하여 실제적인 경험을 얻게 한다. 아동·학생에 대한 발달 이론을 학생의 학교생활에 적용하고 전공 학과 및 학생 지도 방법론을 실제 교육 현장에 적용함으로써, 장래 하게 될 교직의 과업을 미리 경험하여 그에 대한 이해도를 높이며, 이제까지 익혀 온 이론의 적절성이나, 이론과 실제 간의 괴리를 이해함으로써 자신이 장차 수행할 교직상의 적응도를 높이게 된다.

따라서 교육실습은 교직 교육 훈련 과정으로서, 또 교직의 오리엔테이션으로서 중요한 과정이 되는 것이다.

(2) 교육실습의 목적

교육실습의 일반적인 목적을 구체화시켜 보면 다음과 같다.

① 실습생으로 하여금 투철한 교직관을 갖게 한다.

교직은 다른 일반적인 직업과는 달리 먼저 그에 임하는 태도로 그 과업 수행의 성공도를 가늠할 수 있다. 종교인의 어떤 신념처럼 교직에 대한 가치 의식이나 사명감이 교육의 다른 어떤 조건보다 우선되는 것이기 때문에, 교육실습은 교직을 갖기 전 조련으로서 이 교직적 신념을 확고히 하는 것을 주된 목적으로 한다.

② 교직자적 자질과 품성을 도야하게 한다.

교육의 성공도는 먼저 교육자의 교육적 지도성에 의존되는 것이기 때문에 지도성의 기반이 되는 교육자의 인격적 자질은 중요한 것이다. 따라서 교육실습은 실습 과정 동안 교생의 교육적 자질의 연마를 위한 수련 과정이라고 할 수 있다. 모범적인 근무 태도, 성실한 책임 수행, 교직원과의 우호적 인간관계, 학생을 이해하고 사랑하는 태도, 교수 및 학생 지도의 적절성 등 교직자에게 필요한 인간 훈련을 하는 데 그 목적이 있다.

③ 교육의 대상인 학생에 대한 제반 이해를 돈독히 하게 한다.

교생은 이제까지 대학에서 이론상으로만 학생들에 대해 이해해 왔다. 그러나 교육의 성과가 피교육자인 학생의 수용 태도와 구비 조건에 따라 좌우된다고 할 때, 학생에 대한 현실적인 이해는 중요한 것이 된다. 학생의 흥미, 노력, 소질, 환경, 성격, 사회적 · 정서적 · 지적인 경향을 실제로 이해함으로써 앞으로의 교육 활동을 이끌어 갈 수 있게 된다.

④ 교수 · 학습의 과정, 내용 및 방법의 기술을 익히게 된다.

수업의 계획과 진행, 교재의 선택, 수업과정안의 작성, 지도 방법과 학생의 반응 등에 대한 이해와 수행 기술을 훈련함으로써 교사의 전문적 자질을 기르게 된다.

⑤ 학생 생활지도에 대한 경험과 방법 및 기술을 익히게 된다.

생활지도는 학교에서의 교과지도를 제외한 학생의 모든 인격 형성에 대한 지도에 해당하는 영역이다. 특수 학생과 문제 학생의 발견, 면접 및 상담을 통한 개별지도, 전체적 집단지도 등에 관한 실제적 경험을 하고, 이에 필요한 경험 및 기술을 터득하게 된다.

⑥ 학급경영에 대한 제반 내용을 이해하고 기술을 익히게 된다.

학급경영은 학생의 학습과 인간 교육의 장으로서 중요한 역할을 한다. 학급 환경 비, 학생관리, 건강관리 등 학급 담임으로서 필요한 학급 관리자의 학급경영기술 및 자질을 익히게 된다.

⑦ 장차 교육자로서 필요한 대인 관계 기술을 익히게 된다.

교생은 이제까지 대학에서 교수와 동료 학생 간의 단순한 인간관계를 가지고 있었으나, 장차 복잡한 사회생활을 영위함에 있어서는 보다 세련되고 개방적인 인간관계를 필요로 한다. 학교 관리자인 교장, 교감과의 관계, 지도 교사와의 관계, 서무 직원과의 관계, 학생과의 관계 등을 보다 긍정적으로 유지할 수 있는 인간관계훈련을 하게 된다.

(3) 교육실습의 영역

교육실습의 영역은 크게 교직의 직능상의 분류와 교생의 활동상의 분류로 구분해서 이해할 수 있다.

먼저 교직의 직능상의 분류를 보면, 교생은 교육실습 과정에서 학교 경영, 교직원의 역할, 학교 교육계획, 교육과정의 운영, 학습지도의 진행, 학생 생활지도의 계획과 실제, 학급경영의 실제, 특별지도, 학교 사무 등에 참여할 수 있다.

다음으로 교생의 활동상 실습 영역을 보면 크게 참관 실습, 참여 실습, 수업 실습으로 구분할 수 있다.

① 참관 실습

모든 교육 활동의 현상을 주의 깊게 인지하려는 활동으로서, 교육실습의 초보적인 단계이다. 이 과정은 교육의 현상을 정확하게 이해하는 데 중점을 둔 것으로, 교육실습 전 과정의 성패를 가름하는 출발점이 된다.

② 참여 실습

참관 실습을 통하여 얻어진 교직 활동의 제반 사실의 이해를 근거로 수업을 제외한 모든 교직 실무에 실제로 참여하는 단계이다. 여기에는 구체적으로 학생을 이해하기 위하여 학생에 대한 교사 자료 알아보기, 교우 관계의 경향을 알아보기 위한 도구 제작하기, 교과지도를 위한 교재연구 및 수업과정안 작성하기, 학습 지도 자료 준비하기, 학생과의 면접·개별 대화·상담하기 등이 있다.

③ 수업 실습

교생의 전공 분야 내용을 근거로 담당할 교과 과정을 연구함으로써, 수업과정안을 작성하고 그에 의에 교실 현장에서 실제로 수업을 진행하는 단계이다. 특히 이때에는 학생의 흥미와 태도 및 학습자료 등에 대한 세심한 연구와 주의가 요청된다.

2) 교육실습생의 역할

교육실습생에게는 실습 현장에서 학습 지도자, 생활지도자, 학급경영 지도자, 사회 봉사자로서의 역할이 동시에 요구되고 있다.

(1) 학습 지도자

① 담당 교과의 성격과 목적을 파악한다.

② 담당 교과의 지도 목표를 명백히 이해하여 그에 적합한 내용과 방법을 구안하고, 학습 지도를 실시한다.

③ 지도 과정에서 요구되는 여러 가지 교수 기술을 습득한다.

④ 지도의 성과를 타당하고 신뢰감 있게 평가하며, 이를 수업 개선에 활용한다.

(2) 생활지도자

① 자신이 맡은 학생들의 발달 특징을 이해한다.

② 각 학생들의 지적, 정서적, 사회적, 신체적 특성을 파악한다.

③ 개인 또는 집단에 적절한 생활지도 계획을 수립하여 실시하고 그 결과를 평가한다.

④ 여러 가지 생활지도 기술을 체득한다.

(3) 학급경영자

① 학교 및 학급의 특수성을 고려하여 적절한 학급경영 계획을 입안하여 실시하고 평가한다.

② 학급경영과 관련되는 제반 사무를 효율적으로 처리한다.

(4) 사회 봉사자

① 국가 및 사회와 관련하여 학교 교육의 성격을 파악하고, 여러 가지 지역사회 자원을 교육적으로 활용한다.

② 적절한 지역사회 봉사활동을 계획하여 실시하고 평가한다.

2. 교육실습생 지도 계획

1) 목 적

교육실습은 교육실습생(교생)으로 하여금 대학에서 배운 교육에 관한 이론과 전공학과의 지식 내용을 바탕으로, 이를 실제 교육현장에 적용하고 그와 관련되는 여러 가지 기술을 습득하게 함으로써, 장차 유능하고 성실한 교사로서 성장하는 데 요구되는 자질을 갖추도록 하는 데 그 목적이 있다.

2) 방 침

가. 치밀한 계획의 수립과 본교 전 교직원의 조직적 협력을 통해 교육실습의 효과를 극대화한다.

나. 교생의 모든 교육실습 행위는 교육실습 지도 계획하에 이루어지며 교생을 교무의 수단으로 이용하지 아니한다.

다. 지도 교사 및 전 교직원은 교생의 모든 교육실습 지도에 친절과 봉사의 정신으로 임한다.

라. 수업·실무 실습(4학년)의 경우, 참관 및 실무 실습 2주, 수업 실습 2주로 나누어 실시한다.

마. 교과지도 교사 배정은 동일 교과 교사 배정을, 학급 지도 교사 배정은 1, 2학년 담임교사 배정을 원칙으로 한다.

바. 수업 실습은 사전에 지도안을 작성하여 교과지도 교사의 검토를 받은 후 임해야 하며, 실습 후 교과지도 교사의 지도를 받아야 한다.

사. 공개 수업시 VTR을 제작하여 평가회 때 활용하고, 교육실습이 종료되면 본인에게 돌려주어 자기 발전에 참고가 되도록 한다.

아. 교육실습 지침서를 개발하여 활용한다.

3) 교육실습의 주요 내용

(1) 학급경영

① 학급은 교육 목적 성취를 위한 학생의 학습 집단이고, 전인적 인격의 형성을 위한 생활 집단이다.

② 학급은 학생의 교수-학습 및 인간 지도를 위한 기본적 집단 단위가 되며, 담임교사에게 주어진 인간 교육의 기본적인 장이다.

③ 학급 담임은 학교의 교육 목표에 근거한 학급 관리 목표를 설정하는 일, 학부모의 의견과 지역 사회의 요구와 실정을 파악하는 일, 그리고 학생의 문제와 필요로 하는 것 등의 실태를 파악하는 일, 학급 환경을 정비하고 학생 지도 지침을 세우는 일, 학습 지도와 생활지도, 특활지도, 학급 사무 처리 등의 교육적 활동을 한다.

④ 학급을 담당하여 경영하고 지도하는 교사의 인격과 성실성, 그리고 학급 학생 상호 인간관계는 모든 학생의 인격 형성에 큰 영향을 미치게 된다.

⑤ 학급은 하나의 공동 사회로서 모든 학생의 전인격적 자아실현을 위한 인간 형성의 장의 역할을 한다.

⑥ 학교 및 학급 특성에 기초하여 교실 환경 구성 계획을 수립해 보고, 1년간 학급회 지도 계획과 건전한 학급 분위기 조성 및 학습 습관 형성을 위한 구체적인 지도 계획을 수립해 본다.

⑦ 학급경영과 관련되는 사무를 조사하고, 그것을 효율적으로 처리하기 위한 실습을 실시한다.

(2) 교과지도

① 교과지도 활동은 학교의 중핵적인 활동이며 가장 본질적인 교육 활동이다.

② 교과는 어떤 영역에 관한 사실과 그 사실의 명칭, 또는 개념이나 원리, 법칙의 단순한 나열이 아니라, 그 대상을 체계적으로 정당하게 설명할 수 있는 개념 체계이고, 교사가 다루는 대상을 가장 효과적으로 이해하게 하는 구조적인 지식 체계이다.

③ 담당 교과의 성격과 목적을 규명하기 위하여 교육 과정의 일반 목표 및 교과 목표의 학문적 성격과 인간에게 주는 필요성을 검토해 본다.

④ 각 단원의 과제 분석을 통하여 위계적인 학습 목표를 설정하고 각 목표를 더욱 상세화하여, 평가 문항 작성을 위한 이원 목적 분류표를 작성해 본다.

⑤ 교재 연구를 통하여 지도할 학습 내용을 숙지하고, 이를 학습 계열에 맞추어 중심적인 학습 구조를 파악해 본다.

⑥ 교과 또는 단원의 성격에 적합한 교수-학습 모형을 구안해 보고 그 적용책을 모색해 본다.

⑦ 지도 목표와 내용에 따라 학교 및 학급 실태를 분석하여 구체적인 학습 지도안을 작성하고, 이를 서로 검토해 본 후 수업에 임한다.

⑧ 교과지도 기술을 발전시키기 위하여 동료 교생들의 수업을 면밀히 관찰하고, 효과적인 지도 기술은 자신의 수업에 적용해 본다.

⑨ 수업에 관한 올바른 안목을 형성하고 자신의 수업을 개선하기 위하여, 교과 협의회에 적극 참여, 자신의 수업 발전을 꾀한다.

⑩ 수업의 성과를 평가하기 위하여 수업 목표에 적합한 형성 평가를 실시하고, 그 타당도와 신뢰도를 검증해 본다.

⑪ 평가의 결과를 기초로 자신의 수업을 반성해 보고, 그 내용을 개선책과 함께 교육실습록에 기록한다.

(3) 생활지도

① 생활지도는 학생들의 장래 문제나 현실적인 문제해결과 전인적 발달을 촉진하는 전문적인 조력 활동으로 자아 확립을 위한 심리적 교육이다.

② 학생들로 하여금 그들 자신에 대하여 객관적으로 이해하도록 도와주기 위하여, 학생 개개인에 대한 자료를 여러 가지 방법으로 수집하고 연구하여야 한다.

③ 학생들의 적응상의 문제를 돕기 위해서는 전문적인 상담이 필요하지만, 생활 과제의 해결을 위해서는 교생들도 상담을 통해 도와줄 수가 있기 때문에, 학생들의 문제해결을 위한 개별 상담 활동에 임해 본다.

④ 학생들로 하여금 현재는 물론 장차 보다 나은 적응을 하도록 하기 위해, 새로운 계획 수립이나 합리적인 의사 결정에 도움이 될 수 있는 각종 자료와 정보를 수집하고 정리해서 제공해 주어야 한다.

⑤ 특정 학생을 정하여 그 학생에 관한 종합적인 자료를 수집하고 정리하여 문제를 발견하고 개별적으로 지도 조력하는 사례 연구의 기회를 가져 본다.

⑥ 개별 학생들의 능력, 특성, 가정환경 등을 파악해 보고, 학급의 집단 역할 등을 파악하기 위해 학생들의 교우관계도를 작성해 보며, 여러 가지 성공적인 생활지도 사례를 수집하여 이를 토의해 본다.

⑦ 행동평가의 기준을 명료화하고 그 기준에 따라 학생들의 행동평가를 실시해 본다.

4) 교육실습생의 근무 원칙

(1) 근무 일반 사항

① 근무 시간: 08 : 30~17 : 00

② 준 비 물: 교육실습록, 인장, 필기도구, 점심, 실내화

③ 매일 오전 8시 30분까지 출근하여 출근부에 날인하고, 종례 후 퇴근한다.

④ 오전 8시 40분까지 출근부에 날인하지 않으면, 지각으로 간주하고, 지참 신고가 없을 경우에는 결근으로 처리한다.

⑤ 결석(공가, 병가, 사고) 및 조퇴 시는 소정 양식에 의거 교과 담임교사를 경유하여 사전에 실습부에 결재를 얻도록 한다. (지각 및 조퇴가 3회인 경우는 결석 1회로 간주한다.)

⑥ 근무 시간 내에는 일체 외출을 금하며, 부득이한 경우는 소정의 절차를 거쳐 허락을 받은 후 외출한다. (교육실습생 근무 상황부에 기재 후 결재)

⑦ 교재 연구 및 사무 정리, 휴식은 반드시 교생실에서 하도록 한다.

(2) 생활 지침

① 교육실습생(교생)은 항상 언행과 용의를 단정히 하여야 하며, 예비 교사로서의 품위를 유지해야 한다.

② 복장은 정장을 원칙으로 하고, 실내에서는 반드시 실내화를 신도록 하며, 교내에서는 항상 명찰을 왼편 가슴에 달아야 한다.

③ 흡연은 지정된 장소에서 학생들이 보이지 않는 곳에서만 한다.

④ 교내에 휴지나 꽁초를 버리는 일이 없도록 하며, 보는 즉시 줍도록 한다.

⑤ 교생실은 항상 정숙한 분위기와 청결 및 정리 정돈된 환경이 유지되도록 힘쓴다.

⑥ 학생 개인이나 단체를 상대로 한 조사나 수업 외의 개별 지도 등은 교과지도 교사 또는 학급 지도 교사와 협의하여 행하도록 하고, 특히 체벌이나 학생과의 교외 면담은 금하도록 한다.

⑦ 교육실습생은 교과지도 교사 및 학급 지도 교사와 긴밀한 협조하에 열과 성을 다해 학급경영, 교과지도, 생활지도에 임해야 한다.

⑧ 교육실습생은 학교의 비품 시설을 사용할 경우에는 사전에 담당자의 허락을 받아 사용해야 한다.

(3) 수업 참관

① 수업 참관은 참관 계획에 의하여 실시하고, 참관할 때는 진지해야 하며, 연구하는 태도를 가져야 한다.

② 참관은 해당 교실의 지정된 장소에서 실시하고, 참관록을 성실히 기록하여야 하며, 지도 교사의 결재를 받아야 한다.

③ 수업 참관 시에는 그 수업을 평가해서는 안 되며, 수업 전 미리 입실하여야 하고, 정숙해야 한다.

④ 교과지도 교사의 수업 참관을 원칙으로 하고, 동일 교과 다른 교사 및 타 교과의 수업을 참관하고자 할 때는 해당 교사의 허락을 받아 참관할 수 있다.

※ 수업 참관시 착안점

단계	영역	착안점	
도입	학습 준비	ㅇ학습 의욕의 유발 여부 ㅇ주의 집중 여부	ㅇ전개 내용의 관련성 여부 ㅇ환경 조성(정리 정돈, 통풍, 채광 등)
전개	계획 진행	ㅇ계획된 시간대로의 진행 여부 ㅇ누락된 지도 내용 여부 ㅇ발문의 조리성과 세련 여부	ㅇ지도 내용의 착오 여부 ㅇ질문 처리의 적절성 여부 ㅇ학습량의 적절성 여부
	학생 활동	ㅇ의욕적인 학습 활동 여부 ㅇ활동량의 비중	ㅇ교사와 학생의 호흡 일치 여부
	지도 내용	ㅇ요점의 강조 여부 ㅇ필요 이상의 깊이에 관련 여부	ㅇ궤도 이탈 여부 ㅇ전후 시간과의 관련 여부
	판서	ㅇ판서의 적절량 ㅇ문자 크기의 적절성 여부 ㅇ탈자, 오자 여부	ㅇ흑판 면적의 적절한 사용 여부 ㅇ판서 내용의 짜임새 여부
	자료 활용	ㅇ교편물 수의 적당 여부 ㅇ제시 위치의 양호 여부 ㅇ필요성 여부	ㅇ적시 사용 여부 ㅇ충분한 사용 여부
	교사 언어	ㅇ표준어 사용 여부 ㅇ억양의 적절 여부	ㅇ발음의 명확 여부 ㅇ필요한 말만 사용 여부

단계	영역	착안점
전개	교사의 태도	ㅇ용모 단정 여부 ㅇ동작의 세련성 여부 ㅇ복장의 단정 여부 ㅇ수족 처리의 적절 여부 ㅇ시선 방향의 적절 여부
	수업 형태	ㅇ교사 중심의 주입식 수업 여부 ㅇ탐구 학습 여부 ㅇ실험 학습 여부 ㅇ버즈 학습 여부
정리	학습 정리	ㅇ요점 정리의 간결성 여부 ㅇ학습 목표 전개 시 강조점 정리 ㅇ차시 예고의 적절성 여부 ㅇ평가시 연결성

(4) 수업 실습

① 사전에 지도할 단원을 미리 배정 받고, 충분한 교재 연구를 통해 수업과정안을 작성하여 지도 교사의 검토를 받은 후에 수업 실습에 임해야 한다. 만약 수업과정안 작성 부진 등 수업 준비가 미흡하다고 판단될 경우에는 수업 실습에 임할 수 없다.

② 무단결석으로 교과 운영에 지장을 초래하는 일이 없도록 할 것이며, 부득이할 때에는 사전에 교과지도 교사에게 연락하여 적절한 시간 변경을 하여야 한다.

③ 배정받은 수업 시간은 교과지도 교사의 허락 없이 임의로 바꿀 수 없다.

④ 수업 후에는 교과지도 교사의 지도 아래 진지한 협의를 갖는다.

⑤ 수업과정안 작성은 소정의 양식에 의할 것이며, 교재 내용을 다각적으로 연구하여 구안하여야 한다.

⑥ 수업 시 출석부 기재는 교과지도 교사(교생이 아님)가 기입한다.

(5) 교과 협의

① 당일 수업이 끝나면 적당한 시간을 이용하여 지도 교사와 교과별 협의회를 갖는다.

② 학과의 교생 전원이 참여하여 정숙히 청취하고, 교육적인 입장에서 구

체적이고 건설적이며 공정하고 요령 있게 비평한다.

③ 발언이나 토의는 수업의 목표로부터 벗어나지 않도록 한다.

④ 비평을 받는 자는 사도연마의 기회로 삼아 긍정적 입장에서 자기를 반성해 보고 용기를 갖는다.

⑤ 협의 내용은 교육실습록의 교육실습 일지에 기록한다.

(6) 학급 담임 근무

① 오전 8시 30분까지 출근하여 학급경영 전반에 관하여 학급 담임교사의 지시를 받는다.

② 직원 조회(월, 목요일)에 참석하여 직원회의에서 이루어진 전달사항을 학급 조회, 종례 시간을 통하여 학급 학생들에게 주지시키고, 출결 사항을 확인하며, 학교생활에 유익한 훈화를 한다.

③ 학급 담임으로서, 특히 다음 사항의 지도에 중점을 둔다.

ㄱ. 출석 사항 파악
ㄴ. 학습 분위기 조성
ㄷ. 여가선용에 대한 지도
ㄹ. 청소 및 환경 정리정돈 지도
ㅁ. 점심식사 지도
ㅂ. 학급시설 및 비품관리 지도
ㅅ. 훈화 지도(학급 담임교사의 사전 지도를 받을 것)
ㅇ. 학급 활동(HR) 지도
ㅈ. 학급일지 기재사항 점검 지도
ㅊ. 출석부 정리 및 통계 처리
ㅋ. 학급간부 및 주번활동 지도
ㅌ. 출석부에 조회란에는 학급 담임교사의 성을 기입하고 학급 일지도 학급 담임교사가 날인한다.

(7) 주번 근무

① 주번 교생은 주번 교사와 출퇴근을 같이 하며, 주번 교사의 지시에 따른다.

② 주번 조회에 참석하여 교내 행사 전반에 대한 상황을 파악하고 대책을 강구한다.

③ 교내를 순시하여 청소 상태, 정리 정돈 상태, 비품 관리 상태, 실내 정숙 상태 등의 이상 유무를 점검한다.

④ 주번 교생은 주번 학생의 활동을 지도한다.

⑤ 교육실습 일지를 기재하여 실습부→교감 순으로 결재한다.

(8) 클럽 활동 참관

① 클럽 활동 참관은 교과지도 교사가 담당하는 반의 참관을 원칙으로 한다.

② 다른 반의 참관은 해당 지도 교사의 허락을 받고 실시한다.

(9) 학생 생활지도

① 항상 교내 청결 상태에 유의하여 휴지, 쓰레기 등을 버리지 않도록 지도한다.

② 실내에서 정숙한 생활을 하도록 지도한다.

③ 학생들의 용의 단정, 학용품 사용, 생활 태도 등을 지도한다.

④ 학생들의 안전 지도에 유의하여 위험한 장소, 체육 시설, 창문 등에서의 안전사고 예방 지도를 철저히 한다.

⑤ 학교의 각종 비품 및 교구 시설을 아껴 사용하도록 지도한다.

(10) 연구 수업

① 연구 수업은 제 4주에 실시한다.

② 연구 수업은 각 과별로 협의하여, 대표를 선정하여 발표하게 한다.

③ 연구 수업자가 선정되면 수업과정안을 작성하여 교과지도 교사→실습

부장→교감 순으로 결재를 받은 후, 실시 2일 전까지 해당 소요 부수를 인쇄하여 실습부에 제출한다.

④ 연구 수업 내용을 VTR로 제작하여 교과 협의회 때 활용하며, 교육실습 종료 후에는 실습생 본인이 소유하여 유용하게 활용하도록 한다.

⑤ 연구 수업이 끝나면 적당한 시간을 택하여 수업 연구 검토회를 개최한다.

수업 연구 검토회

가. 사회자: 각 교과 부장
나. 참석 범위: 해당 교과 교사, 해당 교과 교생, 교수, 교감
다. 검토회 순서
1) 수업 VTR 시청(10분)
2) 수업 교생 인사 및 수업 소감
3) 지도교사 및 교과교사 참관 소감
4) 참관 교생 및 교수 소감
5) 질의응답 (지도 교생 및 지도 교사 답변)
6) 교감 및 지도 교수 총평

(11) 연구 과제물

① 수업과정안(시안) 1시간분을 작성하여 교과지도 교사 결재 후 실습부로 제출

② 교수－학습자료를 제작하여 교과지도 교사에게 제출 (OHP용 TP 자료 10매 또는 괘도 5매)

③ 1), 2)항 모두 평가에 반영함

(12) 교육실습록의 실습 일지 기록 및 처리

① 실습일지는 실습 시작일로부터 종료일까지 매일 기입한다.

② 실습일지는 학교 측이나 학급 및 교과지도 교사의 지시사항을 상세하게 기록하고 실천한다.

③ 하루 생활 중 교과 활동이나 생활지도 및 특별 활동, 기타 학생 생활의 전반적인 소감을 기록하되 형식에 구애됨이 없이 솔직하게 기록하고, 자기반성의 자료로 활용한다.

④ 실습일지는 교직의 전문성이 풍겨나며 실습 활동의 전모가 나타나도록 성실히 기록하고, 빈 곳이 없도록 유의한다.

⑤ 맞춤법, 띄어쓰기, 용어 등에 유의하여 교사로서의 품위가 돋보이도록 기록한다.

⑥ 실습일지는 매일 교과 및 학급 담임 지도 교사의 지도를 받아 작성하고, 학급 담임 지도 교사 결재 후 실습부에서 결재하며 평가에 반영한다.

(13) 주요 일지 및 과제물 처리

순위	내 역	작성자	제출 기한	확인자	비 고
1	교육실습록 (실습 일지)	개인	매일	교과지도교사 학급담임교사 교육실습부 교감, 교장	ㅇ수료후 개인별 대학에 인계
2	출 근 부	개인	매일	교육실습부	ㅇ교육실습부 보관
3	실습대장	개인	매일	교과지도교사 학급담임교사 교육실습부 교감, 교장	ㅇ교과지도교사, 학급지도교사가 확인 결재 후 실습부에 보관
4	교육실습일지	주번교생 중 당번 교생	매일	교육실습 교감	ㅇ결재 후 실습부 보관
5	수업과정안 (연구 수업)	연구수업 담당교생	실시2 일전	교과지도교사 교육실습부 교감	ㅇ교육실습부 보관
6	학습자료제작	개인	4 주초	교과지도교사	ㅇ교과지도교사가 교생평가시 참조
7	실습록의 수업과정안	개인	4 주초	교과지도교사 교육실습부	ㅇ수료후 개인별 대학에 인계
8	고사출제원안	개인	4 주초	교과지도교사	ㅇ교과지도교사가 교생평가시 참조

(14) 실습생 대표의 임무

원활한 업무 처리를 위하여 영역별 실습생 대표를 선정하여 운영하되, 그 임무는 다음과 같다.

실습생 정·부 대표	교과별 대표	일별 학급 담임	주번 교생
1. 전달사항 연락 2. 공지 사항 연락 3. 교육실습록 수합 결재	1. 교육실습록 결재 2. 과별 협의회 주관 3. 과별 제출물 수합, 4. 연구 수업 협의	1. 학급 조회 주관 2. 훈화 내용 준비 3. 학생 생활지도	1. 주번 조회 참가 2. 교육실습 일지 기록 및 결재

5) 교육실습 평가

(1) 평가 영역 및 원칙

1) 근무 태도 (10점): 실습부에서 평가한다.

① 결근 1회에 2점씩 감점한다.
② 지각, 무단 조퇴, 결강 1회에 1점씩 감점한다.
③ 교생으로서의 품위 손상 1회에 1점씩 감점한다.
④ 천재지변이나 사범 대학장 또는 교직 부장이 인정하는 공가에 의한 결석은 감점 대상에서 제외되며, 그 일수는 실습 기간의 3분의 1 이내이어야 한다.

2) 일반 자질 (15점): 교과지도 교사와 학급 담임 지도 교사가 각각 평가한 것을 합산하여 평균점으로 산출한다.

3) 학습 지도 능력 (50점): 교과지도 교사가 평가한다.

4) 연구 조사 활동 (15점): 교과지도 교사와 학급 담임 지도 교사가 각각 평가한 것을 합산하여 평균점으로 산출한다.

5) 학급경영 및 사무 처리 능력 (10점): 학급 담임 지도 교사가 평가한다.

6) 위의 점수를 합산하여 교육실습생 성적을 산출, 소정 양식에 의해 대학에 보고한다.

(2) 교육실습 평가 배점표

평가영역		평가관점		배 점		평가자	비 고
근무태도		결근 1회	감 2점	10점		실습부	
		지각, 무단 조퇴, 결강 1회	감 1점				
		품위 손상 1회	감 1점				
일 반 자 질	교사자질	교직관 및 국가관	3점	10점	15점	교과담임 학급담임	합 산 평 균
		언행, 복장, 용모 단정	4점				
		학생 지도의 열성도	3점				
	실습록	기록 내용, 교육 용어 구사	3점	5점		교과담임 학급담임	
		관찰, 반성, 소감, 연구 자세	2점				
학 습 지 도 능 력	수 업 실 습	수업과정안(수업계획)	5점	40점	50점	교과담임	
		학습자료 준비	5점				
		수업 전개 과정	15점				
		언어, 태도, 표현력	5점				
		수업 형태, 학생 활동, 호응도	5점				
		판서 구조화, 시청각 자료 활용	5점				
	참관활동 평가회 활동	참관 태도	4점	10점			
		연구적 자세	3점				
		평가회 활동	3점				
연구조사 활동		수업과정안 및 과제물 제출	(15점)	(15점)	15점	교과담임	합 산 평 균
		학급경영안 및 공문서 작성	(15점)	(15점)		학급담임	
학급경영 및 사무처리	학급경영 및 문서처리	학급 운영(조회, 종례 등)	3점	10점		학급담임	
		학생 관리, 생활지도	2점				
		청소, 환경 관리(사제 동행)	2점				
		학교생활기록부 및 제 장부 작성	3점				
합 계				100점			

6) 교육실습생 및 지도 교사 유의 사항

(1) 교육실습생

① 제1주, 제2주에는 교과지도 교사의 수업 및 학급 담임 지도 교사의 학급 운영을 참관한다.

② 제2주, 제3주에는 수업 실습 및 학급 담임 실습에 임한다.

③ 제4주 중에는 각 과별 대표 교생을 선정하여 교생 연구 수업을 한다.

(2) 교과지도 교사

① 당일분의 교육실습록 작성을 지도한다.

② 교육실습생의 수업 참관 여부 및 참관 태도를 관찰하여 수시 지도한다.

③ 수업과정안, 교과 진도표의 올바른 작성법을 지도한다.

④ 효과적인 시청각 자료와 기타 학습 보조 자료 제작법을 지도한다.

⑤ 교육실습생 수업을 필히 참관하고 평가하여 문제점에 대한 해결책과 방안을 제시한다.

⑥ 교육실습생으로 하여금 교육 이론의 실천을 통하여 교육 기술을 연마하고, 우수한 교사로서의 자질을 심화하도록 적극 지도한다.

⑦ 교육실습생의 연구 수업에 대한 사전 지도를 한다.

⑧ 교육실습생의 교과지도 사항을 수시로 평가한다.

(3) 학급 담임 지도 교사

① 매일 교육실습록 작성을 지도하고 결재한다.

② 학급 조회, 종례 지도 및 학급경영안 작성, 학급경영의 방법을 지도한다.

③ 학급 일지, 출석부 등 학급 장부의 기재 방법을 지도한다.

④ 교사로서 필요한 기타 사무 처리 방법을 지도한다.

⑤ 학생 생활지도 방법을 지도한다.

⑥ 교사 교육의 사명을 명심하여 교육 전반에 걸쳐 그 개요를 습득시키

고, 사표로서의 지덕을 함양하도록 적극 지도한다.

⑦ 교육실습생의 학급 담임 실습 시라도 모든 날인은 담임교사가 직접 한다.

⑧ 학교 교육 활동에 교육실습생이 참여하는 경우는 늘 동행한다.

⑨ 교육실습생의 학급 업무 추진 사항을 수시로 평가한다.

7) 교육실습 일정 및 교직 실무 특강 내용

(1) 교육실습 일정

〔실습 기간: 4주간: 2001. 6. 4~6. 30〕

주	월일	요일	실습내용	
제1주	6.4	월	ㅇ교생 인사 (실내, 실외) ㅇ교육실습 안내 (1교시-실습부장) ㅇ특강 실시 (2교시-학교장) ㅇ수업 참관 및 교과 협의회	
	6.5	화	ㅇ특강 실시 (1교시-교감, 2교시 연구부장))	ㅇ수업 참관 및 교과 협의회
	6.6	수	현충일	ㅇ현충일
	6.7	목	ㅇ특강 실시 (1교시-상담, 3교시-생활)	ㅇ수업 참관 및 교과 협의회
	6.8	금	ㅇ학급 조회 및 종례 참관	ㅇ수업 참관 및 교과 협의회
	6.9	토	ㅇ학급 조회 및 종례 참관	ㅇ수업 참관 및 교과 협의회
제2주	6.11	월	ㅇ학급 조회 및 종례 참관	ㅇ수업 참관 및 교과 협의회
	6.12	화	ㅇ학급조회 및 종례 참관	ㅇ수업 참관 및 교과 협의회
	6.13	수	ㅇ학급 조회 및 종례 참관	ㅇ수업 참관 및 교과 협의회
	6.14	목	ㅇ특강 (1교시-환경, 2교시-교무)	ㅇ교재연구, 수업과정안 작성
	6.15	금	ㅇ특강 (2교시-정보, 3교시-과학)	ㅇ교재연구, 수업과정안 작성
	6.16	토	ㅇ특강 (1교시-특기적성)	ㅇ교재연구, 수업과정안 작성
제3주	6.18	월	ㅇ학급 조회 및 종례 실습	ㅇ수업 실습 및 교과 협의회
	6.19	화	ㅇ학급 조회 및 종례 실습	ㅇ수업 실습 및 교과 협의회
	6.20	수	ㅇ학급 조회 및 종례 실습	ㅇ수업 실습 및 교과 협의회
	6.21	목	ㅇ학급 조회 및 종례 실습	ㅇ수업 실습 및 교과 협의회
	6.22	금	ㅇ학급 조회 및 종례 실습	ㅇ수업 실습 및 교과 협의회
	6.23	토	ㅇ학급 조회 및 종례 실습	ㅇ수업 실습 및 교과 협의회

주	월일	요일	실습내용	
제4주	6.25	월	ㅇ학급 조회 및 종례 실습	ㅇ수업 실습 및 교과 협의회
	6.26	화	ㅇ학급 조회 및 종례 실습	ㅇ수업 실습 및 교과 협의회
	6.27	수	ㅇ학급 조회 및 종례 실습	ㅇ수업 실습 및 교과 협의회
	6.28	목	ㅇ학급 조회 및 종례 실습	ㅇ수업 실습 및 교과 협의회, 친목체육대회
	6.29	금	ㅇ학습자료 및 과제물 제출 (교과지도교사, 실습부)	
	6.30	토	ㅇ종료식	

(2) 교직 실무 특강 내용

월 일 (요일)	교 시	담당자	특강내용
6월 4일 (월요일)	1교시	실습 부장	ㅇ교육실습 안내
	2교시	학교장	ㅇ교직관과 바람직한 스승상
6월 5일 (화요일)	1교시	교육연구부장	ㅇ연구부 업무 소개 ㅇ수행 평가, 학업 성적 관리 및 봉사 활동의 실제
	2교시	교 감	ㅇ교사의 사명과 역할
6월 7일 (목요일)	1교시	진로상담부장	ㅇ진로 상담부 업무 소개 ㅇ상담의 원리와 기법
	3교시	생활지도부장	ㅇ학생부 업무 소개 ㅇ생활지도의 원리 및 출석부 관리
6월 14일 (목요일)	1교시	환경지원부장	ㅇ환경부 업무 소개 ㅇ아가모 운동 및 학교 환경 조성
	2교시	교무기획부장	ㅇ교무부 업무 소개 ㅇ교육 과정 편성과 운영 및 학교 생활기록부 관리
6월 15일 (금요일)	2교시	교육정보부장	ㅇ교육정보부 업무 소개 ㅇ교단 선진화 기자재 활용방법
	3교시	자연과학부장	ㅇ과학부 업무 소개 ㅇ과학 실험 기자재 활용 방법
6월 16일 (토요일)	1교시	특기적성부장	ㅇ특기적성부 업무 소개 ㅇ새 학교 문화 창조 (교육비전 2002)

Ⅲ. 참관교육 실습

1. 참관교육 실습의 의의

1) 참관교육 실습의 의미

참관교육 실습이란 교육실습의 첫 단계로서, 학교 교육 활동 현장에 직접 참여하여 학교에서 이루어지는 모든 교육 활동 현상을 주의 깊게 인지하고 정확하게 이해하는 데 중점을 둔 교육실습 활동이다. 교육실습생은 참관교육 실습을 통해 학교 교육 현장의 교육 활동의 실상을 올바르게 이해하게 되고, 이를 바탕으로 장차 일선 학교 교육 현장으로 진출하는 데 필요한 제반 사항을 성실하게 준비하게 된다.

2) 참관교육 실습의 목적

가. 대학에서 학습한 교육 이론이 학교 현장에서 어떻게 활용되고 있는가를 실제로 파악하고 이해하는 데 있다.

나. 학교 교육 전반에서 이루어지는 교육 활동의 제반 실태를 보다 더 상호 관련성 있게 파악하는 데 있다.

다. 교육실습 과정에서 일어나는 장애를 최소한으로 줄이면서 교육실습생으로서의 생활 경험을 성공적으로 이끌어 나갈 수 있는 경험을 갖게 하는 데 있다.

라. 교육실습 과정을 통하여 교육 현장을 예리하게 볼 줄 아는 관찰력을 기르는 데 있다.

3) 참관교육 실습의 내용

(1) 학교 운영 면에 대한 참관

① 학교 시설-학교의 위치와 환경, 교실의 규모, 교실과 특별실의 위치 및 그 활용 상황, 학교 시설 및 부대시설, 교구의 구비와 활용 상황 등

② 교직원-교직원의 수와 조직, 교직원의 자질, 교직원의 근무 상황 및 일상생활

③ 학교 운영 계획 및 업무 추진 상황-교육 계획서, 법정 장부 및 관리 상황, 사무 처리의 절차와 방법, 각종 행사 계획, 지역사회와의 관계

④ 교단 지원 체계-학교운영위원회의 조직과 그 활동 상황, 교육 행정 기관과의 관계, 지역 사회 유관 기관과의 관계

(2) 학생 생활면에 대한 참관

① 학생의 학교생활-학생의 등·하교 상황, 휴식 시간의 활동 상황, 점심 식사 상황, 교재 및 노트 사용, 청소 활동 상황, 방과 후 활동 상황 등

② 실내 생활-좌석 배치, 학급 분위기, 실내에서의 언어생활 및 몸가짐 등

③ 학생 이해를 위한 기초 조사물-학생 기록 카드, 학생 집단 및 그 사회적 행동 조사, 학생들의 정서적 행동 및 교사에 대한 태도 조사 등

(3) 교육 과정 운영 및 학습 지도에 관한 참관

① 교육 과정 운영-교육 과정의 편성, 교과지도 연간계획, 학습 지도안, 교육 평가 계획 등

② 학습 지도-교사의 수업 활동, 학생의 학습 활동 등

(4) 생활지도 및 특별 활동에 관한 참관

① 생활지도-생활지도 위원회 조직과 그 활동 상황, 연간 생활지도 계획 등

② 특별 활동-CA 활동, HR 활동, 학생회 활동, 단체 활동, 학교 행사,

특기·적성 교육 활동 등

4) 참관시 유의 사항

가. 수업 참관 시에는 미리 해당 교실에 입실하여 지정된 좌석에 착석하여 참관하고, 정숙해야 하며, 평가하는 태도보다 연구하는 태도를 가져야 한다.

나. 참관자 자신이 학교 교육 활동의 참관에 대한 열의와 구체적인 지식을 가져야 한다.

다. 참관 활동은 어디까지나 세밀하고, 조직적이며, 체계적이어야 한다.

라. 참관 실습일지는 매일 성실히 기록하여 지도 교사의 날인을 받아 실습부로 제출하여야 한다.(월, 화, 토는 학급 담임이 결재, 수, 목, 금은 교과지도 교사가 결재)

마. 참관 결과는 자기 자신의 교육적 성장에 유용하게 활용되어야 한다.

바. 잡담이나 쓸데없는 질문은 삼가고, 항상 진지한 태도로 임해야 한다.

5) 수업 참관시 착안점

단 계	영 역	착안점	
도 입	학습 목표 및 학습 환경	○학습 목표의 적절성 ○전개 내용과의 관련성 여부 ○황경 조성(정리 정돈, 통풍, 채광 등)	○학습 동기 유발 여부 ○주의 집중 여부
전 개	계획 진행	○계획된 시간대로의 진행 여부 ○지도 내용의 착오 여부 ○누락된 지도 내용 여부	○질문 처리의 적절성 여부 ○발문의 조리성과 세련 여부 ○학습량의 적절성 여부
	학생 활동	○의욕적인 학습 활동 여부 ○교사와 학생의 호흡 일치 여부	○학생 활동량의 여부
	지도 내용	○요점의 강조 여부 ○필요 이상의 깊이에 접근 여부	○궤도 이탈 여부 ○전후 시간과의 관련 여부

단 계	영 역	착안점	
전 개	판 서	○판서의 적절량 ○문자 크기의 적절성 여부 ○탈자·오자 및 정자 쓰기 여부	○칠판 면적의 적절한 사용 여부 ○판서 내용의 짜임새 여부
	자료 활용	○교편물 수의 적당 여부 ○제시 위치 양호 여부 ○자료의 필요성 여부	○적시 사용 여부 ○충분한 활용 여부
	교사 언어	○표준어 사용 여부 ○억양의 적절 여부	○발음의 명확 여부 ○필요한 말만 사용 여부
	교사 태도	○용모 복장 단정 여부 ○수족 처리의 적절 여부	○동작의 세련성 여부 ○시선 방향의 적절 여부
	수업 활동	○학생 인격 중시 여부 ○공감대 형성 여부 ○학습자의 이해 도모 여부 ○학습 부진아, 지진아에 대한 배려 여부	○수업 목표 도달 여부 ○전시·차시와의 관련 여부 ○다양한 수업 방법 모색 여부
정 리	학습 정리 및 평가	○요점 정리의 간결성 여부 ○학습 목표와 형성 평가의 연결성 여부 ○차시 예고의 적절성 여부	

6) 참관교육 실습생 평가

참관교육 실습생 성적은 100점 만점으로 하되, 다음 기준에 의거하여 평가한다.

가. 근무 태도 (20점)－실습부에서 다음 기준에 의해 평가한다.

① 결근 1회에 5점씩 감점한다.

② 결근 3회 이상인 경우엔 실격으로 처리한다.

③ 무단 지각, 무단 조퇴, 무단 결강은 각각 2점씩 감점한다.

④ 교육실습생으로서 품위를 손상시킨 경우나, 경고(주의)를 받은 경우에는 2점씩 감점한다.

나. 수업 참관 태도 (60점)－1일 10점 만점씩, 6일간 총 60점 만점으로

평가하되, 학급 담임교사가 3일(월, 화, 토), 교과지도 교사가 3일(수, 목, 금) 평가하며, 1일 평가 기준은 다음과 같다.

① 참관 태도가 양호한 경우엔 10점을 부여한다.

② 참관 태도가 보통인 경우엔 8점을 부여한다.

③ 참관 태도가 불량한 경우엔 6점을 부여한다.

④ 결근하여 참관을 하지 못한 경우에는 기본 점수 4점을 부여한다.

다. 연구 및 과제 이행 태도 (20점)—실습부에서 다음 기준에 의해 평가한다.

① 참관 실습 일지와 과제물을 충실히 기록한 경우엔 20점을 부여한다.

② 참관 실습 일지와 과제물의 기록 상태가 보통인 경우엔 15점을 부여한다.

③ 참관 실습 일지와 과제물을 성의 없이 기록한 경우엔 10점을 부여한다.

7) 참관교육 실습생의 근무 원칙

(1) 근무 일반 사항

① 근무 시간: 08 : 30~17 : 00

② 준비물: 교육실습 일지, 인장, 필기도구, 점심, 실내화

③ 매일 오전 8시 30분까지 출근하여 출근부에 날인하고, 종례 후 퇴근한다.

④ 오전 8시 40분 까지 출근부에 날인하지 않으면 지각으로 간주하고, 지참 신고가 없는 경우에는 결근으로 처리한다.

⑤ 출근부 점검 외에 수시로 점호를 하여, 실습 참여 상황을 점검한다.

⑥ 결석(공가, 병가, 사고) 및 조퇴 시는 소정 양식에 의거 지도 교사를 경유하여 사전에 실습부에 결재를 얻도록 한다. (단, 공가는 사범대학장 또는 교직 부장이 인정하는 것만 허용한다.)

⑦ 근무 시간 내에는 일체의 외출을 금하며, 부득이한 경우에는 소정의 절차를 거쳐 실습부의 허락을 받은 후 외출한다.

⑧ 실습일지 기록 및 사무 정리, 휴식 등은 반드시 교생실에서 하도록 한다.

(2) 근무 생활 지침

① 교육실습생(교생)은 항상 예의를 갖추고, 언행과 용의를 단정히 해야 하며, 장래 예비 교사로서의 품위를 유지해야 한다.

② 복장은 정장을 원칙으로 하고, 실내에서는 반드시 실내화를 신도록 하며, 교내에서는 항상 명찰을 외편 가슴에 달아야 한다.

③ 흡연은 지정된 장소에서 학생들이 보이지 않는 곳에서만 한다.

④ 교내에 휴지나 꽁초를 버리는 일이 없도록 하며, 보는 즉시 줍도록 한다.

⑤ 교생실은 항상 정숙한 분위기와 청결 및 정리 정돈된 환경이 유지되도록 힘쓴다.

⑥ 학생 개인이나 단체를 상대로 한 조사나 개별 지도 등은 교과지도 교사 또는 학급 담임교사와 협의하여 행하도록 하고, 특히 체벌이나 학생과의 교외 면담은 금하도록 한다.

⑦ 교육실습생은 학교의 비품 시설을 사용할 경우에는 사전에 담당자의 허락을 받아 사용해야 한다.

⑧ 교육실습생은 본교의 모든 선생님께 지도를 받고 있다는 사실을 명심하고, 항상 공손하게 예의를 지켜야 한다.

2. 참관교육 실습의 대상 · 기간 · 일정표

1) 참관교육 실습의 대상 및 기간

참관교육 실습 대상	※ 충북대학교 사범대학 3학년 학생 ○○명 • 인문계 ○○명 • 자연계 ○○명
참관교육 실습 기간	◦2001. 11. 05 (월)~2001. 11. 10 (토) 〔1주간〕

2) 참관교육 실습 일정표

요일	날짜	교시	시 간	실습 내용	장 소	담 당	준비물
월	11.05	조회	08 : 50~09 : 10	교생 인사	교무실	실습부장	각 교과 대표1명씩
		1	09 : 10~10 : 00	교육실습 안내	교생실	〃	실습요람
		2	10 : 10~11 : 00	교직관	〃	교장	〃
		3	11 : 10~12 : 00	수업 참관 (배정 학급)	배정학급	학급담임	실습일지
		중식	12 : 10~13 : 00				
		4	13 : 00~13 : 50				
		5	13 : 50~14 : 40				
		6	14 : 50~15 : 40	교무부 업무소개 및 특강	교생실	교무부장	실습요람
		청소	15 : 40~16 : 00	학급 청소 지도	배정학급	학급담임	
		7	16 : 00~16 : 50	실습 일지 작성	교생실	실 습 부	실습일지
		종례	16 : 50~17 : 00	종례 참관	배정학급	학급담임	
화	11.06	조회	08 : 50~09 : 10	학급 조회 참관	배정학급	학급담임	실습일지
		1	09 : 10~10 : 00	생활지도부 업무 소개 및 특강	교생실	생활지도부장	실습요람
		2	10 : 10~11 : 00	특기적성부 업무 소개 및 특강	〃	특기적성부장	〃
		3	11 : 10~12 : 00	수업 참관 (배정 학급)	배정학급	학급담임	실습일지
		중식	12 : 10~13 : 00				
		4	13 : 00~13 : 50				
		5	13 : 50~14 : 40				
		6	14 : 50~15 : 40	바람직한 교사상	교생실	교 감	실습요람
		청소	15 : 40~16 : 00	학급 청소 지도	배정학급	학급담임	
		7	16 : 00~16 : 50	실습 일지 작성	교생실	실 습 부	실습일지
		종례	16 : 50~17 : 00	종례 참관	배정학급	학급담임	
수	11.07	조회	08 : 50~09 : 10	학급 조회 참관	배정학급	학급담임	실습일지
		1	09 : 10~10 : 00	연구부 업무소개 및 특강	교생실	연구부장	실습요람
		2	10 : 10~11 : 00	교육정보부 업무 소개 및 특강	컴퓨터실	교육정보부장	〃
		3	11 : 10~12 : 00	수업 참관 (전공교과 및 참관희망교과)	교과담임 수업교실	교과담임	실습일지
		중식	12 : 10~13 : 00				
		4	13 : 00~13 : 50				
		5	13 : 50~14 : 40				

요일	날짜	교시	시 간	실습 내용	장 소	담 당	준비물
수	11.07	6	14 : 50~15 : 40	밝고 맑은 노래	음악실	음악교사	실습요람
		청소	15 : 40~16 : 00	학급 청소 지도	배정학급	학급담임	
		7	16 : 00~16 : 50	실습 일지 작성	교생실	실 습 부	실습일지
		종례	16 : 50~17 : 00	종례 참관	배정학급	학급담임	
목	11.08	조회	08 : 50~09 : 10	학급 조회 참관	배정학급	학급담임	실습일지
		1	09 : 10~10 : 00	자연과학부 업무 소개 및 특강	교생실	자료개발부장	실습요람
		2	10 : 10~11 : 00	진로상담부 업무 소개 및 특강	교생실	진로상담부장	〃
		3	11 : 10~12 : 00	수업 참관 (전공교과 및 참관희망교과)	교과담임 수업교실	교과담임	실습일지
		중식	12 : 10~13 : 00				
		4	13 : 00~13 : 50				
		5	13 : 50~14 : 40				
		6	14 : 50~15 : 40	실습 일지 작성	교생실	실 습 부	실습일지
		청소	15 : 40~16 : 00	학급 청소 지도	배정학급	학급담임	
		7	16 : 00~16 : 50	교생 · 교직원 친목배구대회	강당	실 습 부	체육부
		종례	16 : 50~17 : 00	종례 참관	배정학급	학급담임	
		7	16 : 00~16 : 50	교생 · 교직원 친목배구대회	강당	실 습 부	체육부
		종례	16 : 50~17 : 00	종례 참관	배정학급	학급담임	
금	11. 09	조회	08 : 50~09 : 10	학급 조회 참관	배정학급	학급담임	실습일지
		1	09 : 10~10 : 00	진학지도 업무소개 및 특강	교생실	예체능부장	실습요람
		2	10 : 10~11 : 00	환경부 업무소개 및 특강	〃	환경부장	〃
		3	11 : 10~12 : 00	수업 참관 (전공교과 및 참관희망교과)	교과담임 수업교실	교과담임	실습일지
		중식	12 : 10~13 : 00				
		4	13 : 00~13 : 50				
		5	13 : 50~14 : 40				
		6	14 : 50~15 : 40	실습 일지 작성	교생실	실습부	실습일지
		청소	15 : 40~16 : 00	학급 청소 지도	배정학급	학급담임	
		7	16 : 00~16 : 50	CA 활동 참관	CA 장소	교과담임	실습일지
		종례	16 : 50~17 : 00	종례 참관	배정학급	학급담임	

요일	날짜	교시	시 간	실습 내용	장 소	담 당	준비물
토	11. 10	조회	08 : 50~09 : 10	송별 인사 (직원 및 학생)	교무실 배정학급	실습부장 학급담임	
		1	09 : 20~10 : 00	소감문 작성 제출	교생실	실습부	소감문
		2	10 : 00~10 : 30	종료식	〃	〃	

※ 전공 교과별 수업 참관은 교과지도 교사의 참관을 원칙으로 하되, 동일 교과의 다른 교사 및 타 교과의 수업 참관도 가능하며, 이 경우 사전에 담당 교사의 양해를 얻어 참관하도록 한다.

Ⅳ. 교직 실무

1. 교직관

1) 교직관의 구분

모든 교육에서 가장 중요시되는 것은 교사이다. 교사는 교육 활동의 심장이라고 할 수 있다. 한 나라의 교육 수준은 그 나라 교사의 수준을 넘지 못하고, 그 나라 교사의 질에 달려 있다고 할 수 있다. 교사라는 직업 또는 교육에 종사하는 직업을 우리는 교직이라고 한다. 교직에 관해서는 여러 가지 관점이 제시되어 있는데, 가장 일반적인 관점은 교직을 성직으로 보는 관점과 노동자로 보는 관점 및 전문직으로 보는 관점의 세 가지로 구분할 수 있다.

(1) 성직관

교직은 세속적인 직업과는 달리 교사를 신부나 목사, 승려와 같은 성직자로 보는 입장이다. 교직은 성직과 같이 특별한 소명의식을 가진 사람들이 감당할 수 있는 직업이다.

전통적으로 사람들은 인간의 육체와 영혼의 두 가지 요소로 구성되어 있다고 보았다. 그리하여 인간이 육체를 단련시키기 위해서 기본 체조를 하는 것과 같이 정신을 단련시키기 위해서는 교과를 가르치는 일이 중요하다고 보았다. 이와 같은 입장은 초기 기독교적 입장과 결부되어 교육을 불멸의 영혼을 구원하는 것이라고 보았다. 그러므로 교사는 영혼을 구원하는 성스러운 사람이어야 한다는 것이다. 따라서 교사 교육은 성직자적 교사상을 함양하기 위하여 무엇보다도 교사의 권위를 중시하였고 엄숙한 몸가짐과 태도, 성직자와 같은 사랑과 헌신, 희생과 봉사를 강조하였다. 우리나라의 경우 '스승의 그림자는 밟지도 않는다'라든가 '군사부일체'라는 말은 성직자로서의 교사관과 일맥상통한다고 볼 수 있다.

(2) 노동자관(근로자관)

노동자관은 교원도 다른 노동자나 근로자와 마찬가지로 학교라는 직장에 고용되어 정신적 노동이나 근로를 제공한 대가로 생계를 유지할 수 있는 보수를 받는다는 점에서 노동자나 근로자에 불과하다는 견해이다. 국공립학교의 경우에는 국가나 공공 단체가, 사립학교의 경우에는 사학재단인 학교법인이 사용자 또는 고용주이고, 교원은 피고용인인 노동자 또는 근로자이며, 학교의 고객과 소비자는 아동과 학생이라는 생각이다.

이 입장에서는 교원도 노동자이기 때문에 헌법과 근로기준법에 보장되어 있는 제반 권리를 다른 노동자나 근로자와 대등하게 누릴 수 있어야 한다고 주장한다. 그리하여 교원의 처우 개선과 근무 조건의 향상을 위해 노동3권인 단결권, 단체교섭권, 단체행동권을 가져야 한다는 것이다.

그러나 우리나라의 경우에는 공무원인 근로자는 법률이 정하는 자에 한하여 단결권, 단체교섭권, 단체행동권을 가진다는 헌법 규정(제33조 제2항)에 의하여 교육 공무원인 국공립학교의 교원은 물론 신분상 교육 공무원법의 준용을 받고 있는 사립학교의 교원도 노동3권의 제한을 받고 있다.

(3) 전문직관

교직을 성직이나 노동직으로 보지 않고 하나의 전문직으로 보는 이 입장은, 교직은 고도의 지성과 정신적 봉사 활동을 위주로 하는 직업으로서 국가 사회가 공인하는 엄격한 자격을 소유한 자라야 종사할 수 있다고 본다. 교원들은 전문적 지식과 기술을 소유한 자로 공인된 자이기 때문에 업무 수행상의 자율성과 더불어, 그 업무의 봉사성 때문에 고도의 윤리성이 요구된다.

교직이 전문직으로 인식되게 된 것은 다음과 같은 몇 가지 계기에서였다.

① 학교 교육 기능의 복잡다기화와 교육 기간의 장기화

② 20세기에 들어오면서 활발히 전개된 교육의 과학화 운동에 의한 교육이론, 방법에 대한 과학적 연구의 촉진

③ 교사 양성을 단순한 직무 수행에 필요한 절차나 방법을 반복적으로 익히는 훈련의 차원을 넘어서서 교육에 필요한 전문적 지식의 이해와 교육현상을 비판적으로 이해하고 분석, 연구하는 교육의 차원 강조

④ 1966년 유네스코와 세계 노동 기구(ILO)에서 채택된 '교원의 지위에 관한 권고'에서, 교원은 전문직으로 간주되어야 하고, 교직은 엄격하고 계속적인 연구를 통하여 습득 유지되는 전문적 지식과 전문화된 기술을 필요로 하는 공동 업무라고 규정한 권고안의 세계적인 수용

교직을 이와 같이 전문직으로 인식할 때는, 교직에 종사하는 교원에게 요구되는 것은 우선 자기가 가르치는 교과에 대한 전문 지식이 필요하고, 다음에는 그것을 가르치는 교육 방법, 가르친 바를 평가하는 방법, 교육 내용의 선정과 구성, 학생에 대한 이해, 생활지도의 방법 등이 필요하다고 본다.

2) 교직의 전문성

서양의 경우 전통적으로 대학에서 전문인을 양성하였기 때문에 신학, 법학, 의학의 학문적 배경과 지적 훈련을 쌓고 나서 인간을 위해 봉사하는 성직과 의사직 및 법률가, 그리고 이들을 양성하는 대학의 교수직을 전문직의

전형으로 삼고 있다. 이들 직종은 현재에도 여전히 전문직으로서의 모범을 보이고 있다. 그런데 사회의 변동과 발전에 따라 직업이 점차 세분화되고 고도화되면서 전문직의 범위가 확대되어 전문직과 비전문직을 구분하는 기준에 따라 전문직을 정의하기가 모호하고 불분명하게 되었다.

에찌오니(Etzioni, 1964)는 지식의 창출이나 그 응용에 종사하고 5년 이상의 장기적 전문 교육을 받은 대학이나 연구 기관의 교수와 연구직을 완전 전문직(full-fledged profession)이라 하고, 교사나 간호사와 같이 5년 이하의 단기적 전문 교육을 받은 자를 반전문직(semi-profession)이라고 하여 전문직을 두 가지로 분류하였다. 그리고 공업 기술직, 건축직, 회계직 등 요즈음 각광을 받고 있는 직업을 새로운 전문직(newer profession)이라고 하고, 아직은 전문직으로서의 속성을 갖추지는 못하고 있으나 전문직에 가까운 직업을 준전문직(emergent profession)이라고 말하기도 한다.

일반적으로 전문직의 의미를 파악할 때, 전문직이라는 개념 자체를 정의하기보다는 전문직의 속성이나 특징을 열거하여 전문직을 결정하는 준거로 삼는다. 교직이나 교원과 관련하여 미국 사범 대학 연합회(1967)에서는 전문직의 특성을 다음과 같이 들고 있다.

① 전문직은 개인과 사회에 봉사하는 직업이다.

② 전문직은 신체적 및 정서적 건강 유지, 권리와 자유의 보존, 교육 기회의 증대를 위하여 기능하는 영역과 관련된다.

③ 전문직이나 전문인은 실제에 필요한 축적된 지식과 행동 기술을 가지고 있다.

④ 전문직 종사자는 가능한 한 범위 내에서 이론과 원리의 배경을 가지고 고객에게 어떻게 봉사할 것인지를 결정할 때 확실한 지식에 따라 결정을 하여야 한다.

⑤ 전문직은 필요한 통찰력이나 응용 지식 및 기술을 얻기 위하여 하나 이상의 주변 학문 분야에 기초하고 있다.

⑥ 전문직은 하나 이상의 전문인으로 구성된 연합회를 조직하고 있다. 이

연합회는 자격, 교육 수준, 시험과 면허, 윤리, 실적, 전문적 훈련 등의 실무와 조건을 통제하기 위한 자율권을 갖고 있다.

⑦ 전문직은 처음에 전문직으로 인정받을 수 있고 또 계속해서 전문직으로 추대될 수 있는 공인된 실적 기준을 가지고 있다.

⑧ 전문직을 위한 준비 프로그램이나 전문직으로 유도하는 양성 프로그램은 보통 대학이나 대학교에서 마련한다.

⑨ 전문직과 그 종사자는 높은 수준의 공신력과 신념이 있다.

⑩ 전문직 종사자는 봉사하려는 동기가 강해야 하고 평생토록 능력을 발휘하는 것이 특징이다.

⑪ 전문인의 권위는 고객이나 그가 소속된 조직에서부터 나온다.

⑫ 전문직에 종사하는 사람들은 비교적 철저한 감독을 받지 않고 또 공개적인 평가를 받지 않는다. 전문인은 그 전문성의 이름으로 책임을 받아들이고 또 그의 전문성을 통하여 사회에 책임을 진다.

또한, 흔히 인용되는 리버만(Lieberman, 1956)이 요약한 전문직의 요소는 다음과 같다.

① 독자적이고 분명하며 본질적인 사회적 봉사

② 봉사를 수행함에 있어서 지적 기능의 강조

③ 장기간의 전문적 양성 교육

④ 개인 실무자로서나 전체 직업 집단으로서나 광범한 자율권

⑤ 전문적 자율권의 범위 내에서 내린 판단이나 행동에 대한 책임의 수용

⑥ 경제적 이익보다는 자기가 행한 봉사의 중요성

⑦ 실무자들의 광범한 자치 조직

이상과 같은 준거에 의하면, 교직은 대부분 이들 준거를 만족시키고 있기 때문에 전문직에 속한다고 볼 수 있다. 교원은 존엄한 인간을 다루는 직업이며, 그것도 구체적, 개별적으로 다루며, 장기간의 직전 교육과 실습을 거쳐 국가가 인정하는 자격증을 가지고 임용되며, 교육 활동에 광범한 자율성

이 보장되기 때문에, 교직을 전문직이라고 주장해도 무방하다고 하겠다. 그러나 주장한다고 해서 전문직이 되는 것이기보다는 전문직이라고 주장하지 않아도 전문직으로 인정받는 상황이 되어야 한다.

더욱이 앞으로의 사회가 고학력 사회, 학습 사회화되고 기술 혁신과 첨단 과학의 발달에 의한 고도 산업 사회가 촉진됨에 따라, 그리고 교통·통신의 발달로 세계가 지구촌으로 좁아지는 국제화·개방화의 추세에 따른 정보 사회화가 촉진됨에 따라 교직의 전문화는 더욱 중요시되어야 한다.

2. 교원의 법적 지위와 의무

1) 교원의 법적 지위

교원(teacher)이라 함은 학교 내에서 학생의 교육에 책임을 지고 있는 모든 사람을 가리킨다. 우리나라 교육법상 교원이라 함은 각급 학교에서 원아·학생을 직접 지도·교육하는 자를 말한다고 규정하고 있는데, 여기에는 각 학교 교원으로서 유치원 교사·원감·원장, 초·중·고교의 교사·교감·교장, 전문대학과 대학교의 조교·전임 강사·조교수·부교수·교수, 총·학장을 포함시키고 있다. 그러므로 교원이라 함은 국·공·사립학교를 불문하고, 또한 정규 학교나 각종 학교를 불문하고, 교육 기관인 유치원이나 학교에서 원아·아동·학생의 교육에 책임이 있는 모든 사람을 일컫는다고 볼 수 있다.

한편, 교육 공무원이란 국가 공무원의 일종이다. 국가 공무원법에 의하면, 교육 공무원은 법관, 검사, 외교관, 군인, 군무원, 경찰관, 소방관 등과 같이 경력직의 특정직 공무원에 속하며, 교원과 교육 전문 직원으로 구분되어 있다. 교원은 상술한 바와 같이 각급 학교에서 교육을 직접 담당하는 자이며, 교육 전문 직원은 교육 기관·교육 행정 기관·교육 연구 기관에 근무하는 장학사·장학관·교육 연구사·교육 연구관을 지칭한다.

교육 공무원은 국가 공무원법과 교육 공무원법에 의한 개념이므로 사립학교의 교원은 제외된다. 그러나 사립학교도 모든 국민의 교육받을 권리를 보장하기 위해 존재하는 공교육 기관이므로, 사학의 교원도 복무, 신분 보장, 보수와 그들의 기능 및 자격 등은 교육법과 교육 공무원법에 준하도록 되어 있다.

그리고 교원과 교육 전문 직원의 차이는, 대학의 교원을 제외한 교사·교감·교장·원감·원장은 법정 자격 기준에 해당하는 자로서 교원 자격 검정령의 규정에 의하여 교육부 장관이 수여하는 자격증을 가진 자라야 하는데, 대학의 교원과 교육 전문 직원은 법정 자격 기준의 요건을 갖추면 되고, 따라서 자격증 제도는 아니다.

2) 교원의 의무

교원은 국가 공무원법상의 의무를 다른 공무원과 같이 지면서 동시에 교육 공무원법상의 의무도 아울러 져야 한다. 교원이 져야 할 의무를 열거하면 다음과 같다.

① 성실의 의무: 모든 공무원은 법령을 준수하며 성실히 직무를 수행해야 한다.

② 복종의 의무: 공무원은 직무를 수행함에 있어서 소속 상관의 명령에 복종하여야 한다.

③ 직장 이탈 금지의 의무: 공무원은 소속 상관의 허가 또는 정당한 이유 없이 직장을 이탈하지 못한다.

④ 친절 공정의 의무: 공무원은 국민 전체의 봉사자로서 친절 공정히 집무하여야 한다.

⑤ 비밀 엄수의 의무: 공무원은 재직 중은 물론 퇴직 후에도 직무상 알게 된 비밀을 엄수하여야 한다.

⑥ 청렴의 의무: 공무원은 직무와 관련하여 직접 또는 간접을 불문하고 사례, 증여, 또는 향응을 접수할 수 없다. 또한 공무원은 직무상의 관계 여

하를 불문하고 그 소속 상관에 증여하거나 소속 공무원으로부터 증여를 받아서는 아니 된다.

⑦ 품위 유지의 의무: 공무원은 직무의 내외를 불문하고 그 품위를 손상하는 행위를 하여서는 아니 된다.

⑧ 영리 업무 및 겸직 금지의 의무: 공무원은 공무 이외의 영리를 목적으로 하는 업무에 종사하지 못하며, 소속 기관장의 허가 없이 다른 직무를 겸할 수 없다.

⑨ 정치 활동 금지의 의무: 공무원은 정당 기타 정치 단체의 결성에 관여하거나 이에 가입할 수 없다. 공무원은 선거에 있어서 특정 정당 또는 특정인의 지지나 반대를 하기 위하여 유인 운동, 서명 운동의 기획·주재·권유, 문서나 도서의 게시, 기부금의 모집, 정당이나 정치 단체에의 가입 권유 운동을 하여서는 아니 된다.

⑩ 집단 행위 금지의 의무: 공무원은 노동 운동, 기타 공무 이외의 일을 위한 집단 행위를 하여서는 아니 된다. 다만 사실상 노무에 종사하는 공무원은 예외로 한다.

⑪ 연수 및 연구의 의무: 이 의무는 일반 공무원과는 달리 교원에게만 부과되는 의무이다. 교원은 항상 사표가 될 품성과 자질의 향상에 힘쓰며, 학문의 연찬과 교육의 원리와 방법을 연구 연마하여 국민 교육에 전심전력하여야 한다. 또한 교육 공무원은 그 직책을 수행하기 위하여 부단히 연구와 수양에 노력하여야 한다. 이 연수·연구·수양의 의무는 교원에게는 가장 일차적이고 핵심적인 것이다. 우리나라의 경우에는 일단 교원으로 임명되면 65세까지 평생 동안 정년이 보장되어 있기 때문에 연수와 연구의 의무는 더욱 중요시되지 않을 수 없고, 오늘날과 같이 지식과 정보의 양이 폭발하고, 그 수명이 얼마 가지 않고 새로운 것으로 대치될 뿐 아니라 이에 따른 교육의 내용과 방법 및 기법이 급격하게 변하기 때문에 교원의 연수는 특히 강조되지 않을 수 없다.

3. 바람직한 선생님상

1) 바람직한 선생님상

좋은 만남의 대상이 될 수 있는 바람직한 교사상에 대해 C. Morton Shipley가 제시한 내용을 소개하면 다음과 같다.

① 정서적 안정성과 건전한 정신 상태를 갖출 것
② 신체적으로도 건강하고 활동적인 성품을 지닐 것
③ 평균 수준 이상의 지능을 소유할 것, 특히 지성과 문제해결 능력을 갖출 것
④ 창의성과 상상력, 그리고 박학다식하여 매장량이 풍부한 광산 같을 것
⑤ 행위와 음성에 있어서 잘 다듬어지고 균형을 유지하며 정돈되어 있을 것
⑥ 겸손하고 친절하며 연민의 정을 지니되 재치도 있을 것
⑦ 인내, 인내, 또 인내를 갖고 모든 상황을 견디어 낼 것
⑧ 성실함과 정직함이 분명할 것
⑨ 든든하여 기댈 수 있고 상의할 수 있을 것
⑩ 민첩하고 효율적이며 인간과 물자에 대한 조직 활동력을 갖출 것
⑪ 긍정적이고 적극적이며 격려하는 태도로 타인의 실수할 권리를 인정할 것
⑫ 민주적인 리더십을 갖출 것
⑬ 전문인으로서의 품위를 유지하기 위해 윤리적 수준과 자기 개발 노력을 견지할 것 등이다.

2) 현대적 의미의 사도

스승은 '소명 의식의 신념에 차서 교직을 일생직으로 삼는 인사'라고 할 수 있으며, 師道는 '敬業', '樂業', '勤業'으로 집약시켜 말할 수 있다. 敬業은 교직에 대한 자부심과 긍지를 지니고 교직에 종사한다는 뜻이며, 樂業은 학생을 좋아하고 사랑하며 학생 편에 서 있음으로써 교직에서 樂을 구한다

는 뜻이고, 勤業은 계속적인 연찬으로 부단한 자기 갱신을 도모함을 의미한다. 이와 같은 세 가지 관점에 따라 현대적인 의미의 師道를 제시해 보면 다음과 같다.

① 확고한 교직적 신념을 가진 교사
② 학생에게 인격적 감화를 주는 교사
③ 학생을 존중하는 교사
④ 학생을 이해하는 교사
⑤ 평생 교육을 실천하는 교사
⑥ 연구하는 교사

3) 바람직한 스승상 체계

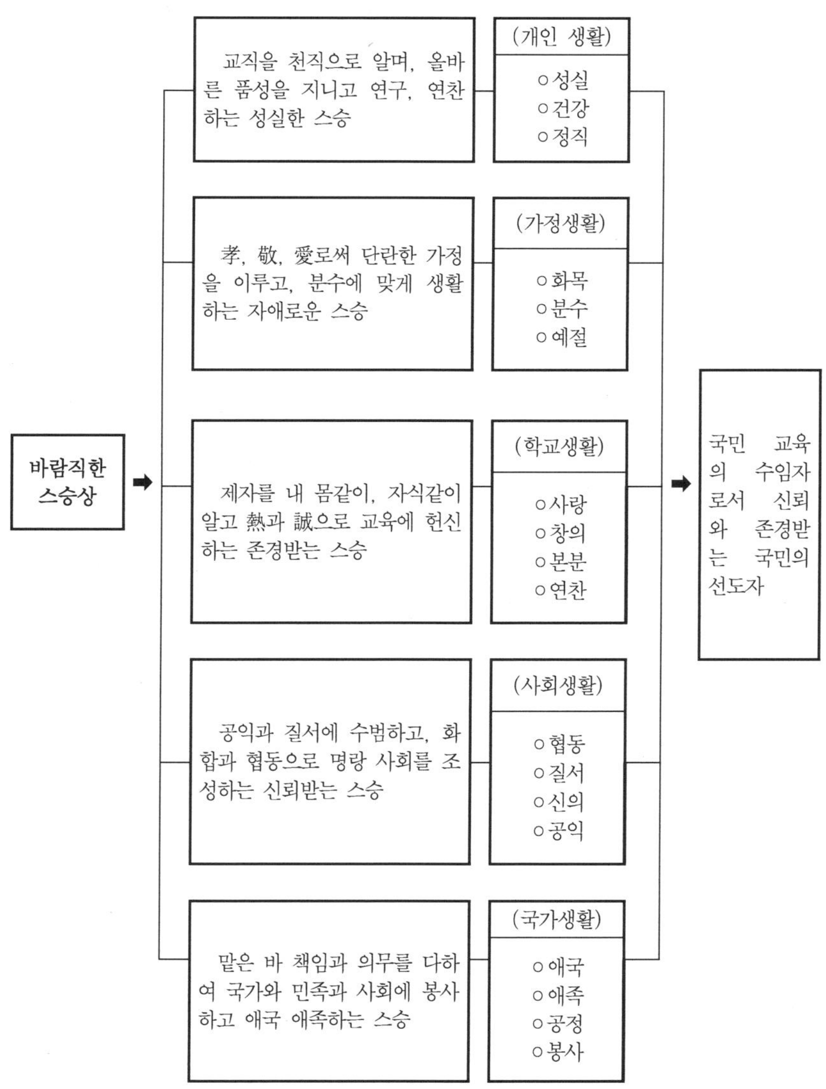

바람직한 스승상
교직을 천직으로 알며, 올바른 품성을 지니고 연구, 연찬하는 성실한 스승
(개인 생활)
○성실
○건강
○정직
孝, 敬, 愛로써 단란한 가정을 이루고, 분수에 맞게 생활하는 자애로운 스승
(가정생활)
○화목
○분수
○예절
제자를 내 몸같이, 자식같이 알고 熱과 誠으로 교육에 헌신하는 존경받는 스승
(학교생활)
○사랑
○창의
○본분
○연찬
공익과 질서에 수범하고, 화합과 협동으로 명랑 사회를 조성하는 신뢰받는 스승
(사회생활)
○협동
○질서
○신의
○공익
맡은 바 책임과 의무를 다하여 국가와 민족과 사회에 봉사하고 애국 애족하는 스승
(국가생활)
○애국
○애족
○공정
○봉사
국민 교육의 수임자로서 신뢰와 존경받는 국민의 선도자

4) 학생들이 원하는 선생님상

① 학생들을 이해할 줄 아시는 선생님
 －학생들의 행동을 이해하고 안정감을 주시는 선생님
 －격의 없이 대하고 이야기에 귀를 기울여 주시는 선생님
② 인격을 존중해 주시는 선생님
 －학생들을 인격적으로 대해 주시는 선생님
 －학생들의 의견을 수렴해 주시는 선생님
③ 재미있는 선생님
 －항상 명랑하고 밝은 얼굴로 대해 주시는 선생님
 －수업 분위기를 즐겁게 이끌어 가시는 선생님
④ 지식과 교양이 풍부한 선생님
 －교훈이 되는 이야기를 많이 해 주시는 선생님
 －항상 연구하고 공부하시는 선생님
⑤ 도덕적 인품을 지니신 선생님
 －몸가짐이 바르고 용모가 단정하신 선생님
 －고운 말을 사용하시는 선생님
⑥ 절도 있는 선생님
 －옳고 그름, 공과 사를 분명히 하시는 선생님
 －때로는 엄하고, 때로는 너그러우신 선생님
⑦ 열의 있는 선생님
 －적극적인 사고로 학생들을 이끌어 주시는 선생님
 －알찬 수업을 진행하시는 선생님
⑧ 체벌하지 않는 선생님
 －사랑으로 학생들을 선도하시는 선생님
 －인내와 관용으로 학생들을 감싸주시는 선생님
⑨ 편애하지 않는 선생님

－편견 없이 모든 학생들을 아껴 주시는 선생님
－마음이 넓고 자상하신 선생님

⑩ 믿음을 주시는 선생님
－언행이 일치하는 믿음직한 선생님
－솔직하고 소박하며 용기와 희망을 주시는 선생님

4. 시청각 교수－학습자료 활용 방법

1) 시청각 교수－학습자료 활용의 필요성

강의 중심의 수업을 탈피하여 특성에 알맞은 시청각 교수－학습자료를 개발하여 실제의 교육 현장에 투입 활용함으로써 교육 방법의 개선과 보다 향상된 교육성과를 기대할 수 있다.

2) 시청각 교수－학습자료의 활성화

시청각 교수－학습자료를 개발, 활용함으로써 학생들의 동기 유발은 물론, 학습의 효율성 제고, 학생 중심의 수업 활성화 등을 꾀할 수 있다. 시청각 교수－학습자료를 활용함으로써 실제 학습에 나타나는 효과는 대체로 다음과 같다.

○학습 활동에 소요되는 시간, 경비, 노력 등을 최소화할 수 있다.
○학습 경험의 내용을 풍부히 한다.
○학습의 동기와 흥미를 유발시킨다.
○학습 내용을 정리하는 데 유용하다.
○학생의 주의력을 높이고 기억을 용이하게 하며 영속화한다.
○많은 학습자에게 같은 경험 내용을 준다.

개발된 시청각 교수-학습자료가 제구실을 하려면 먼저 자료를 활용하는 명확한 목적을 가지고 학습자와 학습 내용, 학습 단계에 알맞게 제작하고, 적시적소에서 올바른 방법으로 활용해야 할 것이다. 따라서 계획적이고 철저한 사전·사후 지도가 반드시 병행되어야 한다.

3) 시청각 교수-학습자료의 종류와 특성

(1) 시청각 교수-학습자료의 종류

① 시각 자료: 실물 환등기, OHP, 사진, 그림, 모형물, 포스터, 융판, 자석 칠판, 궤도

② 청각 자료: 음반, 라디오 방송, 녹음테이프

③ 시청각 자료: 슬라이드, 비디오테이프, 컴퓨터, 영화, TV 방송

④ 실습 자료: 실물, 표본, 모형물, 실험·실습 비품

(2) 시청각 교수-학습의 자료의 특징

교수-학습자료를 실제 학습에 유효 적절히 활용할 때의 그 교육적인 특성은 다음과 같다.

① 교수-학습자료는 학습자에게 구체적인 경험을 줌으로써 학습의 다양성과 능률화를 도모할 수 있다.

② 학습에 대한 동기를 유발시켜 줌으로써 자발적인 학습 활동을 자극시키며 학습 결과의 지속성을 기할 수 있다.

③ 학습자로 하여금 정확한 사고와 그 발전을 도와준다.

④ 바람직한 인성과 태도의 형성에 공헌하여 현대 사회에 합리적인 적응력을 길러 준다.

5. 공문서 처리 및 문서 기안법

1) 문서 관리의 개요

(1) 공문서의 의의

공문서는 사문서에 대한 개념으로써 일반적으로 행정 기관 또는 공무원이 그 직무상 작성·시행하고 접수하는 문서를 말한다.

(2) 문서의 종류

가) 법규 문서: 헌법, 법률, 대통령령, 총리령, 부령, 조례, 규칙 등 조문 형식으로 작성된 문서

나) 지시 문서: 훈령, 지시 예규, 일일 명령 등 행정 기관이 그 하급 기관 또는 소속 공무원에 대하여 일정한 사항을 지시하는 문서

다) 공고 문서: 고시, 공고 등 행정 기관이 일정한 사항을 일반인에게 알리기 위한 문서

라) 비치 문서: 비치 대장, 비치 카드 등 용도에 적합한 형태의 서식으로 작성된 문서

마) 일반 문서: 위의 각호 이외의 문서로서 회보, 보고서 등

(1) 회보: 행정 기관의 장이 소속 공무원 또는 하급 기관에 업무 연락, 통보 등 일정한 사항을 알리기 위한 경우에 사용하는 문서로서 행정 기관 단위로 회보 사항을 일괄 수록하여 문서과 등에서 발행함

(2) 보고서: 특정한 사안에 관한 현황 또는 연구·검토 결과 등을 보고하거나 건의하고자 할 때 작성하는 문서

(3) 공문서의 성립과 효력 발생

가) 문서의 성립

(1) 성립 시기: 결재권자의 결재 시

○기안, 중간 보조 기관의 검토 등은 문서 성립을 위한 준비 단계임

(2) 설립 요건

① 정당한 권한 있는 자가 작성

② 직무 범위 내에서 공무상 작성

③ 결재권자가 결재

나) 문서의 효력 발생

(1) 일반 문서: 수신자에게 도달 시

(2) 공고 문서: 다른 법령 및 공고 문서에 특별한 규정이 있는 경우를 제외 하고는 공고 후 5일 경과 후부터 한다.

4) 문서 작성의 일반 원칙

가) 공문서 용어

(1) 글자: 한글로 띄어서 가로 쓰되, 표준말 사용

(2) 숫자: 아라비아 숫자를 씀

(3) 연호: 서기 연호를 쓰되, '서기'는 표시하지 않음

(4) 날짜: 년, 월, 일의 글자를 생략하고, 그 사이에 점(.)을 찍어 년. 월. 일을 구분함

나) 공문서의 수정

(1) 문서의 일부분을 삭제 또는 수정하는 때에는 원안의 글자를 알 수 있도록 당해 글자의 중앙에 가로로 두 선을 그어 삭제 또는 수정하고, 삭제 또는 수정한 자가 그 곳에 서명 또는 날인함

(2) 중요한 내용의 문서는 문서의 여백에 삭제 또는 수정자수를 표시하고 날인함. 다만, 시행문을 정정한 때에는 문서의 여백에 정정한 자수를 표시하고 관인을 찍음.

다) 문서의 면 표시

(1) 전후 관계를 명백히 할 필요가 있는 중요한 문서가 두 장 이상으로 이루어진 때에는, 문서의 아래 중앙에 전체 면의 수와 그 면의 일련번호를

붙임표(−)로 이어 기입함

(2) 첨부물의 면 표시는 각 첨부물별로 따로 하되, 전체 면의 수는 생략할 수 있음

(5) 문서의 구성 체계

가) 문서의 구성

(1) 두문: 발신 기관명, 문서 번호, 시행 일자, 보존 기간, 수신란 등

(2) 본문: 제목, 내용, 첨부

(3) 결문: 발신 명의, 수신처란

나) 문서 번호

○기관 기호+분류 기호+문서 등록 번호로 구성

〈예시〉

충대부고 12310-77

(기관기호) (분류기호) (문서등록번호: 연도별 일련 번호)

다) 수신 기관 표시

○수신 기관이 두 곳 이상일 경우에는 수신란에 '수신처 참조'라 쓰고, 발신 명의 아래 왼쪽 기본선에 '수신처'라 표시한 다음 수신처 기호 또는 수신 기관명을 표시함

라) 제목의 표시

① 그 문서의 내용을 함축하는 쉬운 말로 간단하고 명확하게 표시

② 개최, 조사, 의뢰, 신청, 회신, 통보 등의 용어를 문서의 제목 끝에 붙여 문서의 성격을 명확히 함

마) 발신 명의의 표시

○행정 기관간 발신 문서: 행정 기관의 장의 명의

2) 문서의 기안

(1) 기안의 의의와 기안자

가) 기안의 의의

기안이라 함은 기관의 의사를 결정하기 위하여 문안을 작성하는 것을 말하며, 기안 용지를 사용하는 ① 일반 기안 ② 일괄 기안 ③ 공동 기안과, 기안 용지를 사용하지 아니하는 ④ 수정 기안 ⑤ 서식에 의한 처리 등이 있다.

나) 기안자

기안자의 범위에 관하여 아무런 제한이 없으므로 분장 받은 업무에 대하여 그 업무를 담당하는 자, 또는 접수 문서를 선결하는 결재권자가 그 처리 담당자를 따로 지정한 자

(2) 기안의 방법

가) 일반 기안: 어떤 하나의 안건을 처리하기 위하여 정해진 기안 용지에 문안을 작성하는 것

나) 일괄 기안: 서로 관련성이 2개 이상의 안건을 일괄하여 한 기안 용지에 기안하는 것

다) 공동 기안: 2 이상의 행정 기관의 장의 결재를 받아 공동의 명의로 시행하는 문서

라) 수정 기안: 수신한 문서 그 자체에 간단한 수정을 하거나 필요한 사항을 추가하여 기안에 갈음하는 것

마) 서식에 의한 처리

(1) 정기 보고 또는 수시 보고, 경미한 사항의 허가·인가, 증명서 교부, 기타 관례적인 사무에 관한 문서 및 비치 문서는 그 내용을 관계 서식에 기입하는 방법으로 기안할 수 있음

(2) 문서 번호란, 수신란 등 두문이 설치된 서식으로 작성하는 문서는 별도의 기안문을 작성하지 아니하고 다음과 같은 표시를 하여 결재함으로써

기안에 갈음을 할 수 있다.

간이결재인

담당자				결재 일자

2.5cm

1.5cm

* 직위 명칭 및 결재란의 수는 기관에 따라 적절하게 조정하여 사용

3) 문서의 시행

(1) 시행문의 작성

가) 대상 문서: 인편, 우편 또는 모사 전송의 방법으로 발송하는 문서

나) 시행문의 서식

4) 문서의 처리

(1) 의 의

문서를 일정한 기준에 따라 분류·편철하고 보관·보존하며, 불필요한 문서는 적시에 폐기하는 것 등을 말한다.

(2) 목 적

가) 문서를 체계적으로 관리함으로써 필요한 문서의 색출을 신속, 용이하게 한다.

나) 기관 단위 관리 방식을 확립하여 각종 행정 정보를 공동 활동할 수 있도록 한다. (* 행정 정보 공개 시행 기반 구축)

다) 행정 기관의 의사 결정에 필요한 정보를 효과적으로 이용할 수 있게 한다.

라) 불필요한 문서를 적시에 폐기하고 보관. 보존 문서의 관리를 효율화한다.

(3) 문서 정리의 내용

가) 문서의 편철: 문서 내용의 처리가 끝나면 참고 자료 등 보존, 활용할 문서를 묶어 문서철을 만든다.

나) 문서의 보관: 문서철은 처리가 끝난 날이 속하는 연도의 말일까지 처리과의 서류 보관함에 보관한다.

다) 문서의 보존: 보관이 끝난 문서는 보존 문서 기록 대장에 등록하고 처리과 에서 1년간 보존한다.

라) 문서의 인계: 처리과의 보존 기간(1년)이 끝난 문서는 보존 문서 인계·이관서를 작성하여 문서과에 인계한다.

마) 문서의 이관: 문서과는 영구, 준영구 보존 문서를 5년간 보존한 후 보존 문서 인계·이관서를 작성하여 정부 기록 보존소에 이관한다.

바) 문서의 폐기: 보존 기간이 만료된 문서를 폐기한다.

사전실습교육을 통한 실습 종합 평가

실 습 과 정 안 내

1. 실습지의 개괄적 안내

실습지에 대한 정보나 안내는 대부분 비공식적인 부분을 통하여 몇 군데만 알았으며 실제 실습사전교육시간에는, 청소년상담실, 등의 실습에 대한 사전 안내가 있었다.

2. 실습과정 안내

1) 실습지 선정

수많은 실습지 중에서 자발적으로 자신이 희망하는 곳에 지원하였다.

2) 실습지 사전방문

○○○○년 ○월 ○○일에 ○○○관에 사전방문을 하였다. 사전방문이 실습기간에 비해 매우 빨랐으며 자세하지는 않지만 실습기간중에 ○○○센타에서 실습을 받게 될 거라는 말씀을 하셨기 때문에 마음의 자세는 미리 준비하고 있었다.

3) 본실습중 담당교수 방문지도

교수님이 방문하셨을 때 직업전훈련실의 ○○○인들과 사회기술훈련 참관으로 직접뵙지 못하였다.

4) 실습평가회

5) 사후교육

3. 기록과 보고서 제출

1) 실습과 관련된 교육이나 과정에서 이루어진 내용에 대해 기록하여 리포트로 제출

2) 실습일지의 기록

실습일지는 매일매일 기록하였으며, 기관에서 정해진 양식이 없었기 때문에 실습사전교육을 참고하여 일지를 작성하였다. 실습소감부분에 있어서는 형식에 구애 받지 않고 느낀 점을 자유로이 서술하였으며 당일 실습 때 마다 하위 목표를 정하였다. 사실 일지를 기록하면서 이론적이거나 사회복지의 영역에서 많이 벗어났을 때 일지를 기록할 때마다 목표설정에 어려움을 겪었지만 전체적인 목표를 생각하며 이해하고자 하였다. 실습일지를 기록하면서 많은 시간을 투자하였는데 다소 실습의 내용을 기록하다 보면 이론적인 성격을 띠는 경향이 있는데 그렇지만 사후의 평가는 실습일지가 중요한 자료가 된다고 생각하였기 때문이다.

(1) 실습일지의 양식

실습일지

<table>
<tr><th>실습일자</th><td>○○○○년 월 일()</td><th colspan="2">실습지도감독자 확인란</th><td>○○○○
선생님(인)</td></tr>
<tr><th rowspan="6">실 습
일 정</th><th>실습시간</th><th>실습내용</th><th>실습장소</th><th>담당자</th></tr>
<tr><td rowspan="2">A.M 9:00~12:00</td><td></td><td></td><td>이창희 선생님</td></tr>
<tr><td></td><td></td><td></td></tr>
<tr><td>P.M 12:00~13:00</td><td></td><td></td><td></td></tr>
<tr><td rowspan="2">P.M 13:00~17:00</td><td></td><td></td><td></td></tr>
<tr><td></td><td></td><td></td></tr>
<tr><th>실 습
목 표</th><td colspan="4">1
2
3</td></tr>
</table>

양식은 위와 같이 나름대로 작성하였다.

(2) 실습기록

- 구체적 사실에 대한 객관적인 기록

• 실습을 마친 후의 소감과 반성에 대한 기록 및 슈퍼비전 받은 것을 기술

3) 실습지 사전방문

실습에 대한 목표는 사전방문 시에 미리 작성하여 가져가서 비교해 보는 것이 중요할 것이다. 실습을 마치고 나서 느낀 것이지만 실습에 대한 목표를 정하긴 하였고 일정표를 받는 순간 현장을 중심으로 한 실습이 거의 일치하여 실습에 바로 들어갔지만 실습을 마치고 부족한 부분을 알 수 있었던 것처럼 실습내용에 대한 실습생과 지도감독자와의 사정과정은 반드시 필요하다는 생각이 든다. 실습기간 중에 제출하기로 하였던 리포트를 작성하면서 시간이 짧아 제대로 작성할 수 없었을 때 오히려 다른 실습에 영향을 준다는 생각도 하였다.

4) 실습최종보고서 제출

실습최종보고서는 기관에 대한 설명과 실습전의 목표와 실습 후에 달성한 목표에 대한 기술을 하고 전체적인 실습소감을 적었다. 그렇지만 대부분의 실습 과정에서 느꼈던 것을 일일보고서를 중심으로 기록을 하였다.

1)

(1) 이론의 타당성(이론과 실제의 합일성)과 실천성 검토

많은 이론을 가지고 실습에 참여하고 일일보고서를 마무리하면서 검토를 하면서 느꼈던 것은 현실의 모습이 이상적인 가치나 기준에 크게 위배가 되는 부분은 없었다. 조금 벗어나거나 방법을 달리하기는 하였지만 수업시간에 배운 것 중 실제 적용이 가능한 부분에서는 더 빨리 이해가 되었다. 예를 들면 사례관리에 있어서의 면접과 사정의 과정이나 사회복지행정에서의 외부자원을

통한 프로그램기획에 관한 것들을 실제로 복지사들이 한 것을 봄으로써 앞으로 준비해 나가야 할 이론적인 부분에 대한 중요성을 다시 인식하였다.

(2) 사회복지기관에 대한 이해와 실천영역에 대한 인식

기관을 실습을 가기 전에는 탐방을 하거나 리포트차 방문을 하였다면 실습기간에는 직원에 준하는 자격으로 참여하게 됨으로써 보다 자세한 이해를 도울 수가 있었다.

(3) 지역사회에 대한 이해

(4) 자신의 적성평가(사회적응 능력 검토)와 졸업 후의 진로 모색

2. 실습의 구체적 방법과 내용

1) 견학과 학습

업무를 추진하기에는 역부족이거나 전혀 새로운 영역의 경우에는 견학(참관)과 학습이라는 방법을 통해서 실습을 하였다. 때로는 '이건 아닌데……' 하고 의문을 가질 때도 있었지만 주어진 실습이라면 가능한 무엇이라도 찾아보려고 애썼다.

2) 관찰과 참여관찰

3) 이론과 실행, 결과분석

사전에 case와 관련한 부분에서는 많은 준비를 하였다. case와 관련된

문제 중 가장 중요한 것이 Ct의 입장에서나 실습생의 입장에서는 Ct가 손상되어서는 안 되기 때문에 창의적인 방법이 동원되어야 한다. 실습생은 자기에게 내려진 최초의 case고 실제 보다 시간적인 여유가 많아서 더 많은 욕구에 부응할 수 있으나 지나치게 어려운 유형의 case는 사전에 고려가 되어야 한다는 생각이 든다. 즉 실습생이 가진 기술의 범위와 과과에 여러가지 경험을 고려하여 제시하여야 한다는 생각을 하였다. 실제 실습 중에도 재가장애인의 가정방문이나 인테이크 case도 이러한 점을 충분히 감안하여 실행되었던 것 같다.

4) 프로그램 기획

실습을 마치면서도 가장 아쉬움이 남는 것이 이 부분이었다. 프로그램 기획과 관련한 과제가 비공식적(타 전문가 선생님 자율에 의한)으로 내어졌었는데 아무것도 모르는 상태의 즉 가상의 프로그램을 기획하라고 하였을 때 어떠한 이론적인 틀을 가지고 있음에도 불구하고 너무도 어렵다는 생각에 하지 못하였다. 프로그램 기획과 실행, 평가 관한 부분은 지난 학기 사회복지행정 수업을 통해서 이론적인 부분을 참고할 수 있다고 하여도 창의성과 실행할 기관의 사정이 충분히 되지 않는 한 어렵다는 생각을 하였으며 이는 전문가로 나아가기 위한 필수적인 이론적인 과정과 실제 이루어진 프로그램의 분석을 통하여 실력을 쌓아갈 수 있으리라는 생각을 해본다.

5) 공문서류의 기안과 접수, 처리

2006학년도 제1학기 실습평가서

1. 이번 실습을 통해서 배운 점

○○○관을 선택하면서 대상자나 사업에 있어서 다른 ○○○관과는 다르다는 점을 인식하면서 실습에 임하였기 때문에 실습의 내용에 있어서도 많은 차이가 있을 거라는 생각이 든다. 이번 실습을 통해서 폭넓은 사회복지 분야를 실습을 해보지는 않았지만 깊이가 있고 또한 내가 찾고자 하는 것을 찾기 위하여 노력을 하는 데는 충분하였다는 생각이 든다. 실제 기본적인 사회사업에서 요구하는 부분도 찾을 수 있었고 서비스 전달체계에 관한 부분에 대한 이해와 필요성도 찾을 수 있었는데 실습을 가서 느끼고 이론을 적용시키는 것으로 이는 완전히 새로운 것을 배운다는 것 보다는 기존의 이론이 나오게 된 배경이나 과정을 알려주는 것이라 생각한다. 수업시간을 통해 사례를 들어서 적용을 해보기도 하였지만 현장에서 눈으로 확인할 수 있는 case를 접하게 됨으로서 많은 부분을 새로이 공부하게 되었다. 흔히들 필드에 있는 학교에서 배운 것을 토대로 하지 않는다는 설명을 들으면서 '왜 그럴까? 아마도 환경에 문제가 있을 거야……'라는 생각을 하였다. 그렇지만 실습생의 입장에서는 나름대로 분석을 할 수 있었기 때문에 여러 가지를 배울 수 있었다. 구체적으로 이를 나타내어 보면

1) ○○○ 대한 이해

2) 사례관리와 관련하여

실습기간 중에는 두 명의 case가 선정되었다. 클라이언트에게 있어서나 실습생에게 있어서도 처음으로 선정된 case였기 때문에 많은 신경이 쓰였

다. 인테이크에 관한 것은 1학년 때부터 가지고 있었던 자신감이 부족한 부분이었다. 그때는 스스로 마음의 문을 열지 않는 클라이언트에게 어떻게 접근할 것인가가 문제였다면 이번 실습에서는 사정의 기록에 관한 것과 문제점과 주된 욕구를 찾아서 개획의 목표를 세우는 것에 있었다고 할 수 있다. 물론 이번이 처음이었기 때문에 클라이언트를 직접 만나는 것도 사실 걱정이 되었지만 전화로 내담을 한 케이스여서 사전전화상담을 통하여 미리 이야기가 된 상태에서 시작되었기 때문에 큰 문제는 되지 않았다. 첫 번째 case를 방문할 때는 면접내용을 녹음을 하고 다실 면접내용을 들어보면서 스스로가 잘못된 부분을 찾고 지도감독자도 지적을 하여주셨는데 질문에 대한 흐름이나 일관성에 있어서 매끄럽지 못한 부분과 클라이언트가 대답을 하는 데 있어서 많은 개입이 이루어지거나 추측이 있었기 때문에 이러한 부분에 있어서는 클라이언트(뇌성마비 1급)가 스스로 말할 수 있게끔 이끌어 나가는 역할이 중요하다는 생각을 하게 되었다. 실습생이지만 복지관의 직원의 자격으로 나왔기 때문에 나름대로 신뢰성의 문제에도 걱정이 되기는 하였다. 이 말은 정확히 복지관에서 다루어지는 서비스의 영역을 이해하지 않고서 무엇이든지 도움을 줄 수가 없었기 때문에 확실한 대답을 할 수 없었던 적이 있었다.

두 번째 case방문 시에는 사회복지사와 함께 가게 되었는데 복지사 선생님께서 이끌어가는 분위기나 질문, 기록을 하는 모습을 지켜보면서 가장 중요한 것은 역시 클라이언트가 편하게 대답할 수 있도록 하는 부분이라는 생각이 들었다.

사례관리에 대한 사정을 한번에 다 할 수 있다는 것은 무리가 있다. 적어도 2~3회 이상은 되어야 정확한 조사가 이루어질 수 있는 것 같다. 집중적인 사례관리의 영역에서는 그러한 사정의 과정이 매우 길게도 이루어진다.

3) 타 전문가와의 팀워크 형성

2. 실습의 목표와 성취정도

사전의 실습목표가 매우 추상적이면서 단편적이었음에도 실제 실습을 마치고 나니 그러한 분을 대체적으로 만족할 정도의 성취를 하였다는 생각이 든다. 최종 보고서에서 정리가 되었지만 사전목표가 장애인에 대한 이해가 부족한 것 같다.

3. 실습기간 동안의 좋았던 점과 어려웠던 점

실습기간 중에는 회사에 출근하는 것과는 달리 늘 새로운 기분으로 빨리 가고 싶다는 생각으로 임하였다. 실습기간동안 좋았던 점은 ○○관내에 선생님들과의 관계에 있어서 너무도 따뜻하고 친했던 것과 타전문가 선생님들께서도 실습생들에게 관심을 보여주었던 것이다. 때로는 귀찮을 정도로 많은 것을 요구한다는 말씀도 하셨지만 지금도 시간이 나는 대로 찾아뵙고 전화를 자주한다. 실습보고서를 제출하면서 다같이 모인자리에서 봉사센터 선생님들께서도 많은 신경을 써주시고 실습생들도 열심히 따라줘서 이번 실습이 서로에게 큰 힘이 된 것 같다고 하였다. 또한 내가 원하는 자료들을 한눈에 찾을 수 있었던 점과 실습기간 중에 어떠한 기술을 요구하는 것이 아니더라도 참관의 기회를 준 것도 매우 좋았다.

어려웠던 점은 정해진 시간 내에 일지 외의 리포트가 나왔을 때 제대도 자료를 찾지 못한 어려움과 직장에 오후에 잠깐이라도 들르는 데에서 모자라는 시간상의 문제들이 쉽게 찾아오는 어려움이었고 기타 어려운 문제는 정확히 이해하지 못한 데서 오는 과제에 대한 문제였다고 할 수 있다. 사례관리에 있어서도 이 정도면 다 되었나 보다 하면 또 다른 잘못된 부분이 나타나고 할 때면 경험적인 부분에서 오는 모자람을 볼 수 있었다. 또한 특수교육이나 물리치료 등 다양한 전문가들과의 실습에 있어서 이론적인 부분과 참관으로 끝이 날 때 일지를 작성하는 데 따른 어려움이 있었다.

4. 학교와 기관에 제의하고 싶은 말

실습이 많은 학생들에게 부담이 되고 기관역시 실습생이 많을수록 정해진 업무를 수행하는 데 지장을 초래하며 학교 역시 실습생지도라는 측면에서 실습의 횟수가 많아질수록 많은 부담을 안게 되는 것이 사실이지만 실습이 이제 한 번만 남았다 생각하니 아쉬움이 남는다. 선택의 폭이 최대한 좁혀짐으로서 한 곳을 선택하게 되면 다른 곳은 간접체험을 할 수밖에 없는데 개인적으로는 3번의 실습을 통하여 첫 번째의 실습을 기반으로 하여 보다 전문적인 과정을 경험할 수 있도록 하였으면 한다. 보통 실습을 마친 기관에서 자원봉사활동이 지속되는 것을 볼 수 있듯이 자원봉사인력의 측면과 실제 학교로 돌아와서의 이론을 보다 쉽게 이해하고 준비할 수 있는 토대가 마련될 수 있다. 물론 사회복지학과가 사회사업을 위주로 이루어지는 것은 아닐지라도 교육을 하기 위해서는 이러한 세 번의 실습과정은 충분한 효과를 거둘 수 있을 거라는 생각이 든다(실습기간도 마찬가지……).

이번 실습을 통해서 습득한 체험도 많지만 아직도 모자라는 부분이 많다는 생각을 해본다. 2학기의 실습과정에서도 새로운 기관에 대한 새로운 틀을 배워나가겠지만 보다 현장에 나가서 직접적인 능력을 발휘할 수 있도록 실습내용이 마련되었으면 하는 생각을 해본다. 실습평가 후에도 사후지도를 통하여 피드백을 받을 수 있으면 한다.

5. 이번 실습경험을 통해서 ○○○학과 선택에 관해 다시 한 번 생각해 볼 기회가 되었는가?

실습을 마친 후에는 만약 기회가 주어진다면 이 분야에서의 필요한 기술을 습득하고 일을 하고 싶었다. 나도 전문가가 될 수 있다는 생각이 너무도 좋았고 행정적인 부분을 벗어나 대상자를 이해할 수 있는 기회가 제공되었던 실습을 통한 보람이 매우 크다.

수업 실습 계획

1. 수업실습의 의의

수업실습은 실무실습과 수업참관실습의 토대 위에 교사로서 직무 수행에 필요한 학생 지도 전반에 관한 구체적인 계획과 실천, 서찰에 관한 것을 체험해보는 수업교육실습이다.

따라서 교직에 봉사하는 교사가 갖추어야 할 기본 능력과 수업참관, 실제 수업, 생활지도, 학급경영, 기타 등등 일련의 과정을 실제로 다루어 보는 경험을 쌓는 수업실습이다.

2. 수업실습의 목적

대학에서 배운 지식과 교수법을 지도 교사의 지도 아래 자기 계획과 구상을 갖고 교육 현장에 적응하여 수업 기술을 터득하고 현직에 임했을 때 교사로서의 기본적인 수업지도 능력을 함양시키는 데 있다.

3. 대상 및 기간

가. 대상:

나. 기간:

4. 수업실습생 수업

가. 교생 1인당 수업 배당 시간은 20시간으로 배당하되 중복되는 교과가 없도록 각 교과를 고루 배당하고 나머지 시간은 교생이 희망하는 교과를 배당한다. (계발 활동 1시간, 자매반 수업 2시간, 재량 활동 1시간, 담임 경험의 기회를 제공)

나. 세안은 교생 1인당 1회 작성 (심의 과정 교과 1회 단, 교육학과 및 유아교육학과는 주지교과 1회)하되 수업 2일전까지 1, 3, 5학년은 연구부장, 2, 4, 6학년은 실습부장의 결재를 거쳐 교감 전결을 필한 후 수업에

임한다. 세안 수업은 비디오 촬영을 동료 교사 또는 담임교사가 하여 추후 자기 장학의 기회로 활용한다.

다. 교수 순회지도 시 해당 교생은 세안을 작성하여 수업 2일전에 결재 후 제출 한다.

◎ 학년 교체 자매반 수업

배정반 학급 수업 외에 자매반 수업을 저·중·고 별로 1시간 씩 2시간을 배정함으로써 학년 골고루 수업을 실시하여 실기 능력을 향상시키도록 한다.

◎ 수업 연구 협의 순서

1) 개회사－공개 수업반 교생 중에서 선정된 사회자가 맡아 진행

2) 수업자 반성－핵심적 내용을 간단하게 반성
(수업자 및 지도교사의 좌석은 앞에)

3) 지도 교사의 지도 과정 소개－교수－학습의 본질, 지도 과정, 지도상의 유의점

4) 질의응답－수업자의 답변과 지도교사의 보충 설명

5) 참관 교생 소견 발표－학급당 대표 교생 한두 명 발표

6) 지도 조언－공개 수업반 지도교사 이외의 교사가 조언

7) 폐회사－사회자

5. 교육실습생 배정 계획

가. 수업실습 지도교사 선정

1) 실무실습지도교사는 5년 이상의 교육경력자 및 우수 수업지도 교사로 선정한다.

2) 실습대상자의 학과 및 성별 등을 고려하여 편중됨이 없이 학급에 적절하게 배정한다.

V. 실습교육의 이론적 배경

1. 실습교육의 개념

실습교육은 교실에서 배운 지식과 개념들을 실제 상황에 적용함으로써 전문교육의 특성인 실제적 상황 속에서 학생의 실천적 지식, 기술 및 가치관을 학습하는 기회를 제공하는 핵심적 교과과정이다.

2. 실습교육의 목적 및 목표

1) 실습교육의 목적

실습교육의 목적은 크게 두 가지 측면에서 논의되는데 첫째는 학생이 교실에서 습득한 지식, 기술, 가치를 실습경험을 통해서 자신의 행동목록 속으로 검증을 거쳐 통합하는 기회를 제공한다. 둘째는 현장에서만 일어날 수 있는 새로운 학습을 가능하게 하며, 기존의 이론과 방법론을 확인하고, 토의하며, 수정할 수 있는 계기를 마련하는 것이다.

실습교육의 구체적 목적들을 정리해보면 첫째, 훈련되고 통제된 독립적 사고력을 기른다. 둘째, 일반적인 사회사업 지식의 습득과 사회사업 방법 및 원칙을 이해한다. 셋째, 개인 및 사회 그리고 이들의 상호작용에 대한 실천적 지식을 습득한다. 넷째, 사회사업의 가치, 윤리, 목표에 대한 적극적 동의 및 수용을 할 수 있어야 한다. 다섯째, 사회사업 철학을 이해할 수 있는 감정과 태도를 훈련하다. 여섯째, 자신은 물론 타인을 이해하고 전문적 관계를 형성, 유지할 수 있는 능력을 기른다. 이렇게 여섯 가지로 정리해 볼 수 있다.

2) 실습교육의 목표

매트슨(M.B.Matson), 슈버트(M.S.Schubert), 시몬(B.K.Simon) 이 세 학자들의 공통적 요소는 사회사업 전문직으로서 갖추어야 할 지식, 기술, 그리고 가치관을 전문가인 자신의 실천 속으로 통합하고, 나아가 이 세 가지 국면들을 전문직 자아의 전체적인 개념과 전문사회복지사로서 가장 바람직하다고 생각되는 사회사업 실천의 스타일과 통합하는 것이다.

(1) 지식의 목표

지식의 목표에는 일곱 가지의 목표가 있다. 첫째, 복잡한 지식의 구조와 의미 그리고 전체와 부분들 간의 연계성을 이해하는 것, 둘째, 능력, 이론 및 원리들에 대한 이해를 강화하는 능력, 자신의 업무수행 및 실적을 지식에 근거해서 분석하고 사정하는 능력 등을 발전시키는 것, 셋째, 이론적으로 다룬 사회사업 개념들을 활성화시키거나 강화시키는 것, 넷째, 이론을 실천행동과 통합하는 것, 다섯째, 기본 과정들로부터 나온 지식 및 이론을 이해하여 통합하고 적용하는 것, 여섯째, 교실에서 학습한 이론과 원리들을 현장 상황에서 검증하는 것, 일곱째, 학생들이 교육과정 내용의 모든 영역들에서 새로운 지식을 습득하여 인지적 학습을 강화하고 확장하는 데 기여한다.

실습교육에서 획득할 수 있는 지식은 사회규범, 지역사회 서비스 연계망, 지역사회기관들의 상호관계, 관료조직의 구조와 기능, 스트레스에 대한 개인적 반응에 대한 지식 등이 있다.

(2) 기술의 목표

사회복지 및 사회사업 실천기술은 몇 가지 차원에서 검토할 수 있는데 첫째는 문제해결과정 및 의미 있는 지식을 적용하는 데 필요한 일반적인 기술이다. 선택한 개입방법에 대한 합리적인 설명을 할 수 있는 행위가 전문적인 실천이라 할 수 있다. 둘째는 자아의 의식적 활용과 관련된 일반적 기술이다. 전문적 실천은 주도성, 독립성, 융통성, 창의성을 요구한다. 셋째는 동료 및 서비스를 주는 사람들과 전문적 관계를 발전시키고 유지하는 기술로써 계속 학습하고 정교화해야 한다. 넷째는 구체적인 실천전략들과 기법들로써 실습교육을 통해 학습되고 검증되고 실천되어야 하는 기술들이다.

(3) 가치관의 목표

사회복지 및 사회사업 가치들과 관련된 것으로 학생들이 도와주는 사람, 전문직 동료, 사회제도와 상호작용하는 과정을 통해 자신의 가치관과 감정을 인식하고 분석할 수 있는 경험을 한다. 실습교육 경험의 중요한 부분은 학생들이 현실적 여건들에 의해 제기되는 딜레마를 통해서 분별하는 힘을 키우며, 이런 상황들이 발생할 때에 어떤 자세를 지킬 것이냐를 결정하기 위해 노력하는 것이다.

3. 실습교육의 내용과 기술

1) 기본적인 책임감 및 사명감을 위한 준비

사회복지 및 사회사업 전문직에 대한 학생들의 관심과 흥미, 적합성을 검증하는 과정이다. 첫째, 클라이언트와 비심판적으로 일하는 데 기본이 되는 초보 수준의 자아인식을 갖는다. 둘째, 사회사업을 다른 전문직과 구별하는 핵심적인 가치 및 윤리에 대한 지식을 갖춘다. 셋째, 사회복지사의 역할과 제한점, 기관을 대표하는 책임감을 이해한다. 넷째, 사회사업 전문직에 대한 학생의 적성을 체계적으로 평가한다.

2) 학부와 석사과정의 공통적 내용과 기술

(1) 전문적 발달

① 사회복지 가치 및 윤리에 대한 사명감

핵심적인 실습내용은 사회복지 가치에 대한 사명감을 증명해야 하며, 다양한 실천 상황에서 당면하는 모호하고 갈등적인 윤리적 상황을 처리할 수 있어야 한다.

② 인간의 다양성에 대한 존중

인종적, 지역적 배경, 성별, 신체적 조건 등 서로 다른 문화집단의 차이를 존중하고 강점을 찾도록 노력하며, 어떤 특정 문화를 우월하게 인식하지 않는 것이다.

③ 사회적 및 경제적 정의 증진에 대한 사명감

사회적 억압, 차별, 경제적 부정을 극복하려는 책임감과 사명감이다. 특정 집단에 대한 편견이나 선입견을 없애도록 교육받고 슈퍼비전을 받는다.

④ 자아인식

자기에 대한 객관적 지식과 자신의 강점과 약점에 대한 지식을 의미하며 전문적 성장의 기반이 된다.

⑤ 전문적 성장에 대한 책임감

자신의 전문적 성장에 대해 책임감을 갖는 것이다.

⑥ 효과성의 평가

학생 자신의 활동의 효과성을 평가할 수 있는 능력이다.

(2) 조직적 상황

① 기관의 사명

② 기관의 구조

③ 관료제도 내에서 기능
관료제 내에서 효과적으로 기능하는 것은 조직이 보다 효과적이고 인간적인 서비스를 줄 수 있도록 영향을 행사하는 것이다.

④ 기록유지와 리코딩
기록유지와 리코딩 능력을 학습하는 것이다. 기록유지와 관련된 중요한 기술은 리코딩 작성이다.

(3) 서비스 전달체계의 상황이해

① 사회정책
기관에 직접적인 영향을 주는 국가와 지방의 사회복지정책들이다.

② 지역사회에 대한 지식
지역사회에 대한 지식은 기관에 의해 서비스를 받는 영역 및 지역의 경제적, 정치적, 사회적, 문화적 구조에 대한 지식을 포함한다.

③ 지역사회 사회복지 서비스 전달체계에 대한 지식
지역의 사회복지 서비스 연계망을 의미하는 것으로 공식적, 비공식적(일가친척 연계망, 자조적 연계망 등) 서비스를 포함한다.

(4) 기본적 대인관계 기술

① 대인 관계적 의사소통

② 동료와의 관계

③ 클라이언트체계 개입을 위한 일반적 기술
개인, 가족, 치료적 집단을 포함하는 클라이언트체계에 대한 개입이다.

* 인간행동 및 다양성에 관한 지식의 적용
클라이언트체계에 대한 개입의 첫 번째 영역은 두 가지로 인간행동에 대한 짓 기의 적용과 인간의 다양성, 어려움에 처한 인구집단, 사회정의에 관한 지식의 적용으로 분류된다.

* 클라이언트와의 면접기술
가장 기본적인 면접기술은 실천가와 클라이언트의 상호작용을 이끌어 주며 상호이해를 전달해 주고, 미시-상담적인 기술에 관심을 두는 기술이다. 또한 중요한 면접기술은 클라이언트의 문화에 적절한 기술을 적용하는 것이다.

* 클라이언트체계의 사정
개입기술 중 클라이언트체계의 사정과 관련된 기술을 의미한다. 이에 속하는 기술들이란 다양한 정보원으로부터 정보를 수집하고, 구체적 사례에 인간행동의 지식을 적용하고, 정보의 조직과 분석, 정보를 활용하여 클라이언트의 강점, 체계적 관점, 환경 속의 개인들의 관점 등을 포용하는 사정의 능력으로 구성된다.

* 개입 혹은 치료계획

치료계획 영역의 경험적 실천이 강조하는 것은 첫째, 치료계획을 사정에 언계 시키는 중요성을 실현하는 것, 둘째, 치료계획의 선택은 작은 부분이라도 가능한 치료의 효과성에 근거를 두고 선택하는 것, 셋째, 개입계획을 수정하기 위해서는 평가로부터 체계적 피드백을 활용하는 것 등이다.

* 개입 및 치료계획의 적용

개입계획을 적용하는 기술은 첫째, 개입면접을 이끌어 나가기 위해 대인관계적 의사소통을 활용하는 전략이 필요하다. 둘째, 경제적, 물리적, 사회적 혹은 심리적 자원들을 동원하는 전략이다. 셋째, 다양한 구체적 개입기법들을 적용하는 능력이다.

* 평가

평가는 목적을 향한 발전을 지도 감독하는 것과 구체적 개입기법의 효과성을 사정하는 노력이 포함된다.

* 종결

개입활동을 종결하는 데 필요한 기술로는 첫째, 클라이언트의 발전에 대한 평가와 그 이상의 발전 클라이언트의 노력으로 이루어질 수 있는 현실적 기대가 확인될 때에 종결의 시기를 판정하는 기술이다. 둘째, 개입으로 인한 변화가 유지, 존속되고 변화의 일반화가 증진될 수 있는 방법으로 클라이언트체계로부터 벗어나는 기술이다. 마지막으로 클라이언트의 종결에 대한 반응인 긍정적 감정과 발전을 저해하고 있는 부정적 반응을 인식하고 다룰 수 있는 능력이다.

* 집단에의 개입

개입 영역은 집단지도와 교육활동을 의미한다.

* 의뢰와 사례관리

의뢰기술은 기관이 제공하지 않는 서비스를 찾아서 확보하는 능력이다.

* 옹호활동

이 기술은 의뢰적 기술의 상대적인 확장 및 연장으로 이를 언제 사용해야 할지를 알아야 한다.

4. 현장실습의 유형

1) 방학 중의 실습, 학기 중의 실습

◎ 방학 중의 실습: 일주일 내내 50시간 이상을 기관에서 보내나 실습 이외의 학교 프로그램은 거의 이루어지지 않는다. 방학 중의 실습은 학교에서 멀리 떨어진 곳에 위치한 곳으로 자신이 선호하는 기관에서도 실습할 수 있다. 또 학생들이 현장실습에만 몰두하도록 하는 장점이 있는 반면, 현장실습과 동시에 이론과 지식에 대한 수업발표가 이루어지지 않기 때문에 방학 중 실습을 하고 있는 학생들은 이론과 실제를 연결시키는 데 상당한 어려움을 겪는 단점이 있다.

◎ 학기 중의 실습: 다른 교과목의 수강과 동시에 현장실습을 위해 일주일에 1~2일을 기관에서 보낸다. 학기 중의 실습은 길기 때문에 계속해서 같은 클라이언트나 가족을 만날 수 있다는 이점이 있으며 장기간 실습은 실습지도자들이 학생을 이해하는 데 더 좋은 기회를 제공하며, 실습을 통해 배운 것을 자기 것으로 흡수하기에 더욱 좋다. 반면, 실습일수가 너무 짧다는 단점이 있다.

2) 시간제 실습, 근무지 실습

◎ 시간제 실습: 기관에 고용된 학생들이 월급을 받으면서 그곳에서 실습 업무의 일부분을 행할 수 있도록 하기 위한 특별한 제도이다. 직장을 가지고 있는 학생들의 편의를 도모하고, 질적인 실습을 제공하기 위해 채택되었다.

◎ 근무지 실습: 종합사회복지관, 사회복지시설, 동사무소 및 병원 등이 적합하고, 프로그램의 기획 및 실천에 대한 권한이 있는 경우 본인의 의욕에 따라 좋은 프로젝트를 시도해 볼 수 있다. 반면, 학생의 열의가 부족한 경우 형식적인 실습이 되기 쉽고, 학습내용이 한쪽으로 치우치거나 사회사업의 핵심에서 다소 벗어날 수 있는 한계성을 가지고 있는 단점이 있다.

실기교사 자격증 취득 안내

1. 실기교사란

자격관련 해당 전공 및 졸업자로서, 재학 중 교직과목과 관련전공 및 학과의 기본이수 영역과목을 이수하고 실기교사 표시과목에 해당되는 국가기술자격증을 취득한 경우에 한하여 교원자격증(실기교사 자격증)을 취득할 수 있습니다.

2. 자격기준

교직과목 4학점(교육학개론, 실기교육방법론)과 관련 기본이수영역 6학점(전공 및 학과별 기본 이수영역 및 과목)을 반드시 이수

그 과목에 해당되는 국가기술자격 종목이 있는 경우 기능사 2급 이상의 국가기술자격증을 졸업 전에 반드시 취득(입학 전 취득도 유효함)

3. 발 급

1) 실기교사 자격증은 당해연도(졸업연도)에 신청하여 발급하는 것을 원

칙으로 합니다.(재학 중 해당 국가기술자격증을 취득하지 못하고 졸업 이후 취득한 자격증에 대하여는 인정이 되지 않음)

2) 구비서류

－교원자격무시험검정서류 1부(소정양식)

－국가기술 자격증 원본(반드시 제출하여 확인받아야 함)

－성적증명서 1부

－주민등록초본 1부, 본인도장, 검정수수료

4. 표시과목(실기교사)의 관련전공(학과)과 표시과목

5. 실기교사 표시과목 해당 국가기술자격종목

표시과목	국가기술자격종목		
	기 사	산업기사	기능사
기 계	일반기계, 메카트로닉스, 공조냉동기계, 건설기계, 건설기계정비, 기계공정설계, 치공구설계, 정밀측정, 사출금형설계, 프레스금형설계	윤활관리, 생산기계, 전산응용가공, 기계조립, 메카트로닉스, 생산자동화, 기계설계, 공조냉동기계, 보일러, 건설기계, 건설기계정비, 치공구설계, 정밀측정, 계량기계, 계량전기, 계량물리, 프레스금형, 사출금형, 기계정비, 판금, 제관, 배관설비	선반, 연삭, 밀링, 수치제어선반, 수치제어밀링, 기계조립, 기계제도, 전산응용기계제도, 공조냉동기계, 보일러시공, 보일러취급, 건설기계기관정비, 건설기계차체정비, 기중기운전, 굴삭기운전, 불도저운전, 천정기중기운전, 로우더운전, 아스팔트믹싱플랜트운전, 준설선운전, 로울러운전, 모우터그레이더운전, 아스팔트피니셔운전, 지게차운전, 공기압축기운전, 양화장치운전, 정밀측정, 계량기계, 계량전기, 계량물리, 시계수리, 프레스금형, 사출금형, 기계정비, 일반판금, 타출판금, 제관, 철골구조물, 공업배관, 건축배관
용 접	용 접	용 접	전기용접, 가스용접, 특수용접
전기	전기, 전기공사	전기, 전기공사, 전기기기	전기공사, 전기기기
전자계산기	전자계산기	전자계산기	전자계산기

제2장 동기유발을 위한 교수방법

■ Teaching Tip I: 교실에서의 동기

대학에서 흔히 전공필수과목의 경우 학생들의 수업에 대한 동기가 전공선택과목보다 상대적으로 부족한 것을 볼 수 있다. 원하지 않아도 필수과목이기 때문에 어쩔 수 없이 수강해야 하는 경우, 이러한 클래스를 가르치는 교수들은 한번쯤 수업을 진행하는 데 있어서 학생들의 수동적 수업참여에 애를 먹은 적이 있을 것이다. 또한, 전공 선택 과목이라 할지라도, 학기초와 학기말의 학생들의 수업에 대한 태도를 살펴보면 학기말로 갈수록 수업에 대한 학생들의 참여가 저조함을 볼 수 있을 것이다.

왜? 학생들이 전공필수과목의 경우, 수업에 대한 참여가 적극적이지 못한 것일까?

혹은 학기말로 갈수록 수업에 대한 동기나 혹은 흥미가 감소되는 것일까?

이에 관한 문제는, 수업을 진행하는 교수에게 있어서 매우 중요한 이슈이다. 아무리 많은 지식을 가지고 있는 학생들이라 할지라도, 대상과목에 대한 동기나 흥미가 없다면, 지속적인 의미 있는 학습(meaningful learning)이 이루어질 수 없다. 이처럼 '학습에 있어서의 동기'는 학생들의 학습 메커니즘을 결정짓는 중요한 열쇠라고 할 수 있는데, 그렇다면 이러한 학생들의 동기를 어떻게 유발할 수 있으며, 혹은 지속시킬 수 있을까?

Ⅰ. 동기개념과 교실에서 사용 가능한 동기유발 방법

1. 동기란,

인간행동을 발생시키는 원인이 되고 행동의 방향과 목표를 제시하며, 행동의 수준이나 강도를 결정하는 심리적인 상태 또는 과정으로서, 학습 장면에서의 동기인, 학습동기(learning motivation)란, 학습자로 하여금 어떠한 학습목표를 향하여 학습행동을 하게 하는 학습자의 모든 심리상태를 말한다.(나동진, 1999) 학습동기는 동기의 발생원에 따라 외재동기와 내재동기로 나누어진다.(Ryan & Deci, 2000)

-외재동기(extrinsic motivation): 행위와 분리되어 부가적으로 수반되는 다른 여러 결과를 얻기 위하여 행동을 하도록 하는 동기.
예) 과제 그 자체와는 관계없이, 어떤 보상(성적 등)을 얻거나, 벌을 회피하기 위한 것.

-내재동기(intrinsic motivation): 어떤 행동이 그 자체로 흥미롭거나 즐겁기 때문에 그 행동을 하도록 하는 동기.
예) 학습과제 대한 욕구, 흥미, 호기심 등 학습자 스스로가 자발적으로 학습하려는 의욕

교육현장에서 외적인 보상이 주어지지 않고도 학업 성취를 촉진하는 수단이 되는 내적동기(intrinsic motivation)가 학습자들이 갖는 가장 이상적인 동기상태라고 할 수 있다. 그러나 과목에 대한 아무런 동기기 없는 초기

상태에서는 내적동기를 위해서, 외적인 보상을 이용하는 것도 동기를 유발하는 한 방법이라고 할 수 있다. 그럼, 학생들의 동기유발을 위해서 교사들은 무엇을 할 수 있을까? 어떻게 학생들을 수업에 집중시키고 적극적으로 참여하게 만들 수 있을까? 학생들의 동기 유발을 위한 구체적인 교수방법에 대해서는 '동기유발 teaching tip II' 에서 제안하고 있다.

II. 동기유발을 위한 교수방법

1. 학생들의 동기유발을 위한 교수방법

1) 강의시작 전 5분을 잘 활용한다.

강의 시작 5분은 수업시간의 전체수업분위기를 결정하는 중요한 시점이다. 이 전체 수업분위기를 결정하는 이 시간을 위해서, 교수는, 가능한 학생들의 시선을 교수 자신에게 모아야만 한다. 강의실을 들어오자마자 출석을 부르는 것보다는, 학생들이 기대하지 못한 질문을 던져보거나, 혹은, 학생들의 공통관심사에 대해 짧게 얘기하는 것이 학생들의 주의를 집중시킬 수 있는 한 방법이다.

춘곤증이 몰려오는 점심시간이 끝난 뒤의 수업의 경우, 강의 시작하기 전 학생들의 정서에 맞는, 신나고 경쾌한 음악을 강의실에 틀어 놓는 것도 학생들의 주의를 끄는 데 좋은 방법이 될 수 있다.

2) 매 시간마다 확실한 수업목표를 제시한다.

전체 강의 계획서도 중요하지만, 이번 시간에 무엇을 배울 것인지에 대한 강의 목표에 대해서 강의시작 전에 구체적으로 제공하는 것이 좋다. 학습동기는, '목표'와 매우 관련이 높은 학습요인으로서, 학생들의 학습목표가 구체적이고 확실할 때, 학습동기가 높아진다. 단, 이때의 학습목표는 너무 쉽거나 어렵지 않은, '달성 가능한 목표'라야 한다.

3) 다양한 교수 method와 materials을 사용한다.

전통적인 text 위주의 수업방식은, 학생들이 수업에 대해 가장 지루함을 느끼는 교수방법 중 하나이다. 멀티미디어 시청각자료를 이용하거나, 브레인스토밍, 혹은 팀별 활동 등 수업시간을 몇 가지 단위로 나뉘어서 이러한 다양한 교수method가 활용될 수 있도록 해야 한다. 강의 준비 시 교수는 이러한 점을 고려하여 수업계획을 해야 한다. 또한, 이러한 method사용 시 다양한 materials(texts, images, sounds)을 사용하는 것도 학생들로 하여금 다양한 정보처리를 하게 함으로써 주의를 끌 수 있는 한 방법이다.

4) 과목 혹은 과제에 대한 자기관련성을 높여준다.

같은 주제의 강의라고 할지라도, 자신과 관련성이 있는 강의가 그렇지 않은 강의보다 상대적으로 주의를 더 집중시킬 것이다. 이러한 자기관련성(relevance)은, 예를 들어, 강의시간에 사례를 들 때, 학생들의 공통관심사가 되는 대상의 예를 들거나, 정보제공 시 1인칭 시점의 내용을 전달을 통해 높아질 수 있으며, 과제 제공 시 학생들 스스로 과제를 선택하게 하는 것도 자기 관련성을 높이는 방법이라 할 수 있다.

5) 학생들에게 맞는 적절한 난이도의 과제를 선택한다.

과제가 너무 쉽거나 어려우면, 학생들은 시작도 하기 전에 시시해하거나, 포기해버리게 된다. 과제를 제시할 때 가능한 학생들에게 맞는 어느 정도 도전감 있는 과제를 주는 것이 바람직하다. 실제로, 학생들의 각성수준과 행동수준 사이의 관계를 이해하는 것은 학습동기를 증진시키는 데 중요한 기초가 된다고 한다. 각성수준은 과제를 지각하는 수준을 의미하는 것으로서, 이러한 각성수준은 과제의 난이도에 영향을 받는데, 일반적으로 과제가 어려울수록 각성수준이 낮아지며, 각성수준이 최적의 상태일 때 동기가 가장 높다.(교육심리학, 임규혁, 2001)

6) 학생들의 자율성을 높여준다.

전공필수 과목의 경우, 학생들은 이미 제한된 선택권으로 인해 학습에 대한 동기가 높지 않은 상태일 것이다. 이러한 때일 때 더욱더, 수업 안에서의 학생들의 '선택권'과 '주도권'을 높여주는 것이 수업에 대한 학생들의 주의를 높일 수 있는 좋은 방법이다. 과제를 스스로 선택하도록 하거나, 학생들의 의견을 반영하기 위해 전체 한 학기 수업계획을 함께 계획하는 것도 학생들의 자율성을 높여주는 한 방법이다. 동기이론중 하나인, '자아효능감 이론'에서는, 학업과제에 대한 내재동기가 피험자의 능동적이고 자율적인 상태와 관련되어 있다고 본다. 그래서 이러한 '자아 효능감'은, 스스로에게 긍정적인 감정을 경험하도록 하여, 보다 상위과제에 도정하려는 열정을 갖도록 한다.(A.Bundura, 1986)

7) 예측 가능한 정보보다는, 기대하지 않은 사건을 통해 학생들의 궁금증을 유발한다.

기존의 전형적인 수업방식은 학생들의 이미 질문과 답을 알고 있는 것과 같다. 예측 가능한 정보의 제공을 제공한 후 해결되는 것과, 기대하지 않은 사건을 제시한 뒤, 그 문제가 해결되었을 때 후자 쪽이 더욱더 학생들의 호기심과 과목에 대한 관심이 높아진다. 이러한 문제를 제공할 때 교수는, 학생들로 하여금 생각할 여지가 있는 문제를 제공하는 것이 더욱더 효과적이다.

8) 즉각적인 피드백을 제공한다.

피드백 제공 시 학생들이 자신의 실력을 그때그때 평가할 수 있도록, 수행상황마다 즉각적인 피드백을 제공하는 것이 학생들의 동기를 높일 수 있으며, 이러한 피드백은 추상적인 것이 아니라 구체적으로 주는 것이 좋다. 학생들은 자신의 수행에 대한 평가를 통해 일방적이고 수동적인 수업이 아닌, 수업을 통해 자신의 발전을 조금이나마 확인 가능하게 되고, 이것은, 그 수업에 대한 적극적인 참여로 이어질 확률을 높여주게 된다.

참고 문헌

임규혁(2001), 교육심리학, 서울: 학지사

나동진(1999), 교육심리학: 학지사

Bandura, A(1986). Social foundations of thought and action: A Social cognitive theory. Englewood Cliffs, NJ: Prentice-Hall.

Deci, E.L., & Ryan, R. (1985).Intrinsic motivation and self-determination in human behavior. New York: Plenum Press

Ryan, R & Deci, E(2000).Intrinsic motivation and extrinsic motivation: Classic definition and new direction. Comtemporary Educational Psychology, 25, 54-67.

Ⅲ. 스트레스 받는 교육

미술가의 꿈을 키워가고 있는 김 모(16) 양은 중학 2학년이던 2년 전 학교를 떠났다. 그때 1학기가 끝날 무렵, 종례시간. 40대 여자 담임이 김 양을 교탁 앞으로 불러냈다. 영어회화 외부 강사료가 부족하다고 학교에 돈을 더 내라고 한 걸 깜빡 잊은 게 탈이었다. "너희 집은 2000원도 못 내니?" "그렇게 찢어지게 가난하니?" "너 하나 때문에 우리 반이 찍혔으니 책임져." 이 일로 마음의 상처를 크게 받은 것을 계기로 김 양과 부모는 학교를 자퇴하고 집에서 혼자 자유롭게 공부하는 홈스쿨링을 택했다. 김 양은 요즘 어릴 때부터 재능을 보인 미술 공부에 빠져 있다. 화, 목, 토요일 오후에는 화실에 간다. 평균 6시간 이상을 보내고, 때론 밤을 꼬박 샌다. 다른 날에는 도서관에서 전문 서적을 읽고, 전시회를 찾아다닌다. 최근 덕수궁에서 열린 '후기인상파' 그림 전시회를 다녀왔다. 학교에 다니지 않는다고 생활이 나태하진 않다. 오전 7시에 일어나, 오전에는 기본적인 학과 공부를 한다. 부족한 부분은 인터넷과 백과사전을 참고한다. 작년 4월 중졸 검정고시를 통과했다. 김 양은 "누가 강요하지 않으니까 공부가 더 잘되는 것 같다"고 했다. 올해 목표는 고졸 검정고시 합격, 이후엔 2년 정도 외국을 여행할 계획이다. "대학에 안 가면 어때요. 저는 이미 제가 하고 싶은 일을 찾았거든요." 학교 밖에서 자신의 길을 선택하는 학생들이 늘고 있다. 학교에서 얻을 수 없는 것을 찾기 위해서다. 스스로 학교를 버린 이들은 「학교=교육」이란 등식을 거부한다. 학교는 학부모와 학생이 선택할 수 있는 여러 환경 중 하나일 뿐이다. 이전까지 학교가 갖고 있던 '교육 정보'에 대한 독점도 사라졌다. 갈수록 확산되는 홈스쿨링 가정이나 대안학교 선호는 뚜렷한 사회현상으로 자리잡아 가고 있다. 작년 6월 전북의 대안학교로 전학한 이 모(18, 고3) 양은 "학교생활이 끔찍했다"고 몸서리친다. 이 양이 기억하는 학교는 정(情)이라곤 찾아볼 수 없는 전쟁터였다. 고교에 진학하자, 공부에 몰두한 반 친구에게 말을 붙이기도 어려웠다. 모두가 경쟁자가 돼버린 듯했다. 말끝마다 "공부하라"며 입시로 몰아세우는 선생님들의 체벌도 심해졌다. 오전 7시 30분까지 학교에 가면, 밤 12시나 돼야 귀가했다. 방과 후엔 학원으로 직행해야 하고, 일요일에도 영어와 수학 과외로 쉬는 날이 없었다. 스트레스성 장염으로 배가 수시로 아프고, 시험 때가 되면 역류성 식도염으로 먹은 것을 토해낸 적도 한두 번이 아니다. "대학은 가고 싶어요. 하지만 좀더 인간적인 방법이 있을 거라 생각했죠." 학교를 옮긴 뒤, 이 양의 건강은 거짓말처럼 좋아졌다. 교실에 들어설 때의 답답함과 거부감도 없어졌다는 이 양은 "학교생활이 이렇게 즐거울지 몰랐다"고 환하게 웃었다. 홈스쿨링이 일체의 공교육과 결별한 '극단적' 형태라면, '대안학교'는 조금 온순하다. 학생들에게 입시와 진학을 강요하지 않고 경쟁보다는 공존을, 출세보다는 개성에 초점을 맞춘 이곳에서 학생들은 해방감을 맛본다. "똑같은 교복을 입어야 하고, 머리를 짧게 깎아야 하고, 색깔 있는 운동화를 신으면 안 되는 학교를 견딜 수 없었어요. 내가 잘하는 것도 있을 텐데, 학교에서는 그런 재능을 발견할 기회조차 없잖아요." 서 모(17고2) 군이 대안학교를 선택한 이유다. 반에서 5등 안에 들었던 최 모(18) 양은 고교 진학 때부터 대안학교를 선택했다. 학교 밖에는 큰 세상이 있는데, 입시라는 틀 안에 갇혀 기계처럼 움직이는 자신이 너무 싫었다. 사회봉사에 관심이 많아 양로원 등 불우시설을 자주 찾았지만, 담임선생님은 쓸데없는 짓이라며 나무랐다. 최 양은 그래도 지난 겨울방학 때 친구들과 소록도에서 3박 4일 동안 봉사활동을 했다. 일류대학에 가는 것보다 자신이 하고 싶은 것을 해가는 삶이 더 행복하다는 최 양은 "내 인생에 의미 있는 일을 찾도록 도와주지 않는 학교가 무슨 의미가 있느냐"고 반문했다.

1. [버림받은 한국교육] 교사들 “나도 떠나고 싶다”

학생 대들고 부모는 행패……, 콩나물교실에 토론식수업 하라니…….

서울 K고에서 수학시험을 치른 다음날 일이다. 한 학부모가 학교에 전화를 걸어 따지듯 목소리를 높였다. “아니, 수능시험 쉽게 내는 거 모르나요. 내신성적 나쁘면 어떻게 하라고 어려운 문제를 냅니까!” 잠시 후 또 다른 학부모의 전화. 이번엔 사정이 정반대다. “이게 중학교 시험이지, 고등학교 시험입니까. 우수학생만 불리하지 않나요?” 교직생활 33년째인 이 학교 정 모 교감은 “시험 치르고 나면 이런 일이 한두 번이 아니다”면서 “학교 운영하기 정말 힘들다”며 깊은 한숨을 내쉬었다.

탈출구가 보이지 않는 학교를 떠나고 싶은 건 학부모나 학생만이 아니다. 제멋대로 길러진 버릇없는 학생들, 남이야 어떻든 자기 자식은 잘되어야 한다고 요구하는 학부모, 학교 현실도 모르고 하인 부리듯 일방적으로 지시만 하는 교육당국. 교사들은 “분필을 놓아버리고 싶은 때가 한두 번이 아니다”고 이구동성으로 말한다.

서울 H여고의 영어시간. 수업 시작하자마자 한 학생이 “화장실 가면 안 돼요?”라고 손 든다. “안 돼”라고 했더니, “왜 안 되나요?”하고 마구 따진다. 옆에서는 아예 안면몰수하고 떠든다. 한 학생에게 “그렇게 영어수업 하기 싫으면 넌 수업시간에 네가 정말 마음에 드는 공부 해봐라”고 했다. 다음 시간에 그 학생은 수업시간에 십자수를 시작했고, 다른 학생들도 반항하듯 같이 십자수를 놓고 있었다. 유 모 교사(35)는 최근 겪은 일을 이렇게 전하며 “수업시간은 무법천지이고 교사들에겐 악몽”이라고 고개를 저었다. 수준이 천차만별인 학생들, 한 반에 50명인 거대교실 앞에서 교사들은 어쩔 수 없는 한계를 절감한다. 이런 여건에서 토론식 수업, 개별수업, 수행평가는 원천적으로 불가능하다. 수학교사인 박 모(39) 씨는 “수업시간에 상중하 어디에 맞춰야 할지도 고민인데, 토론식 수업은 엄두도 못 낸다”고 토로했다. 김 모(37) 교사는 "수업시간에 자는 애들을 깨우면 수업분위기가 더 흐려지기 때문에 그냥 놔두는 것이 최선"이라며 "교사가 무책임하다고 하는 것은 뭘 모르고 하는 소리"라고 말했다. 학교운영을 책임지는 교장교감도 괴롭다고 말한다. 학교의 '어른'으로서의 존경과 대접은 더이상 바라지도 않는다. "수업시간에 교사가 자고 있어 지적을 하니까 '전날 동창들과 술을 먹었다'며 태연히 말합니다. 왜 지각했느냐고 하면 '지각할 수도 있는 것 아니냐'고 대듭니다." 김 모(57) 교장은 "교장이 학부모나 학생은 물론 주임도 담임도 안 하려고 하는 교사들의 눈치마저 봐야 하는 신세"라고 씁쓸해한다.

무엇보다 교사들을 떠나고 싶게 만드는 것은 떨어질 대로 떨어진 사기저하 문제. '알량한 자존심 하나로 버텨온' 교사들은 정년단축으로 쫓겨나고, 개혁대상으로 내몰리고, 촌지수수, 체벌의 주범으로 몰리면서 상당수가 자포자기에 빠져있다(K고 교무부장). 까딱 잘못하다간 학생들의 신고로 경찰에 불려가고 학부모한테 뺨맞는 세상이다. 이런 분위기에서 교사들은 2세를 가르친다는 사명감을 지닌 스승이 아닌, 스스로를 하나의 직업인이라고 애써 자위한다. 교직경력 28년째인 황모(54) 교사는 1~2년 새 변한 자신의 모습을 이렇게 말한다. "지금까지 학생들이 수업시간에 자는 것 그냥 안 뒀어요. 그게 교사의 의무라고 생각했습니다. 하지만 이제는 그냥 놔둡니다. 나만 그래봐야 소용도 없고. 솔직히 모든 게 피곤하고 귀찮습니다."

2. [교육 이대론 미래 없다] 교사보다 학원강사 신뢰

학교서 때리면 '체벌'……학원서 때리면 '지도' 서울 강남 K학원 앞 도로는 갑자기 주차장으로 변해버렸다. 학생들 사이에서 유명한 S강사의 통합사회 과목 수업이 끝나는 시간이다. 학부모들이 타고 온 자가용 행렬이 4차선 도로의 두 차로를 점거해 버렸다. 합정동에서 왔다는 최 모(49)씨는 "회사

일 마치고 집에 와 두세 시간쯤 자다 나왔다"면서 "한밤중에 이게 웬 난리인가 싶기도 하다"고 머쓱해했다. 박 모(18 강남구 청담동)군은 "경찰차가 교통정리하러 온 적도 많다"고 말했다. 이보다 앞선 오후 9시. 이 학원에선 수업 두 시간 전부터 학생 100여명이 자습에 열중하고 있었다. 뒷줄에서 차례를 기다리던 박 모(18 영동고)군은 "앞자리를 차지하기 위해 보통 두 시간 전에 온다"며 "10시쯤 와도 뒷자리밖에 남는 게 없다"고 했다. 이 모(18)양은 "우리 반 45명중 S강사로부터 사회탐구과목을 듣는 애가 스무 명쯤 된다"고 했다. 밤 11시, 강의실은 200여 명의 학생들로 가득찼다. S 강사가 마이크를 잡고 '성선설'에 대해 설명하기 시작했다. 교실은 조용했고 기침소리 하나 나지 않을 만큼 진지했다. 30분쯤 지났을까, 강사는 뒷줄의 한 학생을 향해 "야! 거기 졸고 있는 XX, 일어나"하고 고함을 치기도 했다. "이거 꼭 밑줄 쳐라, 중요한 거야, 밑줄 안 친 놈은 재수한다"고 하자, 학생들의 손놀림이 빨라진다. 이 모(18 J여고) 양은 "학교 수업이 일방적으로 사실 관계를 '외워라'고 하는 데 비해 이 수업은 먼저 이해를 시킨다"며 "국사를 가르치다가, 국어과목의 청산별곡을 술술 읊는 등 다른 과목을 넘나들며 '통합'해서 가르치기 때문에 수능시험에 큰 도움이 될 것 같다"고 말했다. 학교와 학원의 역할이 뒤바뀐 지는 이미 오래다. 수업 시간 학생들의 태도는 하늘과 땅 차이다. 붕괴된 교실에서 잠을 자거나 만화책을 보거나 다른 과목 책을 펼친 학생들은 학원에 가면 강사의 말 한마디도 놓치지 않으려 한다. 전 모(18 Y여고 3년) 양은 "떠들거나 잠자는 것은 상상할 수도 없다"고 말한다. 학생들은 학교보다 학원에서의 생활을 더 중시한다. 학교를 우습게 생각하는 학생들도 학원만큼은 개근을 한다. 생이 오후 3시만 되면 학원 간다며 서둘러 가방을 싸는 게 현실 "(H여고 교감)이다. 이유 없이 결석을 했다간 학원 담임에게 경고를 받는다.

학부모의 확인을 받아야 하는 사유서는 필수다. 그래도 반성 없이 무단 결석을 반복하면 퇴원(退院)을 감수해야 한다. (전 모 양 Y여고3) 체벌도 마찬가지다. 학교에서 교사들이 '사랑의 매'를 때린다는 것은 어려워지고 있다. '폭력 교사'로 낙인찍히거나, 학부모들에게 멱살을 잡히기 일쑤다. 하지만 학원은 다르다. 숙제를 하지 않거나, 지각하면 매 맞을 각오까지 해야 한다. 학원에서 때리면 '지도'이지만, 학교에서 때리면 '체벌'인 세상이다. 장 모(D고3년) 군은 "영어 단어 100개 중 10개를 외우지 못해 학원에서 맞은 적도 있지만 학원에서 나가라고 할까 봐 걱정됐다"고 토로했다. 대학 진학이나 인생 상담도 학원강사들 몫이다. 학생들은 "교사보다 학원강사와 더 친하고, 믿음이 간다(김 모 군 L고 2년)"고 말한다. "어떤 과목은 어떻게 공부해야 한다"는 식으로 구체적이고, "대학은 어떤 전공이 미래가 밝다"는 전망도 해준다. 학생들의 학원 신봉은 목표와 역할 차이에서 비롯된다. 학교가 정기시험과 교과서 위주로 수업이 진행되는 반면, 학원은 대학입시인 수능을 목표로 하기 때문이다. 세상이 잠든 새벽 두시, 학원가는 마치 사망선고 받은 공교육을 비웃기라도 하듯 이 시간에도 환하게 불을 켜고 있다.

3. [버림받은 한국교육] 지식, 창의, 예절, 아무것도 못 가르친 교실

죽은 공교육과 번창하는 사교육, 수준 차 무시하는 막무가내식 평등교육, 교실붕괴, 아침에 만들어 저녁에 바꾸는 교육제도……. 한국 교육은 환부가 너무 곪아 어디서부터 손대야 할지 모를 만큼 치유불능 직전의 상황이다. 왜 이리 많은 사람들이 한국 교육에 절망하고 있으며, 기회만 있으면 이 땅을 떠나려고 하는 것일까. 지난달 25일 오후 2시 조선일보 편집국 대회의실에서 「한국교육, 이대로는 미래가 없다」는 주제로 전문가들이 난상 토론을 벌였다. 토론회에는 교육부 김정기 국제교육정보화담당관, 서울대 서경호 교수, KAIST 박상찬 교수, 포항공대 서의호 교수, 중동고 정창현 교장, 나혜영 인간교육실천연대 이사, 홍선관 하버드교육컨설팅 대표가 참석

했다. 토론은 참석자들의 자유로운 발언을 유도하기 위해 지면에는 발언 내용을 익명으로 처리키로 하고 진행했다. (편집자)

—유학생활하느라 한국과 미국에서 10년씩 번갈아 살다 보니 양국 교육에 대해 시뮬레이션(모의실험)을 다 해본 셈이다. 첫째 아이 빼고 세 아이가 미국 공립학교에 다니고 있고, 아내는 미국에서 직장에 다닌다.

이런 가족해체 생활이 벌써 5년째지만, 한국 학교를 돌아보면서 '무슨 희생을 해서라도 절대로 우리 애들을 여기서 가르칠 순 없다'고 결심했다. 새벽 5~6시부터 일어나서 밤늦게까지 공부해서 대학에 들어온 학생을 보면 절망적이다.

절대로 이런 곳에서, 노벨상은 나올 수 없다. 창의력도 없고, 토론 능력도 없다. 미국 교수 시절, 미국의 제자들과 비교하면 토론 능력이 3분의 1 수준이다. 우리 아이들이 한국 학교에선 말을 안 하고 되도록 가만히 있으려고 한다.

그러나 미국 학교에 가면 활발하게 말 하려고 나선다. 미국 학교는 '격려하는 학교'다. 교사가 학생을 윽박지르지 않는다. 국회의원들이 명패 던지고 싸우는 것도 남을 설득하는 훈련을 받지 못하고, 논리적 사고가 배양되지 않았기 때문 아닌가.

—요즘 학부모들의 최대 관심사는 자녀 조기유학이다. 유학에 대한 개념이 바뀌고 있다. 전에는 유학하면 도피유학이니, 외화낭비니 했지만 이제는 '도약성 유학'이 화두다. 유학가려는 아이들 중 3분의 1은 반에서 2~3등 하는 우등생이다. 한국에서도 일류대 갈 수 있는 아이들이 보장된 인생을 버리고 외국 대학에 도전한다. 한국에선 간판은 딸 수 있어도 「실력으론 도저히 일류가 될 수 없다」는 것을 너무도 잘 안다.

—조기유학 보내려는 부모들은 한국에서 가르치는 것보다 유학 보내는 게 훨씬 싸고 쉽다는 말을 한다. 강남에선 상당수 부모들이 아이 한 명당 월 100만원을 과외비로 쓴다. 심한 경우 과목당 100만원씩 대여섯 과목을 가르치고 월 1000만원을 넘기는 사례도 있다. 그러고도 고생은 고생대로 한

다. 6년 수험 뒷바라지하고 나면 학부모들도 늙는다.

—95년 미국에서 초등학교 3학년짜리 딸과 함께 귀국했다. 중1 때까지 한국 학교 보내다가 외국인 학교에 보냈다. 학교에 '교육'이 없다고 절망했기 때문이다. 딸아이가 들려준 교실풍경은 충격적이었다. 30여 년 전 내가 학교 다닐 때와 다를 게 하나도 없다. 아이들에게 한국학교는 하나같이 "가기 싫은 곳"이다. 여전히 권위주의가 지배하고 학교교육에 민주성이 없다. 교사들의 언어폭력도 심각한 수준이다. '~새끼'는 보통이고, 입에 담지 못할 상소리가 난무한다. 체벌 역시 '사랑의 매' 수준이 아니다. 아이를 꿇어앉혀 놓고 따귀를 때리고, 맞다 쓰러지면 일으켜 세워 또 때린다. 소지품 검사하고, 교문 앞에서 학생들 몸수색한다. 학생들 인권이 철저하게 유린된다.

—지금까지의 교육은 "학교에서 하는 대로 무조건 하라"가 전부였다. 그건 조선시대다. 도덕시간에 "부모에게 순종하라"고 가르치려면, 왜 순종해야 하는지 논리적으로 애들을 설득해야 한다. 딸애 학교에서 특정한 모양의 운동화를 신지 말라고 금지했다. 애들이 "왜요?"라고 묻자, 교사가 "무조건 신지 말라"고 했다. 내가 교장 선생님을 만나 이유를 묻자, 교장이 "개인적으로 학생이 그런 모양의 신을 신는 게 싫다"고 했다. 사랑의 매, 좋다. 그러나 납득할 만한 설명이 있어야 한다. 애들도 무조건 반항하진 않는다. 교실 붕괴는 요새 애들이 이상해서가 아니라, 부모 세대부터 쌓인 모순이 누적된 결과다.

—교사의 질도 문제다. 의식이 시대변화, 사회변화를 따라가지 못한다. 요즘 학생들은 '멀티미디어 키즈(kids)'인데, 교사는 아직도 일제시대 식으로 가르친다. 교육부가 "변하라"고 강조하면 "왜 강요하느냐"고 반발한다. "교육과 자기주도적 학습은 양립할 수 없다"고 극언하는 교사도 봤다. 교육은 다만 '교육자가 만들어진 지식을 제공하면, 학습자가 공손하게 받아먹는 것'이라고 생각하는 것이다. 아이들이 스스로 탐구하고 문제를 해결하는 능력이 있다는 사실 자체를 인정하지 않는 교사가 많다. 일부에선 "요즘 교육부가 왜 잠잠하냐" "더 밀고나가라"고 한다. 그래야 하는데, 반발에 밀려 힘

이 없다. 진보와 보수, 반동이 뒤섞여 힘 겨루는 양상이다. 더 빨리, 더 열심히, 더 급격히 개혁해야 한다. 교사들이 조금 상처받을 것이다. 그렇다고 옛날로 돌아갈 순 없다.

-학교에서 일어나는 많은 모순은 입시 때문이다. 입시 때문에 유치원 교육까지 망한다.

-과연 제도가 바뀐다고 의식이 바뀔까. 지난 30년간 숱하게 입시를 바꿨지만 초중등 교육은 나아진 게 없다. 제도 차원의 문제가 아니다. 우리 중고생은 가방도 전부 이스트팩을 맨다. 전 국민이 휴대폰 하나씩 다 있다. 사회 전체에서 나타나는 이런 요소가 입시제도를 만든 거다. 교육부는 형평성과 교육의 질, 두 마리 토끼를 잡으려고 노력해왔다. 그러나 사회적 인식 전환에는 소홀했다.

-우리 사회는 아직도 수업료를 덜 물었다. 겪어야 할 시행착오가 많다는 것이다. 아직 길이 멀다. -과학고 애들이 고2 때 다 자퇴한다. 이유는 딱 한 가지 서울대 가려는 거다. 내 동료교수도 경북과학고 다니는 자식을 "서울대 의대 보내겠다"며 고2 때 자퇴시켰다. 강남의 한 입시학원에 갔더니, "우리가 데리고 있는 과학고 자퇴생 숫자가 대한민국 전체 과학고 재학생보다 많다"고 해서 깜짝 놀랐다.

-나 자신이 서울대를 나왔지만, 서울대를 없애든지, 서울대를 없애는 효과가 나타날 수 있도록 뭔가 이루어져야 한다. 획일적으로 하향 평준화하자는 얘기가 아니다. 선진국에도 일류대가 있다. 그러나 하나의 대학이 배타적으로 불변의 정점에 선 체제가 아니다.

-복수의 대학이 다양한 분야에서 경쟁하는 '일류대 그룹(cluster)'을 만들어야 한다. 그들은 자기 생활을 즐기고, 운동 등 배우고 싶은 것 다 배우면서도 좋은 대학 간다. 스탠퍼드, 버클리 등 명문 그룹이 있다. 하버드에 못 가고 프린스턴에 갔다고 자살하진 않는다. 이런 식으론 한국에서 어떤 입시제도도 작동하지 않는다. 만약 입시 제도를 '키 큰 순서대로 뽑자'고 바꾸면, 2살 때부터 아이를 키 크는 침대에 붙잡아 매고 키 크게 하는 과외를

할 것이다.

—포항공대에서 노벨상 타는 교수가 나와도 이 학교는 절대 서울대를 평판에서 이길 수 없다. 실제로 교수 1인당 연구실적은 서울대를 앞선 지 오래 됐다. 열심히 하면 1위가 될 수 있어야 열심히 한다. 그러나 우리나라는 오로지 서울대다. 일렬종대로 선 대학 서열이 영원불변의 권위를 자랑한다. 대학 밖에선 대학이 우수한 학생을 뽑기만 하고, 좋은 인재로 성장시키지 못한다고 비판한다. 그러나 사회가 '좋은 인재'보다 '간판'을 높이 평가하는 사회이기 때문에, 오히려 당연한 현상이다.

—버클리나 MIT 같은 명문대학에서 박사를 따서 국내 2, 3류 대학에 교수로 간 친구들이 처음 2~3년 열심히 하다가도 술꾼으로 변한다. "내가 노벨상을 타도 좋은 아이들이 우리 대학에 안 올 텐데 뭐 하러 하냐"고 자포자기한다. 서울대 교수가 된 친구도 술만 먹는다. "공부 안 해도 좋은 학생 계속 들어오는데 왜 안 놀겠냐"고 한다. 위에서도 놀고, 아래서도 논다.

—그래도 서울대와 포항공대 양쪽에 합격한 학생이 포항공대를 택하는 비율이 매년 올라가고 있다. 희망적인 현상이다. 이래야 공학도가 공식만 외우지 않고 "물이 왜 위에서 아래로 흐르나" 고민할 여유가 생긴다. 교장 추천제로 들어온 학생이 특차 출신보다 수능 점수는 제일 떨어진다. 그런데 입학 후에는 훨씬 잘한다. 입시교육에서 1등 하는 학생보다는, 그보다 좀 못해도 엉뚱한 생각을 하는 아이들이 노벨상 받을 가능성이 더 있다.

—우리나라에서 진정한 대학교육의 역사는 기껏 15~20년이다. 서양에선 150~200년이 걸렸다. 우리 대학이 아직 우수한 인재를 양성하고 있지 못한 것은 사실이다. 그러나 나아지고 있는 것도 사실이다.

—진짜 문제는 오히려 중·고교에 대한 투자가 대학에 비해 상대적으로 너무 적었다는 점이다. 60년대 초반 내가 다니던 사립고에 30년 만에 찾아갔더니, 내가 낙서해 놓은 책상이 그대로 있었다. 대학 교육을 활성화하려면 하부구조에서부터 튼튼하게 투자해야 한다. 서울대가 연구중심 대학, 대학원 중심 대학으로 가려면 투자는 학부에 해야 한다. 그러나 우리 정책 입

안자들은 항상 상부에만 투자한다.

－대학에는 무슨 투자가 있었나? 서울대 전체보다 버클리대학 연구소 1개동에서 쓰는 전기료가 더 많다. 이런 상황에서 무슨 경쟁이 되겠나. 특히 인문학의 형편은 심각하다. 사회의 재화가 실용적인 곳에만 투입되면서 인문학은 고사했다. 인문사회과학엔 대학원생이 없다.

－문제는 생산성이 없는 분야는 무조건 없애겠다는 발상이다. 생산성은 눈으로, 객관적인 수치로만 검증되는 게 아니다. 인문학은 사회의 인프라다. 인문학이야말로 정말 돈이 되는 분야다. 전자상거래 하는 벤처도, 다른 문화 전문가가 없이는 못한다. 우리 인문학과 기초과학은 너무 기반이 약하다. 중국만 해도 우리의 몇 배 되는 인문학 인프라가 구축돼 있다.

－우리나라에는 네 가지 집단이 있다. 교육부를 대표로 하는 A집단은 현실도 모르면서 무조건 지시한다. "수행평가가 좋으니 빨리 시행하라, 촌지 받지 마라, 때리지 마라" 하는 식이다. 학교로 대표되는 B집단은 "우리 현실에선 아무리 좋은 제도도 안 된다"며 무사안일로 일관한다. 교육의 평등성을 강조하는 일부 언론과 시민단체로 대표되는 C집단은 "배고픈 건 참아도 배 아픈 건 못 참는" 사람들이다.

－우수하고, 돈 많이 벌고, 해외에서 성공한 사람은 모두 '나쁜 놈'으로 몬다. 하향 평준화가 모토다. 대학 보직 교수 시절, 한 제자가 내게 "당신은 재산이 1억원이나 되니 부르주아"라며 내 책상을 때려 부순 적이 있다. "우리 아버지는 가난한 농사꾼으로 평생 밭에서 고생하고도 1억원을 못 모았다"는 이유다. 이런 획일적 평등주의자들이 지금 국회에도 있다. 이러니 한국에서 어떤 교육정책이든 먹혀들기 힘들다.

－선진국에선 기업, 정부, 학교, 교사, 교육학자, 학부모, 학생이 대치하지 않고 교류하고 돕는다. 세계적 정보통신기업인 시스코의 경우 본사 근처 지역에 있는 학교에 막대한 지원을 아끼지 않는다. 자기 연고지에서 인재를 기른다. 학부모는 학교에서 자원봉사한다. 촌지를 내지만, 선생 개인에게 내 자식 하나 잘봐달라고 주는 게 아니라 학교에, 지역사회 전체에 '기부'한다.

-우리 아이들이 초·중·고를 나와 대학 교육을 받고나서 과연 자기 자신의 부를 창출하고, 국부를 창출할 수 있을까? 우리 학생들에겐 이론을 현실에 적용하고 스스로 생각할 능력이 없다. 이 험한 세상을 살아가는 법을 학교에서 가르치지 않았기 때문이다. 12년 교수 생활의 절반은 미국에서 했다. 한·미 양쪽에서 모두 신입생 뽑아봤다.

-우리 과학고 아이들은 뛰어난 인재들이다. 그러나 세상을 살아가고, 자기 지식을 세상에 적용하는 법은 전혀 모른다. 대학에서 제아무리 잘하던 아이도 현실 앞에 서면 캄캄하다. 기업이 처음부터 다 다시 가르쳐야 한다. 워크북식 교육, 현장과 접목된 교육으로 나가야 한다.

-세계은행 보고서에 따르면 "한국교육은 섬처럼 고립돼 있다"고 한다. 교육 외의 다양한 사회성원이 교육에서 소외돼 있다. "교육은 신성하다"며 산업과의 연계를 자꾸 끊는다. 학생, 학부형, 기업과 열린 마음을 갖고 접해야 한다. 시장논리를 무조건 배척할 게 아니라 사회의 재화와 다양한 목소리를 교육에 끌어들이고 시장논리를 좋은 영향으로 받아들여야 한다.

-외국도 영재교육 엄청나게 하고 있다. 미국의 모든 학교에는 '상급반(AP코스·Advanced Placement)이 있다. 초등학교 5학년 수학도 레벨이 있다. 수준별 교육으로 효율성을 높이고, 심화학습으로 엘리트를 키운다. 우리의 영재교육은 '속진'이다. 남보다 빨리 월반하는 게 우리 영재교육의 전부다.

-내 자식도 초등학교 4학년인데 학원에서 중학교 과정 배운다. 영재성과 무관하게 선수학습시키며 아이들에게 "무조건 빨리 배워야 이 험한 세상에서 살아남는다"고 닦달한다. 그러나 선진국은 철저한 '노블리스 오블리제'다. 영재는 남과 똑같은 과목을 남보다 빨리 속진하는 게 아니라, 보다 깊은 내용을 심화학습한다. 똑똑한 애는 공부를 더 깊이, 많이 한다. 곧 영재교육법 시행령이 발효되는데, 과연 영재학교가 우리 현실에서 제대로 작동할 수 있을까 회의가 든다. 분명히 과외를 시켜서라도 영재학교에 우겨 넣으려는 현상이 나타날 것이다.

－고교 시절부터 대학 졸업 때까지 수석을 단 한번도 놓치지 않은 친구가 있다. 서울대를 졸업한 뒤 미국 명문대에 유학을 갔다. 이 친구가 대학 박사과정 자격시험을 1등으로 통과한 뒤, 술자리에서 "논문은 중간쯤 하면 다행"이라며 "나는 우리 교육의 피해자"라고 한숨짓더라. 우리나라에서 누군가 노벨상을 탄다면 반드시 이 친구일 것으로 믿었다. 우리 교육의 대표선수인 이 친구가 이런 말을 한다면 우리 교육에 뭔가 엄청난 문제가 있다는 이야기다.

－대학교수 중 "교육이 잘 되려면 교육부가 아무 일 안 하면 된다"는 사람이 굉장히 많다. 미국에서 귀국한 뒤, 정원을 제약하는 게 가장 이상해 보였다. 정원제가 없으면 부실대학, 사학이 난립할 거라고 하는데, 그 정도 혼란을 감수할 용기가 없어서 어떻게 하나. 스탠퍼드의 경우 매년 2500명 정도에게 입학 허가를 준다. 하버드 등 다른 대학에 가고, 매년 1200~1500명이 유동적으로 입학한다. 규제가 없어지면 당분간 혼란이 온다. 그러나 보이지 않는 손이 혼란을 극복하고 정리한다.

－내가 일하고 있는 중동고는 정부로부터 돈 한 푼 안 받는다. 그런데도 간섭하려 한다. 교사 수를 늘리려고 해도 못하게 한다. 그러면 인근 학교와 형평성에 문제가 있다는 것이다. 이게 말이 되느냐?

－학교가 다양해져야 한다. 학교도, 학생도 선택권이 없는 나라가 어디 있나? 말로만 다양성을 얘기하지만, 실은 획일사회다. 어떻게 모든 사람 키를 잘라 맞추는 게 평등인가? 몸무게와 키가 다 다른 것이 진정한 평등이다. 획일성 보편성 형평성만 얘기하면 우리 교육의 미래는 없다고 단언한다.

－특성화고와 자립형 사립고를 많이 만들어야 한다. 해보지도 않고 "자립형 사립고가 입시명문화한다" "부유층 귀족학교가 된다"며 발목을 잡는 집단을 정부가 지나치게 의식한다. 조기유학 성공률은 5%라고 한다. 전 국민이 5%를 믿고 해외에 가도록 내버려둘 셈이냐?

－이제 시골학생은 우수한 대학 거의 못 간다. 돈도 학원도 없는데 어떻게 가나. 자립형 사립고 하면 돈 없는 아이들 30% 뽑아 선발할 수 있다.

교육정책 입안자들은 좀더 현실적으로, 발가벗고 솔직하게 얘기해야 한다.

—장관도 너무 자주 바뀌고, 행정은 인기위주다. 장관이 하도 바뀌니, 막말로 로비도 어렵다. 이번 신임 장관에겐 아예 안 찾아갔다. 또 바뀔 텐데 싫어서.

—언론도 달라져야 한다. 교육문제를 다룰 때 문제의 본질에서 접근하지 않고 선정적인 사건성 기사로 확대 보도한다. 이 때문에 교육계가 엄청난 충격을 받고 교사와 학부모 간, 학교와 지역사회 간 갈등과 불신의 골이 깊어진다. 사실 언론이 입시제도 수없이 뜯어고치는 데나 기여했지, 교육의 진짜 개선에 공헌한 게 뭐 있나.

—그런 예는 또 있다. 얼마 전까지도 서울대 입시 끝나면 수석합격자, 인간승리, 쌍둥이 합격자 등 기사가 줄줄이 나왔다. 제자들이 "포항공대가 연구를 아무리 잘해도 '인간승리' 소리는 못 듣는다"며 불평했다. 한 기자가 "서울대 기사가 나야 신문이 팔린다"고 했다. 그러나 신문은 계도하는 역할도 생각해야 한다.

—한국이 가진 유일한 재산은 잘 교육받은 인력이다. 세계 유례없는 교육열 덕분에 이만큼 발전한 것도 사실이다. 그러나 지식기반사회라는 21세기는 그런 식으로 돌파하기 어렵다. 균질의 값싼 상품을 대량으로 만들어 내다 팔아서 번영하는 시대는 갔다. 독창과 창의, 일류가 아니면 살아남을 수 없는 시대다. 그런데도 우리 교육은 '고만고만한' 삼류만 생산해낸다. 정부가 바뀔 때마다 교육개혁 했지만 사교육비는 더 늘고 공교육은 더 망가졌다. 공교육을 믿는 학부모, 학생은 거의 없다. 공교육이 달라지지 않고는 이 나라에 희망이 없다

제3장 교육과정과 교육학

Ⅰ. 교육과정 변천사

해방 이후부터 현재까지의 교육과정의 변천사를 간단히 나열해 보도록 하겠다.[2)]

1. 교수요목 시기(1945-1954)

2. 제1차 교육과정 시기(1954-1963)

-지적 체계를 존중하는 교과중심 교육과정의 강조.

-이른바 '새 교육 운동'의 영향으로 생활교육을 교과서편찬에 반영하려는 노력이 이루어짐.

-해방직후의 사회적 혼란과 6.25전쟁으로 인한 도덕적 타락을 막고자 도덕교육이 강조됨.

---

2) 진영은/조인진/김봉석. 『교육과정과 교육평가의 탐구』. 학지사 2002, pp. 53-69.

3. 제2차 교육과정 시기(1963-1973)

-경험중심, 생활중심의 교육과정의 강조

* 교육과정은 서로 단절된 일군의 교수요목이나 지적인 체계가 아니라 '학교의 지도하에 학생들이 가지는 경험의 총체'임.

-1963년을 기점으로 하여 생활중심 교육과정은 적어도 개념적인 수준에서 학교교육을 지배함. 그러나 교육 실제 면에서는 여전히 교과 교육과정을 벗어나지 못하여 문서상의 교육과정과 교육 실제 사이의 괴리가 나타남.

4. 제3차 교육과정의 시기(1973-1981)

-학문중심 교육과정 강조의 시기

-국민정신교육의 강화(국민교육헌장: 창조의 힘과 개척의 정신/협동정신/국민정신), 유신이념의 구현

-교육내용과 교육방법의 현대화. 교육내용의 선정에서는 학문중심 교육과정에서 강조하는 각 교과의 기본 개념이 중시되었고 교육방법에서는 지식의 구조적 학습과 발견학습, 탐구학습이 강조됨(초등학교 1학년 산수에 집합개념 도입, 자연과에 탐구수업 강조). 도덕이 단일교과로 다루어지게 되었고 국사교육이 강조됨.

5. 제4차 교육과정의 시기(1981-1989)

-교육과정의 토착화의 시도가 이루어짐. 최초로 정부가 아닌 연구기관(교육개발원)에 의하여 개발된 교육과정. 전인교육을 지향하는 인간중심 교육과정. 총론과 각론으로 구분하여 서술

－국민정신 교육 강조, 학습량수준 축소 조정.

－교육과정 구성의 목적: 건전한 심신의 육성, 지력과 기술의 배경, 도덕적인 인격의 형성, 민족공동체 의식의 고양.

－국민학교(초등학교) 1, 2학년에 교과 통합지도를 도입.

6. 제5차 교육과정 시기(1989-1994)

－교과서 사용기간이 5-7년을 넘을 수 없다는 행정상의 이유로 최소한의 개편이 이루어짐.

－우리나라 사회의 미래적 전망을 자유민주주의사회, 정의사회, 복지사회, 문화사회로 규정.

－바람직한 인간상: 건전한 정신과 튼튼한 몸을 지닌 건강한 사람/자신과 공동체의 일을 스스로 결정하여 실천하는 자주적인 사람/지식과 기술을 익혀 문제를 슬기롭고 합리적으로 해결하는 창조적인 사람/인간을 존중하고 자연을 아끼며 올바르게 판단하고 행동하는 도덕적인 사람

－4차 교육과정의 기본골격 유지. 교육과정의 효율성 제고를 위해서 교육과정 해설서를 통해 교육과정의 목표와 내용을 상세히 제시함.

－특수교육의 강조. 남녀 공통교과로 기술·가정 교과를 신설

7. 제6차 교육과정 시기(1995-2000)

－인간상: 건강한 사람/자주적인 사람/창의적인 사람/도덕적인 사람(제5차 교육과정이 추구하는 인간상과 동일)

－교육과정의 목표: (1) 도덕성과 공동체 의식이 투철한 민주시민 육성 (2) 사회 변화에 대응할 수 있는 창의적 능력 개발 (3) 학생의 개성, 능

력, 진로를 고려하여 교육내용과 방법을 다양화 (4) 교육과정 편성 및 운영 체제를 개선하여 교육의 질을 제고 개편의 중점사항

① 교육과정 결정의 분권화: 국가수준, 시·도 교육청 수준, 학교수준 (교육과정의 지역화)

② 교육과정 구조의 다양화: 이수과정과 교과목의 다양화, 필수과목 축소, 선택과목 확대로 교육내용의 획일성을 감소시킴.

③ 교육과정 내용의 적정화: 학습량과 수준 조정, 교과목 체계의 개선으로 교육내용의 적합성을 높이고 학습부담을 줄인다.

④ 교육과정 운영의 효율화: 학생의 적성, 능력, 진로를 고려하고 학습과 생활의 기초능력을 신장하며 평가방법 개선으로 교육과정의 효율성을 높인다.

－초등학교 교육과정의 특징

① 기본 생활습관과 예절교육 강화

② 저학년의 통합교과재조정

③ 고학년의 수업시간 단축

④ 생활의 기초 기능과 태도교육 강화

⑤ 학교 재량시간의 신설

⑥ 산수를 수학으로 명칭 변경

⑦ 초등 영어교과 신설

－중학교 교육과정의 특징

① 주당 수업시간을 34시간으로 조정

② 국사를 사회에 통합시켜 사회과에서 지리, 국사, 세계사, 공민 등을 가르치게 함 (단, 국사교과서는 따로 편찬)

③ 실업·가정과를 통합 개편하여 남녀 공통 필수로 함

④ 선택교과제를 도입하고 컴퓨터와 환경교과를 신설

⑤ 교육과정 편성·운영의 역할 분담체계를 확립

⑥ 각 교과별 성격과 내용 체계를 명확히 하고 지도방법과 평가기준을

상세히 제시하여 교육에 관련된 사람들에게 도움이 되도록 함.

－고등학교 교육과정의 특징

① 개방형 체제를 선택(보통교과－일반 교양교육, 전문교과－직업교육 및 전문교육)하여 모든 고등학교가 필요한 교과를 적절하게 선택할 수 있도록 함

② 계열이나 과정에 상관없이 모든 학생이 이수하는 공통 필수 과목(10과목)은 교육부가 정하고, 과정의 특성에 따라 이수하는 '과정 필수과목'은 시 · 도 교육청에서 결정하며, '과정 선택과목'은 각 고등학교에서 필요에 따라 선택하도록 함

③ 직업 · 전문 교과는 모든 학생이 이수하는 '계열별 필수 전문 교과'만 교육부가 2-4과목으로 정하고, 각 '학과별 필수 전문 교과'는 시 · 도에서, '학과별 선택 전문 교과'는 각 학교에서 선택하도록 하였고

④ 3년간 총 이수단위를 204단위로 조정하고 학기당 이수과목을 열두 과목으로 줄였다.

⑤ 학생의 다양성에 비추어 여러 수준과 특성이 나타나는 과목을 많이 신설(보통교과 70과목, 전문교과 378과목)

⑥ 교육내용의 시대적, 사회적, 개인적 적합성을 높여 미래 사회에 대비하는 교육과정이 되도록 함.

8. 제7차 교육과정 시기(2000－현재)

－기본방향: 21세기의 세계화, 정보화 시대를 주도할 자율적이고 창의적인 한국인 육성하기 위한 '교육 수요자 중심 교육과정'의 구현

－인간상:

① 전인적 성장의 기반 위에 개성을 추구하는 사람

② 기초 능력을 토대로 창의적인 능력을 발휘하는 사람
③ 폭넓은 교양을 바탕으로 진로를 개척하는 사람
④ 우리 문화에 대한 이해의 토대 위에 새로운 가치를 창조하는 사람
⑤ 민주 시민 의식을 기초로 공동체를 발전에 공헌하는 사람

－교육과정 구성의 방침

① 사회적 변화의 흐름에 대응할 수 있는 기본 능력과 자기 주도적 능력의 신장
② 국민 공통기본 교육과정과 선택중심 교육과정 도입을 통한 교육과정 편제의 합리적 재구성 및 수준별 교육과정 편성, 운영
③ 교육과정 편성·운영에 있어서의 현장의 자율성 확대
④ 학교·교사·학생의 자율적이고도 창의적인 교육과정 편성·운영을 위한 재량 시간의 신설 및 확대
⑤ 시·도 및 시·군·구 교육청과 단위학교 수준의 교육과정 편성, 운영의 기능 강화
⑥ 교과내용의 양적 적정화와 이수 과목 수의 축소
⑦ 교육과정 평가체제 확립을 위한 교육과정의 질 관리 강화

－第7차 교육과정의 주요내용

① 국민 공통기본 교육과정: 국민의 교양수준과 기초학력의 강화, 고도 정보사회에의 적응력 향상. 10년(초등 1년부터 고등 1년까지)간 10개 공통 기본교과(도덕, 국어, 수학, 사회, 과학, 체육, 음악, 미술, 실과, 영어)를 근간으로 구성
② 교과군 개념 도입: 10개의 교과를 Ⅰ교과군(국어, 도덕, 사회), Ⅱ교과군(수학, 과학, 기술, 가정), Ⅲ교과군(체육, 음악, 미술), Ⅳ교과군(영어)으로 구분. 각 교과군이 교육 과정에서 차지하는 상대적 비중 파악과 동일한 교과군 내에 포함되는 교과간의 내용 중복이나 비약의 방지가 목적.
③ 수준별 교육과정의 도입: 개인차 존중. 학습자의 학습능력과 요구

에 부응하는 교육의 기회를 제공해 줌으로써 학습결손의 누적을 방지하는 동시에 교육의 수월성을 확보하여 궁극적으로 자기 주도적 개별화 학습이 가능하도록 하기 위함. 단계형, 심화 보충형, 과목 선택형 등이 있음.

④ 재량시간의 신설 및 확대: 교육의 자율성과 학생의 자기주도적 학습능력 신장이 목적. 10개 기본교과의 심화·보충, 또는 기본교과 외 재량시간으로 활용. 초등 1-4학년 주당 2시간, 5-6학년 주당 3시간, 중학교 주당 4시간, 고등 1학년 7시간

⑤ 이수과목 수의 축소 및 교과별 학습내용의 최적화

⑥ 고교 2-3학년의 선택중심 교육과정: 학생 개인의 능력과 적성, 진로에 따른 학생 주도적 교과 선택. 다양한 선택과목 개설(일반선택, 심화선택으로 구분)

Ⅱ. 개론적 교육학

1. 교육작용과 교육학

1) 어원에서 본 교육작용

(1) 서양어에서의 두 어원

교육을 뜻하는 서양어에는 크게 두 개가 있었는데, 하나는 pedagogy이며 또 하나는 education이다. pedagogy의 어원은 그리스어의 paidagogos인데, 이것은 paidos(어린이)와 gogos(이끌다)가 결합된 말로 어린이를 이끈다는 뜻이다. 좀더 자세히 풀이하면, the slave who went with a boy from home to school and back again, a kind of tutor이다. 즉, pedagogy는 귀족가정의 자녀들을 학교나 체육관, 기타 공공의 장소로 데리고 다니면서 교육을 시키는 가정교사, 특히 아동의 도덕과 예의 등의 성격형성에 커다란 책임이 있는 padagogos로부터 유래한다.

education의 어원은 라틴어의 educo인데 이것은 e(밖으로)와 duco(꺼내다)가 결합된 말이며, 속에 지니고 있는 것을 밖으로 꺼내어 키워준다는 뜻이다. 이에 해당하는 영어는 draw out, lead out, raise up, bring up, rear a child이다. 즉 인간이 선천적으로 지니고 태어난다고 생각되는 여러 자질을 잘 길러주는 것을 뜻한다.

서양어에서 교육을 뜻하는 말은 위에서 본 바와 같이 어린이를 바람직한 방향으로 이끌며 소질을 계발시켜 준다는 뜻이다. 바람직한 방향으로 이끄는 작용은 앞 세대가 자신들이 이상적인 것이거나 유용한 것으로 여기는 지식, 기술, 행위, 태도 등을 후대에 익히도록 하는 일이요, 소질을 계발시키는 작용은 앞 세대가 성장세대의 성장 및 발달을 도와주는 일이다. 이렇게 볼 때 교육작용에는 두 가지 서로 모순, 대립되는 계기가 존재함을 알 수 있다. 모든 교육의 현상에 존재하는 이러한 대립적 계기를 올바르게 인식함으로써 우리는 교육현상 뒤에 숨어있는 교육의 본질을 올바르게 인식할 수 있을 것이다. 이런 핵심적 시점의 정립에 대해서는 다음 장이 될 교육본질론에서 자세히 보기로 한다.

(2) 한자에서의 어의 (語義)

한자로 교육은 원래 무엇을 뜻했던가? 우선 '교'(敎)란 글자는 파자(破字)로 풀면 爻, 子, 卜, 又.로 구성되는데, 이것은 効, 子, 卜, 手의 뜻이다. 교사는 손에 매를 들고 바람직한 방향을 제시하며, 어린이는 공손하게 어른을 본받는다는 뜻이다. 한편 육(育)은 子, 肉의 결합이며 어린이를 어머니가 가슴에 따뜻하게 안아주는 모습을 가리키고 있다. 이렇게 볼 때 '교'(敎)는 교사의 활동으로서의 상소 시(上所施: 위에서 베풂)와 학생의 활동으로서의 하소효(下所效: 아래에서 본받음)의 결합이여, '육'(育)은 어머니의 활동으로서의 출산. 육아와 아이들의 활동으로서의 성장. 발달의 결합임을 알 수 있다.

이렇게 '교'(敎)와 '육'(育)의 어원을 탐색함으로써 한자의 교(敎)는 서양어의 pedagogy, 육(育)은 대략 education에 해당하는 것임을 알 수 있다. 그러나 '교육'이라는 하나의 합성어가 쓰인 것은 '맹자'(孟子)의 진심(盡心)편에 이르러 처음으로 보이는 용례임이 고증되고 있다. 진심편의 '군자유삼락'(君子有三樂) 장의 글귀로 이것을 확인해 보자.

> 맹자께서 말씀하셨다.
> '군자가 세 가지 즐거움이 있는데, 천하에 왕 노릇 함은 여기에 들어 있지 않다.
> 부모가 모두 생존해 계시며, 형제가 무고한 것이 첫 번째 즐거움이요,
> 위로는 하늘에 부끄럽지 않으며, 아래로는 인간애 부끄럽지 않은 것이 두 번째 즐거움이요,
> 천하의 영재를 얻어 교육하는 것이 세 번째 즐거움이다.

그러면 이제 중국인들은 교육을 어떻게 보았는가를 밝혀보자.

중용(中庸)에서는 이것을 다음과 같이 간단하고 명료하게 정의하고 있다. "하늘이 명하신 것을 성이라 하고, 성을 따르는 것을 도라고 하며, 도를 닦는 것을 교라고 한다."(天命之謂性 率性之謂道 修道之謂敎)

성(性)이란 사람이 날 때부터 지니고 있는 본연의 바탕을 말하며, 도(道)는 인간이 걸어야 할 길, 즉 사람이 세상을 살아가면서 언제 어디서든 크고 작은 무슨 일을 하던 반드시 따라야 할 도리와 이치를 말한다. 도는 외부에서 얻어지는 것이 아니라 자기에게 갖추어져 있으니, 바로 하늘이 부여한 본연의 성을 따르는 것이다. 이 도를 하나하나의 교훈, 예절, 법칙, 제도 등으로 구체화시켜 사람마다 각자 실천하도록 지도하고 계발하는 것이 교(敎)이다. 본연의 성을 따르는 것이 도이긴 하지만 사람마다 이를 깨우치

고 발현하는 것에 차이가 있기 때문에 먼저 깨우친 성인이 나중에 깨우친 범인(凡人)을 이끌기 위하여 도를 마름질하는 것이다. 따라서 교는 사람에게 원래 없었던 것을 억지로 주입시키는 것이 아니라 저마다 지니고 있는 하늘이 부여한 본연의 성을 깨달아 발현하도록 계도하고 바로잡는 것이다.

이상 우리가 고찰한 바를 요약해 보자.

교(敎)가 교육의 대상인 아동, 즉 피교육자에게 전통적인 문화와 생활기술, 풍습, 습관, 언어활동을 외부로부터 가르쳐 주는 데 대하여, 육(育)은 아동, 즉 피교육자가 가지고 있는 타고난 소질(생득적 소질), 취미 등에 착안하여, 이것이 바르고 순조롭게 자라나도록 길러 주는 것을 의미한다. 다시 말하면 교육은 교도(敎導)와 육성(育成)이 상반되며 그러나 합치되어 비로소 그 가치를 발하는 정(正), 반(反)의 변증법적 발전의 합(合)의 이치를 내포하고 있는 것이다.

(3) 한글에서의 어의(語義)

우리말의 '가르치다'와 '기르다'는 무엇을 뜻하고 있는 것일까? '가르치다'는 물론 '알도록 하다, 지식을 지니게 하다, 할 수 있도록 지도하다' 등을 뜻하며 원래 '가리키다'와 어원이 같았다. 즉 '손가락으로 목표를 지적하다, 말이나 동작으로 무엇이 있는 곳을 일러 주다'는 뜻과 같았다. 우리는 또 '가르치다'의 뜻을 '갈다'와 '치다'의 합성어로 풀이할 수 있다. '갈다'에는 여러 뜻이 있는데, 낡은 것 대신에 새 것으로 바꾼다는 뜻이요, 물건을 닳게 하기 위하여 다른 물건에 문지른다는 뜻이요, 숫돌 같은 데다 문질러서 날이 서게 한다는 뜻이요, 맷돌로 가루를 만든다는 뜻이요, 문질러서 광채가 나게 한다는 뜻이요, 쟁기나 괭이 같은 것으로 논밭의 흙을 파 뒤집는다는 뜻이다. 또 '갈다'는 가려내다, 가리게 하다, 가르다와 어원이 같다. 한편 '치다'는 세게 움직임, 적물에 닿도록 급한 힘을 줌, 달구어 칼 같은 것을 만듦, 떡메로 두드림, 남을 타박함, 식물의 가지나 잎을 베어냄, 고운 가루를 뽑아냄, 틀거나 엮어 만듦, 길러 번식함, 꿀을 빚음 등을 뜻한다.

한편 '기르다'는 '동물과 식물에 영양분을 주어 그것을 섭취해서 자라거나 목숨을 이어가게 하다, 육체나 정신의 도움이 될 것을 주어 쇠약하여지지 않게 하다'라는 뜻인데 이것도 '길'과 어원이 같음을 우리는 주목해야 한다. '길'은 통행하는 도로요, 지켜야 할 도리요, 목적을 향하여 가는 도정이요, 빤짝빤짝하게 윤이 나게 함이요, 짐승을 쓸모 있게 가르쳐 길들임이요, 그리고 어떤 일에 익숙하게 된 솜씨를 말함이다.

이렇게 우리 한글에서의 '가르치다'와 '기르다'에는 우리가 위에서 고찰해 온 서양어, 한자어에서보다 더 풍부한 내용이 담겨져 있다. 그 뜻을 이제 정리하여 보면, 방향제시, 선별, 분별, 판단, 경작, 연마, 사육, 생성, 제거, 성장이라 할 것이다.

(4) 어원에서 본 교육작용의 본질

위의 어원탐색에서 우리는 '교육'이란 작용이 성립되는 데 필요한 대전제를 셋으로 유도할 수 있다. 첫째는 피교육자가 지녀야 할 발전가능성이요, 둘째는 교육자가 지녀야 할 교도훈련성이요, 그리고 셋째는 피교육자와 교육자의 활동무대가 지녀야 할 인격매개성이다. 진정한 의미의 교육은 두 인격이 하나가 되어 아름다운 목적을 향하여 같이 발전하며 전진해 가는 삶 그 자체를 말한다.

이렇게 볼 때에 교육이란 "공연히 밖에서 안으로 주는 일이 아니고 피교육자 자신 속에 숨어 있는 내적 가능성의, 안에서 밖으로 발전하는 힘을 도와 이끌어 내고, 이를 구체화, 현실화, 문화화하는 일"이다. 이런 교육의 뜻을 아주 아름답게 다듬은 사람이 플라톤이다. 그는 『국가』 제7권에서 다음과 같이 말하고 있다.

> 소크라테스: 만일 내가 한 말이 옳다면 다음과 같은 점을 인정해야 하네. 즉 교육이란 일부의 사람들이 떠들며 선전하고 있는 그런 따위가 아니라는 것

이네! 그들의 주장에 의하면 만일 영혼 속에 지식이 없다면 마치 장님의 눈에 시각을 넣어 주듯이 자기네가 지식을 넣어 주겠다는 걸세.

글라우콘: 아닌 게 아니라 그들은 그렇게 말하고 있습니다.

소크라테스: 우리가 탐구한 바에 의하면 우리들의 영혼 속에는 학습에 필요한 능력과 기관이 이미 내재하고 있다고 보아야 하네. 그리하여 그 기관은 어둠 속에 있던 눈을 밝은 데로 전향시키기 위해서는 몸 전체의 기능을 전향시켜야 하는 것과 마찬가지로 영혼 전체와 함께 생성하는 것으로부터 실재하는 것에 도달하여 그 가장 밝은 부분을 관조하면서 능히 견디어 낼 수 있을 정도가 되어야 한다는 것이네. 그리고 가장 밝은 것이란 우리의 주장에 따르면 선이 된다는 것이었네. 안 그런가?

글라우콘: 네, 그렇습니다.

교육은 이렇게 지식의 주입이 아니고 이미 주어져 있는 능력을 계발하도록 도와주는 일이다. 이런 생각을 일찍이 밝힌 사람이 소크라테스였다. 교육은 마치 임신부를 도와 아이를 순산하도록 하는 산파에 비유된다면서 그는 교육을 산파술이라 했다. 위에 든 플라톤의 교육관도 바로 그의 스승 소크라테스의 교육관을 이어 받은 것이다. 산파술이란 비유에 해당하는 말이 선가(禪家)에서 유래한 줄탁동시(啐啄同時)라는 말이다. 암탉이 알을 품으면 약 20일 만에 거의 병아리가 된다. 이것을 알고 암탉은 밖에서 안으로 알껍데기를 쪼아주고, 이에 맞추어 병아리는 알 안에서 밖으로 쪼아준다. 이렇게 약 3일을 하게 되면 껍데기가 자연스럽게 깨지고 새 생명 병아리가 태어난다는 아름다운 자연의 신비를 표현한 말이다. 산파술, 줄탁동시 등의 표현은 교학(教學)이 따뜻한 인격적 작용임을 알게 해주고 있다.

2) 교육의 세 마당

(1) 형식교육과 비형식교육

인간의 바람직한 성장・발전이 촉진・전개되는 장소를 교육의 장이라 한다. 교육의 마당은 아주 넓고 다양하다. 가정, 학교, 사회가 다 교육의 마당이다. 어버이가 회초리로 아이를 타이르는 훈계, 교사가 교과서에 의거해서 조직적으로 지식을 가르치는 수업, 그리고 신문이 사설로 시민의 공중도덕의 함양을 꾀하는 계몽 등, 이렇게 각 교육마당의 방법 또한 다르다.

우리는 교육의 마당을 편의상 형식을 완전히 갖춘 형식교육(formal education)과 형식을 불완전하게 갖춘 비형식교육(informal education)의 둘로 나눈다. 형식을 완전히 갖춘 교육이란 무엇인가? 교육의 3요소(교사. 학생. 교육내용)가 조직적(의도적, 계획적, 계속적)으로 작용하여 이루어지는 교육을 말한다. 이런 관점에서 볼 때 학교교육은 형식교육에 속하며, 가정교육과 사회교육 기타 여러 곳에서의 교육은 비형식교육에 속하는 것임을 알 수 있다. 우리는 편의상 교육의 마당을 가정, 학교, 사회의 셋으로 크게 나누어 이것을 교육의 세 마당(three field of education)이라 하며, 또 학교교육을 형식교육, 그리고 가정교육과 사회교육을 비형식교육이라 한다.

종래 우리는 교육이라 하면 학교교육을 연상할 정도로 학교교육만을 중시하여 왔으나, 최근 문화, 사회구조와 경제, 생산구조가 밑뿌리로부터 변화를 일으켜, 가정과 사회가 교육적으로 부정적 기능을 크게 나타내면서, 비형식교육의 중요성이 새삼 강하게 인식되기에 이르렀다. 우리나라 헌법의 교육조항에 가정교육을 포함한 사회교육 진흥 의무화 조항이 신설되었고, 이에 맞추어 사회교육법이 제정(1982. 12.31)된 것도 이런 배경에서다.[3)]

참고로 헌법의 교육조항을 읽어보자.

〈헌법 제31조〉

① 모든 국민은 능력 따라 균등하게 교육을 받을 권리를 가진다.

② 모든 국민은 그 보호하는 자녀에게 적어도 초등교육과 법률이 정하는 교육을 받게 할 의무를 진다.

---

3) 사회교육법은 최근 〈평생교육법〉으로 법안이 마련됨

③ 의무교육은 무상으로 한다.

④ 교육의 자주성, 전문성, 정치적 중립성 및 대학의 자율성은 법률이 정하는 바에 의하여 보장된다.

⑤ 국가는 평생교육을 진흥하여야 한다.

⑥ 학교교육 및 평생교육을 포함한 교육제도와 그 운영, 교육재정 및 교원의 지위에 관한 기본적인 사항은 법률로 정한다.

(2) 가정교육

가정은 혼인, 입양, 혈연으로 결속된 하나의 집단이며, 또 이런 집단의 생활근거가 되는 거점인 생활의 마당이자 교육의 마당이다. 사람은 가정에서 태어나 양육되고 성인이 되어서는 독립된 가정을 만들어 새로운 생활 집단과 그 거점을 갖게 된다.

가정의 구조와 기능에는 시대와 사회에 따라 꽤 차이가 보이고, 역사적으로 변천하여 왔지만, 혈연과 사랑으로 묶여진 그 구조적 특성과 자녀의 출산, 양육기능은 가정의 가장 특징적이고 또한 가장 귀한 기능으로 오늘날까지 이어져 왔다. 우리가 많이 들어온 '세살 버릇 여든까지 간다'는 속담은 가정의 교육적 의의를 잘 나타내는 말이다.

사회학자들은 여러 가지로 가정의 기능을 든다. 그 기능을 소개해보면 다음과 같다.

① 자녀를 출산하고

② 자녀를 양육하고 사회화시키며,

③ 아이들을 포함하여 비교적 의지할 곳 없고, 연약하며, 나이가 든 사람들을 보호하며,

④ 성적인 통제기능을 하며,

⑤ 사회계층체제로 구성원들을 위치지우며,

⑥ 가족 구성원들에게 주요한 정서적 지지를 제공하는 기능을 하며,

⑦ 물질적인 보호를 필요로 하는 아이들에게 경제적 협력(의·식·주를

제공)을 제공하는 기능을 한다.

이 일곱 가지 기능을 출산·경제·안식·교육의 네 기능으로 압축할 수도 있다. 이 모든 기능 중에 어느 것이고 귀하지 않은 것이 없다. 그러나 교육적 기능이 그 중에서도 특히 중요한 것임에 틀림없다. 가정에서 배우는 가장 귀한 것은 무엇일까? 우리는 가정에서 부모·형제·자매와의 일상생활을 통해서 가장 기본적인 문화재인 모국어를 배우며, 원만한 대인관계 및 사회관계를 맺는 데 필요한 무엇이 그른가를 판가름하는 가치판단의 기준을 익힌다. 그러기에 페스탈로치는 은자의 황혼(Die Abendstunde eines Einsiedlers 1780)에서 다음과 같이 말하고 있다.

"좋은 아버지가 된 후에야 좋은 행정관이 될 수 있고, 좋은 형이 된 후에야 좋은 시민이 될 수 있다. 그러므로 가정의 일이 사회·국가의 일에 앞서야 하며, 가정교육이 시민교육에 앞서야 한다."

이와 같은 생각은 동양적인 표현으로는 수신제가치국평천하(修身齊家治國平天下)에 해당하는 것으로, 결코 페스탈로치 혼자만의 생각은 아니다. 가정이 흔들리면 사회와 문화가 흔들린다. 가정은 시대가 바뀌어도 대체되기 어려운 인격형성의 터전임을 인식해야 할 것이다.

(3) 학교교육

학교란 일정한 교직원, 장소, 건물, 설비를 갖추고 일정한 교육과정에 의하여 전문적인 지식을 계속적으로 가르치며 배우는 곳이다. 어느 나라를 막론하고 학교를 통해서 사회, 국가, 인류에 기여할 수 있는 인간을 양성하고자 노력하고 있으며, 특히 선진국들은 10년 전후의 의무교육을 국민 모두에게 과하고 있다.

문화가 발달하고 국력이 강해질수록 학교 진학률도 높아지고 재학기간도 길어진다.

학교란 무엇이며 무엇을 배우는 곳인가? 그 역사로 보면 서양에 비해 결코 뒤지지 않는 우리나라의 선현들은 이 물음에 어떤 답을 갖고 있었던가?

이 퇴계와 이 율곡의 글에서 이것을 찾아보자.

이 퇴계는 '유사학사생문'(諭四學師生文)에서 이렇게 말한다.

"학교는 풍속과 교화의 본이며, 모범을 세우는 곳이요, 선비는 예의의 주인이고, 원기가 붙이어 있는 곳이다. 국가에서 학교를 설립하여 선비를 양성하는 것은 그 뜻이 매우 높으니, 선비가 입학하여 자기를 수양함에 있어서 어찌 구차스럽게 천하게 하고 더러운 행동을 할 수 있겠는가. 더구나 스승과 제자 사이에는 마땅히 예의로써 서로 솔선하여 스승은 엄하고 제자는 공경하여 각각 그 도리를 다할 것이다. 엄하다는 것은 서로 사납게 하는 것이 아니고, 공경한다는 것은 굽힘을 받는 것이 아니며, 각각 예를 주장함인데 예의 행함에는 또 의관의 정제와 음식의 절차와 읍양(揖讓), 진퇴(進退)의 법칙에 벗어나지 않을 따름이다. 옛날 사람은 예절을 하루도 폐할 수 없음을 알기 때문에, 그 말에 이르기를, 한 번 예절을 잃으면 금수가 된다 하였으니, 어찌 깊이 두려운 일이 아니겠는가?"

퇴계에 의하면 학교는 한 나라의 문화의 본산이며, 그 문화 중에서도 가장 귀한 예(禮)와 의(義)를 엄숙한 질서와 절차 속에서 배우고 익히는 곳이며, 선비라는 이상적 인간상을 갈고 닦는 곳이었다. 비록 퇴계의 학교관이 유교의 계층윤리의 테두리를 벗어나지 못한 흠은 있지만, 학교를 문화의 조직적 계승기관으로 본 데에는 경의를 표하지 않을 수 없다. 학교가 갖는 이 기능은 현대에 와서도 가장 존중되고 있는 것이기 때문이다.

이 율곡은 '학교모범'(學校模範)에서 이렇게 말한다.

"하늘이 뭇 백성을 내시매 사물이 있으면 법칙도 있다. 천부의 거룩한 덕을 그 누가 타고나지 않았을까마는, 사도(師道)가 끊어지며 교화가 밝지 못한 까닭에 진작시킬 수가 없었다. 그래서 선비의 습속이 야박해지고 양심이 마비되어, 다만 명예만을 숭상하고 실행에는 힘쓰지 않아서, 위로는 조정에 인재가 모자라 벼슬에 빈 자리가 많으며, 아래로는 풍속이 날로 퇴폐하고 윤리가 날로 무너져 없어지고 있다. 생각이 여기에 이르매 참으로 한심한 노릇이다. 이제

지난날의 물든 습속을 일소하고 선비의 기풍을 크게 변화시켜 보려고, 선비를 가려 뽑고 가르치는 방법을 다하여서 성현의 모훈(謨訓)을 대략 본받아 「학교모범」을 만들어서, 여러 선비들로 하여금 몸을 가다듬고 일을 처리해 나가는 규범을 삼게 하는 바이다. 모두 16조이니, 제자 된 자는 진실로 마땅히 지켜 행하여야 되고, 스승 된 자는 더욱 이것으로서 먼저 제 몸을 바로 잡아 이끄는 도리를 다하여야 할 것이다.

첫째는 뜻을 새움이니, 배우는 자는 먼저 뜻을 세워야 하며 도로써 자신의 임무를 삼아야 한다. ……"

율곡에 의하면 학교란 천부의 덕을 16가지 준칙을 지키면서 갈고 닦아, 안으로는 인격을 도야하고 밖으로는 국가에 필요한 인재를 양성하는 곳이며, 스승과 제자가 엄히 예로 대하면서 선현들의 귀중한 진리와 지혜의 말씀을 조석으로 음미하고, 나아가서 문화를 발전시키는 원동력이 되어야 할 곳이었다. 율곡이 든 16조에 이르는 준칙을 열거하면 다음과 같다.

① 뜻을 세우는 입지(立志)
② 배움을 향하여 몸가짐과 행위를 바로잡는 검신(檢身)
③ 소학, 근사록, 사서, 오경 등을 읽는 독서(讀書).
④ 말을 삼가는 신언(愼言).
⑤ 외물의 유혹을 받지 않도록 마음을 바로잡는 존심(存心).
⑥ 어버이를 섬기는 사친(事親)
⑦ 스승을 섬기는 사사(事師).
⑧ 벗을 가리는 택우(擇友)
⑨ 가정생활에서 윤리를 다하는 거가(居家).
⑩ 남을 대할 때 예의를 지켜 사람을 응접하는 접인(接人)
⑪ 과거에 응시하는 응과(應科)
⑫ 의리를 지키는 수의(守義)
⑬ 충직함을 숭상하는 상충(尙忠).

⑭ 공경을 돈독히 하는 독경(篤敬).
⑮ 학교에 거처하여 학령에 따르는 거학(居學).
⑯ 유생이 학당에 모여 강론하고 의논하는 독법(讀法).

퇴계와 율곡은 학교의 성격과 기능을 이렇게 세밀하게 논하였다. 우리는 이제 현대적 언어로 학교의 의의를 정리할 단계에 이르렀다. 첫째, 학문·예술 등 기본적 문화유산에 접하며, 둘째, 각자의 적성과 능력을 객관적으로 발전·도야함으로써 인격을 도야하고 사회에 공헌하며, 셋째, 원만한 인간관계를 유지하고 나아가서 공공사회에 기여할 수 있는 시민적 자질을 육성하는 곳이다.

(4) 사회교육

사회교육은 대체적으로 학교교육 이외에서 실시되는 의도적이고 조적적인 교육활동으로 지칭되고 있다. 그러나 그 주된 대상에 누구를 포함시키느냐에 따라서는 학자마다 다소 다르게 정의되고 있다. 즉, 사회교육은 그 주장하는 학자에 따라서 한편으로는 그 주된 대상이 유아, 청소년, 성인, 그리고 노인 등을 포함해서 학교 외에서 실시되는 조직적이고 계속적인 교육활동의 총체로 정의되고 있기도 하고, 다른 한편으로는 학교 외 청소년과 성인을 주된 대상으로 실시되는 조직적인 교육활동으로 정의되고 있기도 하다. 전자처럼 광의로 사회교육을 규정하는 것은 182년에 제정된 사회교육법 제2조에 의해서 뒷받침되고 있다. 즉 사회교육을 "다른 법률에 의한 학교교육을 제외하고 국민의 평생교육을 위한 모든 형태의 조직적인 교육활동"이라고 명시하고 있다.

사회교육의 개념에 대해서는 이렇게 아직 논의가 많으나 여기에서는 일단 좁은 개념으로 이해하고 넘어가기로 하자. 사회교육이 교육의 세 마당 중에서 가정과 학교를 제외한 사회적 시설에 의한 교육이라고 할 때 이제 이것을 간략하게 볼 것이다.

〈교회〉-교회란 일정한 종교를 믿는 사람이 모여 예배를 드리고 설교나 실법을 듣는 장소나 조직을 일컫는다. 사교(邪教)는 예외이지만, 모든 고등 종교는 하나같이 이 우주는 하나의 뜻 또는 도리에 의해 창조되거나 진행되며, 따라서 모든 존재 혹은 생명에 독자적인 존재의의가 있고, 모든 인류는 믿음 또는 깨달음에 의해 구원을 받을 수 있다고 밝힌다.

그러기에 우리는 종교를 통해서 인류의 앞날에 희망을 가지며, 인류가 공동운명체적인 존재임을 깨우침 받는다. 특히 오늘날 물질문명의 독주적인 발달은 심각한 공해와 전쟁의 문제를 대두시켰고 이로 인해 인류의 앞날에 어두운 그림자를 드리우고 있다. 또 소비문화의 팽배는 사람들의 정신생활에 커다란 구멍을 뚫어놓게 되었다. 이런 때 우리에게 가장 필요한 것이 종교적 감각으로 삶을 점검해 보는 자세다. 종교란 쉽게 말하면 "관계를 정립함으로써 삶을 오리엔테이션하는 활동"이며, 이를 통해서 우리는 깊이 있는 존재의 의미를 찾고 모든 생명의 존귀성을 깨달을 수 있다.

〈박물관〉-박물관이란 역사, 예술, 민속, 산업, 과학 등 고고학 자료, 미술품, 기타 학술적 자료를 수집하고 보관. 진열하여 일반 민중이 전람할 수 있도록 하는 시설을 말한다. 우리 속담에 '백문이불여일견(百聞而不如一見)'이라는 말이 있다. 이와 같은 말처럼 우리는 경주박물관이나 민속박물관 등에서 역사적 유물을 눈으로 직접 봄으로써 말로만 듣거나 책으로만 보던 것보다 훨씬 많은 흥미를 유발하게 되고 단단한 지식을 얻게 되는 것이다.

박물관의 독자적인 교육적 의의는 이처럼 실물에 의거하여, 체험을 통해 문화 및 학술상의 지식과 교양을 얻을 수 있는 일반 대중을 위한 사회교육기관이라는 것이다.

〈도서관〉-도서관이란 도서를 모아 놓고 일반인에게 교양향상과 생활문제 해결을 위한 참고자료를 얻을 수 있게 만들어진 일종의 사회교육기관이다. 근래에 와서는 도서의 개념이 퍽 넓혀져 언어적. 도상적(圖象的). 음향적으로 기록된 지적 문화재를 총칭하게 되었고, 현대적 도서관은 이런 광의의 도서를 망라해서 수록해 둔 곳으로 되어 가고 있다. 도서관의 역사는 인류

문화의 역사와 더불어 장구하다 할 것이다. 옛날의 도서관은 왕조의 기록이나 경전, 고전을 소장한 것으로 일반인의 이용도는 극히 제한된 것이었다. 그러나 현대의 도서관은 모든 문헌, 기재를 조직적으로 망라하여 소장한 곳으로 일반인에게 널리 공개되어있기에 일반인의 이용도가 대단히 높고, 따라서 그 교육적 의의도 대단히 커졌다. 도서관의 독자적인 교육적 의의는 각자의 취미. 적성, 능력에 알맞은 영역이나 과정을 자율적으로 계속 연구할 수 있는 데에 있다.

〈직장〉 우리는 하루 24시간 중에 8시간을 직장에서 보낸다. 이처럼 직장은 우리 삶에 큰 비중을 차지하며 그 영향도 크다. 직장이란 일정한 직업을 가지고 일을 계속하는 회사, 관청, 공장, 농장 등을 가리키는 말이며, 직업에는 크게 세 가지 뜻이 있다. 첫째는 생계유지에 필요한 보수를 얻기 위함이며, 둘째는 일정한 사회적 기능의 분담 또는 사회적 역할을 수행하기 위함이며, 셋째는 그 직업을 통해서 각자의 개성실현을 기하기 위함이다. 그러기에 모든 인간에게 마땅히 직업이 주어져야 하며, 따라서 노동의 권리와 문화생활 유지권은 법적으로 보장되어야 하는 것으로 인식되기에 이르렀다. 모든 직업을 하나님이 주신 것으로 받들고 귀하게 여기여, 이것을 하나님과 이웃에 대한 봉사로 여기는 직업소명관(職業召命觀)은 막스 베버가 프로테스탄트의 윤리로 가장 높이 평가한 것이었다.

직장의 교육적 의의는 어디에 있는가? 우리는 직업수행을 통해서 자신이 사회적으로 유용한 역할을 당당하고 있다는 보람을 느끼며, 직장 안의 여러 사람들을 통하며 원만한 인간관계나 사회관계를 배우며, 자기 개성과 능력에 맞는 영역을 실제활동과의 관련에서 계속 연수함으로써 자선을 발견하고 자아를 실현하며, 나아가 자연에 접함으로써 자연의 신비, 창조의 아름다움을 대하고, 자신의 작은 작업을 완전하고 성실하게 수행함으로써 생산. 창조의 기쁨을 맛볼 수 있다.

〈여행〉-여행이란 볼 일이 있거나 여가를 즐길 목적으로 다른 고장, 다른 나라에 오가는 일이라 하겠다. 따라서 일정한 장소를 계속적으로 접하는 교육의 마당은 아니라 할지라도 인간형성에 큰 영향을 미치는 것이다. 루소가 에밀의 끝 부분에서 에밀로 하여금 외국여행을 시키고 있고, 페스탈로치가 교육의 역사상 최초로 어린이와 더불어 단체수학여행을 한 이유가 여기에 있다. 여행은 자라나는 아이에게는 물론이요 성인들에게도 아주 값진 것이다. 우리 속담에 "말 새끼는 제주도로 보내고 사람 새끼는 서울로 보내라"는 말이 있다. 이는 여행의 교육적 의의를 잘 나타내는 말이다.

우리는 여행을 통해서 자신과 자신의 것을 남과 남의 것과 객관적으로 비교함으로써 자신 및 자신의 것을 올바르게 인식하게 되며, 그림이나 귀로만 듣던 일들을 자기 몸 전체로 확인함으로써 간접경험이 아닌 직접경험을 할 수 있다. 또 자신의 일상적인 생활의 틀에서 잠시 벗어나 고독과 자유를 즐기면서 자기 삶의 안과 밖을 정리해 볼 기회를 가지며, 동시에 서먹서먹한 객지생활의 새로운 환경에 부적응현상을 계기로 하여 나의 아늑한 가정, 고장. 사회. 민족. 국가에 대한 애경(愛敬)과 그리움을 새로이 하며, 또 자신이 몰랐던 새 세계, 새 천지를 알게 됨으로써 자신을 확충한다. 그러기에 "젊어서의 고생은 사서도 한다"든가, "귀여운 자식에게는 여행을 시키라"는 속담도 나오게 되었다. 가까운 예로 등산을 들어 보자. 우리는 등산을 통해 땀과 인내의 보람, 자연의 신비와 아름다움, 자일 하나로 서로의 생명을 연결하는 우정, 그리고 이 구석 저 구석의 특수한 풍물과 경제를 알 수 있다.

〈신문・잡지〉-신문. 잡지는 새 소식을 신속하게 전하며, 독자의 교양을 높이는 글을 소개. 게재하고, 사회의 정의실현을 위하여 시사적인 비판을 가하며, 또 일상생활에 지치고 시달린 사람들에게 오락. 휴식의 기회를 제공하는 정기간행물이다. 특히 시간에 쫓기어 사는 현대인에게는 신문. 잡지가 주된 '문화재'가 되어가고 있음은 극히 주목해야 할 일이다. 그러기에 우리는 확고한 자신의 생각과 시각을 확보하지 못한 채, 피동적으로 남의 눈으로 사실을 판단하고, 남의 입으로 남을 비판하고 다이제스트식 해설로 얄팍한 교양인이 되고 또 상황의 일면만을 과장해 그려낸 만화에 웃으면서, 무의식중에 신문. 잡지의 피조물이 되어가고 있지는 않은지 늘 자신을 경계해야 한다.

신문. 잡지의 교육적 의의는 어디에 있는가? 그것은 물론 신문. 잡지의 기능들, 즉 사대기능이라고 불리는 ① 신속한 뉴스의 전달, ② 교양 향상, ③ 공성한 비판, ④ 건전한 오락에서 찾을 수 있다. 그러나 한편으로는 이것들이 우리들 자신의 생각과 눈을 빼앗아갈 수도 있다는 것을 늘 경계해야 한다.

〈영화·연극〉-번화한 거리에는 영화관, 극장, 술집, 상점 등이 있다. 우리는 마음에 여유가 있거나 울적할 때 번화가를 찾는다. 이때에 대개 최소한 이 넷 중의 하나에 들르기 마련이다. 우리는 특히 영화나 연극에 큰 매력을 느낀다. 왜냐하면 그 곳에는 우리가 몰랐던 새로운 세계가 전개되기 때문이다.

영화나 연극의 독자적인 교육적 의의는 어디에 있는 것일까? 그것은 종합적 예술이라는 데 있고, 짧은 시간에 많은 것을 손쉽게 배울 수 있으며, 피로한 몸과 마음을 풀 수 있고, 상상의 세계, 그러나 리얼하기도 한 세계에 접할 수 있는 데에 있다. '사운드 오브 뮤직'이나 '전쟁과 평화', 그리고 '금지된 장난' 등은 몇 번 보아도 질리지 않고, 그때마다 감동을 새로이 한다. 그런데 비교적 고상한 오락산업에 속한 영화. 연극이 TV와 마찬가지로 최근 저속화되고 있음은 애석해마지 않을 일이다.

〈방송매체〉-전자공학의 발달로 급속하게 발달. 보급된 것이 방송매체다. 방송매체는 신문, 잡지, 영화, 연극이 지니는 특성과 그 교육적 의의 그리고 동시에 한계점을 두루 지니고 있다. 그러나 다른 점이 몇 가지 있다. 그것은 시청자의 시간적 부담의 경감성, 보도내용 선택의 부자유성, 보도속도의 동시적 전달성이다. 바로 이런 특성 때문에 우리는 방송매체를 더 많이 시청하게 되며 그 영향을 아주 크게 받게 된다. 우리는 안방에서 밥을 먹으면서, 일을 하면서, 아이의 숙제를 돌보아주면서, 가계부를 정리하면서, 술을 마시면서, 심지어는 아이를 훈계하면서도 방송매체를 보고 있는 것이다!

이른바 전파매체의 동시성, 속보성, 대중성을 잘 이용하면 교육에 큰 공현을 할 것이지만 잘못 쓰인다면 시청자의 사고력과 판단력을 마비시킬 우려가 짙은 것들이다. 우리는 방송매체가 그 일방통행성으로 획일적인 인간 유형을 만들어 낼 우려가 있다는 것을 늘 명심해야 하겠다.

(5) 교육의 세 마당의 비중의 변천

문자가 없고 문화유산이 적었던 원시, 고대사회에서 미성년자의 교육은 성인들의 생활양식, 생활기술의 모방과 일상생활을 통한 무의식적, 무의도적인 인격적 감화가 거의 전부였기에 가정교육이 가장 큰 비중을 차지하였다. 그러나 중세, 근대에 와서는 문화유산이 많이 축적되고 경험내용이 복잡해지고 또 생활기술이 고도로 분화, 발달되었기 때문에 문화의 효율적인 전달, 계승기관으로 형식적 학교교육이 가장 큰 비중을 차지하였다. 그러나 현대에 이르러서는 학문의 세분화, 지식의 폭발적 증가, 교통기관의 발달, 매스미디어의 급속한 보급, 평생교육이념의 대두 등으로 사회교육의 중요성이 가정교육, 학교교육 못지않게 깊게 인식되어 가고 있다. 이리하여 가정교육, 사회교육이란 넓은 의미로의 사회교육을 이제 어떻게 '형식화'해서 교육을 확충하느냐의 문제가 '평생교육'이란 구호 밑에 큰 시대적 과제로 요청되고 있다.

이런 뜻에서 앞으로의 교육학은 미성년자를 주요대상으로 했던 '어린이교육학'(pedagogy)에서 벗어나 어른까지 그 대상을 확대한 '성인교육학'(andragogy), 나아가서 노인인구의 증가를 감안하면 '노인교육학'(gerontagogy)도 되어야 할 것이다.

3) 교육학의 대상과 방법

(1) 교육학의 연구대상

모든 학문이 다 제각기 고유한 연구대상과 연구방법을 가지고 있다. 예를 들면 물리학이나 화학은 실험이나 관찰이라는 방법으로 공히 물질의 변화과정에 존재하는 보편적 법칙을 발견하는 학문이다. 그러나 물리학은 그 대상이 주로 양적 변화에 있고, 화학의 대상은 질적 변화에 있다고 할 수 있다. 수학은 삼단논법 등의 형식적 논리로 수 및 공간의 성질을 연구하는 학문이요, 철학은 이성적 사유로 인간의 삶과 세계의 근본원리를 탐구하는 학문이다. 이 자리에서 우리가 주의해야 할 것은 그 대상과 방법이 '고유'하다 함은 결코 '텃세'처럼 배타적이라는 뜻이 아니다. 예를 들면 수와 공간의 성질은 수학뿐이 아니라 물리학의 주요 관심일 수도 있고, 또 형식논리는 수학뿐 아니라 철학의 방법론에도 있기 때문이다.

그렇다면 교육학은 무엇을 대상으로 어떠한 방법으로 연구하는 학문인가? 우선 우리나라의 대표적인 교육학사전으로 이것을 간단하게 살펴보자.

교육학, 教育學, education, pedagogy, science of education 교육의 현상과 행위에 관한 학문적 탐구과정과 그 과정을 통해 획득된 지식의 체계를 통칭한 말[4]

(2) 교육학의 연구방법

이처럼 교육학은 그 연구대상이 교육의 현상과 행위이다. 그러면 그 방법에는 어떤 것이 있는가?

교육과학, 教育科學, science of education……관찰에 의하여 일반화된 설명의 원리나 법칙을 발견하고 논리적으로 체계화……

이 글에서 우리는 교육학의 방법이 관찰을 토대로 하여 발견한 원리를 논리적으로 체계화한다는 표현에 주목해야 한다. 왜냐하면 이러한 방법론은 비단 교육학뿐만 아니라 모든 과학이 다 수용하는 과학적 방법이기 때문이다. 여기에 교육학의 애로가 있다. 즉 수학처럼 형식논리를 주로 해서, 또

4) 서울대학교 사범대학 교육연구소 편, 『교육학용어사전』(서울: 하우 1994), p. 130.

화학처럼 관찰이나 실험을 주로 해서는 교육학을 할 수 없다는 말이다. 그 이유는 어디에 있는가? 그 연구대상이 인문과학, 사회과학, 자연과학의 전 영역에 걸치는 교육현상 및 교육행위이기에 종합과학적 방법론으로밖에 접근할 수 없는 복잡하고도 광범위한 것이기 때문이다. 따라서 우리는 교육학의 연구방법론을 크게 과학적 방법이라 말할 수밖에 없다.

그러면 과학적 방법이란 보다 구체적으로 무엇인가? 그것은 크게 다음 셋을 말한다. 첫째는 현실의 개개 현상 뒤에 공통적으로 지배하는 법칙을 구하는 자연과학적 귀납법 (inductive method)이요, 둘째는 형식논리로 정립한 보편적 법칙 또는 전제로부터 특수한 법칙을 유도해내는 논리적인 연역법(deductive method)이요, 셋째는 어떤 한두 가지 현실적 현상을 계기로 하여 그 밑바탕에 있는 원리나 법칙을 사색의 도움으로 탐구해 내는 환원법(reductive method) 이다. 근대의 모든 과학은 그 고유한 연구대상에 가장 알맞은 방법을 이 셋 중에서 적당하게 택하여 왔다. 그런데 교육학은 앞서 본 바와 같이 그 연구대상이 착잡하고 광범위하여 종합과학적 성격을 띠기에 그 연구방법도 위의 세 방법을 다 쓸 수밖에 없었다. 이러한 사정은 교육학처럼 종합과학인 의학이나 농학에서도 마찬가지다.

이제 우리는 교육학 및 교육을 보다 정밀하게 정의해 볼 수 있는 자리에 이르렀다.

〈교육학〉 교수와 학생 통제 및 지도의 원리와 방법에 관련된 체계화된 이론이나 교설, 크게는 '교육'과 대치될 수 있다.

〈교육〉 사람이 그가 속하는 사회애서 능력과 태도를 도야하고, 바람직한 가치를 지닌 행동 등을 익혀가는 모든 과정의 총화.

(3) 교육학의 새 계보

유독 교육에 대해서는 누구나 다 일가견을 갖고 있다는 비웃음도 받아온 상식으로서의 교육학을 학문으로서의 교육학으로 발전시키는 데는 어려운 난관들을 극복해야만 했다. 교육학의 역사상 획기적인 사건은 칸트의 교육학 강의 개설이었다. 그는 대학의 역사상 최초로 교육학을 강의과목으로 개설한 사람이며, 1776년 겨울학기부터 네 번에 걸쳐 이를 강의하였고, 그 결과는 1803년 『교육학 강의』(Immanuel Kant über Pädagogik)로 나타났다. 그는 그 강의의 첫머리를 다음과 같은 유명한 말로 장식하고 있다.

> 인간은 교육을 필요로 하는 유일한 동물이다. 교육이란 무엇인가? 그것은 양육(어린이의 간호와 생육), 훈련, 그리고 문화를 익히는 일을 포함하는 교수로 이해되어야 한다. 교육에 의해서 인간은 차례로(양육을 필요로 하는) 젖먹이에서 (훈련을 필요로 하는) 어린이가 되고 드디어(교수를 필요로 하는) 학생이 된다.

이 말에 이어 그는 그 방법이 그의 천성을 헤치지 않는 자연스러운 것이 되어야 한다고 말하고 있다. 그가 첫머리에서 되풀이 강조하고 있는 사상은 인간은 교육의 산물이며, 그러기에 인간이 유일한 교육적 등물이란 개념이다.

교육학을 학문적으로 체계화하려고 노력한 최초의 학자는 칸트의 제자인 헤르바르트(J. H. Herbart, 1776-1841)였다. 그는 교육의 목적은 윤리학에서, 그리고 방법은 심리학에서 구하면서 교육의 전 과정에 대한 이론을 사변적으로 전개하였다. 그것이 『일반교육학』(Allgemeine Pädagogik 1806)이다. 이 대저(大著) 에는 '교육의 목적에서 유도된'이란 부제가 붙어 있다. 그러면 그가 생각한 교육의 최고목적은 무엇이었던가? 인간의 도덕성의 형성이었다. 다른 작은 목적들은 다 이 크고 궁극적인 목적을 위한 것이다. 그래서 그의 교육학은 어린이에게 윤리적 감각을 일깨워 주는 것을 주된 목적으로 전개된다. 사실 그는 이 책의 제1편 교육의 일반적 목표의 제1장 아동의 관리에서 이렇게 말하고 있다

> 아동은 의지를 지니지 않은 채로 세상에 나오며, 따라서 모든 인간사회의 관습적인 관계들에 대처하는 능력을 결여하고 있다. 부모들은(부분적으로는 자발적으로, 부분적으로는 사회의 요구에 따라서) 그들의 자녀들을 마치 사물처럼 지배한다.

윤리적 품성도야라는 목적 실현을 위해 어린이는 관리되고 교수되고 훈육되어야 한다는 게 그의 교육학의 목적이다. 이런 사변적 교육학이 독일을 중심으로 전개되어 왔는데, 이에 반기를 들고 나선 사람이 사회학자 뒤르켕(E. Durkheim, 1858-1917)이다. 그는 교육현상이 시대와 민족에 따라서 다르다는 데 착안하여 교육사실의 가치중립적인 기술・분류를 통하여 교육의 법칙을 포착하려 하였고, 이런 자신의 객관적・실증적 방법에 의한 교육학을 '교육의 과학'(Science de l'éducation)이라 했다. 이리하여 교육의 본질・목적・방법・제도・행정의 원리를 규범적으로 미리 정하고 들어간 종래의 전통적인 '교육학'(Pädagogik)에 대하여, 교육을 사회적, 역사적 사상(事象)으로 보고 그 성질 및 기능을 가치중립적으로 연구하는 새로운 '교육과학'(Erziehungswissenschaft)이 탄생하였다.

이후 생각을 달리하는 여러 학자에 의해 여러 계보의 교육학이 부상하였는데 이것을 크게 다음 셋으로 분류하여 그 특성을 명쾌하게 밝힌 사람은 프리샤이젠쾰러(M. Frischeisen-Köhler, 1878-1923)였다. 첫째는 이상적 지향점을 선험적으로 설정하고, 이 기준에 의해서 교육의 모든 문제를 해결하려 드는 비판적 교육학(critical pedagogy)이며, 둘째는 자연적 상태를 실험적 방법으로 연구하여 교육의 문제에 응용, 적용시키는 경험적 교육학(empirical pedagogy)이며, 셋째는 이상과 자연과의 조화를 이룩하고자 교육에 관한 형이상학적 근거와 경험적 관찰의 결합을 시도하는 사변적 교육학(speculative pedagogy)이다. 다음에 이 세 계보의 아이디어를 보다 자세히 살펴보자.

비판적 교육학은 경험세계와 초월세계를 엄격하게 구별하는 이원적 세계관 위에 서서 가치와 존재, 당위와 필연을 구별하고, 정신의 자발성을 근거로 하여 가치성 및 당위성을 존재성과 필연성으로 높이려 한 교육학이며, 그 대표자는 플라톤, 칸트, 나토르프 등이다.

경험적 교육학은 현실적 세계와 감각적 세계를 보다 중시하는 세계관 위에 서서, 아동・청년・사회 등의 여러 현상을 비교, 관찰, 조사, 실험, 연구하여 인간의 사회에의 적응과정을 돕는 기능을 강조하는 교육학이며, 그 창시자는 공리주의철학자로 불리는 스펜서이고, 듀이, 브루너, 스키너 등 미국의 거의 모든 교육학자는 이 계보에 속한다 할 수 있다.

사변적 교육학은 이상과 자연, 정신과 육체의 변증법적 조화, 통일을 인간의 의지와 능력으로 실현시킬 수 있다는 낭만적인 세계관 위에 서있는 교육학이며, 그 대표자는 괴테를 비롯하여 헤르바르트, 슐라이어마허, 헤겔 등이다.

위에서 본 바와 같이 교육학은 영원한 수수께끼인 인간의 발전에 관련된 교육현상을 다양한 방법으로 연구하는 학문이다. 그러기에 우리는 그 대상과 방법이 어느 한쪽에 기우는 일이 없도록 늘 경계해야 한다.

(4) 교육학의 연구 분야

교육학의 연구 분야는 어떤 교육현상을 어떤 시각으로 다루느냐에 따라서 많이 갈라진다 할 것이다. 이를 크게 나누면, 교육철학(교육원리), 교육사학(한국, 동양, 서양), 교육사회학, 가정교육학, 학교교육학, 사회교육학, 특수교육학, 교육과정학, 교육방법학, 교육공학, 교육심리학, 비교교육학, 교육행정학, 교육경제학, 교육법학, 각과교육학 등이다.

2. 교육본질론

1) 교육의 목적

(1) 교육목적의 역사성

교육의 목적은 무엇인가? 이에 대한 대답은 시대에 따라, 사회에 따라, 그리고 사람에 따라 다르다. 일반적으로 고대사회에 있어서는 사회체제의 존속과 계승이 교육목적으로 크게 여겨졌고, 근대사회에 있어서는 개개인의 인격도야가, 그리고 현대사회에서는 인간의 사회적 효율성의 제고가 크게 부각되었다.

교육목적은 또 사회에 따라 다르게 나라난다. 현대사회에서 그 단적인 예를 들어보자. 북한은 헌법 제43조에서 "국가는 사회주의 교육학의 원리를 구현하여 후대들을 사회와 인민을 위하여 투쟁하는 견결한 혁명가로, 지덕체를 갖춘 공산주의적 새 인간으로 키운다"고 교육목적을 규정하고 있다. 한편 우리 대한민국은 헌법에는 교육목적 규정이 없고 교육기본법에 명시되어 있는데 그것은 다음과 같다.

> 제1장 총칙 제2조(교육이념) 교육은 홍익인간의 이념 아래 모든 국민으로 하여금 인격을 도야하고 자주적 생활능력과 민주시민으로서 필요한 자질을 갖추게 하여 인간다운 삶을 영위하게 하고 민주국가의 발전과 인류공영의 이상을 실현하는 데 이바지하게 함을 목적으로 한다.

이처럼 같은 민족이면서도 그 체제의 차이에 따라 교육목적이 다르게 규정된다. 이런 현상은 자유주의 진영 안에서도 같다. 같은 자유주의 국가이며 기독교적 전통도 깊고 또 교육의 거의 모든 권한을 주에 넘긴 나라들이면서도 독일은 이례적으로 기본법에 교육은 기독교적 세계관을 계승하기 위하여 종교교육을 필수로 해야 한다고 다짐하고 있는 데 비해, [5] 미국은 주차원에서도 도리어 종교교육의 자유를 다짐하고 있다.

(2) 교육목적의 상호관련성

교육목적은 또 한 나라 안에서조차 사람에 따라 다르다. 미국의 예를 들면, 교육목적을 고전의 독서를 주로 하여 인류의 정신문화를 계승하는 데

---

5) 김정환, "제2차 대전 이후 독일교육의 역사적 의미", 한국교육학회 교육사 연구회 편, 「한국교육사학」, (제4집), 1982, p.105. 독일의 기본법(헌법)은 제7조 제3항에서 이렇게 규정한다. "종교교육은 비종파학교를 제외하고는 공교육학교에서 정규교과다."

두는 허친스가 있는가 하면, 20세기를 위기의 시대로 전단하고 새로운 사회 질서를 건설하는 데 필요한 역사의식의 고취에 두는 브라멜드도 있다.

교육목적은 이렇게 다양하지만 그것은 서로 상호관련성을 지닌다. 예를 들면, 인격도야라는 목적과 사회개혁이라는 목적의 관련이다. 사람이 인격으로 완성되는 데는 사회에 대한 문제의식이 불가결하고 거꾸로 사회개혁은 하나하나의 성실한 인격에 의해 이루어진다는 이치다. 이런 문제를 일찍이 제기하고 이에 대한 해답을 내리고자 했던 사람은 듀이다. 그는 교육목적을 크게 ① 자연의 길에 따라 발달하는 일, ② 사회적으로 효율성을 지니는 일, ③ 문화적·인격적으로 지적 성숙을 이룩하는 일의 셋으로 수렴시켰고, 이 세 목적들이 상호 관련되는 것임을 밝혔다.[6]

(3)교육목적의 변천사

교육목적은 시대, 사회, 민족에 따라 다양하게 전개되어 왔다. 그 모습을 교육사가 부루바커(John S. Brubacher)는 11단계의 시기로 나누어 밝히고 있다. 그 내용을 간단하게 정리하여 본다.

① 체제의 보수적 계승

고대사회는 일반적으로 어린이가 성인들의 생활을 모방하면서 성인들이 향유한 사회체제를 다음 세대가 그대로 유지해가도록 하였다. 즉 개인은 사회의 축적된 경험을 재생산하여 사회의 존속을 꾀하는 역군이 되기를 바랐다. 이런 이념을 주창한 사람 중 대표적인 사람은 플라톤이다.

② 자유시민의 육성

교육은 사회의 목적을 위한 수단일 뿐 아니라 개인적 목적을 이룩해야

---

6) John Dewey, Democracy and Education(1916) (New York: The Free Press, 1968), p. 23. "Developing according to nature, social efficiency, and culture or personal mental enrichment."

할 수단일 수도 있다. 개개인의 개성의 실현, 그리고 자유인의 육성이 교육의 주목적이 될 수도 있다. 이 이념을 강조한사람은 아리스토텔레스다.

③ 인간의 영적 구원

이 속세는 영원한 내세를 위한 하나의 수련장에 지나지 않는다. 그러기에 교육은 인간의 종교적 구원이란 궁극적 목적에 따라야 한다. 이런 이념은 중세의 교육을 지배했으며, 그것을 강조한 사람은 토마스 아퀴나스다.

④ 신사기질 육성

르네상스시기에 들어와 상업이 발달하자 귀족과 승려들의 세력이 상대적으로 약화되면서 세속적 세계관이 재생되기 시작하는데 이때 강조된 교육목적이 넓은 교양을 갖춘 신사기질 육성이었다. 이 이념의 대표자가 에라스무스다.

⑤ 다방면의 지식 습득

철학적 지식, 신학적 지식에 못지않게 중요한 것이 자연과학적 지식이다. 그런데 이것이 현저하게 경시되어 왔다. 자연관찰을 통해서 하나님이 창조한 이 우주의 신비로운 질서를 인식하고 이를 찬미해야 한다. 이런 논리가 다방면의 지식을 고루 갖추어야 한다는 범지론(pansophism)의 골자이며, 그 대표자가 코메니우스다.

⑥ 형식적 능력의 도야

교육의 목적은 특정한 과학의 내용을 배우는 데 있다기보다는 그것을 통해 인간이 지니는 능력을 훈련시켜 이를 새로운 문제 상황에 전이(transfer)시키는 데 있다. 그러기에 내용이 중요한 게 아니고 실은 그 내용에 접근하는 형식적 능력의 연마(예를 들면 분석력, 추리력, 기억력 등의 연마)가 중요하다. 이런 논리는 로크에 의해 주창되었다.

⑦ 민주사회의 실현

교육은 귀족체제와 성직자체제로부터 인간을 해방시켜 자유, 평등, 박애의 사회를 건설하는 데 공헌해야 한다. 이런 논리는 프랑스 혁명정부의 교육고문이었던 콩도르세에 의해 주창되었다.

⑧ 인간능력의 조화로운 발달

인간에게는 천부적 능력이 깃들어 있다. 그 능력은 지적 능력, 기능적 능력, 도덕적 능력이다. 이 세 능력을 고루 발달시켜 하나의 인간으로 키워내는 일이 교육의 주목적이다. 이 '삼육론'(三育論)을 강조한 사람이 페스탈로치였다.

⑨ 완전한 생활을 위한 준비

교육은 어린이로 하여금 장래의 완전한 생활을 위해 준비시키는 일이 되어야 한다. 그러기 위해서는 건강관리, 직업준비, 가정생활준비, 사회적 자질육성, 그리고 여가 선용에 대한 교육이 필요하다. 이런 생각은 스펜서에 의해 주창되었다.

⑩ 사회적응 능력의 육성

교육은 사회에 필요한 기술을 익혀 그 사회에 효율적으로 적응할 수 있는 능력을 갖추어 가는 일이다. 이런 입장은 사회의 요구를 과학적으로 분석하여 이에 교육을 맞추어 감으로써 가능하다. 이런 입장은 미국의 카터스에 의해 주장되었다.

⑪ 경험의 지속적인 재구성

교육의 궁극적 목적은 인간의 성장이며 그러기 위해서는 경험을 발전적으로 재구성하는 일이 가장 중요하다. 이런 논리는 듀이에 의해 진보주의라는 이념으로 주장되었다.

교육사가 브루바커가 분석·분류해서 밝힌 것은 위의 11가지인데 우리는 여기에 그 후에 나타난 중요한 교육이념으로 다음 두 가지를 더 보충해야 할 것이다.

⑫ 사회개혁을 위한 역사의식 고취

20세기는 병든 세기이며 현대문명은 몰락의 위기를 안고 있다. 교육은 이런 위기를 야기한 문제를 진단하고 '새로운 사회 질서 건설'을 위한 역사의식을 고취시켜야 한다. 이러한 문화재건주의의 논리는 브라멜드에 의해 강조되었다.

⑬ 개개인의 인격적 자아 각성

인간은 다른 어떤 목적에도 종속될 수 없는 주체적, 개성적, 인격적 존재다. 교육은 인간을 이런 인간으로 '일깨워'(각성시켜) 주는 데 있다. 그러기 위해서는 인간과 '만나는 일'이 가장 중요하다. 이런 '만남'의 논리로 '만남이 교육에 선행한다'는 명제를 외친 사람은 실존주의적 발상 위에 교육학을 건설하고 있는 볼노오(Otto Friedrich Bollnow)이다.

(4) 교육목적의 상호관련 구조

위의 교육목적 (교육이념, 교육기능, 교육의 본질이라 해도 좋다) 들은 실은 다 중요하다. 우리는 옛 것을 계승하며 새로운 것을 창조하면서 오늘에 이르고 있다. 그러나 우리는 브루바커의 교육목적의 나열적 진술에 만족하지 말고, 그 목적의 상호관련성을 어떤 논리적 구조 안에서 밝혀야 할 것이다. 이런 입장에서 교육목적을 분류하여 보면 크게 다음 넷으로 수렴되는 것으로 보인다. 첫째는 체제의 보수적 계승, 둘째는 인격의 조화로운 도야, 셋째는 인류의 정신문화의 계승, 그리고 끝으로 사회혁신기반조성이 될 것이다.

우리는 다음에 이런 이념들을 보다 미시적으로 음미하며, 그 이념들이 서로 어떤 관련을 맺고 있는가를 살피는 논리적 구조를 탐색하면서 교육의 본질을 밝혀 보기로 하자.

2) 체제의 보수적 계승

(1) 세기의 우화적 표현

창세기에는 헌정질서·체제의 수구적·현상적 유지를 꾀하는 앞 세대의 입장을 원호(援護) 합리화하는 교육의 기능이 우화적 표현으로 전형적으로 잘 서술되어 있다. 앞 세대를 상징하는 신은 후대를 상징하는 아담에게 한 가지 금기를 내린다. 그것은 에덴동산의 중앙에 있는 과일나무의 열매를 따 먹지 말라는 것이었다. 왜냐하면 이 열매를 먹으면 인간에게 선악을 판단할 수 있는 가치판단의 기준이 갖추어지게 되고, 또한 영원한 생명을 갈구하는 욕구가 생기게 되어 결국 인간들은 불행하게 될 것이라는 이유 때문이었다.

그러나 이브는 뱀의 꼬임(지혜의 꼬임)에 이기지 못하여 이 탐스럽기도 하고 먹음직도 한 열매를 먼저 따먹고 이것을 다시 아담에게도 맛보게 하여 자기 자신들의 가치판단기준을 갖게 되고 또한 자기 자신들의 생명의 계승 기능에 눈뜨게 된다. 결국 그들은 신의 노여움을 사고 에덴등산에서 추방당하여, 자기 자신들의 세계를 걸으며 개척하게 된다.

신의 입장에서는 언제까지나 아담과 이브가 신에게 어린아이처럼 매여서 살기를 원하였을 것이고, 따라서 그들이 독자적인 생활을 영위하며 자기 자신들의 역사를 가지기를 원하지 않았을 것이다. 아담. 이브의 입장은 이와는 정반대로 이 선악판단의 나무(Baum der Erkenntnis des Guten und Bösen)와 생명의 나무(Baum des Lebens)의 과일을 따 먹는 순간부터 자기네의 삶이 시작되는 것이었다. 그럼으로써 인간은 땀을 흘리며 먹이를 구하고, 아기를 낳는 괴로움을 맛보고, 뱀과 싸워야 한다는 신의 저주를 받게 되었지만, 바로 이 저주가 인간에게는 삶 그 자체가 된 것이다. 이리하여 인간은 노동의 고통, 창조의 괴로움, 자연과의 싸움 속에 살아감으로써 슬픔과 기쁨을 함께 맛보고 스스로의 역사를 영위하며 생명을 계승하게 되었다.

(2) 규례(規例)와 법도(法度)의 참뜻

이 창세기 신화에서 선명하게 드러나는 신의 입장을 우리는 교육의 헌정질서・체제의 수구적・현상적 유지 기능의 전형이라고 볼 수 있다. 이러한 교육기능은 고대 이스라엘 민족에게는 갖가지 규례와 법도(Gebote und Rechte)로 나타났으나, 그것이 집대성화된 것이 구약 신명기 제5장에 수록된 모세의 십계명이다. 십계명은 사람이 신에게 지켜야 할 법도 5조와 사람이 사람에게 지켜야 할 법도 5조로 구성되어 있다. 이스라엘 민족에게는 이 신과 이웃에 대한 법도를 풀이하며 지키게 하는 것이 교육의 전부였다. 신에 대한 법도 5개조는 다음과 같다.

① 나 외에 다른 신을 섬기지 말라.
② 자기를 위하여 세운 우상을 섬기지 말라.
③ 신의 이름을 망령되이 부르지 말라.
④ 안식일을 지키라.
⑤ 부모를 공경하라.

처음의 네 개는 인간이 신 이외의 것을 섬기지 말고, 신을 무서워하고, 신에게만 의지해서 살라는 말이며, 마지막 계율도 이 세상에서 신을 대표하는 부모를 공경하라는 뜻으로써, 기독교적 가부장질서의 표현이라 보아야 할 것이다. 한편 이웃에 대한 계율을 들어보면 다음과 같다.

① 살인하지 말라.
② 간음하지 말라.
③ 도적절하지 말라.

④ 네 이웃에 대하여 거짓 증언하지 말라.

⑤ 네 이웃의 재물을 탐내지 말라.

이 계율들은 신이 인간 각자에게 최선의 것을 주셨기 때문에 받은 분수대로 만족하여 평화롭게 살아야 하며, 신이 정해주신 세상의 질서를 지켜야 한다는 말이다.

이러한 이념은 기독교권 이외의 여러 고대사회에서도 갖가지 유형의 계율을 통하여 구현되었고, 교육의 내용 중 가장 큰 비중, 아니 거의 전부를 차지하였다. 그러나 오늘날에도 이런 이념은 각 민족, 국가 체제가 교육을 통해서 구현하고자 하는 이념 중의 하나라는 뜻에서 교육의 본질을 탐구하고자 하는 우리의 큰 관심사가 아닐 수 없다. 우리는 이것을 불교의 오계(五戒), 유교의 삼강오륜(三綱五倫), 그리고 갖가지 봉건적 여성도덕훈 (女性道德訓) 등에서 볼 수 있다. 우리나라의 탁월한 근대의 선구자 정약용까지도 『목민심서』(牧民心書) 제25권에 "등급을 구별함은 백성의 뜻을 안정시키는 중요한 일이다. 등급이나 위엄이 밝지 않아 지위나 계급이 어지러우면 민심이 흩어져 기강이 없어지게 된다"고 한탄했고, "족(族)에도 귀천이 있으니 그 등급 을 가려야 마땅하고, 세력에도 강약이 있으니, 그 실정을 살핌이 마땅하다. 이 두 가지는 어느 한쪽도 없애서는 안 된다"고 경고하고 있다. 이런 교육기능을 교육사가 브루바커는 "고정적 사회질서의 영속화' 기능이라고 일컫고 있다.

(3) 국민윤리교육

교육은 자기네의 주어진 체제에 애착을 갖고 그것을 계승하기 위한 능력, 기능, 태도를 굳히게 하는 기능도 지니고 있다. 이것이 교육의 네 가지 큰 기능 중의 하나임은 분명하다. 우리나라의 교육법 제2조에는 "애국애족의 정신을 길러 국가의 자주독립을 유지발전하게 하고 나아가 인류평화건설에 기여하게 한다. 민족의 고유문화를 계승앙양하며 세계문화의 창조발전에 공헌하게 한다"는 교육방침이 규정되어 있는데, 이는 국민윤리교육의 직접적인 연원을 이루는 것이다." 이런 기능은 거의 모든 교육 내용에 알게 모르게 담겨져 있다. 그러나 주로 이 목적을 강조하는 교과는 윤리교과이며, 어느 나라이건 표현은 다소 다를지라도 이러한 교과를 설정하고 있다.

우선 우리나라 고등학교 윤리교과를 살펴보자. 제6차 교육과정 개정에서 종래의 고등학교 '국민윤리는 '윤리'로 교과명칭이 변경되었으나 교과의 내용이 근본적으로 바뀐 것은 아니다. 그것은 이 교과의 설정 이유가 다음과 같이 밝혀져 있는 것을 보아도 쉽게 알 수 있다.

> 윤리과는 한국인으로서 올바른 인석체계를 정립하고, 건전한 판단능력과 실천의지를 기르게 하기 위한 교과이다. 그리고 바람직한 삶을 영위하는 데 필요한 윤리적 지식과 가치판단 능력 및 태도를 습득하게 하여 전인적인 인간을 기르고자 하는 특성을 지닌다.

이와 같이 한국인으로서 바람직한 삶의 모습을 상정하고 그에 필요한 행동적 요소를 설정하여 교육적인 접근을 시도한 것은 국가와 민족의 생존과 번영을 위해서 가장 중대한 과업의 하나라고 하겠다. 이런 이념에 입각해서 각 단계별 학교교육에서 '바른생활', '도덕', '윤리' 등의 표현으로 국민윤리교육을 실시하고 있다. 이제 중학교 '도덕과' 교육목표를 예를 들어 구체적으로 살펴보자.

우리나라의 중학교 '도덕과' 교육목표는 크게 셋인데, 그것은 ① 한국인으로서의 규범 및 예절습득, ② 도덕적 판단능력의 신장, ③ 생활원리의 체계화 및 자율적 실천의지의 형성이다. 이러한 일반적인 목표하에 하위의 목표가 네 개 영역별로 즉, '개인 생활', '가정 · 이웃. 학교생활', '사회생활', '국가. 민족생활'로 나누어지는데, '국가. 민족생활'은 국민에 대한 윤리교육을 전면으로 부각시킨 것이다. 그 내용에 대해서는 국가, 민족, 문화를 사랑하고, 국토와 민족분단의 현실 및 남북한의 통일과제를 올바로 인식하여, 통일을 이룩하는 데 필요한 공동체의식과 통일국가의 실현의지를 가지게 한다고 하였다.

이와 같은 국민윤리교육은 모든 국가의 공통적인 과제로서 이념과 체제에 따라 그 강조하는 내용과 접근 방법은 다를지라도 제각기 애국적인 국민을 기르는 데에 심혈을 쏟고 있다.

3) 조화로운 인격 도야

(1) 인간의 당위적 존재성

참된 삶이란 인격의 완성을 위한 끊임없는 의지적인 노력의 과정이며, 이런 노력은 출생에서 죽음에 이르기까지 계속된다. 아니 칸트 같은 사람은 저 세상에까지 계속되어야 한다면서 신의 존재를 요청하기까지 했다. 인격의 조화로운 도야란 "인간성 안에 내재하고 있는 여러 소질을 조화롭게 발전시키는 일"(die harmonische Entwicklung der inneren Menschennaturen)이라고 페스탈로치는 정의하면서, 이것을 보다 쉬운 말로 다음과 같이 말하고 있다.

> "사고하기 위하여 머리를 도야합시다. 이웃에 선을 베푸는 일을 할 수 있게 가슴을 도야합시다. 몸과 손, 발을 힘써 도야함으로써 기술을 지닙시다."

이러한 교육이념을 간단하게는 지육. 체육. 덕육의 조화적 발전을 기하는 삼육론(三育論), 즉 이상적인 인격도야(人格陶冶)의 이념이라고 바꾸어 말한다. 우리는 이런 인격 완성조성을 교육의 큰 기능 중의 하나로 보아야 할 것이다. 사실 인간은 칸트의 말대로 인격을 통해서 '인간'이 된다는 뜻에서 유일한 교육적 동물인 것이다.

우리 속담에 "사람이면 다 사람인가, 사람다워야 사람이지"라는 말이 있다. 교육의 중요성을 적절하게 표현한 말이다. 일찍이 소크라테스는 사람은 먹기 위하여 사는 게 아니고 살기 위해서 먹으며, 또 그저 사는 게 아니고 올바르게 사는 게 목적이라고 갈파했고 칸트는 "인간은 교육을 통해서만 인간이 되며, 교육이란 따라서 현실적 존재(sein)를 이상적 당위(sollen)로 화하게 하는 기능"이라 정의했고, 이런 뜻에서 독일의 크리크(E. Krieck, 1882-1947)는 인간을 '교육적 동물'이라 갈파했던 것이다. 이렇게 보면 교육이란 자연적 인간이 내재적 소질을 조화롭게 발전시켜 궁극적으로 자기주도적인 삶을 사는 이상적인 인간이 될 수 있도록 돕는 일(Hilfe zur Selbsthilfe)이다.

(2) 이상적 인간상

이상적 인간이란 어떤 인간인가? 전체적(wholeness), 전인적(whole minded), 조화적(all rounded) 인간을 말할 것이나, 구체적으로는 지·덕·체가 고루 도야된 인간을 말하며, 어떤 사람은 여기에 성(聖)을 덧붙여 말하기도 한다. 또 소위 3H(hand, head, heart), 4H(hand head heart health), 보다 넓게 8H(hand, head, heart, health, humour, humbleness, humanity, hygiene)를 말하는 사람도 있다. 그러나 어떤 인간상을 이상적 인간상으로 규정하느냐의 문제는 그 시대 그 사회의 가치와 규범과의 관련 아래에서 다루어져야 할 문제이기 때문에 일반적으로 규정할 수 없는 문제다. 그렇다고 이상적 인간상의 정립작업을 단념할 수는 없는 일이다. 왜냐하면 교육활동은 바로 이 이상적인 인격완성을 위한 것이기도 하기 때문이다. 따라서 우리는 이상적 인간이 지녀야 할 속성을 고찰할 수밖에 없다. 이러한 점에 대해 오늘날 미국의 저명한 심리학자의 견해를 종합하여 다음과 같이 정리할 수도 있다.[7]

---

7) 김성태, "미국사회에서의 이상인격형", 고려대학교논문집(인문사회계편), 제16집, 1970, pp. 73-74. 이 논문은 후에 성숙인격론(서울: 고려대학교 출판부, 1976)에 수록되었다. 이 저서에는 '조선초기의 성리학의 성인상'(서화담, 이퇴계, 이율곡 등), '이순신 장군의 인격', '이상재 선생의 인격' 등 이 문제에 깊은 시사를 던지는 논문이 다수 수록되어 있다. 참고로 Erickson이 건전한 인격의 특질로 들고 있는

① 자기의 본분과 역량을 깨달아 이를 발휘하고, 자기 동일성, 즉 자기 주체성을 지니며, 자기의 책임과 역할을 충분히 알고 이를 착실히 성취하려는 경향.

② 자기의 현실을 정확하게 파악하고 현실 속에서의 자기 자신을 객관적으로 볼 수 있으며, 현실과 자기를 있는 그대로 받아들여 현실과 자기가 잘 어울리게 하는 경향.

③ 남을 사랑하고 이해하고 받아들여서 원만한 대인관계를 유지할 수 있는 경향.

④ 확고하고도 타당한 인생목표를 가지고 살아가고, 통일된 세계관을 수립하여 이에 맞추어 자율적으로 행동하려는 경향.

(3) 생애교육

인격의 완성을 위한 교육은 출생에서부터 죽음에 이르기까지 계속된다. 이것을 생애교육(life-long education, permanent education)이라 한다. 이 생애교육을 우리는 태교(prenatal education), 가정교육(home education), 학교교육(school education), 사회교육(adult education), 자기교육(self-education)으로 나눌 수 있다.

옛 사람들은 슬기롭게도 태교의 중요성을 현대인 못지않게 중히 여겼다. 임신한 여성은 자기 배 안에 있는 한 생명을 위하여 식사, 마음가짐, 몸가짐, 심지어는 예의범절에 이르기까지 세심한 배려를 했다. 여성이 가장 아름답고 행복하게 보이는 때는 뱃속에 태동을 느끼면서 이 아이의 장래를 꿈꾸고, 뜨개질을 하며 옷이나 이불을 미리 마련하고 있는 모습이라 한다. 이런 모성이 어찌 한 몸으로 연결되어 있는 태아에 영향을 주지 않겠는가! 성경의 가장 아름다운 시의 하나인 마리아 찬가도 이 모성으로서의 교육의 즐

것을 보면, ① 신뢰감(a sense of basic trust), ② 자율성(autonomy), ③ 주도성(initiative), ④ 근면성(industry), ⑤ 자아정체감(sense of ego identity), ⑥ 친밀감(intimacy), ⑦ 생산성(generativity), ⑧ 통합성(integrity)이다.

거움을 노래한 것이다. 아이를 해산하면 어머니는 진자리 마른자리 갈아 눕히며, 모국어를 가르치며, 행동양식을 익히게 하며, 무엇이 옳고 무엇이 그름을 판가름하게 하는 가치관념을 몸에 배게 한다. 이렇듯 모성은 아이를 배에 배고 낳으며, 가치 있는 것을 몸에 익히게(배이게) 한다. 이것이 '배운다'의 첫 출발이며, 교육의 가장 중요한 부분인데, 그 담당자는 실은 모성이다. 가정의 교사는 실은 어머니인 것이다.

학교는 아동이 접할 수 있는 경험의 범위 내에서 극히 기본적인 사회적 문화활동을 선택하여 이것을 난이의 순서로 계열화하여 가르쳐 아이들의 통찰력을 기르는 곳이다. 학교를 통하여 아이들은 축적된 인류의 문화와 자기가 장차 참여해야 할 생생한 사회를 최초로 접하게 된다.

인간이 사회적 동물이니만큼, 사회는 우리가 유기적 존재로서 공기를 마시며 살듯이 평생 접하며 직접. 간접으로 교육적 영향을 받는 생활의 마당이다. 우리는 사회교육을 통하여 학교에서 충분히 배우지 못한 것을 보충하기도 하고, 새로운 생활기술과 생산기술을 학습하기도 하고 또 교양수준의 향상과 여가선용을 위한 적절한 지도를 받기도 한다. 인생을 70년으로 보아 철없이 넘어간 20년의 학창기간보다 자발적으로 배우며 익히는 50년간의 사회교육이 인간형성에 더욱 큰 영향을 준다고도 볼 수 있다.

인간교육의 마지막 단계는 자기교육이다. 자기 나름의 세계관과 인생관을 가지고 신앙에 정진하거나 사회봉사활동을 하거나 취미와 적성에 맞는 한 가지 일과 학문에 깊이 몰두함으로써, 우리는 스스로를 교육하고 있는 것이다. 이렇게 교육이란 자신을 최선으로 닦기 위하여, 또는 최선의 것을 탐구하기 위하여 출생에서 죽음, 아니 내세까지 계속되는 것이다.

(4) 교육적 동물

인간이 교육적 동물이라는 것은 무슨 뜻인가? 교육을 받아야만 제구실을 할 수 있는 동물이라는 뜻이다. 우리는 이것을 인간의 다섯 가지 특성, 즉 인간의 미완성, 가치지향성, 교육기간의 장기성, 행동양식과 문화내용의 재

획득성, 경험의 전달성으로 풀이할 수 있다.

첫째, 동물은 완성된 상태의 축소판으로 탄생한다. 그러기에 동물은 앞 세대의 배려 없이도 살아남을 수 있지만 인간은 가장 약하고 미숙한 상태로 태어나며, 따라서 앞 세대의 배려 없이는 신체도 보존할 수 없다. 둘째, 동물에는 가치, 진리에 대한 감각이 없으나 인간에게는 이것이 도리어 다른 어떤 생리적 욕구보다 강하다. 심지어는 가치의 실현, 진리의 선포를 위하여 목숨을 바치기도 한다. 즉, 인간은 동물과 달리 가치지향적이다. 예수의 십자가상의 죽음, 그리고 소크라테스의 독배, 칸트의 영혼불멸에 대한 요청 등은 인간만이 지니는 이러한 가치지향성에서만 풀이될 수 있는 것이다. 교육이란 이런 가치의 추구, 실현의 과정이기도 하다. 셋째, 동물은 미성년기가 짧은 데 반하여 인간은 대단히 길다. 코끼리는 덩치도 크고 수명도 길지만 미성년기는 불과 1년 정도다. 그러나 인간은 덩치는 작지만 미성년기가 아주 길며 적어도 15년은 걸린다. "나의 참된 교육은 32세에서부터 비로소 시작되었다"면서 세기의 석학 허친스는 익살을 떨고 있으나 우리는 이 말을 익살 아닌 정론으로 받아들여야 할 것이다. 넷째, 동물에는 문자와 언어와 문화양식 등 광의의 문화가 없으나 인간에는 이것이 가장 귀한 생활의 수단이다. 그런데 이런 문화는 인간 각자가 태어날 때부터 구유하는 것이 아니다. 그러므로 인간은 교육을 통해서 이를 자기 몸을 통해서 재획득할 수밖에 없다. 이런 의미에서 교육작용을 사회적 문화유전작용이라 할 수 있다. 다섯째, 동물에는 경험의 조직적 전달작용이 없으나 인간에는 이것이 있다. 동물에는 역사가 없고 인간에만 역사가 있는 이유가 여기에 있는 것이다.

우리는 이같이 인간이 교육을 통해서만 인간이 되는 존재임을 몇 가지 측면에서 밝혔다. 이러한 뜻에서 우리는 다음의 글들을 되풀이하여 음미해야 한다.

인간은 교육을 통해서만 인간이 된다. 인간은 교육이 만들어낸 존재에 지나지 않는다.(칸트: 『교육학 강의』).

태어날 때 지니지 못한 모든 것, 성장했을 때 필요한 모든 것을 교육에 의해서 부여받는다(루소: 『에밀』).

4) 정신문화의 계승

(1) 문화의 계승 · 확충

한편 교육은 개인으로서의 인간의 조화적 발전, 인격의 완성을 위한 조성 작용에 그치지 않고, 인류의 수천 년의 역사를 통해 축적되어 온 좋은 경험, 그중에서도 특히 정신적 문화유산을 다음 세대에게 계승 · 유지시키고 나아가서 그들의 내면적 각성을 통해서 그것을 확충 · 발전시키고자 하는 작용이기도 하다. 독일의 파울젠(F. Paulsen, 1846-1908)은 교육활동의 독자적인 의의를 앞 세대가 후대에게 문화재(Kulturgüter oder Kulturwesen)를 전달 · 계승시키는 것이라고 보았고, 슈프랑거 (E. Spranger, 1882-1963)는 한걸음 더 나아가 교육작용의 본질을 문화의 증진(Kulturfortpflanzung)으로 보았다. 그는 교육작용을 삼층적 (三層的) 작용으로 보며 이렇게 간단명료하게 그것을 정의하고 있다.

> 교육이란 무엇인가? ……다음 세 가지 주요 측면만은 분명히 말할 수 있다. 그것은 첫째는 그리스어로 tropē(양육)라 불리는 발달의 원조(援助)다. 그러므로 이러한 측면에서의 교육은 생물학적으로 강하게 제약을 받는다. 둘째는 문화의 계승 · 전승이다. 이 작용은 인간에 의해 이미 획득된 것을 이제 계획적이며 단축적인 방법으로, 선택적으로 다시 제공하는 작용이다. 이와 더불어 이제 셋째의 가장 중요한 것이 다루어져야 한다……깨어남, 그 중에서도 깨어난 양심이 목적일진대, 이를 위한 교육적 노력을 우리는 '각성'(Erweckung)이라고 불러야 하겠다.

우리가 여기에서 각별히 주목할 것은 슈프랑거가 둘째 층의 교육작용으로 들고 있는 문화의 체험작용이다. 문화가 얼마나 귀한 것인가는 그 가치를 체험시키는 교육을 통해서만 인식될 수 있다. 그러기에 넓은 의미로는 체제의 계승도, 인격의 도야도 실은 이 문화의 체험으로서만 가능한 것이다. 논이나 밭은 물려줄 수 있다. 그러나 그 가치의 귀함을 체험하지 못한 '민주주의'는 물려줄 수 없는 것이다.

(2) 문화의 특성

문화란 무엇인가? 우리는 이런 독일 교육철학자들의 '문화교육학'의 입장을 밝히기에 앞서 문화란 무엇인가를 먼저 다듬고 들어가야 할 것이다.

문화란 자연에 대립되는 말로서 자연에 손질을 가하여 이를 가치화한 것을 말한다. 즉 "자연을 인간의 활동을 통하여 적극적으로 형성·개발 또는 순화하는 일 및 그 성과"를 말한다. 이 경우 자연은 인간의 외부에도, 인간 자신 속에도 존재한다는 생각에서 문명(물질적 문화, 물질문명)과 협의의 문화(정신적 문화, 정신문명)가 구별된다. 독일 사람들이 특히 구별해서 사용하는 물질문명과 정신문화와의 차이는 여기서는 논할 바가 아니지만, 우리는 교육학적 입장에서 광의의 문화의 개념을 택하여 앞으로 논해가기로 한다. 이런 광의의 문화가 무엇인가를 구체적으로 살펴보면 다음과 같다.

> Culture is the aggregate of the social, ethical, intellectual, artistic, govenmental, and industrial attainments characteristic of a group, state, or nation and by which is can be distinguished from or compared with other groups, states, or nations; includes ideas, concepts, usages, institutions, association, and material objects.

우리는 위 글에서 문화의 특성을 몇 가지 드러낼 수 있다. 첫째, 문화는 집단에서 집단으로 계승된다는 것이며(사회적 유전성), 둘째, 문화는 집단에 따라 그 양상이 다르다는 것이며(집단적 상이성), 셋째, 문화는 그 집단에 속하는 각 개인이 교육을 통해서 재획득됨으로써 유지된다는 것이며(재

획득성), 넷째, 문화는 수혜자의 애착과 정열과 꾸준한 창조에 의해서만 계승·확충된다는 것이다(창조·확충성).

(3) 문화교육학

우는 앞서 교육의 문화계승. 확충적 기능을 강조하는 문화교육학의 입장과 그리고 문화의 특성에 대하며 개관하였다. 다음에는 이런 문화교육학파의 대표자인 슈프랑거의 학문적 계보와 기본적 입장을 살펴보기로 하거니와, 그에 앞서 이 학파의 특색은 보편타당한 일반법칙에 의한 교육학의 성립을 부정하고, 교육현상을 역사양해적(歷史諒解的) 방법에 의하여 한 시대 한 사회 단위의 전체적 영위(營爲)로 포착하는 데 있음을 미리 지적해 두고 싶다.

그에 의하면, 교육이란 인류의 축적된 문화유산을 앞 세대가 인격적 사랑을 통해서 후대에 계승시킴으로써 그 문화를 발전시키게 하는 문화번식작용이다. 이 문화번식에는 네 개의 기본적 여건이 갖추어져야 하는데, 그것은 문화유산의 정선, 문화협동체에 대한 사랑, 문화이상의 정립, 그리고 문화담당자(교사·학생)의 열정이다. 따라서 참된 교육이 성립되려면 첫째 좀더 보편적 가치를 지닌 문화재를 정선, 압축, 체계화하여 이를 후대에게 철저하게 가르쳐야 할 것이며, 둘째 이런 문화가 터 잡아야 할 가정, 사회, 국가, 민족에 대한 사랑을 고취해야 하며, 셋째 자기네의 문화협동체가 앞으로 지향해야 할 이상을 교육자 각자가 독자적으로 확고히 굳혀 이를 교육의 마당에 선포·실천해야 할 것이며, 넷째 특히 교육자는 자신의 막중한 책무에 대해 사랑, 정열, 사명감을 지녀야 한다는 것이다.

특히 그는 교육작용 속에서의 인격적 감화력의 비중을 크게 강조하고 있는데, 이것은 그의 정신적 스승인 페스탈로치에게서 이어받은 것이다. 그는 인간의 정신작용을 여섯 가지로 분류하고 이에 따라 인간의 유형을 권력적, 경제적, 심미적, 종교적, 이론적, 사회적 인간의 여섯 가지 유형으로 나누면서, 교사는 복합적인 사회적–종교적 유형, 즉 동포에 대한 사랑과 봉사, 그리고 영원불변한 진리를 가장 가치 있게 여기는 유형에 속해야 한다고 말한다.

이런 문화교육학의 입장에서 그는 자신의 교육방법의 원리를 명저 『교육학의 전망』에서 다음과 같이 밝힌다. 교육방법의 원리에 학생의 생활마당의 확장순서로 생활·향토적 원리와 창조·노작적 원리, 협동·공동적 원리가 꼭 적용되어야 하지만, 이에 그치지 않고 "내면적 세계각성의 원리"(das Prinzip der Innenwelterweckung)가 항상 적용되어야 한다. 교육의 궁극적 목표 는 종교적 체험을 통하여 개성적 세계관을 갖고 살 수 있는 인간을 일깨워 주는 데 있기 때문이다.

(4) 교육의 본질의 변증법적 파악

슈프랑거 교육학의 특색은 교육영위의 변증법적 파악방식에 있다. 한 예를 그가 주창한 교육방법의 원리에서 들어보자. 그는 개인이 중하냐 전체가 중하냐, 생활주변의 문제해결이 중하냐 정신적 훈련이 중하냐 등의 양자택일적 흑백논리를 단호히 거부하고, 이런 모순. 대립계기의 지양. 통일을 꾀한다.

① 속세근접적(weltnahenden) 또는 고립적(isolierenden)

② 자유·계발적(befreienden) 또는 구속·훈련적(gebundenen)

③ 발달추구적(entwickungstreuenden) 또는 편달촉구적(vorgreifenden)

이런 물음을 스스로 물으면서, 슈프랑거는 양자택일을 단호히 거부하고 연(軟)교육(이른바 새교육)과 경(硬)교육(이른바 전통교육)의 대립이념의 발전적 포섭, 통일을 꾀한다.

문화교육학의 계보에 속하는 사람들은 특히 현대문명에 비판적이며, 인류가 내면적인 각성을 통해 재생되어야 한다고 주창한다. 슈프랑거는 현대인이 가치의식과 개성을 상실한 군중인간(Massenmensch)으로 타락해 가고 있음을 개탄하고, 이런 인류의 구원을 문화의 개조와 제도의 개혁으로 이룩하자고 말한다. 또한 오늘날의 인간성 상실현상을 휴머니즘=기독교=사회주의로 막아야 한다고 주장하는데, 이런 사상의 발상은 페스탈로치로부터 비롯한다.

이상 우리는 문화교육학의 입장을 슈프랑거를 중심으로 고찰하였다. 그의 문화교육관과 변증법적 방법원리와 현대문화를 비판하는 시점은 교육의 철학적 기초가 약하고, 흑백논리가 성행하며, 물질소비지상주의가 팽배하고 있는 오늘날의 우리 한국에 깊은 시사를 준다 할 것이다.

5) 사회혁신기반의 조성

(1) (인)의 사회화

교육이란 사회적인 측면에서 보면 체제의 보수적 계승, 각 개인의 조화로운 발달조성, 인류문화유산의 계승. 확충에 그치지 않고, 그 사회의 성원을 사회화(socialization)함으로써, 우선 그 사회에 적응할 수 있는 자질을 갖추게 하고, 나아가서 이런 성원의 창조적인 참여를 통하여 새 가치, 새 체제, 새 문화의 창출을 꾀하는 사회혁신(social innovation) 기반조성기능을 갖는다. 이런 입장에 서 있는 사람들 사이에 다소의 견해의 차이는 있으나, 그 최대공약수적인 것은 교육구국적인 생각이라 할 것이다. 다음에 우리는 '사회화'란 무엇인가, 교육이 어떻게 사회화 되어야 하느냐, 왜 교육이 가장 강력한 사회혁신의 수단인가를 고찰하여 보기로 하자.

사회화란 인간이 한 집단 속에서 태어나서 그 사회집단의 언어·행동·지식·기술·사고방식·생활양식·가치관·규범·사회적 역할 등을 습득하여 그 사회의 성원의 한 사람으로서 자질을 갖추어 가는 과정을 의미한다.

그것을 좀더 간추려 셋으로 분석하면 다음과 같다.

첫째는 관습(mores)의 계승이다. 한 사회에 내려온 공통적인 행동양식을 몸에 익히고 나아가서 그 행동양식 중에서 바람직한 것은 계승하고 그렇지 못한 것은 시정해 가는 과정이다. 둘째는 규범(norms)을 익히는 일이다. 한 사회의 표준적인 행위와 사고방식을 익히고 나아가서 그것을 발전시키는 과정이다.

셋째는 역할(role)의 수행이다. 한 사회의 구성원으로서 그 사회가 요구하는 자기 몫이 무엇인가를 인식하고 담당하는 과정이다. 이렇게 볼 때에 교육이란 바로 사회화 과정이기도 하다. 이때 우리가 각별히 주목해야 할 것은 사회화라는 개념 속에는 주어진 사회의 기대에 순응하는 면과 그 기대를 어기고 보다 나은, 아직 이루지 못한 바람직한 사회의 건설을 위해 노력하는 미래지향적인 항거도 있다는 엄연한 사실이다.

교육을 사회화라 볼 때도 이렇게 현재중심적 입장과 미래지향적 입장의 둘이 있다. 그러기에 전자에 따르면 보수적인 면이 강조되고 후자에 따르면 진취적인 면이 강조된다. 미국의 교육학의 특색은 교육의 사회성의 강조인데, 여기에는 전자를 강조하는 듀이 (J. Dewey), 후자를 강조하는 브라멜드(T. Brameld)의 이념이 공존하고 있음을 주목해야 할 것이다.

(2) 듀이의 교육적 신조

교육의 사회화에서 독자적인 교육학체계를 구축한 사람의 하나가 듀이다. 그는 38세의 젊은 나이에 자신의 소신을 간단명료하게 밝히면서 그의 교육학의 청사진을 우리에게 제시하였다. 이것이 유명한 『나의 교육학적 신조』(My Pedagogic Creed, 1897) 이다.

여기에는 그의 교육학의 다섯 가지 기본이념이 담겨져 있다.

첫째, 교육이란 무엇인가? 그것은 인류의 사회의식에의 참여(participation)이다. 교육은 사회생활과의 긴장관계에서 성립한다. 따라서 살아있는 사회환경에서 단절된 교육은 있을 수 없다.

둘째, 학교란 무엇인가? 학교는 개인을 사회화하는 기관이다. 따라서 학교는 모든 산업을 집중시킨 공동사회의 형식을 갖추어야 하며, 실사회를 축소해서 담고 있는 축소된 사회(miniature society)라야 한다.

셋째, 교육내용은 무엇이 되어야 하는가? 그것은 학생의 노력과 성과에 대한 무의식적인 통일과 배경을 주는 사회활동(social activities) 그 자체이어야 한다. 따라서 학생의 성장·발달을 촉구하는 교재는 과학, 예술, 기술의 체계가 아니고, 현실생활의 문제해결과정 속의 경험 그 자체인 것이다.

넷째, 가장 바람직한 교육방법이란 무엇인가? 학생의 본성의 전개에 있어서는 능동적인 면이 수동적인 면보다 선행한다. 따라서 학생의 원래의 운동적인 본성에 부응하기 위해 능동적인 활동을 촉구하는 활동학습(learning by doing)이 가장 좋다.

다섯째, 교육과 사회진보는 어떤 관련을 가져야 하는가? 교육은 사회진보(social progress)를 가져오는 가장 근본적인 수단이다. 따라서 교육을 통해서 학생의 사회의식을 높이고 그들에 문제의식을 촉구하여 사회진보와 사회혁신의 근본동력을 키워가야 한다.

듀이는 이렇게 교육을 개인의 사회화로 포착하였던 것이며, 교육을 통해서만 진정한 사회진보가 이루어진다고 보았다. 그의 교육철학은 생물의 진화과정에서 볼 수 있는 연속적 진화관(evolution) 위에 서 있으며, 제도적 개혁을 통해서 혁신을 기하는 비연속적 혁명관(revolution) 위에 서 있지 않음에 주목해야 할 것이다. 이것이 정치적 세계관과 교육적 세계관의 근본적인 차이다.

(3) 브라멜드의 문화재건 교육학

교육을 통해서 사회를 혁신함으로써 위기에 처해 있는 인류를 구원해야 한다고 강력하게 주창하고 나선 교육학자는 브라멜드이다. 그는 말한다. "교육의 주된 목적은 현대의 위기에 대처하기 위하여 사회를 재건(reconstruct)하는 데 있다. 이러한 목적을 수행하기 위하여 학교는 서구문명의 기본적 여러 가치를 재검토할 필요가 있다".

그에 의하면 교육이란 학교를 통하여 학생에게 인류의 위기의식을 고취하여 새로운 사회절서(new social order)와 복지사회(welfare society)를 창출할 수 있는 인간기반을 조성하는 일이었다. 따라서 교육은 필연적으로 혁명적인 성격(revolutionary quality)을 지녀야 한다고 극언한다. 교육은 명확하게 짜여진 사회개혁 프로그램을 강력하게 추진해야 하며, 교육자 자신 하나하나가 지사적(志士的) 기질로 지체 없이 이 개혁운동에 앞장 서야 하며, 교실에서는 인류가 앞으로 풀어야 할 긴급한 당면문제들을 예의(銳意) 강조해서 다루어야 하며, 필요하다면 주입식 경(硬)교육 방법으로라도 학생의 사회의식을 높여야 할 것이다.

그러나 이런 브라멜드의 문화재건주의(reconstructionism) 의 입장에 몇 가지 허점이 있음을 우리는 간과해서는 안 된다. 그 첫째는 가치관의 문제다. 우리는 서구의 전통적인 가치관을 reconstruct(뜯어고친다)하려는 그의 심정은 십분 이해하고도 남음이 있으나, 과연 어떤 가치가 인류에게 가장 귀한 가치인가를 그에게서 듣지 못하기 때문이다. 둘째는 사회체제의 문제다. 복지사회가 물론 그가 말하는 이상사회이기는 하지만, 과연 경제적 평등만으로 사회의 모든 문제가 해소된다고 우리는 낙관할 수 없기 때문이나. 셋째는 방법의 문제에서다. 그는 행동과학적 방법과 민주적 방식을 극구 찬양하고 있으나, 일각에서는 인간의 문제를 행동과학적 방법으로만 다루는 점에 회의를 품고 있으며, 또한 그가 신조로 하는 민주적 방식 그 자체에도 그것이 너무 비효율적인 것으로 여겨지고 있다. 그러나 우리들은 그의 교육을 통한 사회혁신기반의 조성노력과 민주적 방식을 높이 평가하고 싶다. 만일 민주주의가 비효율적이라면서 우리가 전체주의 방식을 채택한다면, 이것은 교육=정치의 자가당착을 초래하게 되며, 그 결과 교육이 정치의 시녀로 타락하여 교육이 그 막중한 소임을 다할 수 없을 것이기 때문이다.

6) 교육작용의 변증법적 본질

교육은 개인적으로 행복하고 사회적으로 보람된 바람직한 인간형성을 조성하는 작용이다. 교육의 작용을 크게 기능별로 나누어 그 논리적 구조를 보면 앞에서 논한 바와 같이, 첫째, 위에서 아래로의 방향으로 기존의 질서나 체제를 고정적. 현상적으로 유지하며, 둘째, 안에서 밖으로의 방향으로 인간이 지니고 있는 소질과 여러 힘을 조화롭게 발전시켜 이상적인 인격을 도야하며, 셋째, 밖에서 안으로의 방향으로 앞 세대가 후대에게 인류의 축적된 문화유산에 접하게 하고 이를 계승, 확충하게 하며, 넷째, 아래에서 위로의 방향으로 개개의 모든 인간, 즉 민중을 사회화하고, 공동사회의 문제의식과 공동체의식을 고취함으로써 사회혁신의 인적 기반을 조성하는 작용이다.

이렇게 교육은 그 책무가 막중한 체제적, 인간적, 문화적, 사회적 작용이다. 그런데 우리가 각별히 주목할 바는, 그것이 위에서 특징지은 방향에서 보듯이, 상·하, 내·외의 계기가 서로 모순·대립의 관계에서 성립하고 있다는 사실이며, 따라서 참교육은 이런 모순·대립의 관계에 있는 4대 기능을 '대화'를 통해서 지양, 통일하는 포섭, 발전적인 것이어야 할 것이라는 이치다. 우리는 이러한 확고한 논리와 시점으로 여러 교육현실을 분석·평가하면서 우리에게 맞는 교육의 이념·내용·방법·제도를 창출해야 할 것이다.

Ⅲ. 학교교육학

1. 학교와 교육

1) 학교의 어원

상식적으로 '학교'란 일정한 목적, 설비, 제도 및 규칙에 의거하여, 교사가 계속적으로 피교육자에게 교육을 실시하는 영속적 기관 또는 그 장소 건물 및 제도이다.

영어의 school의 어원은 라틴어의 schola이고, 이 schola는 다시 희랍

어의 scholē에서 유래하는데 이것은 '한가'(閑暇), '여가'를 의미했던 것이다.

이러한 school의 어원으로 미루어 보면 원래 학교란 우선 생산. 경제활동을 노예에게 맡기고 시간적, 경제적 여유를 즐겼던 상류층 자녀들의 전유물이었고, 이들의 교양 향상을 위한 계획적 교육의 마당이었음을 알 수 있다. 사실 이런 뜻의 전형적인 학교는 일찍이 아테네에 존재했다. 아테네의 시민들은 아크로폴리스에서 지도자의 정견을 듣고 시민적 훈련을 받았으며, 극장에서는 주로 비극을 통하여 자기네의 민족적 문예작품을 음미하면서 민족적 자각과 교양을 높였으며, 또 노천체육관인 김나지움에서는 강건한 신체적 훈련을 받았다. 이런 일정한 장소를 점하는 교육의 마당에 아이를 인도하는 사람이 바로 주로 노예가 맡았던 paidagōgos였다.

2) 학교의 기원

학교의 역사적 기원은 문자가 발생한 기원전 4000년 전후이다. 즉, 개인의 경험만으로는 감당하지 못하리만치 생활양식과 생산기술이 복잡해졌고, 문화가 축적되었기 때문에 이를 다음 세대에 계승시키기 위해서는 문자를 통해서 조직적으로 기록, 훈련시키지 않으면 안 되었다. 따라서 학교의 기원은 형식적 교육의 필요성을 인식하기에 이른 때부터라 하겠다.

역사적으로 문자의 발생과 학교의 발생이 동시였음을 우리는 특히 주목해야 할 것이다. 이것은 학교의 본질적인 기능을 이해하는 데 중요한 계기가 되는 것이다. 축적된 문화유산은 문자를 통해서 기록. 보존되며, 이것은 또한 문자를 통해서 시간, 공간의 제약을 벗어나서 초시간적, 초공간적으로 전달이 가능하게 된다. 이러한 기능은 학교를 통해서 가장 효율적으로 계승, 발전되는 것이다.

교육사가 몬로는 학교의 발생과정을 대략 다음과 같이 논하고 있다. 미개한 원시사회에서의 교육이란 미성인들이 성인들의 일상생활을 무의식적으로 모방하는 활동인 놀이였다. 어린 아이들은 활을 만들어 쏘아보며, 물에서 통나무배를 타보며, 소꿉장난을 해 보면서 어른들의 생활을 무의도적으로 축소해서 경험하고, 장차 생활에 필요한 기술을 무의도적으로 터득했던 것이다. 성인들은 이런 어린이의 놀이를 계획적으로 지도하지는 않았다. 이것이 오늘날의 생활학습의 원형이며 교육의 제 1단계라 해야 할 것이다. 교육의 제2단계는 의도적 모방활동으로서의 노동이었다. 즉, 어른들이 집을 지을 때 아이들은 옆에서 연장을 날라주면서 집짓는 건축기술을 배우고, 동네 어른들이 멧돼지를 잡기 위하여 몰이를 할 때 자기도 소리를 지르면서 몰이꾼의 하나가 되어 수렵기술을 배웠던 것이다. 이 제2단계에서 비로소 어린이들은 생활과 노동을 통해서 의식적으로 생활기술을 배웠고, 또 성인들은 어린이들을 의식적으로 자기네의 활동에 참가시켰다. 그러나 이 단계에서도 아직 조직적(의도적, 계획적, 계속적) 교육활동은 보이지 않았다. 이런 조직적 교육활동은 문자의 발생과 더불어 발생하였고, 이때에 비로소 교육은 제3단계, 즉 학교교육 단계에 들어서게 된다. 학교란 아이들의 직접경험의 범위를 벗어난 고도의 문화내용, 생활양식, 생활기술을 문자를 통해서 정선, 압축, 체계화하며, 일정한 장소에서 교육하기 위한 역사적 필연성에 의하여 발생하게 되었다.

학교는 이렇게 발생되어 수천 년 동안 교육활동의 주무대가 되어 왔으나, 현대에 와서는 비형식적 교육, 즉 가정교육과 사회교육이 인간형성에 학교교육 못지않게 큰 영향을 주게 되어 이런 비형식적 교육을 어떻게 형식적 교육의 마당인 학교와 관련, 포섭시켜야 할 것인가가 큰 과제의 하나로 대두되고 있다.

3) 학교의 역사

학교는 경영주체에 따라 공립과 사립으로 구분되고, 취학자의 성숙도 단계에 따라 초등학교, 중등학교, 대학 등으로 구분된다. 이런 학교들이 어느 시기에 발생했는가는 정확하게 고증하기는 어렵다. 우리들은 다만 최초의 학교는 문자의 발생과 더불어 시작되었다고 말할 수 있을 뿐이다. 우리는 다음에 초등학교, 중등학교, 그리고 대학이 대체로 어느 시대에 어떻게 발생했고 어떤 모습으로 발전하였는가를 개관하기로 한다.

초등학교(elementary school)의 원형은 로마의 루두스(ludus)와 그리스의 팔레스트라(palestra)다. 루두스는 라틴어로 '놀이'를 뜻했고 팔레스트라는 그리스어로 '신체단련'을 뜻했다. 다만 그리스에서는 뒤에 디다스칼레움(didascaleum)이라고 불린 '글자읽기'학교가 생겨 위의 팔레스트라와 공존하게 되었다. 한편 이스라엘에서는 종교적 회당인 시나고그(synagogue)에 어린이들이 출석할 수 있게 하고 그 안에 초등학교에 준하는 기구를 두었다. 시나고그는 원래 '사람들이 모이는 회당'이란 뜻이다.

초등학교는 그 후 중세에서는 민중의 자녀들이 모국어를 배우는 모국어학교(vernacular), 종교개혁기에는 역시 민중의 자녀에게 주의 기도문이나 찬송가를 가르치는 교리학교(catechumenal school), 산업혁명기에는 주로 빈민자녀의 복지를 위한 자선학교(charity and philantrophic school), 그리고 현대에는 국민적 자질육성을 목적으로 모든 국민의 자녀가 의무적으로 취학하도록 강제되는 국민학교(Volksschule)의 모습 등으로 발전하면서 오늘에 이르고 있다.

중등학교(secondary school)의 원형은 그리스에서는 김나시온(gymnasion), 로마에서는 그라마티쿠스(grammaticus) 였다. 김나시온은 원래 16세에서 18 세까지의 학생을 대상으로 군사훈련의 예비단계인 체육을 주로 하는 학교였고, 그라마티쿠스는 원래 루두스를 거친 학생을 대상으로 주로 문법을 가르치는 학교였다.

그러나 이들 학교들은 체육이나 문법만을 가르치지 않고 장차 국가의 지도자가 되는 데 필요한 여러 가지 교양을 갖추게 했고, 또 동시에 윗단계 학교, 즉 고등교육기관에 입학할 수 있게 학문적인 준비를 시켰다. 이들 중등학교가 오늘날에도 '준비학교(preparatory school)로도 불리는 이유가 여기에 있다.

중등학교의 명칭은 유럽에서는 지금도 Gymnasium, grammar school로 사용되고 있으며, 인문적 교과를 주축으로 하여 엘리트를 양성한다는 초기의 설립목적은 거의 변하지 않고 이어져 왔다. 다만 이런 인문교과와 더불어 순수과학, 예를 들면 수학이나 물리도 중시하는 실과김나지움(Realgymnasium)도 생겼다. 이 학교는 우리나라의 관념으로는 인문고교의 이과반에 해당한다. 이 학교들을 그리스어, 라틴어를 중시하거나 거의 필수로 하기에 라틴어학교(Latin school), 고전을 중시하기에 고전학교(Classical secondary school), 또 인문교과를 중시한다는 뜻에서 인문학교(Humanistic secondary school)로도 불리고 있다. 중등학교에는 농업·공업·상업 등 실과를 중시하는 새로운 유형이 20세기에 들어와 발생했는데, 이들 학교를 독일에서는 실과학교(Realschule), 영미에서는 직업학교(Vocational school)로 부른다. 또 실과학교는 대학입학준비를 시키지 않고 직업준비로 끝난다는 뜻에서 완성학교(Terminal school)로도 불린다.

대학은 종류가 많아 관례적으로 고등교육이라 한다. 그 원형은 익히 알려져 있는 바와 같이 플라톤이 창설한 아카데메이아(Academeia), 아리스토텔레스가 창설한 리세움(Lyceum)이나, 이 학원들은 발전을 못하고 기독교세력에 의해 폐쇄당하고 말았다. 고대사회에 가장 크게 발전한 대학은 알렉산드리아 대학이며, 여기에는 7만 권에 이르는 그리스, 이스라엘, 이집트 및 동방국가들의 책을 소장한 도서관이 갖추어져 있었다. 이 대학은 그리스를 비롯한 고대의 여러 나라의 문화의 연구소였으나 차츰 기독교세력이 장악하여 기독교적 학문의 중심지가 되었다. 그러나 기원 후 640년에 아랍의 회교세력에 위해 멸망당하는 비운을 맛보았다. 비록 이 대학은 학생의 교육을 중시하는 현대적인 의미의 대학은 아니고 문화의 연구가 주였지만 그 막중한 기능과 역할로 보아 대학이라 불러야 마땅하다. 수학자 유클리트, 물리학자 아르키메데스, 천문학자 프톨레마이오스가 이곳에서 학교를 열고 가르칠 수 있었던 것도 이 도서관, 그리고 그것을 중심으로 한 연구소 덕분이었다. 망국 후 외국에 흩어져 모국어를 잃어버린 이스라엘 민족에게 그 구약을 그리스어로 번역해서 선사한 칠십인역(七十人譯)의 역사가 이루어진 곳도 바로 이 곳이다. 대학은 이렇게 그 시발점에서부터 특정 민족이나 특정 세계관을 초월한 인류적이고 보편적인 문화기관이었다.

그 후 대학은 교수와 학생의 협동적 단체(studium generale)의 성격으로 바뀌면서 신학을 주축으로 한 파리대학, 법학을 주축으로 한 볼로냐대학, 의학을 주축으로 한 살레르노대학을 낳았고, 또 교수와 학생의 단결로 세속권력으로부터 갖가지 특권을 얻어 내는 동업조합(universitas)으로 발전하였다. 대학이 수여하는, 아무 나라에서나 가르칠 수 있는 교수권(jus ubique docendi), 종교세력과 세속권력에 맞서기 위해 휘두를 수 있는 강의정지권(cessatio)과 대학해산권(dispertio) 등이 그것이다. 대학은 이런 특권을 이용하여 자치권을 누리면서 중세문화의 발전에 크게 공헌하였다. 대학과 권력기관과의 싸움을 시민들은 '가운과 타운'(gown and town)의 싸움이라 했다. 이러다가 대학이 다른 도시로 옮겨가면 시민들은 대학도시라는 자랑과 생업을 잃어 비탄에 빠졌다. 대학은 중세에 크게 발전하여 그 후 철학1부, 철학2부, 법학부, 의학부, 신학부를 주축으로 학문과 문화의 발전에 힘썼고, 동시에 인류의 양심의 파수꾼이요, 영원한 진리의 전당으로 그 모습을 견지하고 있다.

한국의 학교는 초등학교로는 서당, 중등학교로는 향교, 고등 교육기관으로는 태학, 국자감, 성균관 등이 있었다. 또 사학이나 동서학당처럼 학교 단계별 구분이 서양처럼 분명하지 않은 것도 있었고, 서원처럼 알렉산드리아 대학과 같이 원래 교육기관은 아니지만 문화연구의 중심지란 뜻에서 대학의 기능을 한 교육기관도 있었다.

4) 학교의 정의

위에서 우리는 학교의 의의, 발생과정, 역사를 개관하였으므로, 이제 학교가 무엇인가를 보다 깊게 이해하기 위하여 학교를 여러 측면으로 정의하고 아울러 우리나라 교육기본법에 규정된 학교의 종류를 보기로 하자.

첫째로, 교육제도로서의 학교의 정의는 다음과 같다.

an organized group of pupils pursuing defined studies at defined levels and receiving instruction from one or more teachers, frequently with the addition of other employees and officers, such as a principal, various supervisors of instruction, and a staff of maintenance workers; usually housed in a single buildings or group of buildings

이 정의에 따르면 학교란 일정한 발달수준에 있는 학생들의 집단에게 일정한 건물에서 교직원이 일정한 교과를 일정한 계획에 따라 조직적으로 교육하는 기관이라 할 수 있다.

우리나라는 교육기본법 제 9조에서 학교교육을 명시해 놓았는데 그 규정은 다음과 같다.

① 유아교육·초등교육·중등교육 및 고등교육을 실시하기 위하여 학교를 둔다.

② 학교는 공공성을 가지며 학생의 교육 외에 학술과 문화적 전통을 유지. 발전시키고 주민의 평생교육을 위하여 노력하여야 한다.

③ 학교교육은 학생의 창의력 계발 및 인성의 함양을 포함한 전인적 교육을 중시하여 이루어져야 한다.

④ 학교의 종류와 학교의 설립. 경영 등 학교교육에 관한 기본적인 사항은 따로 법률로 정한다.

그리고 초. 중등교육법과 고등교육법에 다음과 같이 학교의 종류를 명기하고, 각 학교의 교육목적을 명시하고 있다.

학교의 종류

〈초·중등교육법〉 1. 유치원, 2. 초등학교. 공민학교, 3. 중학교. 고등공

민학교, 4. 고등학교. 고등기술학교, 5. 특수학교, 6. 각종학교

〈고등교육법〉 1. 대학, 2. 산업대학, 3. 교육대학, 4. 전문대학, 6. 방송대학. 통신대학 및 방송통신대학, 6. 기술대학, 7. 각종학교

학교란 교육의 기회균등을 실현하기 위한 가장 효율적인 교육기관이며, 또한 법적으로 감독, 보호를 받아야 하는 것이다. 교육법의 모법인 헌법 제31조에는 이런 이념을 다음과 같이 서술하고 있다.

① 모든 국민은 능력에 따라 균등하게 교육을 받을 권리를 가진다.

② 모든 국민은 그 보호하는 자녀에게 적어도 초등교육과 법률이 정하는 교육을 받게 할 의무를 진다.

③ 의무교육은 무상으로 한다.

④ 교육의 자주성. 전문성. 정치적 중립성 빛 대학의 자율성은 법률이 정하는 바에 의하여 보장된다.

⑤ 국가는 평생교육을 진흥하여야 한다.

⑥ 학교교육 및 평생교육을 포함한 교육제도와 그 운영, 교육재정 및 교원의 지위에 관한 기본적인 사함은 법률로 정한다.

이 헌법 제31조는 민주적 교육을 성취하기 위하여 필요한 여섯 가지 최소한도의 기본요건을 정한 것으로, 그것은 교육의 기회균등, 초등교육의 의무화, 의무교육의 무상화, 교육의 미래지향성, 평생교육, 그리고 끝으로 중요사항의 법정주의를 규정한 것이다.

셋째로, 학교의 본질이 무엇인가 하는 교육철학적 정의는 듀이에 의하여 다음과 같이 정의되고 있다.

간략하게 말하면, 학교는 사회의 여러 전통들이 복잡하게 되어 많은 부분의 사회적 축적이 문자와 관련되고 문자적 상징을 통해 계승되었을 때 발생하였다. 문자적 상징들은 구두적 상징들보다 더욱 인공적이고 전통적일 수

있다. 그것들은 타자와의 우연한 교섭으로는 획득될 수 없는 것들이다. 더욱, 문자적 형식은 일상생활에서는 비교적 낯선 것들을 선별하고 기록하는 경향이 농후하다. 그래서 몇 세대에 걸쳐 축적되어 온 업적들은 그 속에 저장된다. 그 중의 몇은 지금은 사용하지 않는 것도 있다. 사회가 자신의 영역과 자신의 세대의 한계를 넘는 일들에 크게 의존하게 되자마자, 결과적으로 그 사회는 일련의 학교라는 기관을 통해서 그 모든 자원들을 적절하게 계승하는 길을 찾지 않을 수 없다.

듀이에 의하면 학교는 문화유산을 조직적으로 계승, 발전시키기 위한 특수한 경험을 제공하는 '특수한 환경'(a special environment)이다. 그는 이어 학교의 본질적 기능을 다음 셋으로 요약하고 있다.

첫째, 학교는 아동에게 이해시킬 수 있는 정도의 경험, 지식 내에서 극히 기본적인 사회적 활동을 선택하여, 이것을 난이의 순서를 세워, 한층 복잡한 사태에 대한 통찰력을 기르는 수단으로 이것을 단순화된 환경(a simplified environment)으로 조직하여 제공하는 곳이다.

둘째, 학교는 아동의 심적 관습에 영향을 미치는 현재의 환경 속에서 아동에게 무익한 부분을 제거하고 나쁜 풍습의 영향을 막을 수 있는 행위의 순수한 매체 (a purified medium of action)를 마련하는 곳이다.

셋째, 학교는 사회환경의 여러 요소와 균형을 유지하고 각 개인으로 하여금 타고난 사회집단의 제한에서 벗어나 보다 넓은 환경과 생동적인 관련을 맺도록 보다 넓은 환경과의 접촉(living contact with a broader environment)을 마련하는 곳이다.

5) 학교의 미래

이상 우리는 학교의 어원, 학교의 발생과정과 전개과정, 여러 측면에서의 학교의 정의 등을 개관하면서 학교가 갖는 독자적인 의의, 즉 학교교육의 본질적인 기능을 선명하게 부각시켜 보았다.

오늘날 급격한 과학기술의 발달과 세계화 그리고 비형식적 교육의 대두로 학교교육의 한계가 차츰 인식되기에 이르렀고, 학교의 개혁을 부르짖는 소리가 거세게 되었다. 그러나 어떠한 학교개혁이 온다 할지라도, 그것은 본절에서 특히 강조한, 역사적으로 계승된 학교의 본질적인 기능을 체감할 수는 없을 것이다. 아니, 개혁은 학교의 본질을 더욱 부각시키는 것이 되리라는 것을 우리는 새로이 인식해야 한다. 그 단적인 증거로 사회교육을 위한 여러 프로그램이 학교에 많이 의존되거나 학교를 중심으로 전개되는 것을 들 수 있다.

미래는 과거의 역사를 발전적으로 계승한 현실의 인식 위에서만 올바르게 인식되고 투시되고 설계될 수 있다.

2. 학교교육제도

1) 학교교육의 특질

우리는 앞 절에서 사회적 필연성에 의해 학교가 발생된 과정과 아울러 학교의 본질적인 기능에 대하여 개관하였다. 이제 학교의 필요성을 보다 미시적으로 살펴보자.

첫째, 생활의 진보와 그 복잡화. 고도화란 사실이다. 생활이 급격하게 변하며 직업이 전문적으로 분화해 가는 오늘날에 있어서는 옛날처럼 모방으로는 생활에 필요한 지식과 기술을 습득하기가 불가능하게 된다.

둘째, 사회 그 자체의 영속성을 위한 것이다. 새삼 말할 필요조차 없겠지만 사회는 그 성원의 조직적인교육을 통해서만 유지, 계승, 발전된다.

셋째, 생활유산의 누적화라는 사실이다. 인간이 생활 속에서 생산한 것 중에 비교적 일반성. 객관성을 띤 것은 집단의 공동의 유산으로 문자, 기호, 형상 등의 심벌을 통해서 다음 세대에 계승되어야 한다.

넷째, 어린이의 생활의 존중이다. 어린이에게는 어린어의 세계가 있다. 그것은 결코 성인들의 생활을 축소한 것도 아니며, 또 그것에의 준비도 아니다. 그들의 성장, 발달에 맞추어 그들의 '놀이'와 '모방'활동을 실제생활에 근접시키도록 계속 노력해야 한다.

다섯째, 근대적 통일국가의 형성이라는 정치적 과제에서다.

시대가 진전함에 따라 사회생활이 더욱 복잡해지고 산업, 경제가 고도화되고, 더욱 근대에 이르러 통일적인 국가가 성립하게 되자, 일정한 교육기관(학교)에 의하여 어린이들에게 차대의 국민에게 필요한 자질과 지식, 기능을 조직적으로 교육할 필요성을 모든 국가가 의식하게 된다.

이렇게 보면 계획적인 학교교육의 필연성은 직업의 전문적 분과성, 사회의 영속성, 생활유산의 누적성, 아동의 생활 교도성 및 국민적 자질 함양성에 있는 것이다. 학교는 이런 필요성에 의하여 발생하게 되었는데 학교의 공공기관으로서 제도적인 확립은 유럽의 근대국가의 성립과 더불어 이루어졌음을 주목해야 할 것이다. 이런 의미에서는 근대학교의 제도적 성격은 다음 셋으로 요약될 수 있다.

(1) 학생이 대량으로 수용되고 반을 편성하고 한 교사에 의하여 담임되나, 주로 담당하는 교사 외에 몇 사람의 다른 교사에 의하여 번갈아 가르쳐진다. 몇 사람 이상의 교사집단을 포용하고 있기 때문에 일정한 의식적인 교육목적에 의한 어느 정도 조직적, 단계적인 커리큘럼이 채용되고 있다.

(2) 설립자 또는 관리자는 공공단체 또는 사회기관이다. 경영자가 사인(私人)일 경우에도 일정한 사회적 통제가 여기에 조직적으로 가해진다. 재정적 기초가 각 종류의 세(稅)나 부형(父兄) 또 는 사회기관의 지출인데, 꽤 큰 범위에 걸쳐 있다.

(3) 학교는 단순히 일정의 특권자나 선택된 사람의 자제뿐 아니라 서민을 위한 교육기관이다.

근대학교의 제도적 성격은 이렇게 대량교육성, 사회적 통제성 및 국민대중성에 있다. 이 세 특성은 앞서의 다섯 가지 학교교육의 필요성과 더불어,

교육을 현대화하기 위한 교육혁명(educational revolution)을 수행해야 할 과제를 안고 있는 우리에게, 즉 학교를 미래를 향하여 구상하고자 하는 우리에게 큰 시사점을 던지는 것이라 할 것이다.

2) 의무교육의 이념과 제도

교육의 공공, 사회적 성격은 필연적으로 교육에 대한 사회적 지원과 통제를 가져오기 마련이다. 국가, 지방공공단체, 사회단체에 의하여 설립·운영·관리되는 교육을 우리는 공교육(public education)이라 한다. 공교육에 있어서는 교원의 신분, 자격, 복무규정, 교육내용, 교육시설, 교육경비에 대해서도 법에 상세히 규정되어 있다.

교육사적으로 보면 이런 공교육의 개념을 가장 조직적으로 진술, 주창한 사람은 수학자, 철학자, 정치가이며 또한 프랑스혁명에 공을 세웠고 혁명이념을 특히 교육면에 있어서의 경제적, 법률적, 신분적 평등성에 입각하여 구현시키고자 노력했던 콩도르세(M.J. Condorcet 1743-1794)이다. 그는 공교육을 자유의 원리와 평등의 원리로 풀었다. 자유의 원리란 교육이 정치적 권력이나 종교적 권위에서 독립하는 것을 의미했고, 평등의 원리란 교육의 기회균등, 즉 국민일반에의 개방을 의미했다. 그는 교육의 기회균등을 실현하기 위해서는, ① 각 종류, 각 단계 학교의 분포의 평등, ② 학비면제와 장학금제도의 보급, ③ 성별, 연령, 인종 등의 선천적 요인에 의한 차별 철폐, ④ 남녀공학 및 남녀동등권, ⑤각 학교의 일반시민에의 공개, ⑥ 사회적 교육시설(강좌, 도서관, 박물관 등)의 개방이 필요하다고 주장했다.

오늘날의 우리에게는 그의 주장은 모두 당연한 것들이나, 당시의 시대적 배경 아래에서는 너무나도 혁명적이었음을 우리는 추측하고도 남음이 있다. 이런 공공성의 이념은 통일적 근대국가의 건설을 서둘렀던 당시의 국가들이 앞을 다투어 정치적으로 시행한바 되어, 공교육의 첫 과제로서의 의무교육의 이념을 제도적으로 구현하게 되었다.

의무교육이란 무엇인가? 그것은 본질적으로는 대중교육(mass education)과 국가의 제도적 지원이라는 두 개의 요소가 결합되어 발전된 것으로 국민의 인간적 자각에 비롯한 배우려는 권리의 주장과 절대주의적 국가의 '신민'(臣民)을 양성하려는 국가의 요구라는 서로 모순되는 두 요구의 통일에서 생긴 것이라 할 것이다. 따라서 의무교육은 법에 의한 강제성을 띠는 교육이 되어 있다. 의무교육은 취학의 법에 의한 강제성, 읽기. 쓰기. 셈하기 그리고 국민으로서의 기초교육을 중심으로 하는 기초교육성, 재정. 경영의 공공지원성, 정치적 중립성의 원리 위에 서있다.

이 중에서 재정, 경영의 공공지원성에 대해서만 좀더 보기로 한다. 이 원리는 무상성과 동의라 할 수 있으며, 의무교육의 성공 여부는 실은 이것에 달려있다. 취학의무가 제 아무리 법률로 과해진다 하더라도, 그 경비가 공공재원에 의하여 보장되지 않는 한 그 완전시행은 어렵다. 왜냐하면 내 아이를 아무리 학교에 보내고 싶어도 학비가 없거나 아이의 벌이가 없어져 가족의 생계가 위협을 받는다면, 어버이로서도 아이의 취학을 단념 할 수밖에 없기 때문이다. 모든 어린이를 교육기관에 접근하는 것을 막는 경제적 구속에서 해방시켜, 교육에 필요한 제 경비를 공공경비로 보장하는 무상성의 원리의 시행이야말로 실질적 의미의 의무교육이라 할 수 있을 것이다.

우리나라의 의무교육은 1950년 6월 1일부터 실시되었다. 그 후 90년대말 현재 의무교육 단계인 초등학교 학생 총수(總數)는 약 3백 80만 명을 헤아리며, 취학률은 약 98%이고, 또 한 학급당 학생수도 전국적으로 평균 40명 이하로 점차 줄어들고 있다.

양적으로는 이렇게 성장했지만 아직 풀어야 할 과제가 많다. 그 단적인 예를 들면 취학률이 일본의 100%, 독일의 99.8%, 프랑스의 99%에 이르지 못하고 있으며, 또 의무교육 연한이 선진국에 비해서 짧다.

각국의 의무교육 연한 비교표에서 보면 가장 연한이 긴 나라는 독일로 12년이며, 다음이 이스라엘, 영국, 오스트레일리아, 뉴질랜드로 11년이다. 우리나라와 같은 나라는 알제리, 리비아, 홍콩, 일본, 오스트리아, 스웨덴,

스위스, 러시아로 9년이다. 우리나라의 의무교육 연한은 북한의 10년에 비하면 1년이 짧은데, 경제성장의 성과를 교육에 적절하게 투자하지 않고 있는 현실을 잘 말해주고 있다. 물론 우리나라는 1986년부터 9년간의 의무교육을 규정하고는 있지만 그 실시방법에 관해서는 순차적으로 확대 실시하도록 규정하고 있는 실정이다. 그리하여 현재 국가로부터 중등교육을 무상으로 받지 못하는 지역이 있으며, 이는 중학교 의무교육 확대실시와 관련하여 풀어야 할 과제로 남아 있다.

3) 단선형 학제와 복선형 학제

세계 각국의 학교제도에는 각각 나름대로의 고유한 역사와 전통이 담겨 있고, 학교의 종류와 성격에도 이것이 반영되어 있다.

각국의 여러 학교제도를 크게 나누어 보면 몇 개의 현저한 유형으로 분류된다. 이 중에서 가장 두드러지게 그 설립이념이 달라 제도에도 현저한 차이가 있는 것이 둘 있으니 하나는 단선형 제도요, 또 하나는 복선형 제도이다. 이 두 학제는 각각 장・단점이 있으며, 다른 여러 학제도 실은 이 두 학제가 원리적으로 지니는 단점을 보완하기 위해서 고안된 것이다. 따라서 우리는 이 두 학제를 개관함으로써, 여러 학제가 지니는 장점과 문제점 그리고 학제개혁의 기본적 방향에 대한 전망을 얻을 수 있다.

조직적인 학교가 일찍 발생된 곳은 유럽인데, 중세기가 끝날 무렵 두 유형의 학교가 제도적으로 굳어져 갔다. 하나는 지배, 상류계층의 자녀를 대상으로 하는 학교요, 다른 하나는 서민, 하류계층의 자녀를 대상으로 하는 학교였다.

전자는 라틴어의 문법을 주로 가르치는 '문법학교'이며, 오늘날 유럽에 남아 있는 영국의 Public School이나 Grammer School, 프랑스의 Lycée나 Collége, 독일의 Gymnasium에 그 이념이 계승되어 있다. 이러한 학교는 원래 대개 한 울타리에 초등 교육기관인 예과를 가지며, 대학진학공부를 주로 한 준비학교(preparatory school)적인 성격을 띠는 중등교육기관이었다. 이런 명문교는 오랜 전통과 명성을 자랑하며 오늘에 이르고 있으며, 중등교육의 중핵을 점하고 엘리트 코스에의 길을 거의 독점하고 있다.

서민. 피지배 계층의 자녀들을 대상으로 하는 학교도 중세기의 중엽에 소규모로 발생하여 차츰 조직적 학교의 형태를 갖추게 되었다. 이에 따라 카를 대제는 789년에 국민의무교육 이념을 선포했다. 다만 이 경우, 우리가 주목해야 할 것은 이 이념이 결코 현대적 의미의 의무화는 아니라는 것이다. 사실, 처음에는 교구의 사제들이 그 교구내의 모든 아이들을 가르칠 의무가 있다고 규정했고(789년), 다음에는 부모들이 그 자녀들을 가르칠 의무가 있다고 규정했지(802년), 결코 그 의무가 국가에 있다고 여기지는 않았다. 의무교육이 국가의 의무로 생각되기 시작한 것은 종교개혁기부터이며, 이런 운동을 전개한 대표적 사상가는 루터와 칼뱅이었다. 루터는 1524년에 모든 학교가 민중의 자녀들에게 개방되어야 할 것(universal), 초등교육은 강제성을 띠어야 할 것(compulsory), 그리고 의무교육은 무상으로 해야 할 것(free)을 주장했다. 칼뱅은 루터에 비해 다소 늦게 1559년에 이런 생각을 공포하였다. 절대주의시대에 들어서면서 각국의 계몽군주들은 앞을 다투어 의무취학령(compulsory school attendance law)을 공포하였는데 그 효시는 독일의 바이마르(1619)이며, 고타(Gotha)의 칙령(1642)은 그 성공적인 실행으로 특히 유명해졌다.

그러나 이렇게 발생하고 제도화된 '서민학교'(Volksschule)는 대부분 소위 성경을 읽힘으로써 국가에 반항하지 않고 순종하는 농민을 형성하거나, 무력으로 정복한 이교도들을 종교적으로 통일하고자 한 국가주의적 견지 위에 서서 강제적으로 취학시킨 '읽기학교'였다.

그러나 사회의 진보, 경제. 산업의 발달에 의하여 농민들 자신 속에서 교육에의 욕구가 움터 '쓰기학교'와 '셈학교'도 발생하게 되었는데 이런 학교는 전정한 의미의 교육과는 거리가 먼 것이었다. 바로 이 무렵 이러한 절대주의 국가의 '위로부터의 교육', '밖으로부터의 고육'에 반기를 들고 이것을 농민.

서민들의 진정한 인간교육을 위한 '아래로부터의 교육', '안으로부터의 교육'으로 코페르니쿠스적인 전환을 일으킨 사람이 페스탈로치였다. 그는 말한다.

> 지금까지 우리는 읽기학교, 쓰기학교, 하이델베르크교리문답학교만을 가지고 있었다. 그러나 우리가 지금부터 필요한 것은 인간학교이다.

이러한 새 시대를 전망하는 역사적 안목과 빈민, 서민을 대변하는 인도주의 정신, 그리고 이것을 국가적 견지에서 권장하는 절대주의 국가의 현명한 계몽군주들의 정책적 지원에 의하여 초등교육의 이념과 제도가 근대 초기에 차츰 뿌리를 내려 정착하게 되었다.

우리는 위에서 설립목적을 아주 달리하는 두 종류의 학교의 발생과정, 즉 지배계급, 유산자를 위한 문법학교와 그 예과, 그리고 피지배계급－무산자를 위한 모국어를 중심으로 하는 읽기, 쓰기, 셈하기 학교의 발생과정을 개관하였다. 이 두 종류의 학교는 성격을 달리한 채 제 울타리를 지켜 발전하면서, 근세초기에 두개의 학교체계, 즉 교육학적 용어로는 복선형 학교체계(dual school system)를 굳혔다.

그러나 18세기 말에 영국에서 시작된 산업혁명은 바로 유럽에 불같이 퍼졌고, 그로 인한 경제구조의 변화는 이런 복선형 학교체계에 일대혁신을 가져왔다. 부국강병하려면 좋은 기술자와 유식한 군인을 대량 확보해야 하겠기에, 각국의 계몽군주는 ① 초등교육의 확장, 충실에 그리고 ② 중등학교의 개혁에 진력했다. 그 결과 ① 초등학교는 중견기술자와 하사관을 양성하기 위한 상급 초등교육과 서민. 농민을 위한 하급 초등교육으로 분화하게 되었고, ② 전문적 기술자 사관 양성에 필요한 자연과학. 근대외국어. 실무적 교과를 가르치는 새 유형의 중등학교, 즉 실과학교(Realschule)가 탄생하게 되었다. 이리하여 드디어 19세기 초에는 프로이센에서 전형적으로 보는바 문법학교와 실과학교와의 학교전쟁(Schulkrieg)이 벌어지게 되는데 이 싸움은 실과학교의 승리로 기울어졌다.

이리하여 초동교육의 2계층 분화와 중동교육의 다양화가 촉진되어 두 개의 국민의, 두 개의 학교는 차츰 접근을 하게 되었고, 이런 일반적 경향은 각 나라에 따라 진전의 속도는 다르다 할지라도 교육제도의 기본적 개혁방향으로 정립되었다. 이런 이념이 더욱 발전하여 모든 청소년이 출생신분, 경제적 계층에 구애됨이 없이 능력에 따라 고루 교육을 받을 수 있는, 즉 모든 국민 에게 교육의 기회균등의 결실을 거두게 할 수 있는 학교체계를 각국이 모색하게 되는데, 이것을 단선형에로의 통일학교(Einheitsschule)운동이라 한다.

그러면 단선형이란 무엇이며, 왜 그것이 통일학교라 불렸는가? 쉽게 말하면 단선형 (single ladder system) 이란 초등학교에 입학하여 중등학교를 졸업할 때까지, 모든 국민이 원칙적으로 같은 종류의 학교(동일한 수학연한, 거의 동일한 교육내용)에 다니게 하는 민주적 학교체계를 말한다. 이런 학제는 일찍이 미국에서 전형적으로 발생했기 때문에 '미국형'이라고도 하며, 이에 대하여 복선형을 '유럽형'이라고도 한다. 복선형의 반대개념인 단선형의 이념을 좀더 구체적으로 살펴보면 다음과 같다.

① 모든 국민은 연결된 단일의 학제(school ladder)를 거친다.

② 그 행정(行程)을 규정하는 척도가 취학자의 연령이라는 의미로 연령단계형(Alterstufensystem) 이다.

③ 보통은 초등교육. 중등교육. 고등교육의 3단계를 가지며, 중등교육 또는 고등교육은 계층별이 아닌 교육목적별로 계통화된다.

④ 각 단계의 학교는 교육내용은 다소 다르다 할지라도 다음 단계의 학교에 동격적으로 연결된다.

이 네 가지 특징으로 인해서 단선형은 미국애서 보는 바와 같이 국민의 계층적 분화를 막고, 교육을 널리 대중화함으로써, 국가발전에 교육이 지대한 공헌을 해왔던 것이다. 한국. 미국. 일본에 전형적으로 정착한 이 단선형도, 복선형의 전통과 역사가 깊이 뿌리박고 있는 유럽에는 아직 널리 채택되지 못하고 있으며, 단선형과 복선형의 절충방식 상태에 머물고 있으나, 학제개혁의 기본방향은 역시 단선형의 이념구현에 있다 할 것이다. 그러나 일각에는 복선형의 장점을 살리는 절충형을 제창하는 소리도 있음을 우리는 주목해야 할 것이다.

다음에 복선형의 전형적인 예를 제시한다. 표 4-2는 영국의 현행학제이며, 중등교육수료자격시험(GCSE), 대학입학자격시험(GCE)은 학생들의 진학과 전로에 결정적인 영향을 준다.

GCEE는 의무교육이 끝나는 만 16세에 치르는 일종의 중등교육 졸업자격시험이다. 이 시험은 말 그대로 중등교육까지의 학생들의 성취도를 평가, 그 도달수준을 증명해 주는 것으로 시험결과는 상급중등학교(Sixth Form College)나 대학입학 시, 그리고 취직 시에 중요한 참고자료가 된다. 이 GCSE시험은 1988년에 처음 실시되었는데, 이전까지는 성적이 상위 약 20% 안에 드는 학생들은 GSE 0-Level시험을, 그리고 그 다음의 40% 정도는 GSE시험을 보았었다. 이러한 이원화된 시험제도는 결국 어떤 시험을 준비할 것인가에 따라 14세의 학생들을 두 개 그룹으로 분리해야 하는 결과를 가져오게 된다. 이러한 문제점을 해결하고자 기존의 GSE 0-Level 시험과 GSE시험을 통합하여 생겨난 시험이 GCSE시험이다. 의무교육단계인 전기중등교육을 끝내면서 GCSE시험을 치른 학생들 중 약 60%정도는 후기(상급)중등교육기관으로 진학을 하고 나머지 40%정도의 학생들은 취업을 하게 된다. 그리고 대학 등 고등교육기관에 진학하기 위해서는 보통 2-3과목의 GCE A-Level(General Certificate of Education Advanced Level)시험을 보게 된다.

한편 독일연방공화국도 교육제도 자체는 전통적인 복선형 학제를 유지하고는 있으나 조기 진로선택에 따른 문제점을 보완하는 방향으로 학제를 마련하고 있다. 독일교육제도가 주별로 약간씩은 다르지만 표로 나타내면 표 4-3과 같다. 기초학교(4년)를 졸업한 뒤, 중등과정은 중등 1단계와 중등2단계로 나뉘게 된다. 중등 1단계에서는 보통학교(Hauptschule), 실과학교(Realschule), 인문학교(Gymnasium), 종합학교(Gesamtschule) 등의 여러 형태의 학교에 전학하지만, 실제에 있어서는 김나지움과 중간학교 또는 보통학교 사이의 구분이 다소간 완화되어 가고 있다. 왜냐하면 중등1

단계를 수료한 후 2단계를 정할 때 진로를 다시 선택할 수 있기 때문이다. 중등2단계 학교에는 다양한 직업계 학교와 대학진학을 위한 김나지움 상급반(Gymnasiale Oberstufe), 그리고 또 다른 대학진학을 위한 준비과정인 보충학교(Kolleg)가 있다. 이러한 독일의 교육제도는 다음과 같은 쟁점이 해결되어야 할 과제로 남아있다.

① 조기 진로구분의 문제: 독일교육제도가 지니는 가장 큰 모순인 조기 진로선택에 따른 성장 가능성의 억제를 고려하여 최근에는 보통학교와 중간학교 졸업자 중 우수한 학생들에게 대학진학의 길을 열어주고, 취업한 후에도 평생교육 차원에서 대학진학을 할 수 있도록 제도를 마련하고 있다

② 직업교육의 개선문제: 기업체에서 직업훈련을 받으려는 학생이 줄어들고 구동독지역에서는 직업교육의 질적인 향상이 아직 수준에 도달하지 못하고 있다. 이에 직업교육자체의 효율성 강화, 보통교육과 동등한 자격으로 직업학교학력을 상향조정, 대학입학기회를 보장하는 방향으로 개혁되고 있다.

③ 교육과정의 재조정 및 적합성 제고 문제: 교육과정은 현대사회 생활에 대처하는 데 필요한 정선된 내용으로 구성되어야 한다는 견해가 제시되고 있다. 김나지움은 산업구조의 변화에 따른 사회적 요구에 부응하지 못하는 것으로 지적되고 있고, 외국어 교육의 강화로 주에 따라서는 기초학교 3-4학년에서 영어교과를 의무화하고 있다.

3. 현대 학교의 의미

1) 학교의 목적

교육의 동서양을 막론하고 학교의 발생은 문자의 사용과 깊은 관계를 맺고 있다. 서양 역사에서 나타나는 최초의 학교들은 읽기와 쓰기를 가르치는 곳이었다(기원전 3000년경 메소포타미아지역 수메르인들의 도시국가에 “서

판의 집"이 존재). 읽기와 쓰기는 성직자와 귀족들이 경제활동을 관장하는 과정에서 회계장부를 정리하는 데 필요했다(고대 이집트에서도 서기가 높은 관직에 오르는 사례가 많았음). 글을 읽고 쓰는 일은 사회적 지배층이 갖추어야 할 기본 소양이었다. 한국교육사에서 보더라도 고구려시대의 태학과 경당, 신라의 국학 등은 유교경전을 해독하고 또한 시문을 짓는 등 관료로서의 소양을 쌓는 일을 교육의 목표로 삼았다. 그러나 또한 동서양이 공히 인간교육의 이상이 나타나서 학교제도를 통하여 이를 실현하려는 노력이 경주되기도 하였다—유교적 도덕인(君子)을 키우기 위한 교육, 그리스의 지덕 체의 조화, 합일을 추구하는 교육, 르네상스와 신인문주의의 도야(교양)교육 등.

오늘날의 학교제도는 그러나 18세기 이후 서양에서 근대국가의 성립에 따라 시행되기 시작했던 공교육제도에서 유래한 것이다. 공교육제도하에서도 서부유럽 국가들을 중심으로 실용적 교육과 인간교육의 병행이 시도되어 왔으나 학교교육의 틀 안에서 인간교육은 오늘날에 이르기까지 확고한 위치를 차지하지 못하고 있다.

오늘날의 학교는 주로 사회적 기능을 수행하는 기관으로 인식되고 있으며, 학교의 주요한 사회적 기능은 다음과 같다.

1) 자질부여: 학교는 성장세대에게 미래의 직업 활동과 정치, 경제, 사회, 문화생활 등 인간생활의 제반영역에 필요한 자질을 형성시키는 기능을 담당한다.

2) 선발과 분배: 학교는 시험 등을 통한 학업성취도의 평가를 통하여 학생들을 능력에 따라 선발하고 이에 따라 사회의 각 분야로 배출하는 기능을 담당한다.

3) 사회적 통제 및 정당화: 학교는 성장세대를 관리·통제하는 역할을 수행하며, 또한 학교는 국가사회의 가치와 규범을 학생들에게 내면화시키고 정당화시켜서 사회질서를 유지하는 기능도 담당한다.

2) 학교에 대한 비판

① 신교육사회학자들: 번스틴(B. Bernstein), 영(M. Young)등은 교육기관에서 가르치는 지식은 사회적, 문화적 통제의 원리와 밀접한 관계가 있다고 보고, 전체적인 문화에서 무엇 때문에 특정한 문화내용만이 교육과정에서 다루어지는지를 묻는다. 요컨대, 학교교육과정은 특정집단에게 유리한 것이며 계급을 재생산한다고 주장한다.

② 탈 학

교론자들: 일리치(I. Illich)의 탈학교의 사회(The Deshooling Society).

ㄱ. 학교는 신성시되는 사회적 계층과 기원을 당연한 것으로 받아들이는 경향이 이전에 교회가 했던 것보다 더 강하다.

ㄴ. 어린이들은 학교에서 '끝없는 소비'라는 신화를 주입받고 있다.

ㄷ. 학교는 성장세대를 모든 것이 양으로 측정되는 세계에 입문시킨다.

요컨대, 학교는 기존사회의 신화를 정당화, 고착화시키거나 또는 새로운 신화를 생산하여 학생들에게 은연중에 주입시키는 기능을 가지고 있기 때문에 결과적으로 학교는 인간을 허위의식에 종속된 무기력한 존재로 만든다.

③ 문화적 저항론자들: 애플(M. Apple)은 권력, 지식, 이데올로기, 학교, 교육이 상호관련되어 사회적 헤게모니를 재생산하고 있다고 주장한다. 교육과정 이론가, 교사, 학생들은 모두 교육적 경험을 지각하고 구조화함에 있어서 자신들에게 강하게 영향을 주는 특정한 신념, 개념, 규범을 내면화하고 있다는 것이다. 학교에서 가르치고 있는 지식은 우리사회의 어딘가로부터 나온 문화자본으로서, 우리 사회에서 보다 강력한 영향력을 지니고 있는 집단의 관점과 신념을 반영하고 있는 것이며, 이러한 특정집단의 이해관심에 따라 조직된 지식과 태도, 규범 등을 획일적으로 주입함으로 인하여 개인의 고유한 발달을 저해할 뿐만 아니라, 자신의 고유한 삶을 사는 대신에 사회의 주도적인 세력을 위한 삶을 살도록 강요된다.

프레이리(P. Friere)는 전통적 교육을 "은행저축식 교육"이라고 비판한다. 교사는 가르치는 주체이고 학생은 채워지는 '빈 그릇'에 지나지 않는다는 것이다. 이러한 교육은 빈 그릇에 채워진 편협한 지식을 갖고 삶을 해석하는 수동적인 인간을 주형해 낸다는 것이다. 억압적인 현실에 상응하는 은행저축식 교육모델은 무비판적으로 현실에 적응하는 인간을 길러내고, 억압적인 상황을 재생산한다는 것이다.

3) 이데올로기적 학교비판의 극복과 학교에 대한 미래적 전망

학교란 교육을 하는 기관이어야 한다. 교육이란 지적인 교수와 情意的인 교육, 인성교육과 도덕교육을 포함해야 한다. 교수와 교육이 어느 한쪽이라도 포기된다면 학교의 전통적 이념은 포기되어야 할 것이다. 현대의 지식기반사회 속에서 학교에서 교수가 차지하는 비중은 절대적이다. 그러나 인간을 단지 욕구 추구적 존재, 이의 실현을 위하여 지능과 지식, 기술과 도구를 필요로 하는 존재로만 보지 않고, 동시에 정신적인 본성을 지닌 존재임을 인정한다면, 학교교육은 이 정신적 본성의 조화로운 발달에 기여하지 않으면 안 된다. 왜냐하면 인류의 역사적 경험에 비추어보더라도 인간의 정신적 본성은 저절로 성장되지 않으며, 인간의 정신적 본성의 훌륭한 발현은 무엇보다도 문화와 교육의 결과라는 것이 명백하기 때문이다. 산업사회 이전에는 이 측면의 교육적 과제를 가정이나 종교기관 등에서 상당부분 담당하였다. 그러나 현대 산업사회에서 가정의 역할은 불가피하게 축소되었으며, 그에 따라 학교에 위탁되는 교육의 비중이 크게 늘어났다고 할 수 있다. 또한 현대사회 속에서 나타나고 있는 종교적 교의에 대한 절대적 신뢰감의 약화와 특정 종교에 소속되지 않으려는 경향의 증대에 비추어 볼 때, 현대사회 속에서 종교기관의 교육기능도 축소일로에 놓여있다고 보아야 할 것이다. 이러한 관점에서 볼 때, 학교에서 어떠한 형태로든 인간형성교육이 이루어지지 않으면 안 된다는 당위성이 나타난다.

인간형성교육이란 인간의 내면성을 일정한 가치지향성에 따라 형성해가고자 노력하는 교육이다. 따라서 인간교육이란 불가피하게 인간성(인간다움)에 대한 가치판단을 전제로 한다. 여기에서 이데올로기 문제가 발생한다. 인간이나 인간성(본성)에 대한 가치판단에 대하여 절대적인 객관적 타당성을 주장한다는 것은 불가능하기 때문에 이에 대한 가치판단은 특정인, 또는 특정집단의 이데올로기로 몰릴 가능성이 항상 존재한다(예컨대 인간의 본질을 이성 또는 도덕성이라고 보는 것은 지적, 정신적 엘리트들의 이데올로기라는 비판). 여기에 인간교육의 딜레마가 존재한다. 만일 이러한 어려움 때문에 우리가 인간성에 대한 가치판단을 포기한다면, 그리하여 예컨대, 우리가 호의, 친절, 절제, 겸양, 사랑, 정직, 성실, 공평무사(公平無私), 협동심, 책임의식 등의 덕목을 증오, 시기, 파당심(派黨心), 겁약함, 방종, 불성실, 이기심, 무책임성 등의 인성적 특성보다 보다 더 긍정적인 가치로 판단하지 않는다면 인간교육은 설자리를 잃게 되는 것이다. 우리는 인간의 인간다움을 지켜내고 이를 증진시키고자 한다면 인간교육에 대한 어떠한 이데올로기적 비판에도 불구하고 인간성의 다양한 양태들에 대한 가치판단을 포기할 수가 없다. 단지 우리는 그러한 비판을 거울삼아 우리의 가치판단을 후속적인 경험과 성찰을 통하여 언제든지 변경할 수 있는 가능성을 열어둠으로써 이데올로기적인 막다른 골목에 빠지지 않도록 해야 할 것이다(즉 존재하는 가치체계들에 대한 "개방적인 물음"(offene Frage)이 가능해야 한다).

학교교육의 목표는 전문 지식인 내지는 직업인을 길러내는 것이 전부일 수 없으며, 동시에 교양인/도야인을 길러내야 한다. 만일 학교가 인간의 욕구와 이해관계에만 봉사하는 지식과 기술만을 가르친다면 학교교육의 전 과정을 마치고 나서도 인간의 삶과 세계에 대하여 포괄적 의미연관을 지니지 못할 것이며, 그 결과 타인과 세계에 대하여 독립적이고 책임 있는 태도를 취하기가 어려울 것이다. 그들은 교육을 받았음에도 불구하고 참된 의미에서 성숙한 인간(mündiger Mensch)이 되지 못하는 것이다. 바로 여기에서 학교교육의 틀 안에서의 도야의 불가피성이 드러난다. 학교교육이 궁극적으로 인간도야를 지향할 때에만이 성장세대들을 성숙한 인간으로 만들어야 하는 교육적 사명을 다할 수 있다. 왜 그러한가? 도야를 지향하는 교육은 성장세대로 하여금 스스로 삶과 세계의 의미를 물을 수 있도록 하며, 그 결과 인간과 세계의 포괄적인 의미연관에 대한 통찰에 도달하도록 조력한다. 이 통찰을 바탕으로 성장세대는 자신과 타인들, 뭇 생명체, 세계사물 일반과의 올바른 관계를 설정하면서 자율적이고 자기 책임적으로 자신의 삶을 영위해 나갈 수 있는 인간으로 자라날 수 있게 되는 것이다. 이는 교육의 본질을 표현하고 있는 것이며, 따라서 학교교육은 이 목표를 포기할 수 없는 것이다.

학교교육의 틀 안에서 볼 때, 도야의 요체는 무엇보다도 성장 세대들로 하여금 자기중심적 사고에서 점차로 벗어나서 보다 포괄적인 사고로 나아가도록 하는 데에 있다. 어려서부터 자연적으로 발달되어 온 자기중심적 사고를 바꾸려면 자기 자신의 삶이 타인, 뭇 생명체, 세계 사물들과의 복합적인 관계성 속에 놓여있음을 학생 스스로가 통찰해 가도록 이끌어야 한다. 이 관계성에 대한 통찰이 점차로 확장되어 나중에는 우주적인 연관성으로까지 확대되도록 해야 할 것이다. 이 포괄적인 연대감, 우주적인 관계성에 대한 의식을 바탕으로 하여 타인들과 생명적, 비생명적 존재자들에 대한 책임의식이 생겨나게 된다. 그러나 학생들은 책임의식을 지각할 뿐만 아니라 이 책임의식에 상응하여 행동할 수 있도록 격려되어야 한다. 자신이 속해 있는 삶의 폭 넓은 관계성을 통찰하고 이로부터 생기는 책임을 지각하며 그에 상응하여 행동할 수 있는 사람, 이러한 사람이 바로 도야인(=교양인: Gebildeter)이다. 이를 통해서만 참된 의미의 "더불어 사는 삶"도 가능해진다.

학교교육이 학생들이 앞으로 살아갈 사회에서 필요한 직업적, 문화적 및 사회적 자질과 능력을 길러 주어야 한다는 데에는 이론의 여지가 없을 것이다. 그러나 이러한 능력들을 조화 있게 통합할 수 있는 통일적 인격을 키우는 일의 중요성은 그에 못지않게 중요하며, 이를 위해서 교사는 단지 특정 교과의 전문가이기만 해서는 안 되며 동시에 삶과 세계에 대하여 포괄적인 의미부여를 할 수 있는 능력을 갖춘 사람이어야 한다. 즉 교사는 동시에 교양인/도야인이어야 한다. 만일 그렇지 않으면 학생들의 인격형성을 위해 올바로 조력할 수가 없기 때문이다. 이로부터 다음과 같은 결과가 유도된다. 교사교육은 전문교과교육(Fachbildung)과 보편적인 인간도야교육(allgemeine Menschenbildung)이 실질적으로 병행되어야 하며, 상호연관적으로 이루어져야 한다.

Ⅳ. 교사교육학

교사란 무엇인가? 교육을 하는 사람이다. 교육이란 삶의 원현상이다. 교육이란 기성세대가 성장세대를 가르쳐 키우는 것이며 지속적으로 가르치고 배우는 과정을 통해서만이 인간이 개인적으로나 사회적으로 인간이 되어간다는 것은 인간의 근본적인 본질에 속하는 것이다. 교사란 바로 성장세대를 위해 교육행위를 행하는 기성세대이다. 교사의 역할에 대한 역사적 사회적 변천에도 불구하고 교육이 존재하는 한 교사는 교육을 가능케 하는 교육의 핵심적인 요소이다.

1. 교사의 개념

1) 교사의 형식적 개념

① 학문적 도덕적 지도자(스승): 교사란 教는 '가르칠', '알릴', '훈계할' 등의 뜻을 가지고 있고, 師란 '스승', '본받을 어른'의 뜻이다. 그러므로 教師는 '본을 보임으로써 가르치는 어른'이라고 해석할 수 있을 것이다.

② 전문직업인으로서의 교사: 교사가 전문적 직업으로 자리를 차지하게 된 것은 국민교육제도의 시행의 결과라고 할 수 있을 것이다.(제도교육) 유럽에서는 17세기 후반부터 교사양성기관과 직업적인 교사가 출현, 교원양성기관에서 교원교육을 받고 일정한 자격요건을 충족시키는 자에게 자격증을 수여하여 공식적인 교육기관에서 직업활동을 하도록 한 것이다.

③ 교원: 교육인력으로서의 교사.

2) 교육적인 관점에서 본 교사의 개념

① 자연의 조력자: 루소는 교육은 인간의 타고난 선성과 자연소질을 왜곡, 손상, 타락시키지 않고 잘 보존하며 그 선성과 자연소질들이 스스로 발달하여 궁극적으로는 완전하게 전개되어 조화로운 인간이 되도록 환경을 조성하는 것이 교육의 역할이며, 그에 따라 교사는 모든 인위적인 조치를 지양하며 단지 '자연의 걸음걸이'에 따라 어린이가 스스로 발달할 수 있도록 조력할 뿐인 '자연의 조력자'이다.(소극적 교육)

② 사회적 대리인: 뒤르켕(E. Durkheim)에 의하면 교육은 '자라나는 어린 세대에 대한 체계적인 사회화'이며, '성인세대가 아직 사회적 삶을 살아가기에는 성숙하지 못한 어린세대에게 행사하는 영향'이다. 교사는 개인적 발달을 도와주는 후원자라기보다는 오히려 성장세대를 기성세대의 사회질서 속으로 인도하는 기성세대의 대리인이 된다.

③ 인간행동변화의 기술자: 정범모에 의하면 교육은 '인간행동의 계획적인 변화'이다. 교육의 목적과 목표는 이미 경험적으로 주어져 있으며, 이 목표의 실현을 위하여 가능한 수단을 동원하여 체계적으로 목표에 달성하는 것이 교육의 역할이다. 이에 따라 교사는 단지 행동공학적 기술을 통하여 학생들의 행동변화를 가져오는 기술자 내지 기능인으로 전락되며, 교사인격의 개념이 부인된다. 이에 따라 학생도 더 이상 인격으로서 다루어질 수 없게 된다.

④ 실현된 인간성의 대표자: 인격존재로서의 인간이 자기결정으로 통해 스스로 자신의 인격과 능력을 발전시켜나가도록 조력하는 것이 교육. 교사와 학생은 저마다 절대적 자유가 깃들어 있는 인격의 존엄성을 지니며, 따라서 가장 근본적인 의미에서의 교육인 도야는 계획적이고 기술적(기계적)으로 처치될 수 있는 것이 아니다. 그럼에도 불구하고 이를 강행한다면 이는 인간의 존엄성을 해치며 인간을 비인간화시키는 결과를 낳을 뿐이다. 요컨대, 인격으로서의 실현된 인간성으로서의 교사의 복권이 이루어져야 한다.

2. 교사의 자질

1) 지식, 기술, 능력

가) 교과목에 대한 지식: 교사는 자기가 가르치고자 하는 내용에 대해서 철저하고 정확한 지식을 가지고 있어야 한다. 교과목에 대한 전문가적 지식을 지닌 교사는 어떤 내용이 핵심적인 내용이고 어떤 내용이 부수적 내용인지를 판단하여 선택적으로 가르칠 수 있으며, 가르친 후에 나타나는 성과에 대해서도 올바로 판단할 수 있다. 가르치는 내용에 대하여 완전한 지식을 가지고 있는 교사는 해당 교과목의 학문이 근거하고 있는 가장 본질적이고 기초적인 역할을 하고 있는 기초지식, 기초개념, 기초원리 등을 학생에게 확실히 가르칠 수가 있고, 이를 통해 학생에게 스스로 학습, 학문을 할 수 있는 능력을 형성시킨다.

나) 교수법과 이의 실제적 숙련: 교사는 수업의 구조를 통찰하고 수업과정의 전제와 가능성 및 방법적인 형성계기들을 알고 있어야 한다. 또한 강의기술, 질문기술, 동기부여기술, 자기학습에로 유도하는 기술, 교정기술, 평가기술, 훈련기술과 같은 교수기술에 대한 지식과 숙련이 요구된다. 교사는 교육의 예술사가 되어야 한다. ―교직의 전문성

다) 아동에 대한 지식: 교사는 아동의 지적, 정의적 발달에 대한 일반적 지식이 있어야 할 뿐만 아니라, 매 경우 독자적인 개별자인 인격존재인 아동 한 사람 한 사람을 이해하려고 노력해야 한다. 현대심리학은 인간을 객관적으로 파악하는 데에만 치우쳐서 관찰, 검증 가능한 신체, 심리적인 차원에 대한 연구에 국한하고 있으며, 이 연구 결과에 따라 인간의 교육을 가능한 한 의도적, 계획적으로 처리 가능한 것으로 만들려고 노력하고 있다. 그러나 학생을 인격적 존재로 보고 그 인격의 존엄성을 손상시키지 않으면서 교육을 하려면 교사는 신체, 심리적 차원 이상의 차원에 대하여 열려있어야 한다. 인간의 본질가운데에는 자유가 깃들어 있으며, 이 자유에 의하여 인간은 손상될 수 없는 존엄을 획득한다. 인간을 자유의 존재로 볼 때, 교육은 자유로운 존재의 자발적 자기실현으로 나타난다. 교육이 인간을 만드는 것이 아니라 스스로 그 자신이 되어가도록 조력하는 것이 교육. 독일어에서 발달한다는 동사가 자신을 발달시킨다(sich entwickeln)는 표현으로 사용되는 것은 의미심장하다.

아동이 그 자신이 되어가기 위해서는 그리고 남이 만들어준 사람이 되지 않기 위해서는 아동의 자발성을 키워주고 아동의 소질과 적성 기질, 재능 등등 아동에 대한 파악하여 이를 일깨워줌으로써 아동 자신이 이를 의식적으로 발전시켜나가도록 도와야 하며, 이를 위한 교사의 세심한 관찰 및 이를 근거한 상세한 성장사가 작성될 필요가 있다.

2) 인격적 특성

가) 교육애: 교사는 무엇보다도 인간을, 그 중에서도 특히 새로 자라나는 인간을 사랑하는 사람이어야 한다. 다시 말해 교사는 인간에 대한 선의를 지닌, 그리고 아이들을 좋아하는 사람이어야 한다. 다른 조건을 잘 갖추어도 이 인간애, 교육애를 갖추지 못한 사람은 참된 교육자가 될 수 없다. 왜냐하면 이 인간애, 교육애에 의해서만 성장세대에 대한 헌신이 일어나기 때

문이다. 교육은 교육자 자신의 선입견과 이해관계를 떠나서 학생 자체를 사랑하는 눈으로 바라보고, 그들이 그들 자신의 삶을 가장 지혜롭고 행복하게 살아가기를 진심으로 바랄 때에 참다운 교육행위가 시작된다. 그런데 이 교사의 본질적 자질로서의 교육애는 교사양성과정을 통하여 인위적으로 길러지기가 쉽지 않은 것이다. 사랑이란 (교육적 사랑을 포함하여) 인위적으로 제어하거나, 후천적으로 양성하거나 가르치거나 하는 것이 어렵다는 데에 난점이 있다. 따라서 이는 교사후보생의 선발과 교육과정에서 매우 중요한 문제이다. 아동에 대한 호의와 사랑이 넘치는 선량한 성격을 교사후보생 선발에 있어서 가장 중요한 요소로 삼아야만 한다.

요컨대, 교사는 학생을 하나의 인간으로 사랑한다. 즉 교사는 학생을 그 자체로서 유일하고 고유한 인격체로 인정하고, 학생 자신이 타고난 잠재능력과 자기를 실현하고자 하는 방향에 따라 독특하게 성장해 나갈 수 있도록 적절하게 도와주어야 한다. 다른 한편으로는 교사는 학생을 인류의 이상에 따라 마땅히 그렇게 형성되지 않으면 안 되는 자로서 사랑한다. 즉, 교사의 학생에 대한 조력은 학생 자신의 고유성과 동시에 완전한 인류의 이상(승화된 인간성의 전형)을 지향하는 것이다.

나) 교육적 판단력: 교육상황에 대하여 올바른 교육적 판단을 할 수 있기 위해서는 교육상황을 구성하는 지식과 이 상황을 보는 이론적인 틀을 지녀야 한다. 여기에 또한 교육애가 합쳐져야 한다. 그럴 때에만 참으로 교육적인 판단이 이루어질 수 있다. 그러나 시시각각 닥쳐오는 교육상황들은 대개의 경우 조용한 반성적 여유를 허용하지 않는다. 그리하여 즉각적이면서도 해당의 교육상황의 정곡을 찌르는 판단을 내릴 수가 있어야 한다. 이러한 판단은 순수한 논리적, 이론적, 반성적 판단일 수 없으며, 직관적, 상황적, 실천적 판단이다. 이러한 판단능력은 이론과 실천의 끊임없는 상호침투에 의해서 얻어질 수 있다(그러나 이러한 판단능력을 타고나는 사람도 있다 ―천부적인 교사). 이론과 실천의 연결점은 교육적 사고이다―헤르바르트: 교육적 감각.

다) 신뢰: 교사는 모든 난관과 실망에도 불구하고 언제나 다시금 학생 하나하나에게 아주 구체적이고 개인적인 신뢰를 바쳐야 한다. 교사는 자신의 신뢰가 얼마든지 실패할 수 있는 하나의 모험이라는 것을 잘 알고 있다. 특히, 교사가 심하게 실망한 수에 다시 새롭게 신뢰할 때에는 이러한 신뢰가 더더욱 모험적이다. 그러나 단순히 지식과 기능만을 전달하는 교육이 아니라 학생들을 내적으로 감동시키는 교육, 즉 학생들 안에 있는 능력들을 일깨워주는 일은 어떤 좌절적인 경험에도 불구하고 교사가 신뢰를 위한 용기를 주며, 언제나 다시금 이러한 신뢰에 관여하게 될 때만이 성공할 수 있다. 따라서 교사는 모든 실망에도 불구하고 언제나 다시금 학생에 대한 신뢰를 지닐 수 있는 능력을 기르지 않으면 안 된다.

라) 인내: 교사는 피할 수 없는 갑작스러운 사건과 그에 따른 좌절을 경험한 후에도 사기를 잃지 않을 수 있어야 한다. 이를 위해서 교사는 강한 내적 확신과 이 확신에 기반을 둔 인내를 지녀야 한다. 교사의 인내심은 학생들의 미숙함이나 잘못을 사랑과 이해에 기초하여 침착하게 참아내는 태도라고 할 수 있다. 학생들이 성숙하기도 전에 성급하게 열매를 따려고 해서는 안 된다. 무엇보다도 교사는 자시자신의 의지를 포기하고, 아동의 성장, 발달에 필요한 시간을 허용하는 것을 배우지 않으면 안 된다.

3. 교직의 전문성

1) 직업으로서의 교직에 관한 세 가지 입장

가) 성직으로서의 교직: 종교적, 또는 정신적 지도자. 교사에 대한 절대적 신뢰와 존경이 요구됨. 한국 전통사회에도 이러한 교직관이 있었음. 君師父一體. 교사의 자율성 제한. 교사의 세속적 생활 부정. 교사중심의 수업.

나) 전문직으로서의 교직: 18세기 이후 교직이 전문직업화 됨. 교사의

교육행위는 성장세대가 인간으로서의 자연적, 문화적, 사회적(직업적) 능력과 인격성을 종합적으로 형성시키도록 조력하는 전문적인 행위임.

−전문직의 특성: ① 고도의 지식 ② 장기간의 교육 ③ 사회봉사 ④ 사명감 ⑤ 자율성 ⑥ 직무능력향상교육 ⑦ 전문직 단체 ⑧ 면허와 자격기준 ⑨ 사회적 지위−교직을 명실상부한 전문직으로 발전시키는 것이 시대적인 과제임. 이를 위해

ㄱ. 교사는 교수와 교육의 영역에서 전문가가 되도록 부단히 노력해야 한다.

ㄴ. 교육학의 여러 분과학문들이 교육실천과 긴밀한 관계를 갖고 교육실천을 위한 교사의 직업적 학문으로 발전되어야 한다. 이를 위하여 교육학자와 현장교사의 공동연구를 통한 이론과 실천의 부단한 상호침투가 추진되어야 하며, 교직연수기회의 확대 및 내실화, 이를 위한 제도적 지원이 요구된다.

ㄷ. 교사는 직업윤리가 확고해야 한다. 교사는 학생과 동료교사들뿐만 아니라 학부모와 지역사회와 적절하고 품위 있는 관계를 형성할 수 있어야 한다. 교사집단이 자신들의 직업윤리에 철저할 때에 그 전문성이 존중될 수 있는 것이다.

ㄹ. 교육의 국가사회에 대한 공헌과 중요성을 올바르게 인식하여 교사집단이 사회경제적으로도 존중되고 품위 있는 생활을 할 수 있도록 좋은 보수와 훌륭한 직무환경이 확보되어야 한다.

다) 노동직으로서의 교직

−노동이란 인간의 가치추구적인 목적을 위해 자연을 변화시키는 과정. 교직을 노동직으로 보는 관점은 그러나 교사의 노동 생산성에 상응하는 권리를 강조한다. 그리고 이의 관철을 위해 교육에 대한 이해당사자들에 대하여 쟁의할 권리를 주장하게 된다. 즉 노동 3권인 단체결성권, 단체교섭권, 단체행동권을 주장하게 되는 것이다. 그러나 교직을 단지 노동직으로 볼 때에 전통적인 교육적 가치들을 상당부분 포기해야 하는

문제에 직면한다. 이 경우 교사와 학생 사이의 관계는 현실적인 이해관계의 측면만이 두드러지고 인격적-교육적 관계는 등한시 되어버릴 위험성이 크다.

V. 포스트모더니즘과 교육

1. 포스트모더니즘의 역사

포스트모더니즘이라는 용어의 사용은 문학비평의 경우 1950년대 후반까지 거슬러 올라간다. 모더니즘으로부터 포스트모더니즘에 이르기까지의 과정과 시기에 대해서는 여러 견해가 있지만, 일반적으로 모더니즘의 시대를 대체로 1910년대로부터 60년대를 전후한 시기로, 포스트모더니즘의 시대를 그 이후부터 현대까지로 본다.

포스트모더니즘이 처음으로 강조되어 사용된 것은 피들러(Leslie Fiedler)와 핫산(Ihab Hassan) 등과 같은 문학비평가들에 의해서였다. 1970년대 초기 및 중엽에 접어들면서 건축분야 및 예술의 각 분야에서 포스트모더니즘이라는 용어가 보편적으로 사용되었다. 미국에서 촉발된 포스트모더니즘은 파리와 프랑크푸르트를 통해 유럽에 전파되어, 리오타르, 데리다, 보들이야르, 푸코, 들뢰즈, 하버마스 등에 의해 수용되었다. 1980년대에 들어서는 서구사회의 지식인들간에 예술 및 사회이론 분야에서 모더니티(모더니즘)와 포스트모더니티(포스트모더니즘)에 대한 열띤 논쟁이 전개되었다. 하지만 70년대 후반의 학계는 포스트모더니즘을 부정적인 변증법과 해체구성에 국한하여 파악하려는 경향이 다소 있었지만, 80년대에 들어서는 일련의 새로운 창조적 운동으로 인해 포스트모더니즘을 '건설적인', '생태학적인',

'근거를 갖춘', '개혁적인' 포스트모더니즘이라는 다양한 이름으로 불리게 하였다.

그러면 시대사적인 측면에서 포스트모더니즘은 어떠한 과정을 거쳐 등장하게 되었는가를 전근대주의와 근대주의와의 종단적 맥락에서 개략적으로 살펴보기로 하겠다.

우선 전근대 사회는 세계를 정령으로 가득차 있다고 보았다. 예컨대, 옛날 사람들에게 있어서 이 세계는 정령으로 가득찬 신비스런 공간이었다. 숲에는 숲의 신이, 별이 빛나는 하늘에는 신 혹은 초자연적인 신비스런 그 무엇이 존재한다고 생각했다. 인간에 대해서도 마찬가지여서, 누군가가 병에 걸리면 그것이 생리학적인 의미에서의 신체 이상이 아니라 무언가 '악령'이 깃들었기 때문이라고 생각했다. 정치나 사회조직에서도 지배자는 신적인 자격을 지닌 지상에서의 신으로 간주되었다. 전근대 사회에서의 이러한 마술적인 관념은 일상생활의 모든 곳에 내재되어 사람들의 삶을 지배한 마술화된 세계였다.

그러나 모더니즘의 사회가 등장하면서 근대 합리주의가 가장 먼저 해체해 버린 것이 바로 이러한 마술적 세계관이었다. 모던이라는 것은 철학적으로 합리주의에 속한다. 모더니즘은 합리적이고 과학적인 이성의 힘으로 모든 것을 해명함으로써 '탈(脫)마술화'를 추진하였다. 따라서 숲이나 하늘 등은 더 이상 신들이 사는 신비적인 대상이 아니라, 과학적 이성으로 설명할 수 있는 물리적인 대상으로 전락해 버렸다. 따라서 생물학이나 심리학이 극도로 발전하면 우리 인간 전체도 과학적으로 설명할 수 있게 될 것이라는 것이 근대적 이성(합리주의)의 믿음이자 희망이다. 요컨대 '세계의 탈마술화'가 이루어지고, 결국 이성이 세계를 지배할 수 있다는 것이 근대합리주의 사상의 기본 패턴이다.

포스트모더니즘은 이러한 모더니즘의 태도에 대한 반성 내지는 반발에서 생겨났다. 과연 이 세계의 모든 것이 이성에 의해서 제어되고 해명될 수 있을까? 진리의 경우를 예로 들어보자. 과학적인 이성에 의해 세계를 인식하려는 욕망에는 진리가 존재한다는 전제조건이 필요하다. 그러나 진리란 그렇게 단순한 것이 아니다. 가령 어떤 견해가 진리인지의 여부를 확인하기 위해서는 검증작업이 필요한데, 이것이 쉽지만은 않다는 것이다. 즉 검증작업 자체가 불가능한 경우도 있으며 (사회과학의 경우), 검증작업 자체의 진리성을 확인할 수 없는 경우 (이 경우는 자연과학에서도 문제시 됨)도 있음이 이를 입증한다. 또한 실제로 일상세계에서 살아가는 우리는 과학적 이성에 의해서만 살아가고 있는 것은 아니다. 예컨대 산이나 숲에 관해 과학이 우리에게 가르쳐 주는 진리와, 우리가 평소 산이나 숲에 관해 경험하는 진리는 다르다는 것이다. 산이나 숲을 거닐 때, 그리고 별이 빛나는 밤하늘을 쳐다볼 때 우리는 무엇을 생각하는가. 우리가 슬픈 기분에 잠겨 있을 때 산과 숲과 밤하늘도 슬픈 현상으로 다가온다. 이것이 일상생활에서의 '진리'인 것이다.

이처럼 마술적 세계관(전근대주의), 탈마술화에 따른 이성적 세계관(모더니즘)을 거쳐, 모더니즘에 대한 반성 내지는 반발로 등장하게 된 것이 포스트모더니즘이다.

그러면 여기서 포스트모더니즘의 등장배경을 보다 구체적으로 살펴보기로 하자. 첫째, 정치적인 측면에서 볼 때, 종전 이후 세계를 지배하여 왔던 마르크스주의 이데올로기와 자유민주 이데올로기간의 대립적 구도가 붕괴되기 시작하고, 상대적으로 비(非)이데올로기적인 여러 문제들(예컨대 이데올로기의 큰 틀 속에서 경시되어 왔던 생활과 관련된 여러 문제들, 즉 환경문제, 여성문제, 인종문제, 지역사회문제 등)이 부각됨으로써 이러한 문제들에 대한 여러 이론과 실천의 정당화 근거로서 등장하게 되었다. 둘째, 경제적인 측면에서 볼 때, 다국적 자본에 의해 소비가 덕목화되어 부추겨지고 주체적 자아 및 비판의식의 해체가 시도되는 다국적 자본주의 소비사회에서는 소비를 덕목으로서 정당화하거나 주체적 자아 및 비판의식의 해체를 정당화하는 이론적 근거가 필요한데, 이 이론적 근거로서 포스트모더니즘이 등장하게 되었다. 셋째, 사회적 측면에서 볼 때, 현대의 정보화 사회에서는 모든 사람과 사물이 기호로서 존재할 뿐만 아니라 그 존재의미 또한 기호적으로 생성되므로 인간과 사물의 기호화와 기호적 의미화를 정당화할 수 있는 이론적 근거가 필요한데, 이 이론적 근거로서 등장한 것이 포스트모더니즘이다. 넷째, 문화적 측면에서 볼 때, 현대인은 과거와는 달리 활자매체가 아닌 영상매체를 통해 정보, 지식, 오락을 추구하는 경향이 짙어지게 됨에 따라 이성 중심에서 감성 중심으로, 논리적 판단에서 감각적 판단으로, 동질지향성에서 이질지향성으로, 자기절제에서 자기표현으로, 억제된 감성에서 해방된 감성으로, 정적 문화에서 동적 문화의 추구 등으로 변화되게 되어 이러한 가치관의 변화를 정당화하기 위한 이론적 근거로서 포스트모더니즘이 등장하게 되었다. 다섯째, 예술적 측면에서 볼 때, 모더니즘의 예술에서는 새로운 예술성을 추구하기 위하여 실험적 시도를 계속하였고, 이를 통해 예술적 독창성을 확립하였지만, 이제는 첨단을 추구하는 실험적 시도 대신에 파스티쉬 기법(기존의 여러 예술작품들 중에서 이것저것을 모자이크하듯 혼성 모방하는 기법)이나 패러디 기법(하나의 작품을 비평적 관점에서 차이를 강조하면서 재생 반복하는 기법)에서 보는 바와 같이 기존의 예술작품을 새롭게 다루는 예술적 기법을 시도하고자 하는 분위기가 형성됨에 따라 예술적 독창성이라는 굴레를 벗어던지는 예술가들의 시도를 정당화하기 위한 이론으로서 등장한 것이 포스트모더니즘이다. 여섯째, 학문적 측면에서 볼 때, 고전물리학적 과학이라는 학문의 절대적 전형이 무너지고, 학문과 비학문의 경계도 무너진 상황에서 이러한 현대의 학문적 상황을 설명해 줄 이론적 근거, 다시 말해 그 어떠한 담론도 인정되고 정당화 될 수 있는 학문적 다원주의의 이론적 근거가 필요하게 됨에 따라 등장한 것이 포스트모더니즘이다.

2. 포스트모더니즘의 개념적 특징

포스트모더니즘을 이해하기 위해서는 무엇보다도 모더니즘과의 관계를 파악하는 일이 선행되어야 한다. 크게 보면, 이 양자간의 관계에 대해 세 가지 입장이 존재한다. 하나는 양자를 연속의 관계로 파악하는 입장인데, 이 경우 'post'라고 하는 접두어가 'after'의 의미로 해석된다. 다른 하나는 단절의 관계로 파악하는 입장인데, 이 경우에는 'anti'나 'against'의 의미로 해석된다. 또 다른 하나는 양자의 관계를 연속과 동시에 단절의 관계로 파악하는 입장이다. 예를 들어 김욱동은 "포스트모더니즘은 단순히 모더니즘 다음에 오는 현상만을 가리키는 것은 물론 아니다. 왜냐하면 이 용어는 모더니즘의 경우와 마찬가지로 양적인 개념이기보다는 오히려 질적인 개념이기 때문이다. ……포스트모더니즘과 모더니즘의 관계는 단순히 연속이나 단절이라는 관점에서 파악될 수 없다. 포스트모더니즘은 모더니즘의 논리적 계승이며 발전인 동시에 그것에 대한 비판적 반작용이며 단절"(『모더니즘과 포스트모더니즘』, 현암사, 1994, pp.190-191)이라며, 포스트모더니즘의 이중적 양면성을 강조하며 모더니즘과의 관계를 설명하고 있다. 철학적인 측면에서 볼 때, 모더니즘이란 17세기 데카르트 이후에 서구 정신세계를 지배해 온 계몽주의적 세계관을 가리킨다. 계몽주의적 세계관은 인간이성과 합리성, 실재와 진리, 객관성과 중립성, 법칙과 논리, 그리고 구조와 분석 등의 개념들이 핵심적인 근간을 이루는 관점으로서, 시간과 공간을 초월한 보편적이며 절대적인 근거가 존재한다는 신념체계이다. 이러한 모더니즘과의 관계와 관련해서 포스트모더니즘이라는 이름하에 서로 모순된 입장이 동시에 존재한다는 것은 그만큼 포스트모더니즘의 특징이 다양하며, 그로 인해 일관성 있게 규정하기가 매우 어렵다는 뜻을 내포하고 있다. 이러한 전제하에 포스트모더니즘을 연구하는 학자들이 공통적으로 지적하고 있는 포스트모더니즘의 특징을 요약해보면 다음과 같다.

첫째, 반합리주의이다. 이성적 합리성은 근대인에게 요구되었던 사고와 행동의 전형이다. 근세 사회는 이성적이고 주체적인 자아인을 추구하였던 것이다. 포스트모던 사상가들은 이성적·주체적 자아라는 것은 일반인을 속박하기 위하여 만든 허구의 것이라고 규정한다. 그들에 의하면 인간의 자아란 유희적 관계망을 가진 언술의 산물이며, 따라서 자아는 우연적·타율적·분열적·모순적이므로 결코 합리적 사고와 행동의 주체일 수는 없다. 그럼에도 불구하고 인간으로 하여금 합리적으로 사고하고 행동하기만을 요구하는 것은 부당한 속박에 지나지 않으므로 포스트모던 시대의 인간은 결코 합리성에 집착할 필요가 없다고 포스트모던 사상가들은 주장한다.

둘째, 상대적 인식론이다. 서양의 전통적인 지식관은 고정불변의 실재를 전제하고, 이 실재를 인간은 합리적 사고를 통하여 인식할 수 있으며, 인식 결과는 보편타당하다는 합리적 지식관이라고 할 수 있다. 이 지식관은 근세 이후 보편적인 주제라고 강변되는 진보 및 해방과 같은 큰 주제를 중심으로 거대서사(grand narrative)를 이루어 학문활동을 비롯한 삶의 양식을 규정한다. 그러나 포스트모던 사상가들은 보편타당한 지식을 추구하는 지적 탐구활동의 기초란 없으며, 따라서 모든 인식활동은 인식자의 주관에 따른 상대적인 관점에서 이루어질 수밖에 없다고 주장한다. 불변의 실재와 그것에 대한 합리적 인식은 허구라는 것이다. 포스트모던 사상가들의 지적에 따르면 지식이 보편적이라고 주장하는 것은 특정 담론과 삶의 양식을 타인에게 강요하기 위한 권력적 속성을 내재하고 있는 것에 지나지 않는다.

셋째, 탈정전화(脫正典化)이다. 근대 사회 문화적 정전은 보편적 진리와 가치를 반영하고 있다는 점에서 정당화되었다. 그리고 정전에 부합하는 생활양식은 고급문화로 간주되어 사회구성원으로 하여금 인정, 수용, 계승하게 한다. 그런데 보편적 진리란 근거 없는 해체의 대상이라는 포스트모던 사상가의 견지에서 볼 때 정전이란 의미가 없으며, 고급문화와 저급 대중문화의 구분 또한 무의미하다. 근대 사회에서 문화적 정전으로 간주된 것도 백인, 남자, 성인, 수도지역의 생활양식에 지나지 않는다. 따라서 포스트모던 사상가들은 특정 생활양식을 정전에 부합하는 고급문화로 규정하여 타인에게 강요하는 것이 부당하다고 주장한다. 그들은 오히려 사고방식의 차이, 생활방식의 차이를 권유한다. 그들에 의하면 차이의 인정과 존중이야말로 포스트모던적 사고방식이다. 포스트모던 사상가들이 주장하는 것은 다양한 생활양식이 혼재하는 문화적 다원주의이다.

넷째, 유희적 행복감의 향유이다. 포스트모던 사회의 대중은 주체적 자아의 확립, 보편적 진리의 습득, 고급문화에의 입문 등의 문제로 긴장하거나 갈등할 필요가 없다. 가상실재로 엮여져 있는 세상사를 총체적으로 인식한다는 것은 무의미하며, 역사 또한 의미의 끝없는 유희장소로서 텍스트에 지나지 않으므로 포스트모던 사회의 대중들은 총체성이이나 역사성에도 관심을 가져야 할 필요가 없다. 포스트모던 사상가에 의하면 사람은 자신과 자기 주변에 대한 실험적 · 유희적 · 감성적 접근태도를 갖는 것이 오히려 바람직하다. 역사적 · 도덕적 중압감에서 벗어나 유희적 행복감을 향유하는 것이 자연현상과 인간의 본질에 부합하는 바람직한 삶의 모습이라는 것이다.

한편 김정환 등은 반정초주의(anti-foundationalism), 다원주의, 반권위주의, 연대의식의 표방 등(『교육철학』, 박영사, 1998, pp. 335-337)을, 유혜령은 비재현성(非再現性) 및 비제시성(非提示性), 불확정성(不確定性) 및 불확실성(不確實性), 다원성 및 상대성, 자체반영성 등(허숙 외 편, 『교육현상의 재개념화』, 교육과학사, 1997, pp.79-90)을 포스트모더니즘의 특징으로 제시하고 있다. 그리고 심성보는 총체성의 회의: 거대서사의 거부, 타자성의 정당화: 정전의 다수성, 자기한계적 인식 태도 등(『전환시대의 교육사상』, 학지사, 1995, pp.30-31)을, 조화태는 인간주체성의 강조, 사회적 협동과 대화의 강조, 전통의 중요성에 대한 강조 등(강영혜 외, 『현대사회와 교육의 이해』, 교육과학사, 1996, pp. 21-29)을 포스트모더니즘의 특징으로 들고 있다.

이처럼 포스트모더니즘은 특정의 이론이나 원리를 가지고 모든 것을 획일적으로 규정하고 통제하는 전체적 사고방식을 비판한다. 현대문화를 지배하는 포스트모더니즘의 정신이란 진리와 지식, 그리고 인간과 사회에 대한 기존의 모든 이론체제나 사고체제에 있어서 그것이 갖는 절대 객관성과 확실성을 부정하고, 그의 다원성과 상대성에 대한 인식을 바탕으로 그들이 가졌던 권위의 허구성을 드러내고 해체함을 그 일차적 특성으로 한다. 그래서 오늘날의 시대를 하나의 진리에 의해 지배되지 않는 사회, 즉 수많은 담론이 그 나름대로의 정당성을 인정받게 되는 포스트모던의 사회라고 말한다.

3. 포스트모더니즘과 교육

서구 근대화 이래 나타난 대중적 공교육체제는 합리성, 체계성, 보편성, 객관성, 조직성, 효율성 등을 그 특징으로 하는 모더니즘을 근간으로 발전해 왔다. 교육은 통상적으로 세계와 인간에 대한 객관적 지식과 보편적인 가치체계를 가르침으로써 학생들로 하여금 이성적인 삶을 영위해 나갈 수 있는 능력을 길러주는 것으로 인식되었다. 그러나 후기 산업사회에 나타난 포스트모더니즘은 학교에서 가르치는 지식과 가치체계는 객관적이거나 보편적인 것이 아니며, 따라서 그것은 시·공간을 초월하여 누구나 수용해야 하는 절대적 진리가 아니라고 주장한다. 왜냐하면 객관적이고 보편적이라고 간주되는 제반 지식과 가치는 실제로는 특정한 역사적, 사회적 상황에서 특정한 관점과 세계관에 기초해 형성되었다고 보기 때문이다. 따라서 포스트모더니즘의 입장에서 볼 때, 학교에서 가르치는 지식과 가치체계는 다른 상황에서 혹은 다른 관점이나 세계관에서 보면 전혀 객관적이거나 보편적이지 않을 수 있다. 이러한 포스트모더니스트들의 상대주의적 견해는 교육에 뿌리깊이 박혀있던 신념과 인식체계의 근거를 와해시키고 있다. 실제로, 교육현장에서 교사들은 상대주의적 사고와 가치관으로 이미 무장된 학생들을 가르치는 데 있어서 무기력한 자신의 모습을 확인하게 된다. 왜냐하면, 포스트모던 문화에 물든 학생들이 교사의 지적·도덕적 권위를 예전처럼 인정하려 들지 않을뿐더러, 교사가 가르치고자 하는 지식과 신념의 보편적 의미나 가치를 받아들이려 하지 않기 때문이다. 이러한 상황에서 포스트모더니즘의 교육적 문제의식은 결국 교사 또는 교육학자들로 하여금 교육에 대한 기존의 접근방식을 진지하게 재검토할 것을 요구하고 있다. 교육에 대한 참신하고 새로운 관점이라고 해서 무조건적으로 수용하거나 기존의 익숙한 이해방식에 적합하지 않다고 해서 혹은 교육현장에 지적, 도덕적 혼란을 부추긴다고 해서 감정적으로 대처하는 것은 현실적으로 당면해 있는 교육문제의 해결을 더욱 어렵게 만들 수 있다.

이하에서는 전환기적 시대에 나타난 포스트모더니즘의 교육에 관한 대표적인 견해 또는 입장 몇 가지를 살펴보기로 한다.

첫째, 포스트모더니즘은 학교에서 가르쳐지는 지식에 대한 전통적인 관점을 전환할 것을 요구한다. 학교에서 가르치는 다양한 교육내용 중에서 가장 핵심적인 요소는 무엇보다도 지식이다. 그런데 전통적으로 지식과 관련하여 교육현장에 가장 뿌리 깊게 박혀있는 신념은 그것이 객관적인 실재세계를 사실적으로 정확하게 반영하고 있으며, 그렇기 때문에 보편타당하며 진리라는 믿음이다. 학교에서 이러한 지식은 교과서라는 형태로 체계적으로 조직되어 학생들에게 가르쳐질 뿐만 아니라 여러 평가에 있어서도 가장 기본적인 준거로 작용한다. 따라서 교과화된 지식은 교사와 학생들에게 절대적인 영향을 미치게 된다고 해도 크게 틀리지 않는다.

그런데, 포스트모더니즘은 지식의 보편타당성과 진리성에 대한 전통적인 신념을 정면으로 공격한다. 프래그머티즘과 포스트모더니즘의 결합을 시도한 리처드 로티에 따르면, 교육과 지식을 이성이나 진리 또는 보편타당성 등의 개념을 동원하여 설명하는 것은 사실 '특정한 시대의 언어게임이나 사회제도 또는 자기 관념을 영속화하려는 시도'에 지나지 않는다. 어떤 지식 또는 신념체계는 완전하며 보편타당한 것이 아니라, 특정한 사회적, 역사적 상황 속에서 형성되고 지속적으로 재구성되어 가는 것이다.

따라서 어떠한 지식과 신념체제가 학생들에게 절대적이며 고정적인 것으로 주어지거나 그것을 수동적으로 내면화하도록 요구해서는 안 된다. 오히려 우리 사회의 특수한 전통과 문화 속에서 형성된 역사적·사회적 산물임을 인식할 수 있도록 가르쳐야 한다. 그리고 역사적 산물로서의 지식과 신념체제가 어떠한 동기와 관심, 가정과 전제, 그리고 어떤 방식의 협동적 노력의 과정을 거쳐 형성된 것인가를 이해할 수 있고, 동시에 그것들이 어떤 제한점과 한계를 갖고 있는가를 비판적으로 생각할 수 있도록 가르쳐야 한다. 또한 학생들은 그들이 배운 지식이나 신념체제를 절대 보편타당하고 유일한 것 그리고 당연히 옳은 것으로 생각하지 않고, 다른 대안적인 지식과 신념체계가 가능하다는 것을 인식하며 다른 관점과 견해에 대해 개방적이고 허용적일 수 있는 태도를 배울 수 있어야 한다. 푸코의 용어를 빌자면, 한마디로 '한계적 인식태도'(limit-attitude), 즉 다원적이고 유동적인 열린 인식태도, 열린 지식관이 요구되는 것이다. 나아가 교과서 혹은 교육과정 역시 학생들로 하여금 다원적이고 개방적인 인식이 가능하도록 하는 방향으로 재구성되어야 한다. 누구나 옳은 것으로 믿고 수용해야 할 신념이나 가치관 그리고 지식을 담은 성전으로서의 교과서가 아니라, 학생들의 창의적이고 비판적이며 다양한 사고를 자극하고 주체적인 문제해결 능력을 길러주는 학습자료로서의 열린 교과서가 요구되는 것이다. 이러한 열린 교과서와 교육과정에서는, 료타르가 지적한 것처럼, 경험적으로 검증 가능하거나 논리적으로 논증 가능한 '인지적 지식'뿐만 아니라, 그 동안 가치가 없거나 적은 것으로 치부해 왔던 주변적 요소들(기술적 요소, 윤리적 요소, 미적인 요소 등)도 인지적 지식과 대등하게 다루어져야 한다. 이러한 요소들로 이루어진 다양한 지식을 가진 사람만이 포스트모던 사회에서 다양한 삶의 양식을 창조적으로 살아갈 수 있기 때문이다.

둘째, 포스트모더니즘은 전통적인 교육에서 지배적인 지위를 차지했던 교육방법의 전환을 요구한다. 전통적인 교육에서 중심적인 교육방법은 당연히 전달과 주입이라는 획일적 방식이었다. 일방적인 전달과 주입이라는 독단적인 교육방법은 결과적으로 학생들의 사고와 행동에 무비판성, 수동성, 경직성을 초래해 왔다. 이러한 교육방법으로는 교사와 학생 간에 밀접한 대화와 토론이 이루어지기란 불가능한 일이다. 파울로 프레이리의 지적처럼, 전통적 교육에서 교사는 가르치고 학생은 가르침을 받으며, 교사는 모든 것을 알고 학생은 아무 것도 모르며, 교사는 훈련시키고 학생은 훈련을 받으며,

교사는 선택하여 자신의 선택을 강요하고 학생은 동의하며, 교사는 학습과정의 주체이고 학생은 단순한 객체일 뿐인 일방적 관계만 존재하게 된다.

지식 및 교육과정의 다원성과 상대성을 기초로 하는 포스트모더니즘은 이러한 전통적 교육의 획일적, 일방적 방법을 교사와 학생, 학생과 학생 간의 개방적이고 비판적인 대화와 토론, 협동, 자율적인 참여와 창의적인 탐구의 방법으로 전환해야 한다고 제안한다. 포스트모더니즘에 입각한 교육에서는 무엇보다도 교사와 학생이 한편은 일방적으로 지시하고 다른 한편은 수동적으로 따르는 주종의 관계가 아니라, 끊임없는 대화와 토론을 통하여 공동으로 지식과 가치를 탐구하며 창조하고 재창조해 나가는 동반자적 관계이다. 이러한 관계에서 학생들의 지엽적이고 주관적인 경험과 느낌, 흥미와 관심, 그리고 판단 등은 더 이상 무시하거나 제거해야 할 몰가치한 것이 아니라, 교사가 갖고 있는 체계적인 지식이나 경험과 동등한 가치와 의미를 갖게 된다. 이 말은 곧 학생들의 주관적이고 개별적인 지식과 경험들도 교육의 과정에서 매우 중요한 학습자료가 될 수 있으며, 학습내용 및 경험의 선택에 대한 학생들의 자유가 최대한 허용될 수 있다는 의미이기도 하다. 마찬가지로 포스트모던 교육에서는 학생들 간의 공동학습 혹은 협동학습법을 추구한다. 협력학습이란 학생들이 소집단 활동에 주체적으로 참여하여 일정한 역할과 책임을 맡아 공동의 과제를 해결해 나가는 학습방법이다. 이러한 협력학습은 개개인을 격려하고, 학습흥미를 유발하며, 이론보다는 학습현장의 실제장면을 중시하며, 토의·토론방법으로 수업을 진행한다는 특징을 지니고 있다. 협력학습을 통해 학생들은 서로의 공통점과 차이점을 확인하고 인정하는 자세와 태도를 익히게 된다. 즉, 포스트모던 시대에 필연적으로 요구되는 다원적인 삶의 태도를 배우게 된다는 것이다.

셋째, 포스트모더니즘은 포스트모던 사회와 정보화사회에 적합한 새로운 교육체제를 요구한다. 근대의 계몽주의와 함께 성장·발달한 공교육은 합리적 이성에 기초한 보편적 지식 및 가치체제의 전달과 주입에 의존하는 제도이다. 18세기 근대 공교육사상의 제창자인 콩도르세(M. D. Condorcet)

는 인간의 이성을 절대적으로 신뢰하였다. 그는 한 사람 한 사람의 인간이 그 본질인 이성에 눈뜨고 자율적으로 사유하고 행동하는 인격으로 무한히 고양되며 그리고 그러한 이성적인 인간으로 고양되어 가는 사람들의 수가 확장되어 가는 것을 진보라고 믿었다. 인간이 본래의 자유를 회복하고 평등을 실현하기 위해서는 편견이나 무지를 극복하고 인간정신의 진보를 실현해야 한다. 바로 여기에 교육의 고유한 임무가 발견된다고 보았다. 다시 말해 합리적 이성을 계발하여 편견과 무지를 극복하고 누구에게나 보편적으로 적용될 수 있는 지식과 진리를 추구함으로써 진보를 실현하기 위해 모든 사람들을 교육받게 해야 한다는 것이다. 바로 이러한 논리에 기초하여 교육에 대한 기획과 운영 그리고 통제를 전체적으로 국가사회가 주도하는 공교육이 성장, 발달해 온 것이다. 그 결과 공교육체제는 필연적으로 획일성과 경직성을 그 특징으로 가질 수밖에 없었다.

포스트모더니스트들은 시대적, 사회적 상황이 변화된 포스트모던 사회에서 전통적인 공교육체제는 더 이상 적합하지 않다고 생각한다. 다시 말해, 거대서사(grand narrative)보다는 소서사가, 총체성 · 전체성보다는 국부성 · 파편성이, 중심성 · 자아성보다는 주변성 · 타자성이, 획일성보다는 다양성이 중시되는 사회에서 동일한 교육목적(표)을 위해 동일한 교육내용을 동일한 교육방법으로 가르치는 교육체제는 시대착오적이라는 것이다. 따라서 포스트모더니스트들은 새로운 사회적 조건에 적합한, 보다 유연하고 다양한 교육체제가 요구된다고 주장한다. 물론 포스트모더니즘에 입각한 교육이 기존의 공교육체제를 전면적으로 거부하는 것은 아니다. 다만, 한편에서는 기존의 공교육체제에 포함되는 학교교육 내에서 경직성과 획일성을 극복할 수 있는 다양한 운영방식을 모색하고, 동시에 다른 한편에서는 기존의 학교교육에 대한 여러 형태의 대안적 교육모델을 지속적으로 실험하고 개발해 나가야 한다는 것이다. 오늘날 우리 사회에서 자주 거론되는 열린 교육, 대안교육, 홈 스쿨 등도 결국 포스트모던 사회에 적합한 새로운 교육체제 혹은 학교를 위한 실험들이라고 할 수 있다.

넷째, 포스트모더니즘에 입각한 교육은 학생에 대한 전통적인 견해를 수정할 것을 요구한다. 전통적인 교육에서 학생은 지식이나 가치를 주어지는 대로 배워나가고 수용해 나가야 하는 수동적인 존재로 간주되어 왔다. 이러한 사고방식은, 세계에 대한 이해와 지식을 형성해 나가는 데 있어서 학생 개개인이 발휘할 수 있는 능동적인 역할과 주체성에 대한 올바른 인식을 저해해 왔다. 포스트모더니즘의 문제의식에 볼 때, 그들이 미성숙자라고 하여 학생들의 목소리를 소외시켜서는 안 되며, 그들도 인간 주체임을 잊지 않아야 한다. 학생을 백지(tabula rasa)로 보거나, 미성숙을 이유로 단순히 배움의 대상으로 여겨서는 안 된다. 마음대로 주물러지고 정전(正典)을 받아들이기만 하는 수동적 존재도 아니다. 그들은 단순히 지식을 이해하고 습득하는 수동적 존재가 아니라, 그것을 재해석하고 재창조하는 능동적이며 주체적인 존재이다. 따라서 포스트모더니즘에 기초하는 교육에서는 학생들의 관심과 흥미, 기호, 사유 및 행동 양식 등에 깊은 관심과 주의를 기울이고 이해해야 한다. 나아가 교육의 과정에 적극적으로 참여시켜 그들이 지닌 비판적 능력과 창의성 그리고 상상력을 충분히 신장, 발현할 수 있도록 해야 한다.

> 인류는 자신이 지속적으로 산출하고 있는 사고권을 통하여 교육된다. 이 사고권 내의 다양한 구성요소들이 엉성하게 연결되어 있으면 전체로서는 약하게 작용하며, 개별적으로 우월한 요소들이 부당하게도 불안을 야기하고 폭력을 행사하게 된다. 사고권 안에서 다양한 구성요소들이 서로 상충되면 무익한 다툼이 일어나고, 이를 통해 모르는 사이에 조야(粗野)한 욕망에 힘을 넘겨주게 된다. 오직 사유하는 자들이 하나가 될 때 이성적인 것이 승리하며, 선한 자들이 하나가 될 때 선한 것이 이기게 되는 것이다. -헤르바르트: 『일반교육학』의 서문 중에서-

포스트모더니즘의 개념을 단정적으로 정의내리기는 어렵다. 실제로 포스트모더니즘은 문학, 음악, 예술, 건축, 미디어, 광고, 사진, 영화 등등의 광범위한 영역에서 다양하게 논의되어 왔으며, 이들 영역에 실질적인 영향력을 행사해 왔다는 것에 대한 많은 예들이 있지만 이러한 것들이 포스트모더니즘에 대한 정의를 내리는 데는 별 도움이 안 될뿐더러 일치된 견해도 없다. 어쩌면 포스트모더니즘에 대한 정의를 내리는 것 자체가 포스트모더니즘의 메시지-지식을 분류하거나, 단일화하거나, 하나의 틀 속으로 묶는 것 등에 반대하는 입장-에 배치되는 것일지도 모른다.

포스트모더니즘이라는 용어를 학문의 영역 속으로 끌어들여 이에 대한 학술적 논쟁을 유발시킨 사람은 리오타르(J. F. Lyotard)이다. 여기서는 대표적으로 리오타르의 포스트모더니즘에 대한 견해를 살펴보기로 하겠다. 리오타르는 포스트모더니즘을 대서사(grand narratives)에 대한 거부, 형이상학적 철학에 대한 거부 그리고 총체적 사고에 대한 거부로 기술한다. 근현대 사회는 모든 사람에게 보편적으로 적용되는 큰 주제, 즉 이론체계인 대서사(큰 이야기, 메타서사)를 구축하였다. 그리고 이것을 준거로 하여 모든 이론과 행동을 평가하고 정당화했다. 다시 말해 이 준거에 합당한 이론과 행동은 정당화되어 인정받지만, 그렇지 못한 경우에는 비정상적인 것으로 간주되어 억압받거나 거부되었다. 그러나 포스트모던 사회에서의 담론은 지금까지 대서사에 의해 거부되고 억압되어 온 소서사(작은 이야기)로 이루어진다. 즉 포스트모던 사회의 구성원들은 인간해방, 국가발전, 역사적 진보 등과 같은 거창한 것보다는 자기 가정, 자기 직장, 자기 지역사회 등과 같은 지엽적이고 자기 주변적인 것에 관심을 둔다. 이처럼 소서사는 총체적인 거창한 일 대신에 개인이나 작은 소집단인 자기 주위의 일상문제에 관심을 갖고 그것에 대하여 대화를 나누는 일이다. 따라서 특별하고 독특한 일상의 삶을 부정하는 추상적 보편성, 지엽적이고 특수한 것을 부정하는 일반화, 그리고 차이(다름)를 묵살하는 보편적 범주화 등을 전체적이고 테러적인 것으로 간주하고 이를 신랄하게 비판한다. 요컨대, 대서사의 전체성과 보편적 이성을 거부하는 포스트모던 사회는, 소서사가 정당화되는 사회이다.

포스트모더니즘은 체계적인 이론이나 포괄적인 철학을 칭하는 것이 아니다. 또한 전통적 의미의 이념 및 개념들의 '체계'도 아니고, 통일된 사회적/문화적 동향이라고 부를 수도 없는 것이다. 단지 포스트모더니즘은 단순하고도 환원적인 틀에 저항하는, 복잡하고 다형태적인 것이라고 말할 수 있을 뿐이다. 사실 포스트모더니즘에 대한 개념이나 범주화가 어려운 까닭은 그것 자체가 '실체'가 없는 것이기 때문인지도 모른다. 이를테면 일종의 분위기와 같은 것, 있는 것 같지만 꼭 집어 무어라고 말하기는 쉽지 않은 그 무엇, 실재하는 것 같긴 하지만 실재한다고 단정할 수 없는 그 무엇, 바로 이러한 특질을 지닌 것이 포스트모더니즘인지도 모른다.

따라서 모더니티, 포스트모더니티, 그리고 포스트모더니즘 등과 같은 용어들의 관계와 의미를 살펴보는 것은 포스트모더니즘을 이해하는 데 다소 도움이 될 것이다. 모더니티(modernity)는 근대성 내지는 현대성으로 번역된다. 근대는 고대 및 중세와는 달리 여러 면에서 뚜렷이 구별되는 특성을 지니고 있는데 이러한 특성이 18세기 계몽주의 시대에 이르러 더 첨예하게 드러나기 시작했다. 그래서 어떤 이론가들은 모더니티를 계몽주의와 같은 용어로 사용하기도 한다. 한편 포스트모더니티란, 모더니티 '이후'의 어떤 것 또는 모더니티를 대체할 수 있는 어떤 것으로 규정하기도 한다. 즉 포스트모더니티는 새로운 시대, 새로운 사회/경제적 질서를 의미한다. 모더니티가 본질적인 면에서 역사이론이나 철학이론과 관련된 개념이라면, 모더니제이션(modernization)은 주로 사회나 경제 분야에서 모더니티가 실제 실행되는 과정을 가리키는 말이다. 즉 산업화, 과학기술의 발달, 근대국가, 자본주의 시장, 도시화, 기타 하부구조 요소들에 기초한 사회 구조상의 경제적 발달의 영향으로 본다. 이러한 발달은 문화적 변화를 초래하였는바, 세속화, 자아 및 개인의 강조, 그리고 전파매체와 정보기술의 중요성 증대 등이 그것이다. 그리고 포스트모더니제이션(post-modernization)은 더욱더 서비스산업을 증대시켜 '소비의 시대'를 가져온 것을 말한다.

한편, 모더니제이션과 포스트모더니제이션, 모더니티와 포스트모더니티 사이의 연속성에 관한 문제에 대해서는 여전히 논쟁적이다. 예컨대 혹자(Harvey, 199; Jameson, 1984)는 포스트모더니티가 모더니티의 연속이라고 주장하는 반면에, 혹자(Featherstone, 1991)는 전자와 후자 간에 질적인 차이가 있는 것으로 보고 이 둘 간의 단절을 주장한다. 즉 포스트모더니즘의 사상적 경향은 두 가지 경향으로 구분되는데, 하나는 민주주의, 이성, 그리고 평등 등과 같은 모더니즘의 원리들을 확장하며 재 정의하는 것이고, 다른 하나는 이러한 원리들을 해체하고 거부하는 것이다.

김욱동은 "포스트모더니즘은 단순히 '모더니즘 다음에 오는 현상만을 가리키는 것은 물론 아니다. 왜냐하면 이 용어는 모더니즘의 경우와 마찬가지로 양적인 개념이라기보다는 오히려 질적인 개념이기 때문이다. 포스트모더니즘은 대략 말해서 제2차 세계대전 이후, 그러니까 20세기 후반에 접어들면서 본격적으로 생겨나기 시작한 현상을 가리키는 표현이다. 그러나 이 당시 활약한 작가들이나 예술가들이 모두 포스트모더니즘이라는 개념적 우산 속에 들어오지 않음은 두말할 필요가 없을 것이다. 바꾸어 말해서 동시대의 작가들과 예술가들 중에서도 포스트모더니스트로 범주화될 수 없는 사람들은 얼마든지 있다. 그렇기 때문에 포스트모더니즘과 모더니즘의 관계는 단순히 연속이나 단절이라는 관점에서 파악될 수 없다. 포스트모더니즘은 모더니즘의 논리적 계승이며 발전인 동시에 그것에 대한 비판적 반작용이며 단절이다. 이러한 이중적인 양면성을 간과한 채 이루어지는 포스트모더니즘에 대한 어떤 논의도 결코 충분하다고 할 수 없을 것이다"라고 모더니즘과 포스트모더니즘과의 관계를 설명한다. 또한 벨쉬(Welsch, 1988)는 "포스트모더니즘은 통상 주장되고 있는 바와 같이 '현대 이후'를 의미하는 것이 아니라, 오히려 '후기현대'에 나타나고 있는 탈현대적 현상들에 관한 사상적 포착을 뜻한다"고 설명한다.

이상에서와 같이 포스트모더니즘은 두 가지 시각으로 파악되는바, 하나는 포스트모더니즘을 모더니즘의 연장선상에서 연속이나 지속으로 보는 시각과, 다른 하나는 모더니즘과의 단절로 보는 시가이다.

또한 포스트모더니티와 포스트모더니즘이라는 용어를 혼용해서 사용하지 말고 분리해서 인식해야 한다는 시각도 있다. 즉 그간 종종 포스트모더니즘

(포스트모더니티의 문화적 표현)이 포스트모더니티(사회/경제적 상황)와 융합되어져 왔기 때문에 그러한 혼용이 생겨난 것으로 지적된다. 이와 관련하여 포케마도 포스트모더니즘과 포스트모더니티란 말을 분명하게 구별해야 한다고 주장한다. 왜냐하면 포스트모더니즘이란 말은 현재 문학이나 예술 나아가 문화의 한 조류인 반면에, 포스트모더니티는 '고대성'(antiquity), '근대성'(modernity)과 연결되는 개념으로 근대성 이후에 나타나는 일련의 연속적인 의미에서 포스트모더니티라고 볼 수 있다. 좀더 구체적으로 보면, 모더니티(근대성 또는 현대성)는 서양 근현대를 총체적으로 관류하는 일종의 '시대정신'으로 볼 수 있음에 비해 모더니즘은 그러한 '시대정신'이 문화와 예술 영역 일반에서 발현되는 양식으로 정의될 수 있다. 보통은 양자가 혼용되면서 거의 차이 없이 쓰이는 경우가 대부분이지만 포스트모더니즘은 포스트모더니티라는 탈현대적 시대정신의 하위 개념으로 포섭된다고 볼 수 있다.

4. 포스트모더니즘의 역사

포스트모더니즘이라는 용어의 사용은 문학비평의 경우 1950년대 후반까지 거슬러 올라간다. 모더니즘으로부터 포스트모더니즘에 이르기까지의 과정과 시기에 대해서는 여러 견해가 있지만, 일반적으로 모더니즘의 시대를 대체로 1910년대로부터 60년대를 전후한 시기로, 포스트모더니즘의 시대를 그 이후부터 현대까지로 본다.

포스트모더니즘이 처음으로 강조되어 사용된 것은 피들러(Leslie Fiedler)와 핫산(Ihab Hassan) 등과 같은 문학비평가들에 의해서였다. 1970년대 초기 및 중엽에 접어들면서 건축분야 및 예술의 각 분야에서 포스트모더니즘이라는 용어가 보편적으로 사용되었다. 미국에서 촉발된 포스트모더니즘은 파리와 프랑크푸르트를 통해 유럽에 전파되어, 리오타르, 데리다, 보들이야르, 푸코, 들뢰즈, 하버마스 등에 의해 수용되었다. 1980년대에 들어서는 서구사회의 지식인들 간에 예술 및 사회이론 분야에서 모더니티(모더니즘)와 포스트모더니티(포스트모더니즘)에 대한 열띤 논쟁이 전개되었다. 하지만 70년대 후반의 학계는 포스트모더니즘을 부정적인 변증법과 해체구성에 국한하여 파악하려는 경향이 다소 있었지만, 80년대에 들어서는 일련의 새로운 창조적 운동으로 인해 포스트모더니즘을 '건설적인', '생태학적인', '근거를 갖춘', '개혁적인' 포스트모더니즘이라는 다양한 이름으로 불리게 하였다.

그러면 시대사적인 측면에서 포스트모더니즘은 어떠한 과정을 거쳐 등장하게 되었는가를 전근대주의와 근대주의와의 종단적 맥락에서 개략적으로 살펴보기로 하겠다.

우선 전근대 사회는 세계를 정령으로 가득차 있다고 보았다. 예컨대, 옛날 사람들에게 있어서 이 세계는 정령으로 가득찬 신비스런 공간이었다. 숲에는 숲의 신이, 별이 빛나는 하늘에는 신 혹은 초자연적인 신비스런 그 무엇이 존재한다고 생각했다. 인간에 대해서도 마찬가지여서, 누군가가 병에 걸리면 그것이 생리학적인 의미에서의 신체 이상이 아니라 무언가 '악령'이 깃들었기 때문이라고 생각했다. 정치나 사회조직에서도 지배자는 신적인 자격을 지닌 지상에서의 신으로 간주되었다. 전근대 사회에서의 이러한 마술적인 관념은 일상생활의 모든 곳에 내재되어 사람들의 삶을 지배한 마술화된 세계였다.

그러나 모더니즘의 사회가 등장하면서 근대 합리주의가 가장 먼저 해체해버린 것이 바로 이러한 마술적 세계관이었다. 모던이라는 것은 철학적으로 합리주의에 속한다. 모더니즘은 합리적이고 과학적인 이성의 힘으로 모든 것을 해명함으로써 '탈(脫)마술화'를 추진하였다. 따라서 숲이나 하늘 등은 더 이상 신들이 사는 신비적인 대상이 아니라, 과학적 이성으로 설명할 수 있는 물리적인 대상으로 전락해 버렸다. 따라서 생물학이나 심리학이 극도로 발전하면 우리 인간 전체도 과학적으로 설명할 수 있게 될 것이라는 것이 근대적 이성(합리주의)의 믿음이자 희망이다. 요컨대 '세계의 탈마술화'가 이루어지고, 결국 이성이 세계를 지배할 수 있다는 것이 근대합리주의 사상의 기본 패턴이다.

포스트모더니즘은 이러한 모더니즘의 태도에 대한 반성 내지는 반발에서 생겨났다. 과연 이 세계의 모든 것이 이성에 의해서 제어되고 해명될 수 있을까? 진리의 경우를 예로 들어보자. 과학적인 이성에 의해 세계를 인식하려는 욕망에는 진리가 존재한다는 전제조건이 필요하다. 그러나 진리란 그렇게 단순한 것이 아니다. 가령 어떤 견해가 진리인지의 여부를 확인하기 위해서는 검증작업이 필요한데, 이것이 쉽지만은 않다는 것이다. 즉 검증작업 자체가 불가능한 경우도 있으며(사회과학의 경우), 검증작업 자체의 진리성을 확인할 수 없는 경우(이 경우는 자연과학에서도 문제시 됨)도 있음이 이를 입증한다. 또한 실제로 일상세계에서 살아가는 우리는 과학적 이성에 의해서만 살아가고 있는 것은 아니다. 예컨대 산이나 숲에 관해 과학이 우리에게 가르쳐 주는 진리와, 우리가 평소 산이나 숲에 관해 경험하는 진리는 다르다는 것이다. 산이나 숲을 거닐 때, 그리고 별이 빛나는 밤하늘을 쳐다볼 때 우리는 무엇을 생각하는가. 우리가 슬픈 기분에 잠겨 있을 때 산과 숲과 밤하늘도 슬픈 현상으로 다가온다. 이것이 일상생활에서의 '진리'인 것이다.

이처럼 마술적 세계관(전근대주의), 탈마술화에 따른 이성적 세계관(모더니즘)을 거쳐, 모더니즘에 대한 반성 내지는 반발로 등장하게 된 것이 포스트모더니즘이다.

그러면 여기서 포스트모더니즘의 등장배경을 보다 구체적으로 살펴보기로 하자. 첫째, 정치적인 측면에서 볼 때, 종전 이후 세계를 지배하여 왔던 마르크스주의 이데올로기와 자유민주 이데올로기간의 대립적 구도가 붕괴되기 시작하고, 상대적으로 비이데올로기적인 여러 문제들(예컨대 이데올로기의 큰 틀 속에서 경시되어 왔던 생활과 관련된 여러 문제들, 즉 환경문제, 여성문제, 인종문제, 지역사회문제 등)이 부각됨으로써 이러한 문제들에 대한 여러 이론과 실천의 정당화 근거로서 등장하게 되었다. 둘째, 경제적인 측면에서 볼 때, 다국적 자본에 의해 소비가 덕목화되어 부추겨지고 주체적 자아 및 비판의식의 해체가 시도되는 다국적 자본주의 소비사회에서는 소비를 덕목으로서 정당화하거나 주체적 자아 및 비판의식의 해체를 정당화하는 이론적 근거가 필요한데, 이 이론적 근거로서 포스트모더니즘이 등장하게 되었다. 셋째, 사회적 측면에서 볼 때, 현대의 정보화 사회에서는 모든 사람과 사물이 기호로서 존재할 뿐만 아니라 그 존재의미 또한 기호적으로 생성되므로 인간과 사물의 기호화와 기호적 의미화를 정당화할 수 있는 이론적 근거가 필요한데, 이 이론적 근거로서 등장한 것이 포스트모더니즘이다. 넷째, 문화적 측면에서 볼 때, 현대인은 과거와는 달리 활자매체가 아닌 영상매체를 통해 정보, 지식, 오락을 추구하는 경향이 짙어지게 됨에 따라 이성중심에서 감성중심으로, 논리적 판단에서 감각적 판단으로, 동질지향성에서 이질지향성으로, 자기절제에서 자기표현으로, 억제된 감성에서 해방된 감성으로, 정적 문화에서 동적 문화의 추구 등으로 변화되게 되어 이러한 가치관의 변화를 정당화하기 위한 이론적 근거로서 포스트모더니즘이 등장하게 되었다. 다섯째, 예술적 측면에서 볼 때, 모더니즘의 예술에서는 새로운 예술성을 추구하기 위하여 실험적 시도를 계속하였고, 이를 통해 예술적 독창성을 확립하였지만, 이제는 첨단을 추구하는 실험적 시도 대신에 파스티쉬 기법(기존의 여러 예술작품들 중에서 이것저것을 모자이크하듯 혼성모방하는 기법)이나 패러디 기법(하나의 작품을 비평적 관점에서 차이를 강조하면서 재생 반복하는 기법)에서 보는 바와 같이 기존의 예술작품을 새롭게 다루는 예술적 기법을 시도하고자 하는 분위기가 형성됨에 따라 예술적 독창성이라는 굴레를 벗어던지는 예술가들의 시도를 정당화하기 위한 이론으로서 등장한 것이 포스트모더니즘이다. 여섯째, 학문적 측면에서 볼 때, 고전물리학적 과학이라는 학문의 절대적 전형이 무너지고, 학문과 비학문의 경계도 무너진 상황에서 이러한 현대의 학문적 상황을 설명해 줄 이론적 근거, 다시 말해 그 어떠한 담론도 인정되고 정당화 될 수 있는 학문적 다원주의의 이론적 근거가 필요하게 됨에 따라 등장한 것이 포스트모더니즘이다.

5. 포스트모더니즘의 기본 입장

그러면 보다 구체적으로 포스트모더니즘이 어떠한 기본 입당을 취하는가를 살펴보기로 하겠다.

현대성의 근본이념을 압축하고 있는 계몽주의 사상은 근대의 3대 혁명이라고 불리는 종교개혁, 산업혁명, 프랑스 대혁명을 통해 표출되었다. 이성은 모든 인간에게 평등하게 주어져 있지만 스스로 계발하지 않기 때문에 성숙하지 못하는 것이라고 주장하는 계몽주의 사상은 결국 인간 이성과 이의 무한한 발전가능성에 대한 절대적 믿음을 산출하였다. 그런데 인간이 자신에게 주어져 있는 이성을 어떻게 발전시킬 수 있는가에 대해서는 다음과 같은 입장을 취한다. 즉 계몽주의적 현대인은 '목적'보다는 '방법'에 관심을 집중하면서, 자신을 자연과 대립시키고, 자신을 다른 인간과의 관계로부터 분리시킨다. 첫째 방법은 근대의 자연과학에서 발전되었으며, 결국 자연을 인간이 무한히 지배할 수 있는 객관적 대상으로 전락시켰다. 산업혁명은 바로 이러한 자연과학적 객관주의의 구체적인 표현이라고 할 수 있다. 자아와 타인의 분리를 토대로 하는 둘째 방법은 결국 사회적/정치적 이기주의로 발전되었으며, 현재 자본주의의 토대를 이루고 있다. 요컨대 현대를 구성하는 계몽주의 사상은 인간 이성의 무한한 발전에 대한 믿음과 자연에 대한 지배, 그리고 주체와 객체, 나와 타인을 구별하는 보편적 객관주의로 요약된다. 결국 현대에서 제시되는 것은 이성에 대한 인간의 절대적 믿음, 즉 '인간 절대주의'인 것이다. 포스트모더니즘은 이에 대해 회의를 품는다. 즉 인간 이성의 절대화와 보편화라는 현대성의 핵심에 대해 비판하면서 그 대안으로 다원성과 유한성을 제시한다. 따라서 포스트모더니즘은 인간의 절대화는 궁극적으로 인간의 자기소외를 야기할 수 있다는 비판적 반성을 통해 인간의 유한성과 역사적 구속성을 적극적으로 사유하여 인간과 자연의 관계를 새롭게 정립하고자 하는 '유한성의 철학'인 것이다. 다시 말해 포스트모더니즘은 인간과 자연을 구분하는 대신에 인간과 자연을 포괄적인 관계 속에서 고찰하며, 인간의 무한한 발전을 믿는 대신에 기술 발전이 부분적으로는 퇴보를 가져올 수 있다고 자각하며, 모든 인간을 지배할 수 있는 하나의 이념 대신에 다양한 의견의 권리를 인정한다. 이처럼 오늘날의 사회는 하나의 진리에 의해 지배되는 시대사회가 아니다. 그리하여 수많은 담론이 그 나름대로의 정당성을 지니고 있는, 이른바 포스트모던의 사회로 지칭된다. 따라서 포스트모던은 모던에의 성찰을 최대한 급진화시키는 방법론적 전략이며, 모든 획일적 가치체계와 본질주의를 거부한다. 즉 모더니즘이 그동안 의식적 혹은 무의식적으로 소홀히 해온 문제들에 대해서 새로운 의미를 부여하는 것이다. 이런 맥락에서 포스트모더니즘 문화논리는 주체적 자아의 해체를 선언하다. 포스트모더니즘 문화 속에서는 이성적 자아의 이름 아래 거부당해 오던 비이성적 신체/감각/감성이 해방되며, 도덕적 자아라는 이름 아래 속박당해 오던 비도덕적 욕구/욕망/충동 또한 해방된다. 이와 함께 포스트모더니즘 문화논리는 총체성과 역사성 또한 부정한다. 따라서 포스트모더니즘 문화 속에서는 총체성의 가치 아래 무시되어 왔던 부분적이고 단편적인 것이 정당한 위치를 확보할 수 있으며, 역사성의 이름 아래 자기가치를 확인 받을 수 없었던 탈역사적 실험성 또한 적극적으로 긍정된다. 그리고 포스트모더니즘은 정전(正典) 또한 거부/해체한다. 이와 같이 포스트모더니즘의 문화논리 속에서 인간은 자신을 갈등하게 하고 긴장시키며 억압하던 주체성/총체성/역사성/정통성으로부터 해방된다. 이처럼 서양문명을 지배해 온 이성의 구조적 특성은 '모든 것은 하나이다'라는 전체통일성의 구조를 핵심으로 하고 있는 것으로 파악된다. 하지만 포스트모더니즘은 모든 다양성을 하나의 원리와 이념으로 획일화시키는 모더니즘적 태도를 전체주의적 사유라고 비판하며, 다양성과 차이성을 부정적 분열이나 혼동으로만 파악하지 않고 긍정적 계기로 파악한다. 즉 절대화된 원리에 입각한 고정된 세계이해가 또 다른 풍부한 세계이해의 가능성을 억압하고 은폐하며, 생성으로서의 삶의 본질에 역행한다는 점에서, '절대화'에 대한 포스트모더니즘의 비판은 다양성을 긍정하는 오늘날의 시대정신을 잘 대변해 준다. 이처럼 포스트모더니즘은 통일성과 전체성을 축으로 하는 현대의 합리주의와 기능주의를 극복하고 상이성과 다원성을 토대로 하는 새로운 질서를 지향하는 하나의 시대적 요청으로 등장하였다고 할 수 있다. 이렇게 볼 때 포스트모더니즘은 현대 이후라는 시대적 특성과 현대의 특성인 계몽의 과제를 급진적으로 탈바꿈하고자 하는 구조적 측면을 동시에 지니고 있는 것으로 파악된다. 요컨대 포스트모더니즘의 주요 특징은 전체성에 대한 비판, 이성에 대한 비판, 보편성에 대한 비판으로 정리되며, 이러한 비판들을 근간으로 하는 포스트모더니즘은 다원성을 토대로 이성을 달리 생각하라는 하나의 시대적 요청으로 파악된다.

이상에서 살펴본 바를 바탕으로 포스트모던 철학자들이 일반적으로 공유하고 있는 포스트모더니즘의 기본 입장을 정리해 보기로 하겠다.

첫째, 반정초주의(anti-foundationalism)의 표방이다. 사람들은 일반적으로 도덕성을 불변하고 보편적인 기초, 삶의 기본 원리를 이루는 것으로서 이해한다. 하지만 포스트모더니스트들은 도덕이나 여타 다른 영역에서도 이러한 기초란 없다고 본다. 왜냐하면 가치는 문화적인 구성물이며, 시대에 따라 변하고, 문화에 따라 다르기 때문이다. 사람들은 그들의 다양한 이해관계, 전통, 환경 등에 따라 도덕성을 창조해낸다는 것이다. 이처럼 포스트모던 철학자들은 지식이나 인간인식에 있어 궁극적이고 절대적인 기초가 존재한다는 근대철학의 기본 가정과 신념을 정초주의라는 이름으로 비판, 배격하고 반정초주의를 그들의 기본 입장으로 표방한다.

둘째, 다원주의(pluralism)를 표방한다. 앞에서 이미 살펴본 것처럼, 포스트모더니스트들은 다양성을 자랑스럽게 수용한다. 이것은, 삶에는 궁극적인 기초가 없으며, 지식은 인간의 이해관계와 전통을 변화시킴으로써 결정된다는 믿음에 토대하고 있다. 즉 상이한 사회와 이익집단들은 그들의 특정한 필요와 문화에 적합한 가치를 구성한다는 것이다.

셋째, 반권위주의(anti-authoritarianism)를 표방하다. 포스트모더니스트들은, 도덕적 지식을 포함하여 모든 지식은 그러한 지식을 생산하는 사람들의 이익과 가치를 반영한다고 본다. 그러므로 이러한 원천적인 편견을 반대하기 위해서 그들은, 도덕적 탐구가 민주주의적이며 반권위적인 방법으로 시행되어야 한다고 주장한다. 그래야만 다양한 사람들의 이익이 많이 고려될 수 있다는 것이다. 도덕적 가치는 한 집단(부모, 교사, 학자, 성직자 등)에 의해 형성되어서 또 다른 집단(자식, 학생 시민 등)에게 전달되지 말아야 할 것이다. 즉 모든 사람이 도덕성을 창조하는 행위에 들어와야 한다. 따라서 반권위주의적 상황에서 가장 중시되는 절차는 대화적 절차(procedure of dialogue)이다. 개방적이고 비판적인 대화의 중요성이 무엇보다도 강조되는 사회가 포스트모던 사회이다.

넷째, 연대의식(solidarity)의 표방이다. 포스트모더니스트들은 타자에 대한 관심과 연대의식을 매우 강조한다. 그들은 타자들에게 해를 끼치는 억압적인 권력, 조종, 착취, 폭력 등을 거부한다. 이에 한 걸음 더 나아가 보다 더 적극적으로 그들은 공동체, 존중, 상호협력의 정신을 증진시키고자 한다.

이처럼 포스트모더니즘은 특정의 이론이나 원리를 가지고 모든 것을 획일적으로 규정하고 통제하는 전체적 사고방식을 비판하고 반정초주의, 다원주의, 반권위주의, 연대의식을 표방한다. 따라서 현대문화를 지배하는 포스트모더니즘의 정신이란 진리와 지식, 그리고 인간과 사회에 대한 기존의 모든 이론체제나 사고체제에 있어서 그것이 갖는 절대 객관성과 확실성을 부정하고, 그의 다원성과 상대성에 대한 인식을 바탕으로 그들이 가졌던 권위의 허구성을 드러내고 해체함을 그 일차적 특성으로 한다. 그래서 오늘날의 시대를 하나의 진리에 의해 지배되지 않는 사회, 즉 수많은 담론이 그 나름대로의 정당성을 인정받게 되는 포스트모던의 사회라고 말한다.

6. 포스트모더니즘과 교육

포스트모더니즘이 오늘날 우리에게 요청하는 새로운 삶의 방식 내지는 실존방식은 무엇이며, 그것이 현대교육에 주는 메시지는 무엇일까? 혹자는 자유로운 예술적 삶의 방식이야말로 절대적 규범이 상실된 허무주의 시대를 살아가는 오늘날의 우리들이 주목해야 할 새로운 실존양식으로 보기도 한다. 여기서는 변화하는 사회와 이에 대처해야 할 교육과의 관계를 몇 가지로 항목화하여 살펴보기로 하겠다.

1) 소서사적 지식관

소서사를 존중하는 포스트모더니즘은 그간 보편적인 큰 틀에 의해 무시되고 소외되어 왔던 특수하고도 지엽적인 문제들을 공론화시켰다. 예컨대 그간 모더니즘적 사유의 큰 틀 속에서 억압받고 무시되었던 여성 및 성차별 문제, 인종문제, 빈민문제, 죄인문제, 아동문제, 환경문제 등과 같은 주제들이 수면위로 떠오르게 되어 제 목소리를 낼 수 있게 된 것이다. 다시 말해 사회적/교육적 불평등 문제를 정면으로 제기할 수 있게 된 것이다.

이처럼 보편타당한 객관적 진리의 추구, 즉 대서사가 정당화되었던 근/현대 사회와는 달리, 포스트모던 사회에서는 소서사가 정당화된다. 따라서 포스트모던한 사회에서는 대서사적 지식관이 부적합하고 소서사적 지식관이 적합하다. 다시 말해 포스트모던 시대로 접어들면서 지식의 지위가 바뀐 것이다. 기술의 변화는 지식에 대해 상당한 영향을 미칠 것이다. 이에 따라 폐기될 지식과 각광받을 지식이 구분될 것이다. 교육이 지식문제를 다루는 한, 지식의 변화추이에 민감하지 않을 수 없는 것이다. 그러나 이제 지식은 상품과 마찬가지로 교환을 그 목적으로 하므로, 지식은 그 자체가 목적이기를 멈춘다. 따라서 지식의 습득이 교육이라는 주장은 이제 설득력이 없다. 즉 지식 공급자와 소비자 간의 관계는 상품 생산자와 소비자 간의 관계 형식을 띠게 되어, 지식은 팔리기 위해 생산되고 잇고 또한 앞으로도 그럴 것이다. 지식은 새로운 생산에서 가치를 얻기 위해 소비되고 있으며 이는 앞으로도 계속될 것이다. 리오타르에 의하면 인지적 지식만을 지식으로 인정하는 대서사적 지식관은 포스트모던 사회에 부적합하다는 것이다. 즉 포스트모던 사회에서는 기술적인 요소, 윤리적인 요소, 미적인 요소가 이루어진 다양한 지식을 가진 사람만이 포스트모던 사회의 다양한 삶의 양식을 창조적으로 살아나갈 수 있다는 것이다.

2) 다원성과 다양성에 걸맞은 교육

포스트모더니즘은 계몽주의의 이성이 구축한 획일성, 전체성, 절대성을 비판하고, 그 대신에 다원성과 상대성을 강조한다. 따라서 다양한 정보가 쏟아져 나오는 포스트모던의 정보사회에서 계몽주의체제로서의 근대교육제도인 공교육체제로는 포스트모던 사회에 부응할 수 없다고 보기에 다원성과 상대성을 보장할 수 있는 새로운 대안 교육체제가 요구되는 것이다. 대량생산과 대량소비에 바탕을 둔 산업사회의 구조하에서는 상품의 규격화와 가치관의 획일화를 초래하였지만, 정보화 사회의 구조하에서는 포스트모더니즘이 주장하고 있듯이 탈물질문명적인 가치관의 탈획일화, 특히 선택적인 소비지출의 증가와 자유시간의 선호, 기호의 다원화와 생활의 질에 대한 관심 증대를 초래할 것으로 전망한다. 이처럼 탈획일화와 기호의 다원화는 생산구조를 세분화시키면서 분권적인 사회구조를 형성할 것이며, 이에 따라 인간의 가치관이 보다 다양해지면서 개성화를 촉진하게 될 것이다. 따라서 교육의 구조적 변화도 필시 요구될 것이며, 개인의 기호의 다양화와 개성의 추구로 인하여 과거의 획일적 교육방식에서 벗어나 교육내용과 방법의 다양화도 촉발될 전망이다. 결국획일성과 다양성의 양극적 와중에서 어떻게 조화적 발전을 도모할 것인가 하는 것이 미래사회의 발전을 보장하는 중요한 관건이라고 할 수 있으며, 교육현장에서도 획일성을 지양하면서 다양성을 보장해 줄 수 있는 교육의 구조적 개편이 시대사회의 변화/발전과 무관하지 않음을 인식하여야 할 것이다. 인간의 유한성과 사회의 다원성이라는 토대 위에서 우리의 미래를 설계하기 위해서는 인간의 본질과 교육의 본질에 대한 다각적인 재검토작업이 이루어져야 할 것이다.

3) 포스트모더니즘의 교육적 수용

포스트모더니즘은 일단의 사상 및 이론화의 한 방법일 뿐만 아니라 실천화의 한 방법이기도 하다. 따라서 그것은 예술 및 건축에서뿐만 아니라 철학, 페미니즘, 문화, 문학비평, 심리학 등에 걸쳐 널리 연구되고 잇는 것이다. 하지만 교육학 영역에서는 비판교육학 및 페미니스트 교육학의 영역을 제외하고는 포스트모더니즘의 추세에 뒤쳐져 있다. 하지만 다른 한편으로 보면, 교육 실제 면에서 이미 포스트모더니즘의 요소들을 많이 발견할 수 있다. 따라서 교육 실제에 포스트모더니즘의 요소들이 이미 자리잡고 있다면 우리가 교육 실제를 어떻게 이해하여야 할 것인가를 탐구하는 것은 교육이론가나 현장의 교사들에게 주어진 과제라 할 것이다. 다시 말해 철학적 포스트모더니즘이 이미 등장하였을 뿐만 아니라, 앞으로의 미래사회를 포스트모더니즘의 관점에서 철학적으로 규정지으려하는 마당에 있어서 교육학 각 분야에서도 포스트모더니즘의 교육적 수용문제를 적극적으로 검토하여야 할 것이다.

우리나라의 경우, 1990년대에 들어 등장한 이른바 신세대 문화는 자신들의 자율적인 주권을 강도 높게 표출하고 기존의 질서를 해체시키면서 변화무쌍한 영역을 구축하고 있다. 이 같은 청소년 세대의 변화에 대처하기 위해서는 기존의 교육방식만으로는 한계가 있을 것이므로 새로운 교육방식의 개발이 불가피하다. 사회가 급속하게 변화하고 청소년들의 의식구조도 급변하고 있는 오늘날의 상황 속에서 교육도 보다 능동적으로 대처해 나아가야 할 것이다.

4) 새로운 교육 · 인간 이해

포스트모더니즘이라는 용어는 전통적 의미의 어떤 이념 '체계'나 개념이 아니다. 또한 그 용어는 통일성 있는 어떤 운동을 지칭하는 것도 아니다. 그것은 특히 예술 및 건축학에서 모더니즘에 대한 하나의 비판으로서 연유된 일반적인 개념이다. 따라서 그것은 복잡 다양한 성격을 띠고 있으며, 단순하고도 환원적인 설명이 불가하다. 이처럼 포스트모더니즘의 관점 자체가 복잡하기 때문에 포스트모더니즘 영역 속에서 교육문제도 까다로워진다. 특히 교육학의 영역에서는 포스트모더니즘의 메시지에 대해 저항적이다. 왜냐하면 대부분의 교육이론과 실천은 모더니티의 담론에 그 근거를 두고 있기 때문이다. 하지만 그 용어가 갖는 의미의 복잡성과 포스트모더니스트들의 다양한 관점 및 방법론에도 불구하고 그들의 이론은 포스트모던 사회의 발달이라는 맥락에서 교육이론과 실제를 검토하는 데 기여하고 있다.

다시 말해 시대 사회의 변화에 따라 교육의 역할이 변화되기에 갈등을 유발하게 되지만 포스트모더니즘의 관점은 그러한 갈등을 더 잘 이해할 수 있도록 우리를 도와줄 수 있다. 예컨대 포스트모더니즘은 청소년에 대한 이해의 지평을 넓혀 주었다. 오늘날의 청소년들의 다양한 삶의 양식들은 그들의 복장, 노래, 언어, 태도 등을 통해 자유롭게 분출되고 있다. 교사나 학부모의 입장에서는 그들의 행태들이 도무지 이해가 되지 않는다. 그래서 학교 교사는 "요즘 아이들을 도대체 이해할 수가 없어"라고 탄식하며, 학부모들 또한 "내가 낳은 자식이지만 하는 짓을 보면 도대체 이해할 수가 없어"라고 탄식한다. 하지만 학생들과 자녀들은 거꾸로 "요즘 선생님들은 도대체 이해할 수가 없어," "우리 부모는 자식들을 도대체 이해할 줄 몰라" 라고 탄식한다. 서로 이해를 못 하겠다고 한다. 여기서 우리는 한 가지 중요한 사실을 발견하게 된다. 즉 세상은 계속 변화하여 포스트모던한 사회로 이행하고 있는데, 교사와 학부모는 여전히 모더니즘적인 사유의 틀로 포스트모던한 청소년들의 행태를 판단하고 드니 상호불신만 쌓일 수밖에 없는 것이다.

따라서 청소년들을 진정으로 이해하기 위해서는 기성세대들도 포스트모더니즘적인 사유의 틀을 때로는 가져야 할 필요가 있다. 마치 실존적 교육관(비연속적 형성 가능성의 교육)이 전통적 교육관(연속적 형성 가능성의 교육)의 한계를 극복하고 교육 및 아동 이해에 대한 새로운 지평을 열어 주었듯이 말이다.

포스트모더니즘의 아이디어와 연구방법은 기존의 지식의 개념과 구조 그리고 위계에 도전한다. 어떤 의미에서 포스트모더니즘의 관점은 인식론에 대한 대결이라 할 수 있다. 이러한 대결은 개인적 및 구조적 차원에서 교육의 효과를 새로운 시각에서 재음미할 수 있는 개념적 수단을 제공해 준다.

5) 새로운 교육체계의 요구

과학기술혁명과 더불어 염두에 두어야 할 것은 일생 동안 일할 수 있는 기간이 늘어나고 기능이 지식으로 점점 대체되어 가고 있다는 사실이데, 우리의 경우도 점차 지식 사회로 전환되어 가고 있다. 선진국의 경우는 육체노동 근로자의 비율이 전체의 25%미만으로서 지식 노동자들이 육체노동자들보다도 훨씬 많다. 게다가 과학기술의 수명(life cycle)은 1, 2년이 안될 정도로 짧아지고 있으므로 이러한 제반 여건의 변화에 부응하는 교육체제로의 변화는 더 이상 선택적인 과제가 아니라 필연의 과제가 되었다. 즉 포스트모던 사회 및 정보화 사회에 걸맞은, 보다 유연한 교육체제가 필요하다는 것이다(예컨대 대안학교식의 다양한 학교체제 구축, 유연성 있는 교육과정의 운영, 열린 교육방식의 운영 등). 이것은 사회변화에 따른 교육의 질적·구조적 변화를 요구하는 것이기도 하다.

6) 포스트모던 사회의 교육문제

포스트모던 사회에서 직면하게 되는 교육적 문제로는 크게 환경문제, 극단적 이기주의, 그리고 정신적 빈곤화를 들 수 있을 것이다.

환경문제의 경우, 근대 산업사회는 우리에게 물질적 풍요를 안겨 주었지만 그 대가로 '환경파괴'를 지불하였다. 즉 근대화의 부산물인 환경파괴는 인류의 존립자체를 위협하고 있다. 따라서 포스트모던의 사회가 떠맡아야 할 과제는 환경문제이며, 이의 근원적 해결을 위한 환경교육이 학교 내외에서 체계적으로 이루어져야 한다.

근대화가 낳은 또 다른 부산물은 극단적 이기주의이다. 기계기술문명의 발달과 더불어 우리는 '인간'을 상실하였으며, 극단의 자기중심적인 삶을 영위하게 되었다. 따라서 이타정신의 회복은 포스트모던 사회의 교육에 주어진 또 하나의 과제이다.

세속주의와 그에 따른 정신적 빈곤 또한 근대화의 부산물이다. 근대화의 산물인 물질적 풍요는 상대적으로 인간에게 정신적 빈곤을 가져다주었다. 그 결과는 인간으로 하여금 감각과 쾌락을 추구하도록 하였다. 마약, 에이즈, 폭력 등이 이를 입증한다. 따라서 포스트모던의 사회가 추구해야 할 교육적 과제는 정신적 풍요를 가져다 줄 수 있는 인간교육의 실행 및 실현이다. 정신적 빈곤에 허덕이는 현대인들이 갈망하는 것은 다름 아닌 영혼의 양식인 것이다.

7. 푸코의 훈육론

1) '지식-권력' 관계

르네상스 이후 근대사회가 형성되면서 비합리적인 것이나 관기를 배제하고 유독 이성만을 강조한 이유는 무엇일까? 프랑스의 유명한 구조주의 사상가인 미셸 푸코 (Michel foucault; 1926-1984)는 이성과 합리성이 지배하는 시대에 살면서 그런 이성의 지배가 성립하게 된 역사적 배경을 연구하였다. 그의 관심분야는 철학, 역사, 정신분석학, 사회학, 의학, 여성학, 문학, 문화비평 등에 걸쳐 광범위하다. 하지만 그의 광대한 연구분야에 통일성을 주는 것은 권력과 지식에 대한 관심, 그리고 그들 양자의 상호작용이다. 그는 '아는 것이 힘이다'라는 다소 진부한 격언에서부터 출발하였다. 이 문구를 둘로 나누어 분석한 다음 그것을 재결합하는 방식이었다. 여기에 더해 그는 인간에 대한 앎(지식 또는 인식)과 인간을 내리 누르는 힘(권력)에 특별한 관심을 가졌다. '아는 것이 힘이다'와 '힘이 곧 정의다'라는 말이 뜻하는 바가 무엇일까? 지식과 힘은 상호 유관한 게 아닌가? 그렇다면 지식은 누가 결정하는가? 결국 일단의 사람들이 모여 '이것이 참이다'라고 결정하는 것이 지식이라면, 힘도 이에 근거하여 작용될 것이다. 따라서 물리적인 힘도 그렇지만 정신적인 힘도, 자신의 생각만이 옳고 진실하다고 생각하는 힘센 소수에 의해 행사된다는 것이다. 소수의 주장이 다수에 강요될 수 있다는 것은 분명히 어떤 힘이 개입되어 있기 때문이다. 이처럼 지식의 형태와 권력과의 관계를 고찰할 때, 권력은 지식에 의해 자기의 지배를 관철하고 지식은 그 권력의 존재방식을 그대로 반영하고 있어서 권력과 지식, 양자 사이의 공범관계가 드러나게 된다. 국가의 거대한 권력뿐만 아니라 소단위 권력들(학교, 공장, 병영, 병원, 감옥 등)을 포괄하는 권력의 횡포와 지식의 공범관계를 '지식－권력'이라고 표현하였다. 예컨대 우리가 공부를 싫어하는 아이에게 체벌을 가할 때, 이 체벌(힘 또는 권력)은 강요적인 기존의 정형화된 어떤 지식을 수반하고 있는 것이다. 또 아빠가 출근하면서 아이에게 "아빠는 출근하니까 엄마 말 잘 듣고 놀아라"라고 말하였을 때, 아이는 속으로 "아, 아빠(또는 남성)는 일하러 나가고 엄마(또는 여성)의 말에 순종해야 하는구나"라고 '지식－권력'관계를 학습하고 내면화하게 된다는 것이다. 결국 지식과 권력은 뗄 수 없는 하나의 복합체이며, 푸코가 말하는 '담론의 질서'란 담론 자체에 권력이 내장되어 있다는 점뿐만 아니라, 담론 자체가 권력에 의해 작동하며 정당화된다는 것을 뜻한다. 즉 지식은 권력의 행사를 정당화해 줌, 역으로 지식은 자신의 정당성을 유지하기 위해 권력을 필요로 한다. 이처럼 푸코는 '지식-권력'으로서 자신의 사상을 독특하게 전개한다.

2) 훈육론

그러면 푸코의 '지식-권력'이 교육 속에서는 어떻게 행사되고 있는지, 지식과 권력과 교육의 관계를 살펴보기로 하자. 학문의 각 영역에서는 고유의 법칙들을 진리라고 자임하면서 그 권위를 확보하였으나, 바로 이것이 지식과 권력의 유착관계를 노정하고 있다. 푸코는 권력은 사회구조 전체를 둘렀고 있고, 그 구조 안에 내재하는 생산적 그물망으로 간주되어야 한다고 주장하는바, 그러한 권력은 어떤 대상을 지식을 통해 배제하고 억압하는 데 그치지 않고, 적극적으로 개인을 구성하고 대상들을 생산하며 주체에 관한 지식을 산출한다는 것이다. 이처럼 푸코는 권력의 적극적이고 생산적인 기능 때문에 우리가 더 효과적으로, 또한 용이하게 그 작용에 복속된다고 지적하였다. 다시 말해, 권력은 "복속되고 사용가능하며 변화될 수 있고 향상될 수 있는"길들여진 몸을 창조하기 위해서 우리의 몸을 航임없이 분석하고 조정한다는 것이다. 이처럼 길들여진 몸을 창조하는 여러 다양한 기법과 전술을 통틀어서 푸코는 규율(훈육)이라고 부른다. 이러한 규율은 경제적 차원에서는 신체의 힘을 증가시키고, 청치적 복종의 차원에서는 동일한 신체의 힘을 감소시킨다. 요컨대 규율이란 최대의 경제성과 동작의 정련화를 결과하기 위해 개인의 행동과 몸의 능력을 통제하는 권력의 특수한 기술이라고 할 수 있다. 푸코에 의하면 규율적 권력이 행사되는 대표적인 장소는 감옥이다. 공개고문, 인도주의적 개혁, 사법적 감금 등이 바로 규율적 권력의 기법들인 것이다. 이러한 규율적 권력은 감옥에만 국한도지 않고 사회로 확산되어 사회를 길들이게 된다. 예컨대 군대, 학교, 병원, 공장, 회사 등에서 효과적 통제를 위해 행사되는 일련의 규정과 방법 등이 이에 해당된다. 푸코는 규율적 권력이 그 목표를 달성하기 위해 동원하는 세 가지의 주요 도구들로 관찰, 규법적 판단, 그리고 검사를 제시한다.

첫째, 규율이 효과적으로 행사되기 위해서는 관찰이라는 수단으로 억압하는 기제를 필요로 한다. 병영, 학교, 감옥 등은 일종의 관측소로 간주될 수 있다. 이런 건물들은 건물 안에 있는 사람들을 눈에 잘 띄게끔 하는 구조로 건축되어 내부적인 제어를 용이하게 한다. 푸코는 위계적인 감시역할을 하는 중앙 감시탑인 '판옵티콘'(panopticon)이라는 학교구조의 훈육기능이 감옥구조와 유사하다고 설명한다. 벤담의 판옵티콘은 원형의 건물 가운데에 있는 감시탑을 통해 건물의 독방에 있는 사람을 감시할 수 있다. 인간관리 장치의 최고 모델인 '판옵티콘'의 감시적 역할은 개개인의 행동을 규율하여 규격-규범에서 벗어나는 자를 처벌하기 위한 것이다. 결국 규율적 권력은 지속적인 관찰과 감시라는 도구를 통해 집단이나 사회의 통합화와 원활한 운용을 도모하고자 한다. 즉 규율적 권력은 관찰과 감시의 실행을 통해서 기능한다.

둘째, 규범적 판단이다. 모든 규율적 체제에는 벌칙기제가 구사된다. 공장, 학교, 감옥, 군대, 회사 등의 조직체에는 시간, 몸, 행위, 언어, 성 등에 대한 벌칙제도가 시행된다. 예컨대, 지각하거나, 세수를 하지 않았거나, 욕설을 하거나, 성희롱을 하게 되면 벌칙이 가해진다. 즉 규범에 벗어난 비순응적 행위에 대해서는 원칙적으로 처벌이 가능하다. 이때 처벌은 이중적 효과를 갖는데, 그것은 교화 내지는 교정 효과와 보상 효과이다. 예컨대, 회사에서의 실적에 따른 차등분배 그리고 학교에서의 시험성적에 따른 차등대우는 처벌과 동시에 보상의 역할을 수행한다. 요컨대 규율적 제도의 모든 곳을 관류하며 관찰되고 있는 영구적인 형벌의 기제는, 끊임없이 비교/분리/계층화/동질화시키며 배제하는 역할을 수행하는 바, 그것의 목표는 대상을 정상화시키는 데 있다.

셋째, 검사이다. 전통적으로 권력이란 명시적인 방법으로 행사되기도 하였지만, 푸코는 규율적 권력이 은밀하게 보이지 않는 방식으로 행사되고 있는 측면에 주목하게 되는 데 바로 그것이 검사나 시험이라는 것이다. 각 개인은 검사라는 기제를 통해 가시화되고 객관화된다. 각종 검사를 통해 기인이 가시적/객관적으로 기술되고 분석될 수 있는 대상이 됨으로써 각 개인들 간에 차이를 측정/기술/계산할 수 있는 비교체계의 건설이 가능해졌다. 또한 시험을 통해 개개인을 분류하고 제재를 가할 수 있게 개개인을 가시화한다. 시험은 특정의 지식을 전달한 후 평가하는 것이므로 특정의 권력을 반영하게 되는 것이다. 통제해야 할 필요가 증가할수록 개인에 대해 더 알아야 할 필요가 있으므로 시험은 강화되며, 개인에 대한 각종 기록(건사기록, 성적기록, 보고서, 경력 등)도 강화된다. 즉 시험은 권력의 한 형태로서 권력을 정당화하며, 객체화와 계량화라는 기제를 통해 학생을 억압한다. 이렇게 보면 학교란 시험이라는 기술적 통제로 학생을 순응시킨다.

이상과 같은 관점에서 볼 때, 근/현대 사회는 푸코가 지적한 것처럼 규율화된 사회이다. 즉 사회의 모든 영역에서 규율적 권력이 자유자재로 행사되고 있으며, 각 개인들은 여기에 잘 길들여지게 된다. '쳇바퀴 같은 현대인의 삶' 또는 '기계의 부속품 같은 현대인'등과 같은 표현이 이를 잘 표현하고 있다. 어쨌든 규율적 권력은 유순함과 효율성의 향상을 그 지향목표로 하며, 이를 통한 규범적 판단으로 각 개인들이 정상성과 비정상성에 대한 차별적 판단을 하도록 유도한다.

8. 의의와 한계

한국사회는 일제치하에서 벗어난 이래 약 반세기에 걸쳐 근대화를 위해 노력해 왔으나, 근대화를 채 소화해내지도 못한 상태에서 포스트모던의 사회에 돌입하고 있을 뿐만 아니라 이미 사회의 각 분야에는 포스트모던한 삶의 양식들이 분출되고 있는 상황이다. 즉 우리 자신이 근대를 제대로 경험하고 성취하지도 못한 상황에서 포스트모더니즘의 와중에 휩싸이게 되었다. 따라서 그에 대한 충분한 이론적/실제적 정초작업이 없는 상황 속에서 포스트모더니즘에 대한 관심과 욕구만 증폭되어 왔을 뿐 그에 대한 충족은 이루어지지 않고 있는 실정이다. 근대적 가치와 이념의 급격한 붕괴를 겪으면서 그리고 주변의 변화와 더불어 일종의 가치공동화 현상까지 감지하면서 우리는 지적으로나 사회문화적으로 불안을 가지 않을 수 없게 되었다. 반면에 서구의 포스트모더니즘은 하루아침에 대두한 논의방식이 아니라 꽤 오랜 토론과정과 지적 전사를 갖고 있고, 프랑크푸르트학파의 근대적 도구이성비판에서부터 데리다의 해체론에까지 이르는 일련의 중요한 선행 논의들을 거치면서 형성된 것이다. 따라서 우리의 지적 문화풍토 속에서 포스트모더니즘에 대한 다양하고 깊이 있는 논의가 비판적 안목으로 계속되어야 할 것으로 보인다.

이상에서 살펴본 내용을 바탕으로 현대의 포스트모더니즘 철학이 교육에 미친 의의와 한계를 요점적으로 지적하면 다음과 같다. 포스트모더니즘의 교육적 의의로는 소서사적 지식의 중시, 교육현장 내에서의 작은 목소리 존중, 과학적/합리적 이성의 극복과 그에 따른 감성적 기능 회복, 교육의 구조적 변화 촉발, 공교육 체제에 대한 비판적 시각의 제공 및 대안교육/실험교육 활성화의 토대 마련, 교육 및 인간이해에 대한 지평확대, 보편성/획일성/전체성의 극복과 그에 따른 다양성과 다원성의 존중, 권위주의의 극복, 지엽적이고 특수한 삶의 문제들에 대한 의미부여, 페미니스트 교육학의 발전적 토대 제공, 연대의식의 존중, 차이와 타자성의 존중, 비판의식의 함양 등을 들 수 있다. 그리고 한계로는 윤리학(혹은 도덕교육)에 대한 방향제시 미흡, 극단적 이기주의화에 대한 우려, 삶과 도덕성에 대한 보편적 기반(혹은 정신적 구심)의 부재, 이성 경시에 따른 삶의 불완전성, 오랜 역사와 사회적 맥락 속에서 형성되어온 교육전통의 해체에 따른 교육공동화 현상, 해체 위주에 의존함으로써 사회문화적 재건에 대한 비전 결여, 기존의 전통과 조화하려는 종합적 노력의 결여 등을 들 수 있다.

9. 과제와 전망 (포스트모더니즘의 발전적 수용)

포스트모더니즘이 현대사회의 특징적인 면을 잘 대변하고 있는 것은 사실이지만, 그렇다고 해서 그것이 오늘날 우리가 당면하고 있는 모든 문제들을 해결해 주고 있는 것은 아니다. 오히려 기존의 전통과 가치마저 해체시킴으로서 도덕적 아노미 현상을 초래하게 하였다는 비판까지 듣고 있는 실정이다. 물론 포스트모더니즘이 인간 및 사회 이해에 대한 새로운 시각을 제공해 주기는 하였지만, 새로운 사회건설에 대해서는 어떠한 비전도 제시해 주지 못하고 있다. 또한 포스트모더니즘이 계몽주의시대 이래로 구축된 이성중심의 틀을 해체한 공헌은 인정하지만, 기실 인간의 사회적 생활무대에서는 이성 역시 감성 못지않게 중요한 기능을 하는 것도 인정해야 한다. 과연 오랜 역사 속에서 형성되어온 사회적/교육적 전통이 모두 해체될 수 있을 것인가. 그렇다면 이때 나타날 수 있는 공동화 현상은 무엇으로 메울 수 있을 것인가. 이러한 관점에서 볼 때, 포스트모더니즘은 전통과 화해의 길을 모색해야만 할 것이다. 즉 포스트모더니즘이 제공하는 새로운 시각의 통찰력을 긍정적으로 수용하되, 이를 전통과의 변증법적 연관 속에서 새로운 대안을 창출해내는 계기로 생각하자는 것이다.

Ⅵ. 교육과 교육철학

* 교육철학이란 무엇인가?

교육철학을 말하기 위해서는 우선 철학이란 무엇인지를 말해야 할 것입니다. 철학이란 주지하다시피 그리스어 philos(사랑)와 sophia(지혜)가 합쳐진 philosophia(愛智)에서 유래된 말입니다. 지혜란 인간과 세계에 대한 근원적인 앎을 말한다고 할 수 있으며, 이 앎에 대한 사랑이란 인간과 세계의 본질에 관한 지적(知的)인 흥미를 의미함과 동시에, 이 앎에 상응하는 삶을 살고 싶어 하는 마음을 말할 것입니다.

그런데 인간은 왜 앎을 추구하게 되었을까요? 그리고 인간 삶에 있어서의 앎의 의미는 무엇일까요?

이 물음에 대하여 답하기 위해서는 인간은 사고하는 존재라는 점을 착안할 필요가 있습니다. 인간은 앎을 얻기 위해 사고하는 존재입니다. 그런데 인간의 사고의 특성은 인간을 다른 동물들과 견주어 관찰할 때에 나타납니다. 인간 외의 동물들에게도 인간의 사고와 비슷한 것이 존재한다고 할 수 있지요. 예컨대 인간과 함께 사는 애완견의 경우, 그가 처하는 그때그때의 환경과 상황에 대하여 단지 기계적으로 행동하지만은 않는다는 것을 관찰할 수 있습니다. 그때그때의 상황을 나름대로 관찰하고 평가하며 이에 따라 행동한다는 것을 알 수 있습니다. 그런데 분명히 한 가지 다른 점이 있습니다. 인간은 대상들을 관찰, 평가, 판단할 때에 대상들과 자신을 구별합니다. 인간은 세계 속에 있으면서 세계와 구별되는 자신을 의식하는 존재입니다. 즉 대상들을 관찰, 평가, 판단하고 이에 따라 행위를 하는 주체로서의 자기 자신을 의식하고 있는 것입니다. 애완견은 아마도 이러한 의식을 갖고 있지 못할 것입니다. 인간의 사고만이 세계와 자신을 구별하면서 세계내의 생명체들과 사물들을 자신의 대상(對象)으로 만듭니다. 즉, 모든 것을 자신과 구분하면서 자기와 마주선 존재로 보는 것입니다. 인간은 결국에 가서 자기 자신마저도 대상적으로 파악을 하게 되었습니다. 다시 말해, 인간은 사유의 힘에 의하여 자기 자신도 마치 타인인 것처럼 바라보는 것이 가능하게 되었다는 말입니다. 인간의 사유는 그리하여 '대상화의 능력'이라고 할 수도 있는 것입니다.

지적인 사고능력에 의하여 세계와 자신을 분리시킨 인간은 이제 세계와 다시 관계를 맺어야 합니다. 왜냐하면 인간은 '세계안의 존재'(In-der-Welt-sein),

즉 세계 속에서 살아가는, 그리고 살아가야 하는 존재이기 때문입니다. 인간은 세계의 생명들과 사물들에 '대해서' 거리를 두고 바라보기 때문에 그때그때의 상황 속에서 마주치는 이들 대상들에 대해서 반사적-기계적(무반성적)으로만 반응하는 존재가 아닙니다(물론 그런 측면도 존재합니다). 인간은 어떤 상황에 처하여 이 상황에 속해있는 대상들과의 관계를 생각하면서 행동하기도 하고, 또는 상황이 지나간 뒤에 추후적으로 돌이켜 생각을 해보기도 합니다. 인간은 대상들에 대하여 모종의 태도를 취하면서 그 대상들과 관계를 맺는다고 할 수 있습니다. 인간은 자기 자신에 대해서도 태도를 취하는, 또는 취해야 하는 존재입니다![8)]

인간이 대상들에 대하여 태도를 취하기 위해서는 대상들을 자기 나름대로 파악(해석)하지 않으면 안 됩니다.[9)] 그렇지 않으면 '적절한' 태도를 취할 수가 없기 때문입니다. 여기에서 인간과 세계에 대한 인식(앎)의 욕구(혹은 요구)가 생겨난다고 볼 수 있습니다. 태도를 취한다는 것은 넓은 의미의 행

8) 우리는 우리와 가까운 사람들에 대해서 어떤 일정한 태도를 취해야 한다는 것은 분명하다. 부모와 형제, 친지와 친구들에 대해서, 또는 사회생활 속에서의 인간관계 속에서(교사와 학생, 상사와 부하직원 등) 매 상황에 알맞은 태도를 취해야 하는 필요성에 부딪치며, 적절한 태도를 취하지 못할 경우 즉시 인간관계에 있어서 문제가 생기게 된다. 우리는 매 상황에 '적절한' 태도를 취하려고 노력해야 하며, 지나간 '부적절한' 태도를 반성하고(경우에 따라서는 타인들의 항의에 의하여) 이를 향후의 상황에 참작한다. 인간 간의 관계뿐만 아니다. 동물들이나 사물들에 대한 관계도 그들을 보고 대하는 태도에 따라 얼마든지 다를 수 있다. 동물들을 생명체로 보고 연민과 사랑의 태도로 대할 수도 있고 그렇지 않을 수도 있다. 또한 세계 내의 사물들에 대해서도 세계내의 생명체와 무생명체가 유기적인 연관관계를 맺고 있다고 보는 사람은 그렇지 않은 사람과는 다른 태도를 취할 것이다. 인간은 자기 자신에 대해서도 태도를 취하는 존재라는 사실은 우리가 자신의 생각이나 감정, 행위 등에 대하여 스스로 평가를 하고 있다는 것과, 또한 자신에 대한 이해, 즉 자아개념을 갖고 있다는 데에서 확인할 수 있다.

9) 여기에서 파악을 한다는 것은~을~으로 간주한다는 의미입니다. 인간의 대상파악은 간접적입니다. 대상을 그 자체로 파악(이렇게 아는 것을 직관(intuition)이라고 하지요!)한다기보다는 그 대상의 특징들 요모조모로 살펴서 이에 근거하여 그 대상에 대하여 의미규정을 하는 것이지요. 즉, 해당 대상의 구성요소들을 비교, 구별, 분석, 종합 등의 사고적인 처치를 하여 통일적인 의미를 산출해 내는데 이것이 바로 '반성적 사고'(reflexive thinking)입니다.

위의 영역에 관계되는 것이고 따라서 태도를 취하는 데에 기여하는 앎이란 실천을 위한 앎입니다. 그런데 인간에게는 또한 아는 것 자체를 좋아하는, 즉 다만 알고 싶기 때문에 앎을 추구하는 순수한 인식욕이 있다고 할 수 있습니다. 전자의 인식을 실천적 인식이라 한다면 후자는 이론적 인식이라고 할 수 있습니다.

인간의 사유의 또 하나의 근본적인 특징은 인간의 사고는 언어적인 사고라는 점에 있습니다. 인간은 본질적으로 언어적 존재이며 그에 따라 인간의 사고는 언어적 사고, 즉 개념적 사고입니다.[10] 우리는 사물들을 파악할 때 사물들을 언어화 즉 개념화시킵니다. 사물의 개념적 파악은 다시 말하면 사물의 추상화, 이념화를 말합니다. 이를 통하여 인간은 사물의 직접성에서 벗어나게 되지요. 여기에서 사유가 인간에게 자유의 가능성을 열어준다는 점이 드러납니다. 인간은 사유를 통하여 자연적 과정의 물질적 필연성에서 벗어날 수가 있는 것입니다. 서양에서는 계몽시대이후에 이러한 관점을 철저화시켜 나아갔습니다. 인간의 사유는 다른 모든 것으로부터—자연 질서뿐만 아니라 초자연적 질서로부터도—해방되어 그 자체로 독립적이고 자기 책임적인 위치를 차지해야만 한다는 요구에 직면하였던 것입니다. 사고는 사고자신에만 의지해야 하며 그 외의 어떤 것에도 의지해서는 안 된다는 것이 '자율'(Autonomie)의 개념입니다. 사유가 자기 자신만을 의지하려면 사유 자신에 대한 철저한 재고조사가 이루어져야 하며 그 재고목록 중에서 신뢰할 수 있는 것과 신뢰할 수 없는 것들이 가려져야 합니다. 이것이 칸트가 그의 『순수이성비판』에서 기도했던 거대한 작업이었습니다.

이상에서 우리는 철학의 본령을 사고에서 보았는데, 좁은 의미의 철학적 사고란 특히 경험 가운데에서 객관적으로 규정되지 않는 인간과 세계의 보다 본질적인 문제들에 집중하는 사고라고 할 수 있습니다.

우리는 또한 위에서 이론적 인식과 실천적 인식에 대하여 언급하였는데,

---

10) 물론 개념적이 아니라고 할 수 있는 감각적, 미적인 사고도 존재합니다. 그러나 철학적 사고는 단연 개념적 사고라고 할 수 있습니다.

이에 상응하여 이론철학과 실천철학의 구분이 가능해집니다. 이론철학은 앎 자체를 추구하는 철학이며 여기에는 인식론, 존재론, 형이상학 등이 속합니다. 실천철학은 넓은 의미의 행위를 위한 철학으로 윤리학, 법철학, 정치철학, 사회철학 등이 속하며 교육철학도 여기에 속한다고 할 수 있습니다. 그러나 교육철학이 단지 실천철학에만 속한다고 말할 수는 없을 것입니다. 왜냐하면 교육에 대한 최종적인 근거에 대하여 성찰하고 이에 의하여 교육의 기본개념들을 정의하는 것이 교육철학의 하나의 중요한 목표이기 때문에 교육이란 무엇이고, 교육이 대상으로 하는 인간의 본질이란 무엇이며, 인간이 사는 세계란 무엇인가 등등의 물음을 피해갈 수 없기 때문입니다. 그러나 이러한 이론적인 물음들도 결국 교육실천을 위한 필요에서 제기되는 것이기 때문에, 교육철학은 실천철학의 범주에 넣을 수가 있는 것입니다. 여기에서 이미 교육철학에 대한 첫 번째 정의가 제시되었습니다. 즉, 교육철학이란 '교육의 토대를 이루는 개념들에 대한 원리적인 사유'입니다. 즉 교육의 목표뿐만 아니라 교육의 과정에 대한 근거와 타당성 등에 대하여 사고하며 방향을 설정해주는 역할을 교육철학은 해야 합니다. 이러한 사유는 순수이론적인 사유만이 아니며 교육실천을 통하여 얻어진 경험들을 참작하여 이루어지기도 합니다.

둘째, 교육철학은 교육실천을 위한 철학입니다. 교육철학은 무엇보다도 교육자(교사, 부모)에게 교육실천에 대한 사유를 가능케 하는 사고의 모델들, 즉 대표적인 교육사상들을 제시해주면서 교육자 자신이 이들 사고모델들을 스스로 검토, 음미하여 그 진리성 내지는 가치성 여부를 스스로 판단할 수 있게 해야 하며, 이러한 과정자체가 철학적 사유인 것입니다. 제아무리 플라톤, 루소가 그려낸 사상이라고 하더라도 나의 사고 속에서 소화를 시켜서 주체적으로 수용하지 못하면 나의 교육실천에 도움을 줄 수가 없다는 것입니다. 나의 주체적 의식에, 나의 신념에 부합되지 못한 남의 얘기가 어떻게 역동적인 교육상황에서 힘을 발휘할 수 있겠습니까? 요컨대, 교육철학은 '교육자가 교육현상을 보는 주체적인 사고의 틀'이 되어야 합니다.

세 번째로, 교육자는 또한 자신의 삶을 위한 철학도 가져야 합니다. 왜냐하면 교육이란 말로만 되는 것이 아니며 본보기(모범)가 필요한 활동이기 때문입니다. 인간의 품위에 어울리는 가치관과 태도의 형성을 위해서는 특히 본보기의 역할이 절대적이라고 하지 않을 수 없을 것입니다. 어른들이 좋은 본보기를 보이지 못하는 데 어떻게 올바른 인성교육, 태도교육이 이루어질 수 있겠습니까? 좋은 의미이든 나쁜 의미이든 부모와 교사는 성장세대의 본보기입니다. 본보기는 당사자들의 내면적 태도가 실제생활 가운데에 자연스럽게 나타나는 것입니다. 아무리 꾸미려고 해봐야 소용이 없습니다. 그래보아야 겉치레로 꾸며서 남을 속이는 본보기만을 제시하게 될 것이기 때문입니다. 교육자는−적어도 교육자이고자 한다면−인간의 삶에 대한 보편적인 관점에 서서 자신이 의식적, 무의식적으로 지니고 있는 사고방식과 행동양식, 삶의 습관 등을 돌아보면서 인간의 품위에 어울리는 지혜롭고 행복한 삶을 살도록 노력해야 할 것입니다. 요컨대 교사는 '삶을 지혜롭게 살기 위한 생활철학'을 소유해야 할 것이며, 이러한 '교사를 위한 철학'도 넓은 의미의 교육철학에 포함되어야 한다고 볼 수 있을 것입니다.

1. 이상주의(=관념론: Idealism)와 교육

1) 개 관

이상주의 철학의 고전적인 모델은 플라톤의 철학입니다. 플라톤에 의하면 인간의 감각기관은 사물의 겉모습만을 반영하기 때문에, 우리가 감각적으로 파악하는 인간과 세계는 진실상이 아니며, 따라서 감각을 초월한 진실상이 있다고 보았는데, 이를 그는 '이데아'(idea)라고 불렀습니다.[11] 이데아는

11) 예를 하나 들어보겠습니다. 경험론자들은 원이라는 관념이 반복적 경험을 통하여 생성되었다고 주장합니다. 우리는 일상생활 중에 둥근 것을 자주 접하게 됩니다.

감각을 통하여 파악될 수 없으며 오직 사유를 통해서만 인식될 수 있습니다. 다시 말해, 현상계의 사물은 이데아의 불완전한 모사에 불과하므로 현상적 대상들에 대한 앎을 확장, 축적하는 것으로는 궁극적인 진리(이데아)에 도달할 수 없으며, 진리를 볼 수 있는 영혼의 상태를 이루어야 진리를 볼 수 있다는 것입니다. 따라서 사유능력의 계발을 통한 정신적-영적인 승화, 각성이 이상주의적 교육에 있어서 중요한 과제가 됩니다.

플라톤은 인간의 영혼이 확고한 개념들을 형성해낼 수 있는 까닭은 영혼이 예전에 언제인가 불변하는 존재의 세계에 살았으며, 바로 그러한 명료함과 참의 세계에서 모든 이념들을 직관하였기 때문이라고 설명합니다. 육신의 세계로 들어서면서 영혼은 그러한 이념들을 망각하게 되었으며, 영혼은 '생성의 세계'(감각을 통해 우리에게 주어진 변화무쌍한 세계)에 매몰되어 이념들을 직접적이고 순수하게 마주 대하지 못하고 감각적 대상들만 부딪힌다는 것입니다. 모든 것이 생멸하는 이 세계에서 영혼은 이념들의 모사에 불과한 감각적 대상들만을 보고 있는 것입니다.

따라서 불완전하고 사라질 모사에 집착하거나 또는 그것을 궁극적 실재로 여기지 않고 생성의 세계로부터 그 자체에 머무르는 초감각적 존재의 세계로 나아가는 일이 우리의 영혼에 주어진 과제라는 것이지요. 다시 말해 '사유와 배움을 통해 모든 영역에서 망각된 원형들을 상기(想起)해내고(anamnesis) 그러한 순수한 이념들로부터 가시적 세계와 인간적인 삶을 형성해내는 것'입니다.

태양도 둥글고, 계란도 대체로 둥그스름하고, 해바라기 꽃도 둥글고……그런데 이들 어느 하나도 기하학에서 말하는 완전한 원은 아닙니다. 기하학적인 완전한 원의 관념은 경험론자들은 개개의 감각경험에서 유래된 단순관념들이 복합되어 원의 관념이 생겨났다고 주장합니다. 그러나 이상주의자들은 우리가 사물을 둥근 것으로 볼 수 있는 것은 둥그스름한 것을 둥근 것으로 볼 수 있는 우리의 정신능력 때문에 가능하다고 주장합니다. 즉 둥긂의 표준으로서 원의 원형(이데아)을 우리의 정신가운데에 지니고 있기 때문에(우리가 이를 의식하든 못하든 간에) 대상들을 둥글다는 관점에서 바라볼 수 있다는 것이지요.

2) 이상주의의 교육관

① 교육이란 성장세대가 현상세계를 초월하여 존재하는 영원하고 보편적이며 참다운 실재(이데아)를 인식하도록 하며, 이데아중의 이데아인 선의 이데아(=최고선)에 따라 아름다운 삶을 영위하도록 성장세대를 이끄는 일이다. 따라서 성장세대로 하여금 순수한 이념을 직관하도록 이끄는 것이 무엇보다도 중요한데, 이를 위해서는 성장세대가 자신의 내면세계에 눈뜨도록 해야 한다. 즉, 감각적 사물들에서 눈을 돌려 순수한 정신적 원리들에 대하여 사유(명상)해야 한다. 이에 따라 수학과 철학이 특히 중시됨.

② 동굴의 비유: 플라톤은 국가론 제7권 첫머리에서 동굴의 비유를 통하여 교육의 본질과 그 과정을 보여준다.

깊은 동굴 안에 태어나면서부터 손과 발이 묶여있는 죄수들이 있다. 이들은 고개도 돌릴 수 없도록 고정되어 있어서 다만 동굴의 벽면만을 바라볼 수 있는데, 그들의 뒤편 저 멀리에 가물거리는 횃불이 있고 이 횃불 앞으로 사람들과 마차 등이 지나간다면 그 그림자가 동굴의 벽면에 나타날 것이고, 죄수들은 한 번도 목을 돌려 뒤를 쳐다 본 일이 없으므로 벽면에 나타난 그림자들을 그 자체로 실재하는 것으로 생각한다. 그런데 동굴의 외부에서 어떤 사람이 들어와 죄수들 중의 한 사람의 결박을 풀어주어서 뒤를 돌아보게 한다면, 그리하여 그림자의 원인인 사람들과 마차 등을 보고 횃불까지 보도록 한다고 하여도 처음에는 그러한 대상들을 잘 살피지도 못할 것이며, 따라서 한동안은 여전히 동굴벽면의 그림자들을 참다운 실재라고 생각할 것이다. 그러다가 점차로 올바로 관찰할 수 있게 되어, 동굴벽면의 그림자들이 허상인 줄 알게 되고, 이윽고 동굴 입구에 도달하게 되면 태양의 광선에 눈이 부셔서 처음에는 아무것도 볼 수가 없게 된다. 시간이 지남에 따라 그는 점차로 사물의 그림자, 물에 비친 영상을 보며, 그러다가 나중에는 사물 자체를 보게 된다. 최종적으로 만물을 볼 수 있게 하는 근원인 태양도 보게 된다. 그는 이제 자기가 전에 살던 동굴속의 동료들을 생각하고 동굴 안으로 다시 들어가 그들도 동굴 밖으로 데리고 나오려고 한다. 그러나 그들은 이 사람을 미쳤다고 생각하고 배척한다.

동굴의 비유는 인간이 교육의 과정에 따라 지식의 상이한 단계에 도달하는 것을 보여주고 있다. 교육은 이미 참다운 실재를 볼 수 있는 기성세대가 성장세대를 또한 바르게 볼 수 있도록 인도하는 것이기 때문에, 이때 스스로의 입장을 바꾸고 실재의 인식에 참여하는 '전환'이 강조된다. 이러한 전환은 지금까지 익숙해 있고 즐겨하던 것을 떠나서 새롭고 낯선 것으로의 방향전환을 의미하기 때문에 종종 어렵고 유쾌하지 않은 것일 수 있다. 여기에서 교육적 강제의 불가피성이 생기며, 이것은 교육자의 교육행위는 종종 피교육자의 '저항'을 유발할 수 있다는 것을 보여준다. 동굴 밖에서 밝은 세계의 사물들을 제대로 인식하고 마침내 선의 이데아인 태양의 존재를 인식한 그는 무지와 망상의 상태에 있는 사람들에게 돌아가는 길을 택하게 된다(귀향의 의무). 최고의 지식에 도달한 철인은 무지와 망상의 상태에 있는 인간들이 가져야 할 바른 관계를 세워주고 유지해 줄 의무가 있는 것이다(철인왕이 통치하는 국가=이상국가). 참 다운 앎이란 실천에 그대로 연결될 수 있는 앎이다. 지식이란 실천을 통해 완성된다.

플라톤의 동굴의 비유는 인간의 정신적 성숙의 단계에 따라서 실재에 대한 개념이 변화할 수 있으며, 인간에게 실재하는 유일한 것이란 결국 그의 정신에 의해 파악되는 관념적인 내용임을 보여주고 있다.

* 동굴의 비유에 나타나는 앎의 4단계

ㄱ. 망상(Illusion): 동굴 벽을 향해 묶여있는 상태(벽에 비친 그림자)

ㄴ. 믿음(Belief): 동굴 안에서 자유로운 죄수(동굴 안의 사물과 횃불)

ㄷ. 생각(Thinking): 동굴 밖에서 그림자를 보는 것(동굴 밖의 사물 그림자)

ㄹ. 지식(Knowledge): 동굴 밖에서 실재를 보는 것(동굴 밖의 사물)
ㅁ. 형상(Form): 태양 자체를 봄(태양=진리)

③ 이상주의론의 교육원리

ㄱ. 교육목적: 진리(이데아) 발견능력의 함양. 사고능력으로서의 지성을 중시.

ㄴ. 학교: 과거의 문화유산(지식, 학문, 기술, 예술 등)을 잘 보존하여 성장세대들에게 전달해주는 기관. 따라서 성장세대들은 교육을 통하여 문화유산 속에 깃들어 있는 선인들의 지혜를 발견하면서 인류의 영원하고 보편적인 이상에 눈뜰 수 있도록 되어야 한다.

ㄷ. 교육과정: 이상주의 교육론자들은 보편적 사고력의 함양을 무엇보다도 중시한다. 왜냐하면 개인적 편견과 아집, 이해관계를 벗어난 보편적인 사고만이 이데아를 파악할 수 있기 때문이다.[12] 때문에 개념화되고 관념화된 지식 위주의 교과목의 학습이 중시된다. 철학, 역사학, 문학 등 인문학적 탐구과목을 핵심과정으로 하고, 수학과 언어교육 또한 중시된다.

ㄹ. 교육방법으로는 소크라테스의 대화법이나 교사의 모범이 중시된다. 교사는 학습자의 잠재되어 있는 이데아를 상기시키고 의식화할 수 있도록 적절한 대화를 구사할 능력이 있어야 한다. 교사는 또한 소속 사회의 문화적 전형이며, 성숙된 인격자이어야 한다. 왜냐하면 교사란 본을 보여 성장세대를 가르치는 사람이기 때문이다(모방을 통한 학습을 중시).

ㅁ. 학생들 각자는 개성을 지닌 존재로서 존중되지만 교사와 학생의 교수-학습의 관계에서는 교사가 주도적 역할을 하게 된다.

---

12) 이데아는 현대적인 관점에서 보면 '사물의 근원적이고 보편적인 원리'로 이해하는 것이 적절할 것임.

2. 아리스토텔레스의 교육사상

1) 아리스토텔레스의 교육사상 개관

플라톤의 사유가 형이상학적 깊이와 사변적 대범함으로 역사상 최초로 교육학적 유토피아를 설계하였다면, 아리스토텔레스에게서 나타나는 특징은 냉정한 현실감각, 엄청나게 확장된 탐구정신, 그리고 자료수집에 대한 열성이다. 역사상에서 플라톤보다 훨씬 더 큰 영향력을 행사했던 그는 기독교적 서양세계와 마찬가지로 이슬람 세계에도 크나큰 영향을 주었다. 고대 정신의 발전과정에서 아리스토텔레스는 철학이 무모할 정도의 사변적 직관에서 벗어나 거대한 영역의 개별 경험과학과 연계되어 합리적-계획적이고 체계적인 연구로 넘어가는 지점에 위치하고 있다.

스스로가 모든 영역을 폭넓게 탐구하는 만능 연구자로서 아리스토텔레스는 독보적인 방법으로 당시에 존재하던 지식을 포괄하였고 그 내용을 수많은 저술에서 (플라톤처럼 인위적인 대화의 형식이 아닌 논문에서) 교육적으로 서술하였다. 그 결과 그는 일련의 분과과학들을 창시하였으며 사변적 사유와 개별연구가 최대한 상호 침투하는 데에서 고대철학 발전의 정점을 제시하였다. 유럽의 역사에서 의도적인 탐구로서의 개별과학이 출현하게 된 때는 아리스토텔레스의 시기로 기록되고 있다. 아리스토텔레스와 더불어 그리스인의 고전적-창조적 시대가 마감되고 헬레니즘이 나타나게 된다. 이제 사유는 드높은 비상을 끝내고 점차 개별적 현상을 지향하게 되었다.

플라톤이 개념들의 세계를 물질적-감각적 세계와 엄격하게 구별했고 그 과정에서 이 세상과 개별적인 것들의 가치를 무시했던 반면, 아리스토텔레스에게서는 사실적 삶의 느낌이 나타나고 있다. 인간의 육신은 영혼을 가두는 감옥이 아니며 물질계는 결코 정신의 단순한 표현이 아니다. 아리스토텔레스에게서 물질계는 결코 정신의 단순한 표현이 아니다. 아리스토텔레스에게서 물질계와 이념들은 궁극적으로 하나이다. 사물 그 자체 안에 이념이 놓여 있다. 왜냐하면 이념이란 다름 아닌 사물들의 형상(Form)이기 때문이다. 그러나 형상은 언제나 질료(Matter) 안에 그리고 질료와 더불어서만 존재할 수 있다. 그러므로 여기서 형상과 질료는 서로 의존하는 기본개념이다. 그 자체 안에 형상과 내면의 목표추진력(엔텔레히)을 지니지 않은 순수한 물질이란 존재하지 않는다(자연목적론).

모든 사물은-우리에게 단순히 질료로 보이는 것마저도-그 안에 형성의 원리를 지니고 있다. 그에 따라 모든 사물은 "생동적으로 발달하는 주조된 형상으로"(Goethe) 파악될 수 있다. 모든 사물은 원소에서부터 식물과 동물을 거쳐 인간에 이르는 연속적 단계의 과정을 형성한다. 생물의 형성능력은 영혼이다. 식물에게는 단지 영양과 번식을 전제로 한 식물적 영혼(anima vegetativa)이 속하는 반면, 동물은 감각의 영혼(anima sentitiva)을 지닌다. 동물은 영양과 번식의 차원을 넘어 지각, 욕망, 독립적 운동능력을 지닌다. 인간은 식물과 동물의 영혼을 더욱 고양시키는 사유하는 영혼(anima rationalis)을 지닌다.

아리스토텔레스의 논리학은 사유의 역사에서 형이상학과 심리학만큼이나 중요하게 되었다. 그는 개념이론, 판단이론, 그리고 논리적 추론이론을 통해 명실상부하게 논리학의 아버지가 되었다. 비록 학문의 완전한 체계를 제시하지는 못했더라도 그는 최초로 논리학을 개념적 사유에 대한 순수한 형식의 이론으로 발전시켰고, 우리가 사실들을 도대체 어떻게 개념적으로 다룰 수 있는가에 대한 보편적인 질문을 제기하였다. 우리가 언제나 언어를 통해 사유하기 때문에 그는 진술의 기본현식을 찾는 데에서 그 답을 설명하려고 하였다. 우리가 어떤 대상에 대해 얼마나 많은 종류의 진술을 할 수 있는가라고 그는 질문한다.

예를 들면 우리는 그 대상의 질과 수량 그리고 위치에 대해 말할 수 있다. 그래서 아리스토텔레스는 진술의 열 가지 기본형식 혹은 "카테고리"를(kategorein=진술하다) 찾아내었다. 우리가 개념들을 카테고리에 따라 하나의 진술명제로 연결한다면 우리는 어떤 판단을 한 것이다. 아리스토텔레스는 개념과 판단, 연역적 유추(삼단논법) 그리고 그것의 상이한 형식들을(예를 들어 모순율, 삼단논법의 격) 통찰하였는데 형식논리학은 오늘날에도 그 내용을 그대로 사용하고 있다. 아리스토텔레스의 영향을 크게 받았던 중세의 스콜라철학을 통해, 또한 개신교의 학문이(멜란히톤) 아리스토텔레스에 기초했던 점을 통해 그의 수많은 다른 학설들 역시 수백 년 동안 대학과 김나지움에서 행해진 고등교육의 구성부분으로 남아있다.

플라톤과는 달리 아리스토텔레스의 예술가적 직관과 정치적이고 교육적 의지가 철학에 영향을 주었다는 점, 그리고 그것이 순수한 학문적 고찰에 관한 내용이란 사실은 무엇보다도 그의 윤리학과 정치학에서 잘 나타나고 있다. 아리스토텔레스의 윤리학과 정치학은 강요적이 아니라 서술적이며, 이상적 모습보다는 유형화를 추구하기 때문에 뜨거운 감정과 끓어오르는 열정은 물론이거니와 유토피아적 특성 역시 결여되어 있다.

아리스토텔레스의 윤리학은 중용과 균형의 윤리학이다. 그의 윤리학은 각각의 덕성들의 본질을 분석하고자 한다. 덕성을 지닌다는 것은 바로 올바른 중용의 도를 택하는 것으로 너무 과도하거나 너무 부족한 상태를 피하는 일이다. 따라서 용감함이란 비겁함과 만용 사이의 중간적 태도를 말하며, 온후함이란 냉담함과 성급함 사이에 놓여 있는 것이다. 아리스토텔레스는 이러한 방식으로 도덕적 가치 각각의 본질을 규정하려고 시도하였다. 이미 말했듯이 그에게서 삶의 이상은 뚜렷하게 드러나지 않고 있지만 내면적으로 쉬지 않고 활동하는(전적으로 관조적이지만은 않은) 사유인의 정신적 삶을 목표로 하고 있다. 인간에게는 무엇보다도 자기 자신에 대한 지속적 활동, 즉 인격배양이 중요하다.

이러한 사유를 보면 아리스토텔레스는 인간 삶의 개별적 영역을 형성해나간 헬레니즘시대의 문턱에 서있다. 그는 단지 이론적 차원에서 도시국가에 대한 사유에 충실하였으며, 플라톤처럼 개별적 인간을 국가의 목적에 엄격하게 예속시키는 일은 결코 하지 않았다. 그렇다고 그가 개인주의를 생각하고 있던 것은 결코 아니다. 그는 인간이 본질적으로 사회 속에, 즉 한 국가

안에 살아야만 한다고 강조한다(인간은 사회적 존재이다; zoon politikon).

그러나 인간이 자신의 개성을 발현시키고 도덕적으로 밀접히 연결된 사회 안에서 살도록 해주는 데에 국가의 의미가 있다. 이러한 관점에서 개인의 재산과 가족은 국가에 필수불가결한 바탕이 된다. 아리스토텔레스는 여기에서 또한 올바른 중도를 추구한다. 그는 가능한 한 폭넓은 중산층이 형성되어야 국가의 번영이 보장될 것으로 보았고, 비록 이상적 상태를 거부하였지만(그런 점에서 구체적 사물에 대한 그의 감각이 엿보인다) 솔론(Solon)이 생각했던 것처럼 절제된 귀족정치 내지는 절제된 민주정치가 특히 유리할 것으로 여겼다.

이렇게 그의 사유 전반에서 나타나듯이 아리스토텔레스에게서 교육은 더 이상 국가에 의한 것이나 국가를 지향하는 것이 아님이 명백하다. 우리는 그의 교육학적 사유를—비록 단편적이기는 하지만—『정치학』에서 찾아 볼 수 있다. 교육학적 사유의 중심은 윤리적, 개성적(개인적?) 영역에 놓여 있다. 국가는 국민이 7세 때부터 교육을 떠맡아야 하지만, 그것은 단지 기초적 범위에 한정된다. 교육은 정신적으로 성숙하고 내면적으로 독립된 인간을 목표로 한다.

자연, 습관, 통찰력은 교육이 진행되는 과정에서 가장 중요한 세 가지 요인이다. 플라톤에서와는 달리 배우는 데 있어 수학이 그 전형이 아니며, 자신의 내면으로부터 정신적인 것 모두를 풀어내는 일이 중요한 것도 아니다. 오히려 배움은 외부적인 것을 수용하고 내면적인 것을 성장시키는 일이 동시에 일어나는 과정이다.

플라톤의 아카데미가 일차적으로 생활공동체였다면 아리스토텔레스는 자신의 리케이온(Lyceion)에 최초의 대학, 즉 학문적 교수 및 연구기관, 다시 말해 학문과 학업과정의 조직체를 창출하였다. 아리스토텔레스의 수많은 저술들이 2천 년 이상 학문적 도야의 기본서가 되었던 것과 마찬가지로, 고등교육과 연구를 위한 이 사립기관은 서양대학의 원형이 되었다.

2) 아리스토텔레스의 교육론

① 인간은 자신의 감각경험을 통해 세계의 질서를 지각하는 존재이며, 이성의 힘에 의하여 우주와 자연의 법칙을 깨닫고 사회 안에서 덕과 행복을 추구하는 존재이다. 따라서 교육의 목적도 인간의 삶과 직접, 간접으로 관련되어 있는 사실세계를 법칙적, 체계적으로 파악하고 인간의 잠재능력을 최대한 개발하여 행복하고 지혜로운 삶에 도달하도록 하는 것이다. 특히 인간의 능력 중 가장 큰 능력인 이성을 발달시키는 것이 교육의 핵심과제이다.

② 학습이란 사실세계를 법칙적, 체계적으로 파악하는 과정이며, 따라서 사실세계의 각 주제영역에 대한 분과학문들이 중시된다(자연과학 등 사실에 대한 학문들이 중시됨). 이들 분과학문들은 저마다 지식의 체계를 이루며, 모든 분과학문들은 유기적으로 연관된 세계전체의 객관적 질서에 대한 상이한 탐구영역을 이룬다. 따라서 이러한 분과학문들이 곧 학습교과가 되며, 과목별 지식을 체계적으로 학습하는 것이 교육의 주요 과제중의 하나이다.

③ 객관적 세계에 대한 합리적 질서를 파악할 뿐만 아니라 인간사회의 질서를 파악하는 것도 또 하나의 중요한 교육의 과제이다. 자연적 질서와 사회적 질서를 올바로 파악하여 이 질서에 상응하는 지혜롭고 행복한 삶을 살도록 이끄는 것이 교육의 근본 목표이다.

④ 사실세계에 대한 체계적 탐구, 이를 통한 지식의 습득과 사용을 통하여 인간의 합리성은 지속적으로 증진된다. 그러나 인간의 합리성은 객관세계의 탐구 및 처치만을 지향하는 것이 아니라 개인의 내적 통합성에도 기여해야 한다. 교육을 통하여 개인의 타고난 본성(개별성 / 개성)과 사회성 그리고 보편적 이성이 통합되어야 하며, 이러한 내적 통합성은 궁극적으로 "정신적으로 관조하는 삶" 속에서 도달된다.

3. 루소(Jean Jacques Rousseau: 1712-1778)의 교육론

<루소의 생애>

루소(J. -J. Rousseau: 1712-1778)는 스위스 제네바에서 출생하였다. 가난한 시계공의 아들로 태어남. 어머니가 루소를 낳다가 죽자 아버지에 의해 양육되었다. 10세 때는 아버지가 법을 어겨서 집을 나가 숙부에게 맡겨졌으며, 공장(工匠)의 심부름 따위를 하면서 소년기를 보냈다. 16세 때 제네바를 떠나 청년기를 방랑생활로 보냈는데, 이 기간에 바랑 남작 부인을 만나 모자간의 사랑과 이성간의 사랑이 기묘하게 뒤섞인 관계를 맺고, 그녀의 집사로 일하면서 공부할 기회를 얻었다.

1742년 파리로 나와 디드로 등과 친교를 맺고, 진행 중인 『백과전서』의 간행에도 협력하였다. 1749년 디종의 아카데미 현상 논문에 당선한 『학문과 예술론』을 출판하여 사상가로서 인정받게 되었다. 그 뒤 『인간불평등기원론』(1755), 『정치 경제론』(1755), 등을 쓰면서 디드로를 비롯하여 진보를 기치로 내세우는 백과전서파 철학자나 볼테르 등과의 견해 차이를 분명히 하였다. 특히 『달랑베르에게 보내는 연극에 관한 편지』(1758) 이후 디드로와의 사이는 절교상태가 되었고, 두 사람은 극한적으로 대립하게 되었다.

독자적 입장에 선 루소는 다시 서간체 연애소설 『신(新) 엘로이즈』(1761), 인간의 자유와 평등을 논한 『사회계약론』(1762), 소설 형식의 교육론 『에밀』(1762) 등의 대작을 차례로 출판하였는데, 특히 『신 엘로이즈』의 성공은 대단하였다. 그러나 『에밀』이 출판되자 파리대학 신학부가 이를 고발, 파리 고등법원은 루소에 대하여 유죄를 논고함과 동시에 체포령을 내려 스위스·영국 등으로 도피하였다. 영국에서 흄을 만나 교제를 하였으나, 그와 격렬한 논쟁을 한 후에 프랑스로 돌아와 각지를 전전하면서 자전적 작품인 『고백록 Les Confessions』을 집필하였다.

1768년 1745년 이래 함께 지내온 테레즈 르바쇠르와 정식으로 결혼하였다. 그 후 파리에 정착한 루소는 피해망상으로 괴로워하면서도 자기변호의 작품 『루소, 장자크를 재판한다』를 쓰고, 『고독한 산책자의 몽상』을 쓰기 시작하였으나, 완성하지 못하고 파리 북쪽 에르므농빌에서 죽었다. 그가 죽은 지 11년 후에 프랑스 혁명이 일어났는데, 그의 자유민권 사상은 혁명지도자들의 사상적 지주가 되었다. 1794년 유해를 팡테옹(위인들을 合祀하는 파리의 성당)으로 옮겨 볼테르와 나란히 묻었다. (출처: 두산세계대백과 EnCyber)

계몽주의는 그 자체로 강한 교육적 의도를 지니고 있었다. 계몽주의시대에 가장 호소력 있고 투쟁적이며, 혁명적인 사상가는 루소였다. 그는 자유, 자연, 감정, 그리고 인권과 인간의 존엄성에 대한 복음을 전파하는 사도로서 유럽의 정신사에 엄청난 영향을 주었고 또한 주고 있는 인물이다. 그는 정치적으로는 프랑스혁명을 위한 토대를 마련했으며, 문학과 철학적으로 특히 질풍노도시대와 낭만주의에 깊은 영향을 주었고, 교육학에 있어서는 특히 아동중심교육사상의 확립에 결정적으로 기여하였으며, 독일의 교육학, 특히 계몽주의 교육학과 범애주의 교육학, 그리고 1900년경의 개혁교육운동에 커다란 영향을 주었다.

그의 사상에는 계몽주의가 정점을 이루고 있으면서도 한편으로는 계몽주의를 극복하는 단서가 제공되고 있다. 그가 파멸의 구렁텅이에 빠진 인류에게 "자연으로 돌아가라!"라는 요청을 한 이유는 그가 발전을 계몽주의에서 이해하듯이 항상 고양되는 방향으로 이해하는 것이 아니라, 하나의 순환으로 이해하고 있으며, 이러한 순환에서 빠져나와 선(善)을 향하는 방법은 교육과 국가행정제도를 자연에 순응하게끔 개혁하는 것이라고 믿고 있기 때문이다. 이러한 문명비판적 시각 외에도 루소는 감정을 중시함으로써 계몽주의와 차이를 보인다. 즉, 그는 서양의 전통적인 합리주의에 대항하여 감정의 권리를 주장하고, 인간에게서 이성적인 학문이 차지하는 역할은 수동적인 것이라고 주장하면서 계몽주의에 대항했다.

루소의 삶은 천재적인 면을 많이 보여주고 있으나, 한편으로는 인간적으로나 사상적으로 많은 약점을 보여준다. 그는 문제제기나 선동에서는 능력을 보였으나, 삶의 구체적인 과제나 임무에서는 매우 무능력하였다. 특히 교육문제에 있어서 그의 개인적 삶과 저작 사이에는 확실한 차이가 보인다.

루소를 하루 사이에 유명인사로 만든 1750년의 디종 아카데미 학술상 수상논문 「학문・예술론」에서 루소는 "학문과 예술의 발전이 도덕을 순화하는 데 기여했는가?"하는 질문에 대하여 명확하게 부정적인 답을 함으로써 당시 사람들의 놀라움을 샀다. 우리의 영혼은 과학과 예술에 의해서 타락하였다. 즉 솔직함과 개인적인 자신감 대신에 추상적인 교훈이나 교활함이 생겨났으며, 관습의 호사스러움과 방탕함, 비겁함, 연약함 그리고 잘못된 교육 등이 바로 이러한 발전의 슬픈 결과이다.

그의 두 번째 논문 「인간불평등기원론」(1753)에서 루소는 자연을 긍정적인 것으로, 문화(사회)를 부정적인 것으로 대립시켰다. 사회적인 상황은 바로 문화적인 것으로서 인류에게는 저주와 같은 것이다. 어떤 특정한 사회적인 규칙뿐만이 아니라, 모든 규칙은 이미 인간에게는 속박, 불만족 그리고 내적인 분열을 의미한다. 모든 법적인 구속, 소유 그리고 사회적 속박에서 자유로운 원시인만이 '욕구와 능력의 조화'로운 관계에서 살고 있다. 이러한 인간은 걱정이 없으므로 자유롭고 초조해하지 않는다. 원시인은 타락하지 않은 '자기애'(自己愛: amour de soi), 즉 넘쳐흐르는 조화로운 삶의 활력으로 특징지어진다.

소유의 개념과 함께 사회, 그리고 노동분업이 시작되며, 그 결과 순수한 자기애가 타락되고 지치지 않는 '이기심'(amour propre)이 생겨나며, 이기심으로부터 소유욕, 권력욕, 시기심, 복수심, 허영심 등이 발달하게 된다. 이런 죄악의 상황에서는 인간이 인간으로 존재하는 것이 아니라 인간은 단지 어떤 역할을 가진 시민으로서만 존재한다.

만약에 루소가 자연과 문화의 첨예한 대립을 강조하는 데 머물렀다면, 그의 정치적인 그리고 교육적인 시도들은 뿌리가 없는 것과 다름이 없었을 것이다. 왜냐하면 자연과 문화의 대립에서는 자연이라는 개념이 비인간적이고 동물적인 존재를 뜻할 것이고, 따라서 인간의 문제를 자연을 모범으로 해서 해결한다는 것은 불가능했을 것이기 때문이다. 또한 이러한 자연에는 모든 인간적인 죄악이 제거되어 있지만, 한편으로는 모든 도덕성, 인간의 자유와 존엄성 등도 함께 제거되기 때문이다.

그러나 루소의 자연개념은 간단한 개념이 아니며, 이 개념은 존재에 대한 개념이기보다는 규정적, 심리적, 역사적 측면들이 포함된 가치에 대한 개념으로 이해되어야 한다. 루소의 자연은 순수함(천진성), 삶 자체, 근거, 단순한 진리, 비인공적인 것 등을 의미한다. 계몽주의가 그러하듯이 루소도 이러한 가치성향을 역사적인 측면에서 조망하면서 인간의 원시적인 상황을 상정(想定)함으로써 인간존재의 한계에 근접하며, 그의 두 번째 논문을 통하여 이 한계를 극복하고자 하는 매우 과격한 시도를 했다.

여기서 루소는 마치 모든 문화, 사회, 과학 그리고 국가 제도들을 타락의 증상으로 보고 볼테르(Voltaire)가 그에 대해 말했듯이 "우리들을 다시 동물로 만들려고" 애쓰고 있는 것처럼 보인다. 그러나 그는 사실 타락한 문화, 비도덕적인 사회, 조잡한 학문 그리고 압제적 국가를 거부하려 했을 뿐이며, 그의 "자연으로 돌아가라!"라는 구호는 문화의 순화를 의미하는 것이라는 사실을 그의 저작 『사회계약론』(1762)과 『에밀』(1762)에서 확인할 수 있다. 이 저작들에서 그의 사상은 긍정적인 전환을 보여준다.

사회계약론은 비록 국가권력의 역사적인 발전과정을 다루고 있지는 않지만, 국가권력의 권위는 모든 시민과 국가가 체결한 사회계약에서 유래하는 것으로 설명한다. 이 계약을 통해서 개인은 좀더 높은 차원의 일반의지(volonté générale)에 종속되지만, 한편으로는 이 의지는 각 개인의 고유한 올바른 이해를 침해하지는 않는다. 이 공동의 의지는 간단하게 모든 이들의 의지의 총합이라기보다는 보다 상위의, 나눌 수 없는 전체로 이해되어야 한다. 그러나 루소의 믿음에 따르면 전체의 이익과 개인의 이익은 원래 조화를 이루고 있었다. 국가 혹은 헌법이나 법률의 목적은 모든 시민을 전체를 위한 이익에 동참

하도록 각성시키면서, 모든 법률이 바로 일반적인 의지의 표현이 되도록 하는 것이며 사회구성원의 존엄성과 근본적인 평등을 보장하는 것이다.

에밀에서 루소는 자연적인 교육프로그램을 공포했다. 이 프로그램에는 문화개념에 대응하는 그의 자연개념과 함께 심리적이고 인간적인 측면들이 포함된다. 자연적인 교육의 모든 규정은 인간의 일반적인 자연성에 근거해야 한다. 따라서 교육 방법뿐만 아니라 교육의 목적도 인간의 일반적인 본성으로부터 규정되고, 신분에 따른 교육이나 직업교육을 반대한다. "학생이 나에게서 교육 받는다면 그는 재판관이나 군인 혹은 목사가 되기보다는 먼저 인간이 되어야 한다". '자연적 교육'이란 교육목적에 관계되는 것으로서 모든 특수한 관점, 즉 정치적, 사회적, 직업적인 특별화보다 상위개념인 보편이고 인간적인 것을 추구한다. 이렇게 보편적으로 인간적인 측면을 강조하는 것은 계몽주의를 넘어서는, 실용적이고 농부들에게 필요한 것들을 중요시하는 사상을 보여주는 루소의 혁명적인 업적이다.

'자연'개념은 그러나 교육의 방법과도 관계되며, 이런 측면에서도 루소의 교육사상은 혁명적이다. 교육이 인간의 '자연성'을 따라야 한다는 것은 결국 인간의 '발달'에 관심을 갖는다는 것을 의미한다. 그러나 이러한 자연적인 교육방법은 17세기에 처음으로 구상되었지만 완전하게 완성되지는 못했다. 계몽주의가 비로소 어린이다운 것에 관심을 가졌고, 루소가 비로소 어린이를 어린이로서 발견한 것이다. 어린이는 작은 어른이 아니라는 사실과 어린이는 고유한 본성을 갖고, 따라서 그의 고유한 권리를 교육자에게 요구한다는 사실은 루소가 열정적으로 주장했던 통찰이며 그를 교육학의 역사에서 위대한 사상가로 기록되게 하였다. "모든 연령, 모든 삶의 상황은 이미 각각 완전한 것이다. 그리고 이 완전함은 그 시기에 적당한 성숙과 고유함을 갖고 있다."

그의 자연개념에서 유래하는 세 번째 의미는 교육의 소극적 역할이다. 에밀은 "모든 것은 조물주의 손에서 나올 때에는 선하다. 그러나 인간의 손에 의해서 타락한다"라는 유명한 말로 시작된다. 교육은 어린이가 스스로 성장하게끔 하는 '자연적'인 것이며, 따라서 단지 성장을 방해하는 것으로부터 어린이를 보호하는 것이 가장 좋다. 이와 같은 의미에서 그의 자연개념은 심리적인 의미를 갖는다. 즉 자연적 교육은 인간의 자연적 소질(자연성)이 스스로 발달하도록 도와주는 것이며, 이때의 자연적 소질이란 어느 개인의 특수성이라기보다는 인간의 발달적인, 그리고 원칙적으로 선한 인간본성을 말한다.

루소가 어린이의 발달에 인위적으로 개입하는 것을 반대한다는 것은, 사실 교육자는 어린이의 발달에 간접적으로 참여한다는 것을 말한다. 교육자는 어린 식물이 자랄 수 있는 공간과 빛을 제공하고 성장을 방해하는 요소를 제거할 뿐이다. 인간을 교육한다는 것은 결국 인간의 자연적인 본성이 만개할 수 있도록 하는 것이며 인간의 생각이나 기분에 따라서 이 과정에 개입하여 망치는 것이 아닌 것이다. 이러한 이유에서 어린 에밀은 많은 문제를 갖고 있는 '문화'로부터 격리되어 로빈슨 크루소와 같은 이상적인 상황에서 교육된다. 인간은 자신의 인생에서 결정적인 것을 경험을 통해서 스스로 이룩하고, 교육자는 단지 어린이를 관찰하면서 올바른 방법으로 경험할 수 있도록 도와야 한다. 여기서 그의 자연개념은 필수적으로 자발성을 요구한다는 사실을 확인할 수 있다.

교육이 통일성을 갖기 위해서는 어린이는 가능한 한, 한 사람의 교육자로부터 교육되어야 한다. '자연적인' 교육자는 처음에는 주로 엄마가 되며, 성장하면서 아버지가 그 역할을 맞게 된다. 이러한 루소의 성향은 에밀에게 한 가정교사를 주고, 그를 가정이나 그 밖의 다른 사회적 관계에 두지 않는 이유와 관계된다. 그는 결국 에밀에서 교육자와 피교육자의 모범을 보여주고자 했다. 이 교육자에게는 단지 한명의 피교육자만 있을 뿐이다. 왜냐하면 그는 그의 피교육자만을 돌보아야만 하며, 그의 제자에게 일생동안 최고의 동료로서 머물러야 하기 때문이다.

에밀 제1권에서 루소는 그 시대의 풍습과 유아교육을 신랄하게 비판했다. 그리고 그는 단순한 영양, 자연적인 활동, 전원의 맑은 공기, 그리고 심신의 단련을 강력하게 권장했다. 이 시기에는 감각을 중요시하고 어린이가 그의 힘을 방해받지 않고 자유롭게 사용할 수 있게 하는 것들을 강조하고 있다. 그는 무엇보다도 어린이가 고집스럽고, 악의적이며 격분하지 않도록 하는 것이 중요하다고 주장했다. 이러한 감정의 격동은 자연스러운 것이 아님으로 교육자가 어린이와 직접적으로 관계하기보다는 감정세계에 속하지 않기 때문에 감정을 불러일으키지 않는 사물세계와 어린이들이 직접적으로 관계하도록 하는 것이 효과적이라고 주장했다. 사물의 필연적 질서에 복종하는 것은 인간 질서에 복종하는 것과는 달리 노예적이 되는 것이 아니라 오히려 자유롭게 되는 것이다(자연이란 그 법칙에 순종하는 사람의 말만을 듣는다). 루소의 자유는 사물의 필연성이 가르치는 자연적 자유이다.

제2권에서는 3세에서 12세까지의 교육이 다루어진다. 이 시기는 어린이가 의식적으로 인식하게 되기 때문에 어른을 모방하고, 또 미래를 위해서 현재를 희생하는 위험이 크다. 루소는 어린이들이 그들의 어린이 낙원에서 추방되어서는 안 된다고 강력하게 주장한다. 어린이에게 놀이와 즐거움을 만끽하게 해주고 학습으로 강요하지 말라고 그는 반복해서 주장한다. 그리고 교육이 이루어진다면 어린이에 맞게끔 이루어져야 한다. 즉, 교육은 이 시기의 어린이들이 이해할 수 없는 윤리적 교훈이나 이성적 설명에 의하거나, 인간의 권위에 근거한 요청이나 명령을 통해서가 아니라 실질적인 요구에 의해서 이루어져야 한다(소극적 교육).

에밀의 방은 도자기도 없고, 투박한 가구만 있는 농가의 방처럼 꾸며져 있다. 이 방안에서 그에게 금지된 것이란 아무것도 없다. 만약에 그가 이 방의 유리를 깨뜨린다면 그는 사물로부터 유래하는 '자연스러운' 벌을 받게 될 것이다. 그는 이 시기에는 어떤 징계, 윤리적인 징벌 그리고 교훈을 받지 않고 오로지 자신의 경험에 의지하면서 성장한다. 12세까지는 지식적이거나 윤리적인 교훈은 최소한으로 억제된 채 주로 육체와 감각에 대한 연습이 주를 이룬다. 위생에서부터 측량, 자연의 소리를 모방하기 등의 내용을 루소는 자세히 설명하고 있다.

모든 계획적인 수업, 모든 문학, 과학 그리고 예술 등은 이 시기에는 전혀 고려하지 않는다. 그 이유는 "당신이 아이를 자연스러운 상태에서 성장하게 하지 않는다면 그를 참다운 현자로 만들 수 없기" 때문이다. 이러한 자유를 만끽하면서 에밀은 자율성을 최대로 이룩하고 외부 세계와의 실제적인 접촉을 통하여 그의 의지와 정신을 연마한다. 이렇게 자유스럽게 성장한다는 것은 아동기가 행복과 만족감만을 갖고 있다는 것이 아니라, 그의 인생을 살아가기 위해서 자신의 욕구를 스스로 만족시켜야 하는 등의 능력도 필요로 한다.

제3권, 즉 12세부터 15세까지를 다룬 과정에서 비로소 학습이 행해진다. 3세부터 12세의 교육이 주로 감각적-신체적 단련에 집중되었던 것에 반해서, 이시기에서 비로소 사고가 주제화된다. 그러나 일반개념에 의한 추상적 사고는 아직 이 시기 아동의 몫이 아니다. 아동의 사고는 '감각적 사고'이다. 이 시기에 사고의 계발은 놀이와 운동, 실제적인 생활을 통해서 생기는 자연스러운 지식욕에 토대를 두어야 한다. 에밀에게 그 어떤 인식도 '주어지는' 것이 아니라, 단지 그의 학습에 대한 기쁨만이 촉진된다. 지식과 능력은 그가 스스로 터득하는 것이다. 비록 시간이 오래 걸리더라도, 그리고 다른 방법이 시도되더라도 교육자는 생명의 자발적인 발전에 대한 믿음으로 단지 에밀이 스스로 생각하고, 발견하고, 구성하는 것을 사려 깊게 살펴볼 뿐이다.

에밀을 모든 문제를 실제적인 요구에서부터 갖게 됨으로 학습의 생활과 관련된 원칙이 자연스럽게 나타나게 된다. 그가 살고 있는 지방에 대한 관심이 지리학적, 수학적 그리고 기하학적인 실습만큼이나 그에게 도움을 주는 것이다. 그러나 이 시기에는 사물만 다루어지고 인간은 아직도 다루어지지 않는다. '사회적인 것'과 '윤리적인 것'에 대하여 그는 아직도 무지한 상태에 놓여 있다. 이 시기에 그에게 권장되는 유일한 책은 로빈슨 크루소이다. 왜냐하면 여기서는 실제적인 수공을 학습하는 것을 통한 교육이 주제가 되고 있기 때문이다.

15세부터 결혼할 때까지를 다루는 제4권에서 에밀은 그 동안 감각하고 사고하는 존재에서 비로소 느끼고 사랑하는 존재가 된다. 루소는 열정이나 감각의 위험을 최소화하고 사고를 조절하는 강력한 능력을 얻기 위해서 가능한 한 감정과 환상의 발달을 촉진시키고자 한다. 그는 성숙의 시기를 젊은 인생에 있어서 커다란 위기의 시기로 생각하면서 이 시기를 인간의 '제2의 탄생'으로 비유하며, 때로는 좀 이상적이기는 하지만 이 시기에 인정되는 많은 심리적인 측면을 언급하고 있다.

그의 기본원칙은 이 단계에서도 역시 자연이 방해받지 않고 성장하도록, 그 과정을 인위적으로 촉진시키지 않도록 하는 것이다. 어린이가 순수함 속에서 오랫동안 자랄수록 그의 심신은 더욱 단련되기 때문이다. 이 시기는 성적인 발달과 함께 감정, 호감, 사랑 등이 생겨나기 때문에 교육자는 에밀에게 주변의 여러 사람들과 교제할 기회를 주며, 이렇게 상대방과 관계함으로써 그의 마음속에 자리잡고 있는 정서, 그리고 인간성을 발달시키고자 한다. 에밀은 관계하는 모든 사람에게 참다운 인간을 발견하며 무엇보다도 스스로를 인간으로 느껴야 한다(인본성에 대한 사유). 자신에 대한 애정(자기애)는 동포들에게로 넓혀져야 한다. 이를 위해서는 자기애의 반려인 연민(동정심)을 잘 양성해야 한다. 인간이 자기애를 모든 인류에까지 확장시킬 때에야 그는 진정한 의미에서의 성숙한 인간성을 지니게 되는 것이다.

"당신의 제자가 모든 사람을, 특히 남들이 경멸하고, 비천하게 여기는 사람들까지도 사랑하도록 가르쳐라. 그가 어떤 특수한 계층의 구성원으로서가 아니라 모두에게서 같은 인간으로서 스스로를 깨닫도록 교육하라." "청년에게 인간애를 느끼게 하려면 다른 사람들의 부러운 운명에 감탄하게 하지 말고, 그에게 인생을 슬픈 측면에서 나타내 보여주어 그의 두려움을 일깨워야 한다. 그렇게 하면 그는 다른 사람의 행복을 방해하지 않고서도 자신의 행복에의 길을 개척해 갈 것이다." 에밀은 이제 순수하게 자연적인 질서로부터 '시민적인 상황'으로 들어온 것이며, 그가 인간을 이전에는 한 종족으로 이해하였지만, 이제는 개인으로서 확인하고 평가할 수 있게 된 것이다. 이러한 인간적인 감정의 발달을 위한 시기에 역사수업이 도입된다.

이 성숙의 시기에 두 번째로 중요한 수업은 종교이다. 그리고 바로 여기서 루소 사상의 계몽주의적 경향이 잘 나타난다. 종교는 인간이 그의 인생에서 가능한 한 늦게 접근하는 것이 좋으며, 환상적이라든가 잘못된 신에 대한 상을 갖느니 차라리 신을 모르는 것이 더 낫다. 이른바 '자연종교론'이라고 불리는 루소의 종교론은 에밀 제4권에 실려 있는 '사보아의 보좌신부의 신앙고백'에서 잘 설명되고 있는데, 여기에 실린 교회의 교리에 대한 신랄한 비판 때문에 그에 대한 체포령이 내리는 등 많은 고난을 당하게 된다. 그 내용은 노골적인 '자연신론적'인 이성적 종교였다.

그러나 여기에서도 루소 사상의 두 얼굴이 나타난다. 즉, 그는 모든 이성적인 형이상학과 궤변적인 종교에 대하여 강하게 대항하면서도 바로 거기서 자연적인 감정과 마음의 발달, 즉 인간의 타락하지 않은 양심을 발견할 수 있다고 믿고 있다. "이성은 너무나도 자주 우리를 속인다. 그래서 우리는 이성의 충고를 거절할 수 있는 절대적인 권리가 있다. 그러나 양심은 절대로 우리를 속이지 않는다. 양심을 따르는 자는 자연을 따르는 자다." 루소의 생각에 따르면 신은 책에서 발견하는 것이 아니라, 직접적이고도 감정적인 삶의 내부에서, 그리고 외부에서는 오로지 대자연 속에서 발견되는 존재이다. 이와 같은 그의 사상은 질풍노도시대에 불협화음을 내던 계몽주의 사조가 다시 조화로운 화음을 내게 하는 계기를 준다.

종교교육을 통하여 에밀의 교육은 일단 완성된다. 종교교육을 통하여 양심이 각성되고 우주적 최고질서에 눈을 뜨게 되므로 종교교육은 루소의 전 교육과정의 완성이라는 의미를 갖는다. "우리는 자연과 보조를 맞추어 일하고 있다. 그리고 자연이 육체적인 인간을 만들고 있을 때, 우리는 윤리적인 인간을 만들려고 노력한다. 그러나 이들의 진행속도는 같지 않다. 몸은 이미 건장하고 튼튼하게 되어 있어도, 정신은 아직 힘이 없고 약하다. 그리고 인간의 기술로 어떤 일을 할 수 있다 해도 육체는 언제나 이성에 앞선다. 인간이 가급적 통일성을 지니도록 하기 위하여 우리는 이제까지 이성을 억누르고 육체를 촉진하는 일에 모든 배려를 다해왔다. 그의 개성을 신장시켜 주는 일에 의하여 우리는 나타나기 시작한 그의 감성을 억제해 왔다. 이성을 키우는 것에 의해서 감성을 규제해왔다. 지적인 대상은 감각적인 대상의 영향을 약화시켰다. 사물의 근원으로 거슬러 올라감에 의해서 우리는 그를 관능의 지배로부터 벗어나게 했다. 그를 자연의 연구로부터 자연의 창조자에 대한 탐구로 끌어올리는 것은 쉬운 일이었다."

성숙시기의 또 하나의 과제는 취미의 발달이다. 이제 에밀은 사회적인 교제를 시작한다. 즉, 세계와 대도시의 생활을 배우고, 연극과 음악을 알게 되며, 특히 모국과 다른 나라의 문학의 세계로 인도된다. "나는 에밀이 기분전환을 할 수 있도록 지식세계의 잡다한 내용들을 한번 들어보게 한다."

교육자의 임무는 에밀의 신부선택이나 결혼생활에까지 연결되기 때문에 제5권에서는 '여성교육'을 다루고 있다. 루소가 에밀의 신부로 생각하는 여성의 교육은 에밀이 그 동안 받았던 교육과는 상이한 양상을 띤다. 루소는 여성이 단지 남자의 마음에 들고, 그 밖에는 순종하도록 태어난 존재라고 여겼다. 순종, 온순 그리고 우아함이 여성의 기본덕목이며 예술수업, 바느질, 뜨개질, 레이스 짜기 등이 읽기나 쓰기 학습보다 더 중요한 것이다. 여성은 후에 가정주부로서 생활할 것이며, 따라서 여성도 세계와 쾌락에 대하여 알려주어야 하지만, 그 이유는 후에 여성이 잘못된 생각으로 그것들에 대한 막연한 동경을 방지하기 위한 것이다.

루소가 제시한 주제는 그때까지 적용되던 일반적인 교육사상을 넘어서고 있다. 루소에 의해서 비로소 아동의 고유함과 발달단계에 대한 시각이 열렸고, 이를 통해서 아동의 고유한 권리가 인정되면서 교육자는 아동발달의 동반자로 이해될 수 있었다. 이러한 측면은 비록 과장되기도 했지만 교육사상에 있어서 커다란 진보였다. (Reble 지음, 서양교육사, 193-203 참조).

1) 문화비판과 인간학: 루소 교육학의 토대

(1) 학문과 예술이 인류의 덕을 개선시키는가

① 인간에 대하여 학문과 예술을 장려하면 할수록 인간의 덕(Tugend / virtue)과 행복(Glück / happiness)을 장해한다. 성장세대를 높은 정도

의 학문과 예술에 입문시키려는 시도는 그들 대다수를 부덕하고 불행하게 만든다. 왜냐하면 자신의 능력으로 도달할 수 없는 것이 한 인간에게 강요될 때에는 그는 그것을 지니고 있는 것처럼 행동하지 않을 수 없기 때문이다(학문예술론). 이를 통하여 위선, 허영, 기만과 타인에 대한 시기, 질투, 증오 등의 악습이 생겨난다.

② 학문과 예술은 인간의 영혼을 외면화시킨다. 인간은 사회적 교제/의사소통 속에서 비교하는 존재가 되었는데, 이러한 사회적 교제에서 학문과 예술은 비교의 중요한 기준이 된다. 인간은 사회적인 의견들 가운데에서 자신의 삶에 대한 척도를 구하게 되며, 이를 통하여 그는 자기존재(Selbstsein)로부터 벗어나버린다(학문예술론).

(2) 루소의 인간관(인간학: Anthropologie)

① 자유로이 행위하는 존재로서의 인간: "인간과 동물의 본질적인 차이를 나타내는 것은 개념의 능력(개념적/언어적 사고력)이라기보다는 자유로이 행동하는 존재로서의 인간의 특징이다. 자연은 모든 생명체에게 명령하며, 동물은 이에 복종한다. 인간도 같은 충동을 느끼지만, 그는 이에 동의하고 반대하는 것은 스스로의 자유에 달려있음을 선언한다. 바로 이 자유의 능력 가운데에 그의 영혼의 정신성이 나타난다"(인간불평등기원론).

② 개선능력이 있는 존재로서의 인간: "상황의 도움을 받아 〔자신의 타고난 소질을 바탕으로〕 여러 가지 능력들을 차례대로 발달시킬 수 있는 능력이 인간에게 깃들어 있다"(불평등기원론). 루소는 이 능력이 인간들 사이의 불평등을 야기시키는 중요한 원천이라고 본다.

③ 자연상태의 인간과 사회상태의 인간: "자연인(야만인)은 자기 안에서 살고 있다. 자기 자신으로부터 멀어진 문명인은 타인의 의견의 거울 속에서 살고 있다. 그는 타인들의 판단으로부터 자신의 존재에 대한 느낌을 이끌어 낸다"(불평등기원론, 110). "자연인은 자기 자신 안에서 산다. 그는 하나의 단일체이며 동시에 전체이므로, 그는 자기 자신과 자기와 같은 사람들에만

관여한다. 시민으로서의 인간은 단지 분모에 의존하고 있는 단편이므로, 그의 가치는 전체, 즉 사회와의 관계를 통하여 결정된다. 좋은 사회제도란 인간으로부터 교묘하게 그의 자연성을 빼앗아, 절대적 존재를 제거하고 상대적 존재를 부여한다. 사회제도는 인간의 자아를 공동체로 옮겨놓음으로써, 개인은 더 이상 단일체로서가 아닌 전체의 지절(脂節)로 느끼고 보이도록 한다"(에밀, 27).

루소에 의하면 인간은 자신의 소질들을 완전화(개선) 또는 발달시킴으로써 자연상태에서 벗어났다. 이러한 소질의 완전화는 이성과 정열의 합주(合奏)를 통하여 일어났다. "인간의 개념능력은 정열의 힘을 크게 입고 있으며, 정열들은 또한 개념능력의 덕을 많이 보고 있다. 즉 정열의 능력을 통하여 우리의 지성은 완성된다. 우리는 즐기기를 원하기 때문에 인식을 구한다. 바람도 공포도 없는 사람이 왜 숙고를 하는 수고를 해야 하는지를 우리는 설명할 수가 없다. 정열들은 우리의 욕구들 속에 그 원천을 가지고 있으며 우리의 지식들을 통해 발전한다. 왜냐하면 인간은 자신이 사물들에 대하여 갖는 표상들을 근거로 그 사물들을 바라거나 두려워하며, 혹은 자연의 단순한 충동을 통하여 그렇게 한다. 그런데 모든 종류의 인식을 결여한 자연인/야만인은 다만 후자의 정열만을 느낀다. 그의 바람은 그의 육체적 욕구들을 넘어서지 않는다. 이 세계에서 그가 알고 있는 욕망은 먹는 것과 이성(異性)과 휴식뿐이다. 그리고 그가 두려워하는 불행은 고통과 굶주림뿐이다"(불평등기원론).

"인간은 자연상태에서 생활하기 위해 필요한 것을 모두 본능 속에만 갖추고 있었다. 그리고 사회에서 생활하는 데 필요한 것만을 연마된 이성 속에 지니고 있는 것이다. 우선 첫째로, 이 상태에 있는 인간들은 서로 간에 어떤 종류의 도덕적인 관계나 뚜렷한 의무도 가지고 있지 않았으므로 선인이 될 수도 없고 악인이 될 수도 없었으며, 또 악덕도 미덕도 가지고 있지 않았다고 본다. 단 이런 말을 물리적인 뜻으로 해석하여 개인 속에 있는 자기보존에 해가 될 성질을 악덕이라고 부르고, 자기보존에 도움이 될 성질을 미덕으로 부른다면 이야기는 별도이지만, 그 경우에는 단순한 자연의 충동에 가장 거역하지 않는 사람을 가장 덕 있는 사람이라고 불러야 할 것이다. 〔……〕 자연상태란 우리의 자기보존을 위한 배려가 타인의 보존에 있어서도 가장 해가 적은 상태이므로, 따라서 이 상태는 가장 평화에 알맞고 인류에게 가장 적합한 것이다"(인간불평등기원론).

④ 자애심과 자만심: 루소는 인간이 타고난 감성적 충동은 자기보존을 위하여 불가결한 것으로 본다(자애심). "우리의 정열/정념들은 우리 자신의 보존을 위한 가장 중요한 도구이다. 이러한 정열들을 파괴하려드는 것은 부질없는 일이며 우스꽝스러운 일이다. 그것은 자연에 영향을 미치고 신의 작품을 개선하려고 드는 것이니 말이다. 〔……〕 자연의 정열들은 매우 제약되어 있다. 그들은 우리의 자유의 도구들이며, 우리의 자기보존에 기여한다. 우리를 압제하고 타락시키는 정열들은 다른 데에서 오는 것이다. 〔……〕 우리의 정열의 근원, 다른 모든 정념의 시작이며 근원인 것, 인간과 함께 태어나 인간이 살아가는 한 인간을 떠나는 일이 결코 없을 단 하나의 정념, 그것은 자기애이다. 그것은 사람이 태어나면서 가지는 원시적인 정념으로, 다른 모든 형태의 정념에 우선한다. 다른 정념들은 모두 어떤 의미에서 그것의 형태를 바꾼 것에 지나지 않는다. 이와 같은 의미로 보면, 모든 정념은 자연의 것이라 해도 좋으리라. 그러나 그러한 형태를 바꾼 정념들의 대부분은 외부적인 원인을 가지므로 그 원인이 없이는 결코 생기지 않는다. 그리고 그러한 형태를 바꾼 정념은 우리에게 유익하기는커녕 오히려 해로운 것이다. 그것은 최초의 목표를 바꾸어 그 근원과 반대방향으로 나아간다. 그렇게 되면 인간은 자연 밖으로 나가게 되고 '자신과 모순'되게 된다"(에밀, 278부터). 요컨대 선천적, 근원적인 정열로서의 자기애는 사회상태 속에서 여러 가지 양태로 부풀려지고 왜곡되며, 이러한 여러 가지 양태의 정념들을 루소는 자만심이라고 부른다. "자존심을 낳는 것은 이성이고 그것을 강하게 하는 것은 반성이다. 이 반성에 의해 인간은 자기를 돌아보고 또 자기를 방해하고 성가시게 하는 모든 것으로부터 벗어난다. 인간을 고립시키는 것은

철학이다. 〔……〕사람들은 철학자의 창문 밑에서 그 동포를 죽여도 철학자에게 잔소리를 듣지 않는다. 철학자가 자기와 살해될 자를 동등하게 보려고 마음속에서 반항하는 자연을 멎게 하려면 귀에 두 손을 대고 이치를 조금 따지기만 하면 된다. 미개인에게는 이와 같은 뛰어난 재능이 조금도 없다. 그리고 지혜와 이성이 없기 때문에 그는 언제나 인류 최초의 감정에 경솔하게 몸을 맡기는 것이다. 폭동이나 거리에서 싸움이 일어났을 때 모여드는 것은 하층민이지, 조심성이 있는 사람들은 슬쩍 피한다. 싸움을 말려 신사들이 살인소동을 벌이지 못하도록 하는 자는 천민들이고 시장의 아낙네 들인 것이다".

⑤ 자연적인 덕으로서의 연민: "그러므로 연민은 자연의 감정이며 그것은 각 개인에 있어서는 자기애의 활동을 조절하고 종 전체의 상호보존에 기여한다. 타인이 괴로워하는 것을 보고 우리가 아무런 반성도 없이 도와주려고 하는 것은 이 연민 때문이다. 또 자연상태에 있어서 법률, 풍속, 미덕을 대신하는 것도 이것이고, 더구나 그 부드러운 목소리에는 아무도 거역하지 못하는 장점이 있다. 튼튼한 모든 미개인에게 어딘가 다른 곳에서 자기 생활물자를 발견할 수 있다는 희망이 있으면, 나약한 아이나 병약한 노인이 고생하여 손에 넣은 생활물자를 빼앗을 생각을 하지 않는 것은 이 연민 때문이다. '남에게 대접을 받고자 하는 대로 너희도 남을 대접하라'하는 그 숭고한 합리적 정의의 격률 대신 '타인의 불행을 되도록 적게 하면서 너의 행복을 이룩하라' 하는, 분명히 앞의 것만큼 완전하지는 않으나 한층 더 유효한, 자연의 선성에 대한 또 하나의 격률을 모든 사람의 마음속에 품게 하는 것은 이 연민의 정이다. 한 마디로 말하면 모든 사람이 교육상의 격률과는 비록 관계가 없더라도, 잘못된 행위를 한 경우에 느끼는 혐오의 원인은 교묘한 논거 속에서 보다도 오히려 이 자연의 감정 속에서 구해야 한다.

"그것은〔연민의 감정〕 어떠한 상황에 있어서 인간의 자존심의 격함을 완화시키고, 또는 이 자존심의 발생 이전에는 자기보존의 욕구를 완화시키기 위해 인간에게 주어진 원리이며, 동포의 괴로움을 보기 싫어하는 선천적 감정에서 인간이 자기 행복에 대해서 느끼는 정열을 완화하는 원리인 것이다."

요약컨대, 루소에 따르면 인간의 원천적이고 강력한 단순성 / 천진성은 기교적인 것을 통하여, 즉 문명을 통하여 거세되고 타락되었다. 심정의 순수한 천진성을 지니고 있는 사람은 사고하는 인간이라기보다는 느끼는 인간이다. 느끼는 인간은 자연에, 그리고 생명에 가까이 서있다. 이러한 사람은 따라서 다른 생명체들과 함께 느끼며, 함께 괴로워하지 않을 수 없다는 것이다.

2) 에밀의 교육론

(1) 유아기(0-2세)

신체적 정신적인 자기보존을 위한 최초의 조력으로서의 양육(Verpflegung)이 행해지는 단계이다. 이 단계의 교육은 아동이 그의 바람을 자연적 욕구에 한정시키며 그의 바람을 가능한 한 그 자신의 활동을 통하여 충족시키도록 하여 야욕과 지배욕, 소유욕이 생기지 않도록 함으로써 자연성을 보존하는 것이 중요한 과제이다. 또한 이 시기는 언어가 최초로 발달하는 시기인데, 언어형성에 있어서 유아자신의 자발성이 중시되어야 한다.

(2) 아동기(3-12세)

–개별성(Individualität)의 발달이 시작되는 단계이다.

–이시기의 교육의 주된 과제는 상상력의 제한과 의지와 실행능력 사이의 균형을 이루도록 하는 것이다.

–"아동을 사물에 의존시키면 그들을 자연에 따라 교육시키게 된다".

–소극적 교육: 이성을 조기에 양성하려 하거나 직접적인 도덕교육을 시도하지 말라.

–사고에의 입문: 유년시절에 사고하는 것을 배우지 않은 자는 평생토록 사고하지 않는다.

–감각적 이성의 양성: 감각을 훈련시킨다는 것은 감각을 단지 사용한다는 것을 의미하는 것이 아니라 감각의 도움으로 올바르게 판단하고 올바르게 느낀다는 것을 의미하는 것이다. 우리의 첫 번째의 철학교사는 우리의 발과 손, 그리고 눈이다.

(3) 소년기(13-15세)

–이 시기는 아동의 힘이 그에게 필요한 정도를 넘치는 시기이다.

–이 시기에 교육은 신체적인 작업과 정신적인 작업의 결합을 시도해야 한다.

–지식을 획득하는 능력을 양성해야.

–개념들을 형성하는 방식이 인간의 정신에 그의 성격을 부여한다.

(4) 청소년기(16세–20세)

–사회적 도덕적 삶에의 입문

–에밀이 사회생활의 소용돌이 속에서 정념들에 의해서나 대중들의 의견에 의해서 휘둘리지 않을 수 있는 것만으로 충분하다.

–연민/동정심을 통하여 자기애가 동포들에게 확장되며 이것이 덕(Tugend)이다.

–사고능력이 꾸준히 양성되어 마침내 초감성적인 영역에까지 미치게 된다.

–양심은 종교적인 그리고 도덕적인 의식에 대한 최고법정이다.

유아기(0–2세)의 교육

–자연의 질서 아래서는 인간은 모두 평등하며, 그들의 공통의 천직은 인간 바로 그것이다. 나의 학생을 장차 군인으로 만들려고 하던 성직자로 만들려고 하든 법률가로 만들려고 하든 간에 그것은 아무래도 좋다. 그의 부모가 그의 직업을 선택하기 전에 자연은 먼저 인간으로 살도록 명령한다. 이에 따라 내가 학생들에게 가르치려고 하는 직업은 삶(생활)이다.

-자연을 관찰하라. 그리고 자연이 보여주는 길을 가라.

-당신들은 자연을 교정하려다가 오히려 자연의 법칙을 파괴하고 자연의 배려를 방해하고 있다는 것을 모르는가.

-아이가 태어남과 동시에 교육이 시작되므로 태어났다면 그는 이미 학생이다. 교사의 학생이 아니라 자연의 학생을 말하는 것이다. 교사는 단지, 자연이라는 가장 훌륭한 스승 밑에서 이 스승의 하는 일이 방해받지 않도록 할 뿐이다. 교사는 아이를 살펴보고, 관찰하고, 그 뒤를 따라다니며, 아이의 오성/지성이 희미하게 나타나기 시작하는 때를 주의 깊게 지켜보아야 한다. 아이의 최초의 정신적 경험은 순수하게 감정적인 것이다. 그러므로 아이는 단지 기쁨과 고통을 느낄 뿐이다. 걸을 수도 물건을 잡을 수도 없는 그들은 오랜 시간에 걸쳐서 조금씩 그들의 외부에 있는 사물을 가리키는 표상적 감각을 형성시킨다. 그러나 그런 것들이 아이의 눈으로부터 멀어져서 크기나 모양이 보일 때까지는 감정적인 경험의 반복이 아이를 습관의 힘에 따르게 한다. 식사와 수면 시간을 너무 정확히 정해 놓으면, 그 시간이 넘으면 참지 못하게 된다. 그리하여 이윽고 욕망이 필요에 의해서 생기지 않고 습관에 의해 생기게 된다. 자연의 욕구에 습관에 의한 새로운 욕구가 추가되는 것이다. 아이에게 길러주어야 할 단 하나의 습관은, 어떤 습관에도 길들여지지 않도록 하는 것이다. 아이에게 자연의 습성을 지니게 함으로써, 또한 언제나 스스로 자신을 지배할 수 있도록 해 줌으로써, 그리고 의지를 가지게 되었다면 무슨 일이던 자기 의지대로 할 수 있도록 해 줌으로써, 일찍부터 그가 마음대로 행동하고, 가지고 있는 힘을 충분히 활용하도록 준비시키는 것이 좋다.

-아이가 최초로 품는 관념은 지배와 복종의 관념이다. 아이는 말을 배우기도 전에 명령하고, 행동할 수 있게 되기도 전에 복종한다. 그리고 때로는 자신의 잘못을 깨달을 수 있는 능력을 갖기도 전에, 아니 잘못을 저지를 줄도 모르는 시기에 벌을 받는다. 이런 식으로 사람들은 어린 마음에 감정을 부어 넣고는 그것을 자연의 탓으로 돌린다. 이런 식으로 아이는 여자들 사

이에서 그녀들의 변덕과 자신의 변덕의 희생자가 되어 6, 7년을 보낸다. 그리고 여러 가지를 배운 뒤에, 즉 아이들이 이해할 수 없는 말이나 아무 쓸모없는 것을 익힌 뒤에, 인위적으로 생긴 감정에 의해 천성을 말살당한 뒤에, 이 인위적인 아이는 교사의 손에 맡겨진다. 그 교사는 이미 완성되어 있는 인공적인 싹을 완전하게 발달시키기 위해 여러 가지를 가르치는데, 그러면서도 자신을 아는 일, 자기 자신을 활용하는 일, 살아서 행복하게 되는 일은 가르치지 않는다.

—인간의 최초의 상태는 결핍과 무력함의 상태이기 때문에 그 최초의 소리는 울음과 눈물이다. 아기는 여러 가지 신체적인 기관이 불완전한 상태에 있기 때문에 여러 가지 인상을 구별할 수가 없다. 나쁜 것은 모두 그에게 고통이라는 한 가지 감각을 줄 뿐이다. 쉽게 흥분하고 쉽게 노여워하는 아이의 성질은 극도의 관대함을 필요로 한다. 아기가 오직 사물에 대해서만 저항을 느끼고 사람의 의지에 저항을 느끼지 않는 한, 그 아기는 쉽게 노여워하거나 반항하거나 하지 않고 한층 건강하게 자랄 것이다. 아기의 최초의 울음소리는 부탁이다. 그러나 조심하지 않으면 그 울음소리는 이윽고 명령이 된다. 처음에는 도움받기를 원하다가 나중에는 자신에게 봉사해주기를 원하게 된다. 그들 자신이 약하기 때문에 처음에는 남에게 의존하려는 감정이지만, 곧이어 권력과 지배의 관념이 생기게 된다. 그런데 이 관념은 우리의 보살핌으로부터 생긴다기보다는 그 아이의 여러 가지 욕구로부터 생겨나는 것이므로, 아기의 몸짓과 울음소리가 나타내는 숨은 의도를 알아차릴 필요가 있다. 아기가 아무 말 없이 힘들여 손을 뻗을 때에는 무언가를 만지려고 하는 것이다. 그러나 울부짖으면서 손을 뻗을 때에는 그 물건에게 자기 쪽으로 오라고, 또는 그것을 가져오라고 명령하고 있는 것이다. 아기는 어른들의 주인이 아니므로 어른들에게 명령하지 않도록, 또한 물체는 그가 하는 말을 알아듣지 못하므로 물체에게도 명령하지 않도록 일찍부터 습관을 들여 줄 필요가 있다. 따라서 아기가 무언가를 보고 가지려고 할 때, 주어도 좋은 것이라면 그것을 아기에게 가져다주는 대신 아기를 그것이 있는 곳

으로 데려가는 것이 좋다.

—자연의 창조자는 아이에게 그러한 활동원을 줌과 동시에 그것이 너무 해로운 것이 되지 않도록 아이에게 지나친 힘을 주지 않았다. 그러나 아이가 자기 주위에 있는 사람을 마음대로 움직일 수 있는 도구처럼 생각하게 되면 그 도구를 제멋대로 사용하여 자신의 약함을 보충하려 한다. 그렇게 되면 그 아이는 귀찮은 존재가 되고 폭군이 되며, 명령적이고 심술궂게 되어 다룰 수 없는 상태가 된다. 이러한 발달은 선천적인 지배욕에 의한 것이 아니고 우리가 그 아이를 그렇게 교육시킴으로 해서 생겨나는 것이다. 다른 사람으로 하여 행동하게 하는 것이, 더욱이 혀만 가지고도 세계를 움직일 수 있다는 것이 얼마나 유쾌한 일인지를 아는 데에는 그리 오랜 경험을 필요로 하지 않으니까.

—이성만이 우리들에게 선악을 인식하는 법을 가르쳐준다. 선을 사랑하게 하고 악을 미워하게 하는 양심은 이성으로부터 독립된 것이지만 이성이 없이는 발달할 수 없다. 이성을 갖추는 나이가 될 때까지 우리는 선악을 구별하지 못하고, 좋은 일도 하고 나쁜 일도 한다. 따라서 아이들의 행동에는 도덕성이 없다. 오직 그들에게 관계하는 타인의 행동에 대해서 그것을 느낄 수 있을 뿐이다.

—교육이 자연의 원칙에서 벗어나지 않게 하려면:

제 1원칙: 아이는 불필요한 힘을 가지고 있기는커녕, 그가 가지고 있는 힘은 자연이 요구하는 것을 충족시키기에도 부족하다. 그러므로 자연이 그에게 부여한 힘을 충분히 사용할 수 있게 해야 한다.

제 2원칙: 아이의 욕구가 육체와 관련된 것일 경우, 언제든지 그 아이를 돕고, 경험에 있어서나 힘에 있어서나 그 아이에게 부족한 것을 보충해 주어야 한다.

제 3원칙: 아이를 도와주는 경우, 실제로 필요한 것에 한해 도와주고, 일시적인 기분이나 이유 없는 욕망에 대해서는 아무것도 해주지 않도록 해야 한다. 일시적인 기분은 자연에서 생겨나는 것이 아니므로, 당신이 그것을 생겨나게 하지 않는 한 아이가 그것에 의해 고통 받는 일은 없기 때문이다.

제4원칙: 아이의 말과 표정, 몸짓을 주의 깊게 연구하여 자연에서 오는 욕망과 일시적인 기분 등에서 오는 욕망을 구별해야 한다.

이상과 같은 원칙의 정신은 아이에게 참된 자유를 주되 지배욕을 주지 않으며, 되도록 모든 일을 자기 스스로 하도록 하여 타인에게 의존하지 않게 하려는 데에 있다. 그렇게 하여 일찍부터 자신의 힘이 미치는 한도 내로 욕망을 제한하는 데에 익숙해지면 자신의 힘이 미치지 않는 일에 대해서는 욕구불만을 갖지 않게 된다.

—우리가 뜻도 모르는 말을 듣고도 적당히 넘어가는 나쁜 버릇은 생각보다 훨씬 이른 시기부터 시작된다. 학생은 교실에서 뜻도 모르는 선생님의 잡담에 귀를 기울인다. 그것은 배내옷에 싸여 있던 시절에 유모의 지껄임을 듣고 있었던 것과 같은 것이다. 너무 일찍부터 말을 하도록 강요받은 아이는 또렷하고 바른 발음을 배우거나 사람들이 시키는 말의 의미를 이해할 틈이 없다. 그러나 아이를 혼자 내버려두면 아이는 먼저 가장 발음하기 쉬운 음절을 연습한다. 그리고 조금씩 몸짓에 의해 사람에게 이해시킬 수 있는 무언가의 의미를 거기에 포함시켜서 당신들의 말을 배우기 전에 자신들의 말을 당신들에게 가르친다. 당신들의 말을 너무 일찍부터 사용하도록 서두르지만 않으면 아이는 먼저 그 말에 어떤 의미가 주어져 있는지를 잘 관찰한다. 그리고 그 의미를 확실히 안 다음 당신들의 말을 받아들여 사용한다.

적당한 때가 되기도 전에 아이에게 서둘러 말을 시키려는 데에서 생겨나는 가장 큰 폐해는 아이에게 해 주는 최초의 말이나 아이가 하는 최초의 말이 아이에게 아무런 의미도 없다는 것이 아니라, 그 말이 우리들의 의미와는 다른 의미를 갖게 되며, 그보다 그런 사실을 우리가 전혀 모른다는 것이다. 그래서 아주 정확한 대답을 하는 것 같지만 아이는 우리를 이해하지 못하고 우리는 아이를 이해하지 못한 채 이야기를 하고 있는 것이 된다. 우리가 때때로 아이들의 말을 듣고 놀라는 것은 대개 그러한 애매함에 기인하는 것이다. 그 말에 우리가 주고 있는 관념과 아이가 주고 있는 관념이 다르니까 말이다. 아이들에 있어서 말이 가지고 있는 참된 의미에 우리가 주의를 기울이지 않는 것, 그것이 아이들의 첫 번째의 잘못의 원인으로 보인다. 따라서 아이가 사용하는 어휘는 되도록 적은 것이 좋다. 관념보다 많은 말을 알고 있거나 생각할 수 있는 것보다 많은 말을 할 수 있다는 것은 대단히 불합리하다. 도시 사람에 비해 일반적으로 시골 사람들이 한층 더 바른 정신을 가지고 있는 것은 그들의 어휘가 한정되어 있기 때문인 것으로 보인다. 그들은 상대적으로 적은 관념들을 가지고 있기는 하지만 이 관념들을 훨씬 잘 결합시킬 수가 있는 것이다.

에밀 2부: 소년기(3세-12세)의 교육-행동하는 존재로서의 교육.

-또 하나의 진보 덕분에 아이는 전보다 덜 울게 된다. 그것은 체력의 진보이다. 자기 혼자서 보다 많은 일을 할 수 있게 되면, 남에게 도움을 청할 필요가 적어진다. 체력과 더불어 그것을 바르게 사용할 수 있는 감각도 발달한다. 진정한 의미에서의 개인의 생활이 시작되고 자기 자신을 의식하게 되는 것이 바로 이 제2기이다. 그는 진정으로 하나의 인간이 되어 기쁨과 슬픔의 감정을 가지게 된다. 따라서 이때부터 그를 하나의 도덕적 존재로 생각하지 않으면 안 된다.

-불확실한 미래를 위해 현재를 희생시키는 그 야만적인 교육을 도대체 어떻게 생각해야 할까? 즐겁게 보내야 할 시기가 눈물과 벌과 위협과 노예 상태 속에서 지나가 버린다. 불쌍하게도 아이는 자신을 위해서 그렇게 해야 한다는 말을 들으며 그 고통을 받는 것이다. 인간들이여, 동료 인간들을 깊은 사랑으로 대하라. 그것이 당신들의 첫째 의무이다. 어떤 신분의 사람들에게도, 어떤 연령의 사람에게도 인간에게 관계있는 모든 것에게 인간적으로 대하라. 인간애보다 더 위대한 지혜가 어디에 있겠는가. 아이를 사랑해야 한다. 아이의 놀이를, 즐거움을, 사랑스러운 본능을 호의를 가지고 지켜줄 것이다. 입가에는 언제나 미소가 담겨있고, 마음은 언제나 평화로웠던 그 시절을 때로 그리워해 보지 않은 사람이 우리 가운데에 있을까. 어째서

당신들은 천진난만한 아이들에게서는 그 짧은 순간의 즐거움과 그들이 남용할 줄 모르는 귀중한 행복을 빼앗으려 하는가.

—우리는 절대적 행복이라든지 불행이라는 것이 어떤 것인지 모른다. 이 세상은 모든 것이 뒤섞인 상태에 있다. 순수한 감정이라는 것은 맛볼 수가 없다. 인간은 같은 상태에 한순간밖에 머무르지 못한다. 우리의 마음은 육체가 변화하는 것과 마찬가지로 끊임없는 흐름 가운데에 있다. 가장 행복한 사람은 고통을 가장 적게 받는 사람이며, 가장 불행한 사람은 기쁨을 가장 적게 느끼는 사람이다. 이 세상에 있어서의 인간의 행복은 하나의 소극적인 상태에 지나지 않는다. 고통의 감정에는 언제나 그것에서 벗어나려는 욕망이 뒤따르며, 기쁨의 관념에는 반드시 그것을 즐기려는 욕망이 뒤따른다. 모든 욕망은 결핍을 전제로 하며, 그 결핍에는 반드시 고통이 뒤따른다. 따라서 우리의 불행은 우리의 욕망과 능력의 불균형 사이에 존재한다.

그렇다면 인간의 지혜, 즉 진정한 행복의 길은 어디에 있는 것일까? 그것은 우리의 욕망을 줄이는 데에 있지 않다. 욕망이 능력보다 적으면 우리 능력의 일부는 할 일을 잃게 되어, 우리는 우리의 존재를 완전한 상태에서 향유할 수가 없기 때문이다. 그것은 또한 우리의 능력을 증대하는 데에 있지도 않다. 동시에 욕망이 더 큰 비율로 커질수록 그만큼 더 우리는 불행해질 뿐이기 때문이다. 진정한 행복은 오직 능력을 넘는 욕망을 없앰으로써 힘과 의지를 완전한 평형상태에 두는 데에 있다. 그렇게 함으로써 비로소 모든 힘이 활동 상태에 있게 되고 마음은 평정을 유지하여 조화를 이룬 상태의 자신을 발견할 수 있다.

모든 것을 최선의 것으로 만드는 자연은 처음에 인간을 이런 식으로 만들었다. 자연은 인간에게 직접적으로는 자기 보존에 필요한 욕망과 그것을 충족시키기에 충분한 능력만을 주었다. 그 이외의 능력은 모두 필요에 의해 발달할 수 있도록 예비로 인간의 마음속 깊숙이에 숨겨 두었던 것이다. 이 본원적 상태에서만 힘과 욕망의 평형을 찾아낼 수 있고, 인간은 불행해지지 않는다. 잠재적인 능력이 활동을 시작하면 모든 능력 중 가장 활동적인 상상력이 눈을 떠서 다른 능력을 앞지른다. 상상력이야말로 좋은 일이건 나쁜 일이건 우리 능력의 한계를 넓혀서 욕망을 만족시킬 수 있다는 기대에 의해 욕망을 자극하고 크게 해주는 것이다. 자연의 상태에 머물러 있으면 있을수록 인간의 능력과 욕망의 차이가 좁아져, 행복에서 멀어지는 일이 적어진다. 불행은 결핍 그 자체에 있는 것이 아니라 결핍감을 느끼게 하는 욕망 속에 있는 것이다. 현실세계에는 한계가 있으나, 상상의 세계는 무한하다. 전자를 크게 할 수는 없으니까 후자를 작게 하자. 거미가 자기 집의 한 가운데에 있는 것처럼, 우리의 힘이 미치는 범위를 알고 그 한가운데에 머무르도록 하자. 그렇게 하면 우리는 언제나 자기 자신에 만족하고 자기가 약하다는 것을 느끼지도 한탄하지도 않을 것이다.

자신의 의지대로 행하는 사람이란 무엇을 행할 때 자신의 힘에 타인의 힘을 보탤 필요가 없는 사람이다. 그래서 모든 행복 중 첫째가는 행복은 권력이 아니라 자유라는 결론이 나온다. 진정으로 자유스러운 인간은 자신이 할 수 있는 일만을 원하며 자신의 마음에 드는 일만을 한다. 이것이 나의 근본적인 격률이다. 그리고 교육의 원칙은 모두 그로부터 생긴다.

—현명한 어른은 자신의 위치에 머물러 있을 수가 있다. 그러나 아이는 자신의 위치를 모르기 때문에 그곳에 머물러 있을 수가 없다. 아이는 그 위치에서 빠져 나가기 위해 우리들 속에서 수많은 출구를 찾아낸다. 따라서 아이를 제 위치에 머물러 있게 하는 것이 돌보아주는 사람의 임무인데, 그것이 쉬운 일이 아니다. 아이는 짐승이어서도 어른이어서도 안 된다. 아이는 아이여야 한다. 아이는 자신의 약함을 느껴야 하지만 그 때문에 괴로워해서는 안 된다. 타인에 의존해야 하지만 복종해서는 안 된다. 부탁해야 하지만 명령해서는 안 된다. 아이가 다른 사람들에게 복종하는 것은 그가 여러 가지 필요를 가지기 때문일 뿐이다.

—훌륭한 교육이란 이성적인 인간을 만드는 것이다. 그런데도 사람은 이성에 의해 아이를 교육하려 한다. 그것은 교육을 맨 끝에서부터 시작하는 것이다. 목표를 수단으로 삼으려고 하는 것이다.

―당신들은 아이에게 복종의 의무를 납득시키기 위해 갖은 설득과 위협을 하며, 아첨과 뇌물까지 덧붙인다. 그래서 이익 때문이건 힘에 강요를 당해서건 아이는 이치를 납득한 체한다. 아이는 복종은 자기에게 이익이 되고 반항은 손해가 된다는 것을 잘 안다. 그런데 당신들은 아이가 싫어하는 일만을 요구한다. 타인의 의지에 따라 무언가 하는 것은 언제나 괴로우니까 아이는 숨어서 자기가 하고 싶은 일을 하게 되고, 자기가 말을 안 듣는다는 사실을 사람들이 모르기만 하면 된다고 생각한다. 그러나 그것이 발각되면 벌에 대한 두려움, 용서받을 수 있으리라는 기대감, 집요하게 추궁 받을 일, 무엇이라고 대답해야 좋을지 모르는 당혹감이 아이로 하여금 모든 것을 고백하게 한다. 그렇게 되면 사람들은 아이를 설득했다고 생각하지만, 실은 아이가 견딜 수 없게 되었거나, 겁을 먹어서 그런 것에 지나지 않는다.

그 결과는 어떻게 될까? 첫째, 당신은 아이가 이해하지도 못하는 의무를 아이에게 강요함으로써, 아이로 하여금 당신의 압제에 대해 불쾌한 생각을 품게 하고, 당신을 사랑하지 않게 된다. 둘째, 상을 받기 위해 혹은 벌을 면하기 위해 말을 얼버무리거나 거짓말하는 것을 가르치게 된다. 마지막으로 비밀동기를 꾸민 동기로 감추게 만들어 끊임없이 당신들을 속이게 하고, 자신들의 진짜 성격이 당신들에게 알려지지 않게 하며, 기회가 있으면 당신들이나 다른 사람들을 헛된 말도 구슬리는 방법을 당신들 자신이 그들에게 가르쳐 주게 된다.

―결코 그들에게 명령하지 말라. 당신들이 그에 대해서 얼마간의 권위를 가지고 있다고 그들로 하여금 생각하게 해서는 안 된다. 아이에게는 단지 자신은 약자라는 것, 그리고 당신들은 강자라는 것만을 알게 하면 된다. 그의 상태와 당신들의 상태로부터 그는 필연적으로 당신들에게 의존하고 있음을 알게 하는 것이 좋다. 어린이가 이것을 느끼고 깨닫게 하라. 그의 머리 위에는 자연이 인간에게 가하는 가혹한 속박과 필연이라는 무거운 멍에가 씌워져 있으며, 모든 유한한 존재는 이 필연 앞에 무릎을 꿇어야 한다는 것을 일찍부터 깨닫게 하는 것이 좋다. 그 필연성을 사물 속에서 찾도록 해야

한다. 결코 어른의 변덕 속에서 찾게 해서는 안 된다. 그를 억제하는 것은 힘이지 권위여서는 안 된다.

—사람들은 모든 수단을 다 쓰면서 단 한 가지 수단만은 쓰지 않는다. 그런데 그것만이 교육을 성공으로 이끌 수 있다. 그것은 잘 규제된 자유이다. 가능한 것과 불가능한 것에 대한 법칙만으로 아이를 생각대로 이끌어갈 수 없다면, 아이를 교육한다는 따위의 생각을 해서는 안 된다. 아이는 가능한 것과 불가능한 것의 범위를 모르기 때문에 아이를 중심으로 하여 임으로 그 범위를 넓혔다 좁혔다 할 수 있다. 우리는 아이를 속박하고, 퇴박하고, 못하게 한다. 단, 필연이라는 고삐를 사용하여 그렇게 하므로 아이가 그에 대해 불평하지 않는다. 또 사물의 힘만으로 아이를 온순히 순종하도록 하므로 아이 속에 어떤 악도 싹틀 기회가 없다. 정념이란 아무런 실효도 거둘 수 없을 때에는 결코 자극되는 일이 없기 때문이다.

어떤 종류의 교훈이든 당신의 학생에게 말로 훈계를 해서는 안 되며, 경험에 의해서만 교훈을 받도록 해야 한다. 어떠한 벌도 주어서는 안 된다. 아이는 잘못을 저지른다는 것이 무엇인지 모르니까. 또한 아이로 하여금 사과하도록 강요해서는 안 된다. 아이는 무엇이 당신의 기분을 상하게 했는지를 모르니까. 아이의 행동에는 도덕성이 없기 때문에, 아이는 벌을 받는다든가 야단맞는 따위의, 다시 말해 도덕적으로 나쁜 짓은 할 수 없다. 아이에게 완전한 자유를 주었을 때에는 부서지기 쉬운 것이나 귀중한 것은 모두 아이의 손에 닿지 않는 곳에 두어야 한다. 〔아이가〕 귀중한 물건을 부수었다면 그 물건이 저절로 부서진 것처럼 행동하라. 어쨌든 당신들이 아무 말도 하지 않고 견뎌냈다면 그것으로 대단히 많은 것을 이루었다고 믿어도 좋다.

—시간을 아끼지 말고 낭비하라. 인생에서 가장 위험한 기간은 태어나면서부터 12세까지의 시기이다. 이 시기는 오류와 부덕이 싹트는 시기이며, 더구나 그것을 없앨 수단을 가지지 못한 시기이다. 그리고 그 수단을 강구하였을 때에는 이미 악은 그 뿌리를 깊이 내린 뒤여서 뽑아 없앨 수가 없다. 만약 아이가 젖먹이에서 단번에 이성을 갖춘 시기에 도달할 수 있다면,

현재 행해지고 있는 교육 방법이 적합할지도 모른다. 그러나 자연의 흐름에 따른다면 그와는 정반대의 교육이 그에게는 필요하다. 정신이 그 모든 능력을 갖추기 전까지는 아이가 정신을 사용해서 무엇인가를 하지 않도록 할 필요가 있다. 정신이 눈을 뜨기 전에는 당신들이 주는 빛을 아이가 인식하기란 불가능하며, 또 관념의 넓은 들판에서 가장 뛰어난 눈에도 어렴풋이 밖에 보이지 않는 이성의 길을 따르기란 불가능하기 때문이다.

그러므로 초기의 교육은 철저하게 소극적이어야 한다. 그것은 미덕이나 진리를 가르치는 것이 아니고 악덕으로부터 마음을, 오류로부터 정신을 보호해 주는 일이다. 당신들이 아무것도 시키지 않고 남들로 하여금 당신들을 따르게 할 수 있다면 설사 당신들의 학생이 오른 손과 왼손을 구별하지 못하더라고 12세까지 튼튼하게 길러낼 수 있다면, 당신의 최초의 교육으로 그의 오성의 눈은 이성을 향해 열릴 것이다. 아무런 편견도 습성도 가지지 않는 그는 당신들의 교육을 어떤 것에도 방해를 받지 않고 받아들일 것이다. 이윽고 그는 당신들에게 인도되어 인간 중에서 가장 현명한 인간이 될 것이다. 이렇게 처음에는 아무것도 하지 않음으로써, 당신들은 훌륭한 교육을 베푸는 것이 된다. 특히 아이가 싫어하는 일을 납득시키려고 이치를 설명해서는 안 된다. 그런 식으로 싫어하는 일에 이치를 들고 나오는 것은 그것을 질색인 것으로 만들 뿐만 아니라, 아직 이치가 무엇인지 알지 못하는 정신에 일찍부터 그것을 믿을 수 없는 것으로 생각하게 하는 데에 지나지 않는다. 그러나 정신은 되도록 오랫동안 아무것도 하지 않고 그대로 두는 것이 좋다. 여러 가지 생각을 평가할 수 있는 판단력이 생기기 이전의 모든 생각을 인정해 주어서는 안 된다. 또 외부로부터 오는 낯선 인상을 차단해 주는 것이 좋다. 그리고 악이 생겨나는 것을 막기 위해서 일찍부터 선을 길러주려고 서두르면 안 된다. 아이가 이성의 빛을 볼 수 없는 한, 선은 결코 선이 되지 못하기 때문이다. 일체의 지연이 오히려 시간을 크게 얻는 것이라고 생각하라. 아무것도 잃지 않고 목표를 향해 나아간다는 것은 큰 이익을 보는 것이다. 아이에게 어떤 도덕 교육이 적합한지를 알기 위해서는 그 성향을 잘 알아 두어야 한다. 정신은 각기 고유한 형태를 이루고 있으므로 그 형태에 맞추어 지도해야 한다. 신중한 사람이여, 당신이 아이에게 한 마디 말을 하기 전에 아이를 오랫동안 관찰하라. 그의 천성을 알아두는 것이 좋으리라. 무엇보다도 그의 성격의 싹이 스스로 드러나도록 자유롭게 놓아두라. 그 참모습을 잘 보기 위해 어떤 것이든 강제하면 안 된다. 당신들은 이 자유의 시기가 학생에게 있어 헛되이 보내진 시기라 생각하는가? 전혀 그렇지 않다. 그 시간은 가장 유효하게 쓰인 시간이 될 것이다.

—아이가 방의 창을 깨뜨렸다. 아이가 감기에 걸리지 않을까 염려하지 말고, 낮이고 밤이고 아이의 방에 바람이 불어오도록 내버려 두는 것이 좋다. 아이를 바보로 만드는 것보다는 감기에 걸리게 하는 것이 더 나으니까. 아이가 당신을 불편하게 한 데 대해서는 결코 불평하지 말고 먼저 그에게 그 불편함을 맛보게 하는 것이 좋다. —이렇게 해서 우리는 도덕적인 세계로 들어간다. 그리하여 악덕에의 문이 열린다. 약속이라든가 의무 따위와 함께 기만이나 허위가 생겨난다. 해서는 안 될 일을 하게 되면 이를 숨기려 한다. 이해관계에 의해 무언가 약속을 하게 되면 더 큰 이해관계가 그 약속을 깨뜨리게 한다. 그렇게 되면 약속을 어겨도 벌을 받지 않고 그냥 지나칠 수 있는 방법만 강구하게 된다. 당연히 빠져나갈 길이 생긴다. 숨어서 무엇인가를 하거나 거짓말을 하거나 한다. 악덕을 막을 수 없었던 우리는 이번에는 그것을 벌하지 않을 수 없는 입장에 놓이게 된다. 이렇게 하여 인생의 불행은 그 과오와 함께 시작된다. 복종의 법칙이 거짓말할 필요를 낳는다. 복종한다는 것은 괴로운 일이므로 되도록 다른 사람이 모르도록 그것을 피하려 하기 때문이며, 또 벌이나 힐책을 면한다는 눈앞의 이익이 진실을 이야기함으로써 장래에 생길 이익보다 강하게 작용하기 때문이다. 자연스럽고 자유로운 교육을 받고 있는 아이라면 무엇 때문에 거짓말을 하겠는가. 아이가 당신에게 무엇을 숨길 필요가 있겠는가. 당신은 아이를 꾸짖지도 않고 벌하지도 않으며, 아이에게 아무런 요구도 하지 않는데……그러므로 그는 자신이 한 일을 자기의 어린 친구에게 말하는 것처럼 솔직히 이야기 할 것이다.

자기 임무에 대한 거짓말은 더욱 더 부자연스럽다. 어떤 행위를 한다, 안 한다 하는 약속은 계약행위이며 자연의 상태를 벗어난 일이고 자유를 모독하는 일이기 때문이다. 다시 말해서 아이의 약속은 그 자체가 모두 무의한 것이다. 그의 한정된 시야는 현재를 넘어 멀리까지 미치는 일이 없으며, 약속한다 해도 그것이 무엇인지 모르기 때문이다. 약속할 때 거짓말을 한다는 것은 아이에게는 거의 불가능하다. 눈앞의 일에만 급급해 있는 아이에게는 당장 결과가 나타나지 않는 수단은 어떤 것이든 똑같게 생각된다. 장래에 대한 약속을 할 때 아이는 아무것도 약속하는 것이 아니다. 그리고 아직 잠자고 있는 그의 상상력은 서로 다른 두 시기로 그의 존재를 확대할 수 없다. 결국 아이의 거짓말은 모두 교사의 탓이라는 이야기가 된다. 아이에게 진실을 말하라고 가르치는 것은 거짓말하는 기술을 가르치는 것에 지나지 않는다. 열심히 아이를 감시하고 지도하고 가르치려하면서, 사람들은 그에 성공하는 충분한 수단을 찾아내지 못한다. 사람들은 근거 없는 준칙이나 타당성이 확보되지 않은 교훈에 의해 아이들의 정신에 영향을 미치려고 한다. 그리고 아이들이 아무것도 모르면서 솔직하기보다는 교훈을 납득하면서 거짓말을 하는 쪽이 더 낫다고 생각한다.

우리는 어떤가 하면, 학생에게는 실용적인 교훈만 주고, 학생이 영리하게 되기보다는 선량해지는 쪽이 낫다고 생각한다. 그리고 그들이 진실을 숨기게 될 것을 두려워하기 때문에 그들에게 진실을 요구하지 않으며, 어길 우려가 있기 때문에 약속을 요구하지 않는다…….

—사람들은 아이들에게 읽기를 가르치는 최선의 방법을 고안하는 일에 법석을 떨고 있다. 그래서 그들은 글자 상자와 카드를 만들어내고 있다. 그런 방법보다 더욱 확실한 방법, 그리고 언제까지나 사람들이 알아채지 못하는 방법은 아이로 하여금 배우고 싶어 하는 마음을 가지게 하는 것이다. 그가 읽기를 철저히 싫어하게 된다면 읽을 수 있다고 해서 무슨 소용이 있겠는가? 〈아직 좋아할 수 없는 학문이 그에게 있어 혐오스러운 것이 되지 않도록, 그리고 일단 싫어졌기 때문에 그가 아무것도 모르던 시기가 지난 후까

지도 그런 혐오가 그의 마음을 학문으로부터 멀어지게 하는 일이 없도록 특히 마음을 써야 한다.〉

내가 나의 소극적인 방법을 강조하면 할수록 반대의 소리가 더욱 더 높아지는 것처럼 느껴진다. 당신의 학생이 당신에게서 아무것도 배우지 않는다 해도 다른 사람에게서 배울 것이다. 그에게 진리가 스며들게 하지 않으면 학생은 거짓을 배우게 될 것이다. 당신은 그에게 편견을 가르칠까 두려워하겠지만 학생은 주위의 모든 것으로부터 그것을 배운다. 편견은 그의 모든 감관을 통해 파고 들어올 것이다. 그리하여 편견은 그의 이성이 형성되기 전에 이성을 망쳐 버리게 된다. 그렇지 않으면 그의 정신은 오랫동안 아무것도 하지 않고 있었기 때문에 둔해져서 물질에 흡수되어 버리게 된다. 아이 때에 사고하는 습관을 붙여놓지 않으면 그 후 일생 동안 사고하는 능력을 잃게 된다.

내가 세운 계획대로 만약 당신들이 기성의 규칙과는 정반대되는 규칙에 따른다면, 그리고 당신의 학생을 먼 들판으로 데리고 가지 않고, 즉 끊임없이 먼 나라, 먼 장소, 먼 시대로, 또 대지의 끝, 나아가서는 천국으로까지 방황하게 하지 않고 언제나 그 자신으로부터 떨어지지 않도록 하여 직접 자신에 관계있는 것에 주의를 돌리도록 노력하면, 이윽고 아이가 지각하고 기억하고 추리하는 능력까지 가지게 되는 것을 당신은 발견하게 될 것이다. 그것이 자연의 질서이다. 감각하는 존재가 행동하는 존재로 됨에 따라, 그는 자신의 체력에 맞는 분별력을 획득한다. 그리고 자기보존에 필요한 정도를 넘는 힘이 생겼을 때, 비로소 그 여분의 힘을 다른 목적에 쓰게 하기 위해 도움이 되는 사고기능이 그의 내부에 발달한다. 따라서 당신 학생의 지력을 기르려면 그 지력이 지배할 체력을 길러야 한다. 끊임없이 그의 몸을 단련시켜라. 그를 건강하게 하여 현명하고 선량한 인간으로 만들어야 한다. 일하게 하고, 행동하게 하고, 뛰게 하고, 소리 지르게 하여 언제나 운동 상태에 있도록 하는 것이 좋다. 체력에 있어서 어른이 되게 하라. 그러면 이윽고 이성에 있어서도 어른이 될 것이다.

—끊임없이 가르치려 드는 권위에 모든 점에서 복종하는 당신의 학생은 시키지 않으면 아무것도 하지 않는다. 배가 고파도 먹을 수가 없고, 유쾌해도 웃을 수가 없으며 슬퍼도 울 수가 없고, 한 손 대신 다른 손을 내밀 수도 없으며, 다리도 명령받은 대로밖에 움직이지 않는다. 나중에는 당신의 명령대로밖에 호흡할 수밖에 없게 될 것이다. 그를 대신하여 만사에 신경을 쓰고 있는 당신은 그에게 무엇을 생각하라고 하겠는가. 앞일은 당신이 생각해 줄 것이라고 안심하고 있는 그가 앞일에 대하여 무슨 생각을 할 필요가 있겠는가. 당신이 그의 신변의 안전과 행복을 위한 일을 맡고 있는 것을 알고 그는 자신이 그런 일에서 해방되어 있다고 느낀다. 그의 판단력은 당신의 판단력에 의존해 있다. 당신이 금지시키지 않은 일은 무엇이든지 아무 생각 없이 한다 해도 아무런 위험이 없다는 것을 알고 있기 때문이다. 당신은 그가 가지고 있는 이성의 힘을 아주 쓸모없게 보이는 일에 사용하게 함으로써 그의 눈에서 이성이라는 것에 대한 신뢰를 모두 잃어버리게 하고 만다. 이성이 어떤 쓸모가 있는지 전연 모르는 그는 이윽고 그것을 아무 짝에도 쓸모없는 것으로 생각하게 된다. 이성을 그릇 사용하기 때문에 생기는 최악의 사태는 그에게 있어서는 고작해야 야단맞는 일에 불과한데, 그는 빈번히 야단맞아 왔으므로 그런 일쯤은 대수롭게 여기지도 않는다.

그러나 나의 학생, 아니 자연의 학생은 어떤가 하면 되도록 자기 일은 자기가 처리하도록 훈련되어 있기 때문에 끊임없이 다른 사람에게 도움을 청하는 따위의 습관은 전혀 없고, 자신의 박식함을 남에게 자랑하는 버릇은 더더욱 없다. 그 대신 자신에게 직접 관계있는 일이라면 무엇이든지 판단하고, 예상하고, 추리한다. 쓸데없는 말을 하지 않고 행동한다. 세상에서 일어나고 있는 일에 대해서 조금도 알지 못하지만 자신에게 영향을 주는 일을 아주 철저히 알고 있다. 끊임없이 움직이고 있으므로 당연히 많은 일을 관찰하게 되고, 많은 결과를 알게 된다. 그는 일찍부터 풍부한 경험을 획득한다. 그의 스승은 자연이지 인간이 아니다. 자기에게는 어떤 학과도 부과되어 있지 않다고 생각하기 때문에, 그는 모든 것을 한층 더 빨리 배우게 된다. 이렇게 하여 그의 신체와 정신은 동시에 단련된다. 언제나 자신의 생각에 의해 행동하지 타인의 생각에 의해 행동하지 않으므로 그는 사고와 행위의 두 가지 작용을 끊임없이 연결시킨다. 즉 그는 힘 있고 건강해질수록 분별 있고 바른 판단력을 가진 인간이 된다. 이것이야말로 일반적으로 양립될 수 없다고 생각되어지는 것, 그렇지만 모든 위대한 사람들이 겸해서 지니고 있는 것, 즉 육체의 힘과 정신의 힘, 현자의 이성과 운동선수의 체력을 장래에 가지기 위한 방법이다.

—인간이 최초로 느끼는 자연적인 충동은 주위에 있는 모든 것과 자신을 비교 측정해 보는 일이며, 또 스스로 지각하는 하나하나의 대상에 자신과 관계있을 것 같은 모든 감각적인 성질을 시험해 보는 일이다. 그러므로 인간이 처음으로 연구하는 것은 자기보존을 위한 일종의 실험물리학이다. 그런데 인간은 이 세상에서 자신의 위치를 아직 인식하기 전에 사변적인 연구에 붙잡혀, 그 실험물리학으로부터 멀어지게 된다. 그의 섬세하고 유연한 팔다리는 그것이 작용할 물체에 적응할 수 있을 때, 또 그의 감각이 예리하고 착각에서 벗어나 있을 때, 그때에야말로 육신과 감각은 그 본래의 기능을 발휘할 수 있도록 훈련되어야 한다. 그리고 그때에야말로 우리 자신과 사물 사이의 물리적인 관계를 감지하는 것을 배울 때이다. 인간의 오성에 들어오는 것은 모두 감각을 통해 들어오므로 인간의 최초의 이성은 감각적 이성이다. 그것이 지적인 이성의 기초가 된다. 따라서 우리의 최초의 철학 교사는 우리의 발과 손, 그리고 눈인 것이다. 그것은 우리 자신의 이성이 아닌 타인의 이성을 이용하는 방법을 가르친다. 그것은 많은 것을 믿게 하지만 언제까지나 무엇 하나 알게 하지 않는다.

어떤 기술을 활용하기 위해서는 우선 도구를 사용해야 하고, 그 도구가 유효하게 사용될 수 있기 위해서는 아무리 사용해도 견디어낼 수 있도록 튼튼하게 만들어진 것이어야 한다. 따라서 생각하는 일을 배우기 위해서는 지성의 도구인 손발과 감각기관을 단련해야 한다. 그리고 그런 도구들을 최대한으로 이용하기 위해서는 그 도구들을 제공하는 육체가 튼튼하고 건강해야 한다. 이와 같이 인간의 참된 이성은 육체와 관계없이 따로 형성될 수 있는 것이 아니며, 훌륭한 신체구조야말로 정신활동을 쉽고 확실하게 하는 것이다.

에밀 제3부: 소년기 후기(12-15세)의 교육

—청년기에 이르기까지의 인생의 모든 과정은 무력한 기간이지만 이 초기의 기간 안에 아이의 힘은 그에게 요구되는 정도를 추월하고 성장 중인 동물은 아직 절대적으로는 무력하나 상대적으로는 강해지는 시기가 있다. 그의 욕망은 아직 모두 발달하지 않았기 때문에, 현실의 그의 능력은 욕망을 충족시키고도 남을 정도이다. 성인으로서의 그는 지극히 약한 존재이지만 아이로서는 강한 존재이다.

인간의 약함은 어디에서 생기는가? 그의 능력과 욕망 사이의 불균형에서 생긴다. 우리를 약하게 만드는 것은 우리의 정념이다. 정념을 만족시키기 위해서는 자연이 우리에게 부여한 이상의 능력이 필요하기 때문이다. 그러므로 욕망을 줄이는 것이 좋다. 그렇게 하면 능력이 늘어난 셈이 된다. 자기가 원하는 이상의 일을 할 수 있는 사람은 여분의 능력을 가진 것이 된다. 그런 사람은 확실히 강한 존재이다.

—조금 전까지 우리는 우리의 몸에 닿고 직접 우리를 둘러싸고 있는 것만 문제 삼았다. 그런데 갑자기 지구를 뛰어 돌고 우주의 끝까지 도약하게 되다니! 이 도약은 우리의 힘의 증대와 정신의 경향의 결과이다. 무력하고 불충분한 상태에서는 자기를 보호하려는 배려가 우리를 우리자신에로 집중시킨다. 그러나 강하고 힘이 충분한 상태에서는 자기 존재를 확대하고 싶어하는 희망이 우리를 우리 자신으로부터 끌어내어 되도록 먼 곳으로 이끌어 간다. 그렇다고는 하나, 지적인 저편에까지 이르지 못하고 오성은 우리의 통찰력의 한계 내에서 발전해 갈 뿐이다.

그러니 우리의 감각을 관념으로 바꾸자. 그러나 감각의 대상으로부터 사고의 대상으로 갑자기 비약하지는 말자. 감각적인 것을 통함으로써 우리는 지적인 것에 도달하게 된다. 이성이 작용하기 시작할 즈음에는 언제나 감각만이 이성을 인도해 가도록 하고 싶다. 이 세상 외에는 어떤 책도 주어서는 안 되고, 사실 외에는 어떤 것도 가르쳐서는 안 된다. 책을 읽는 아이는 사고하지 않는다. 단지 읽을 뿐이다. 그래서 그는 지식을 획득하지 않고 말만을 익힌다.

당신의 학생으로 하여금 자연 현상에 주의를 기울이게 하라. 이윽고 아이는 호기심을 가지게 될 것이다. 그 호기심을 길러주려면 결코 서둘러 그것을 만족시켜 주어서는 안 된다. 그의 능력에 맞는 문제를 내어 스스로 그것을 풀게 하는 것이 좋다. 무엇이든 당신이 가르쳤기 때문이 아니라 아이 스스로 납득하여 아는 식이 되어야 한다. 그는 학문을 배우는 대신에 스스로 만들어내야 한다. 그의 머리 속에 이성 대신 권위를 집어넣는다면 그는 이성을 작용시킬 수 없게 될 것이다. 그러면 그때에 그는 남들의 사고의 노리개가 될 뿐이다. 이런 식으로 스스로 배우는 것에 관해서는 남에게서 배워 안 것보다 한층 명료하고 확실한 관념을 가지게 된다. 그리고 이성을 비굴하게 하여 권위에 복종하는 일이 없게 될 뿐만 아니라 여러 가지 관계를 발견하거나, 관념을 결부시키거나, 도구를 만들거나 하는 일에 한층 익숙해진다. 그런데 그런 모든 것을 주어지는 대로 받아들이고만 있으면 우리의 정신은 게을러진다.

—〈자기〉라는 것을 충분히 알게 되고 자기에게 좋은 생활이 어떤 것인지 알게 되면 상당히 넓은 범위의 관련을 포착할 수 있게 되며, 자기에게 적합한 것과 적합하지 않은 것을 판단할 수 있게 되면 아이는 일과 놀이의 다른 점을 느끼게 되고 놀이는 일하는 중간의 휴식쯤으로밖에 생각하지 않게 된다. 그리하여 현실적으로 도움이 되는 것이 아이의 공부에 도입되고, 단순히 놀이에 쏟았던 것보다 한층 지속적인 열의를 그것에 쏟게 된다. 끊임없이 새로 발생하는 필연의 법칙은 보다 더 혐오할 악을 피하기 위하여 내키지 않는 일이라도 하지 않으면 안 된다는 것을 일찍부터 인간에게 가르친다.

—우리의 참된 교사는 경험과 감각이며 인간은 자신이 놓여져 있는 의존관계에 있어서만 인간에게 어울리는 것을 확실히 느껴 알 수가 있기 때문이

다. 아이는 자신이 어른이 되도록 태어났다는 것을 알고 있고, 어른의 영역에 관해서 그가 가질 수 있는 모든 관념은 그의 지식을 넓히는 좋은 기회가 된다. 그러나 그가 이해할 수 있는 범위를 넘는 관념에 대해서는 그는 아무것도 몰라야 한다. 내가 저술하는 이 책은 전체가 교육의 이 근본원칙을 계속해서 증명하고 있음에 지나지 않는다. "그것이 어디에 쓸모가 있는가?" 이것이 이제부터 신성한 공식이 된다. 이것은 아이의 바보스러운 질문들을 막는 수단이 된다. 그런 바보스러운 질문들에 의해 아이는 끊임없이 주위 사람들을 피로하게 만드는데, 그런 질문을 하는 것은 무엇인가 알고자 해서라기보다는 오히려 사람들에 대하여 일종의 권력을 행사하기 위해서이다. 유용한 것 외에는 아무것도 알려고 해서는 안 된다는 것을 가장 중요한 교훈으로 배운 자는 소크라테스와 같이 질문한다. 즉, 그는 이유가 없이는 결코 어떤 질문도 하지 않는 것이다. 상대가 질문에 대답하기 전에 그 이유를 물어 오리라는 것을 그는 알고 있기 때문이다.

–나는 말로 하는 설명은 좋아하지 않는다. 말로 하는 설명에는 아이가 귀를 잘 기울이지도 않을뿐더러, 곧 잊어버리고 만다. 실물! 실물! 이 실물이라는 말은 내가 아무리 되풀이해서 말해도 결코 충분하지 않다. 우리의 수다스러운 교육에 의해서 우리는 수다쟁이들을 만들어 내고 있음에 지나지 않는다.

–세론을 평가하는 것을 가르치기도 전에 먼저 세론을 가르친다면 어떻게 하든 세론은 아이의 의견이 되고 아이는 그것을 타파할 수 없을 것이다. 결국 젊은이를 분별 있는 인간으로 만들기 위해서는 우리의 판단을 그에게 강요하지 말고 그의 판단력을 충분히 훈련시켜야 한다.

–인간에게 생활 물자를 공급할 수 있는 모든 일 가운데에서 자연의 상태에 가장 가까운 것은 손을 사용하는 노동이다. 모든 신분 가운데에서 운명과 타인의 지배로부터 가장 벗어나 있는 것은 직인의 신분이다. 직인은 자신의 노동에만 의존한다. 직인은 자유다. 학문은 생명을 죽이며, 정신은 생명을 준다. 무엇인가 직업을 갖기 위해 그것을 배우는 것보다 직업이라는 것을 경멸하는 편견을 극복하는 것이 더 중요하다.

—아이의 눈앞에 자연과 예술의 산물을 차례차례 펼쳐 보여, 그의 호기심을 자극하고 자극된 호기심이 그를 이끌어 가는 흔적을 더듬어가는 것에 의해, 우리는 아이의 취미, 기호, 성향을 연구하고, 아이가 어느 방면에 탁월한 자질이 있다면 그 첫 불꽃의 번뜩임은 볼 수 있다. 그러나 일반적인 잘못, 당신들이 경계하지 않으면 안 되는 잘못은 우연히 발생한 결과를 특출한 재능으로 보는 것, 인간과 원숭이에 공통되는 모방의 정신, 즉 다른 사람이 하는 것을 보고 그것이 무슨 쓸모가 있는지도 모르면서 본능적으로 따라서 하려는 경향성을 특정한 기술에 대한 뚜렷한 기호라고 생각하는 일이다.

—이제까지 내가 한 말을 이해했다면, 몸의 단련과 손의 노동이 어떻게 내가 알지 못하는 가운데 나의 학생에게 반성과 사고를 하게하며 사람들의 판단에 대한 무관심과 정념의 무풍 상태에서 생기게 되는 마음의 나태를 몰아내게 되는지 이해될 것이다. 그는 미개인처럼 게으른 자가 되지 않기 위해서는 농부처럼 일하고 철학자처럼 생각해야 한다. 교육의 큰 비결은 몸의 훈련과 정신의 훈련이 언제나 서로 피로를 풀어 주는 것이 되도록 하는 것이다. 우리의 아이는 이미 자신의 영역으로 들어갔으므로, 아이이기를 그만두려고 하고 있다. 지금 그는 이제까지 느끼던 것보다 훨씬 통절히, 자신을 사물에 의존시키는 필연을 느끼고 있다. 먼저 그의 몸과 감관을 훈련한 다음에 우리는 그의 정신과 판단력을 훈련했다. 그리고 결국 그의 수족의 사용방법과 능력의 사용방법을 결합시켰다. 그를 행동하고 사고하는 존재로 만들었다. 이제 우리는 그를 다정하고 인정 많은 존재로 만들어야 하며, 감정에 의해서 이성을 완성하는 일만이 남아 있다. 우리의 제자는 처음에 감각을 가졌을 뿐이었는데, 지금은 관념을 가지고 있다. 그는 느낄 뿐이었는데, 지금은 판단한다. 연속해서 일어나거나 동시에 일어나는 몇 가지 감각의 비교로부터, 그리고 그에 관하여 내리는 판단으로부터 일종의 혼성감각, 또는 복합 감각이 생겨나는데, 나는 이것을 '관념'이라 부른다. 관념이 어떤 식으로 형성되는가에 의해, 인간 정신에 어떤 특성이 주어지는가가 결정된다. 현실의 모든 관계에만 의거하여 관념을 형성하는 정신은 견실한 정신이

다. 표면적인 관계에 의존하는 정신은 피상적 정신이다. 여러 가지 관계를 있는 그대로 보는 정신은 바른 정신이다. 그것들을 잘못 보는 정신은 잘못된 정신이다. 현실성도 외관도 가지지 않은 가공의 관계를 만들어 내는 자는 미치광이이다. 그리고 어떤 관계도 감지하지 않는 자는 바보이다. 관념을 비교하고 그 관계를 찾아내는 능력이 많은가 적은가에 의해 사람들의 재기가 많은지 적은지가 결정된다.

단순관념/개념들은 단지 서로 비교된 감각(감관지각)들로 구성된다. 단순한 감각가운데에도 복합감각의 경우와 마찬가지로 판단－나는 이것을 단순관념이라고 부른다－이 포함되어 있다. 감각에 있어서는 판단은 완전히 수동적이며, 그것은 우리가 자신이 무엇인가를 지각하고 있다는 것을 지각한다는 것을 확인한다. 관념/개념, 혹은 이념에 있어서 판단은 능동적이다. 그것은 결합하고 비교하며 감관에 의해 규정되지 않는 관계들을 규정한다. 이것의 양자간의 차이의 전부인데 이 차이는 큰 것이다. 자연은 결코 우리를 속이는 일이 없다. 우리를 속이는 것은 언제나 우리 자신이다.

－우리의 잘못은 모두 우리의 판단으로부터 생겨나므로, 아무것도 판단할 필요가 없다면 우리는 아무것도 배울 필요가 없다는 것이 명백하며, 그렇게 되면 우리는 잘못을 범하는 일이 없을 것이다. 즉, 아는 것에 의해 행복해지기보다는 아무것도 모르는 것에 의해 행복해질 것이다. 무지한 자가 언제까지라도 모를 엄청나게 많은 사실을 식자들이 알고 있다는 것을 누가 부정하겠는가. 그렇다고 해서 식자들이 한층 더 진실에 가까이 있다고 말할 수 있을까? 전혀 그 반대다. 그들은 깊이 알수록 진실로부터 멀어져 가는 것이다. 왜냐하면 자신의 판단에 대한 그들의 자만심이 지식의 증가보다 더 급속히 증가하므로, 그들이 배우는 하나의 진실은 백 가지의 잘못된 판단을 동반하지 않고는 얻을 수 없기 때문이다. 유럽의 연구 단체들은 거짓말을 가르치는 공개적인 학교에 지나지 않는다는 것은 더없이 명백한 일이다.

－잘 판단하는 것을 배우는 가장 좋은 방법은 우리의 경험을 되도록 단순화하고, 될 수 있으면 경험하지 않고 때우게 하여, 오류에 빠지지 않도록 하

는 것이다. 그래서 감관들 상호간의 관계를 오랫동안 검토한 다음에 다시 한 번 각각의 감관이 느낀 결과를 다른 감관의 도움을 빌지 않고 그 감관 자신에 의해서 검증하는 것을 배우도록 한다. 그렇게 하면 각각의 감각은 우리에게 있어서 하나의 관념이 되고, 이 관념은 언제나 진실과 일치하게 될 것이다. 이런 종류의 지식을 나는 일생의 이 제3시기를 통해 획득시키려 했던 것이다.

―에밀은 그 자신에 관계있는 덕은 모두 가지고 있다. 사회적인 덕까지 가지기 위해서는 그러한 덕을 필요로 하는 관계를 아는 일만이 남아있다. 그에게 부족한 것은 단지 그의 정신이 금방이라도 받아들이려 하고 있는 지식뿐이다. 그는 남을 생각하지 않고 자신만 생각한다. 그리고 남이 자기를 생각해 주지 않아도 좋다고 생각한다. 그는 어느 누구에게서나 아무것도 구하지 않고, 어느 누구에게서나 무엇 하나 빌지 않았다고 믿고 있다. 그는 인간의 사회에서 고독하며, 자기 혼자만을 기대한다. 그는 건강한 몸과 경쾌한 손발을 가지며, 편견이 없는 바른 정신, 정념에 사로잡히지 않는 자유로운 마음을 가지고 있다. 모든 정념 가운데서 가장 기본적이고 가장 자연적인 정념인 자존심도 그의 마음에는 아직 희미하게 느껴지고 있음에 지나지 않는다. 누구의 휴식을 방해하는 일 없이, 그는 자연이 허락해준 한 만족하고 행복하고 자유롭게 살아온 것이다. 이렇게 성장하여 열다섯 살이 된 아이가 그 때까지의 세월을 헛되이 보냈다고 당신들은 생각하겠는가?.

에밀 제4부: 청소년기의 교육

―우리는 이를테면 두 번 이 세상에 태어난다. 첫 번째는 존재하기 위하여, 두 번째는 살기 위하여 태어나는 것이다. 처음에는 인간으로 태어나고 두 번째는 남성이나 여성으로 태어난다. 폭풍우에 앞서서 미리부터 바다가 거칠게 출렁거리는 것처럼, 이 과격한 변화는 솟구치기 시작한 정념의 중얼거림에 의해 예고된다. 억압된 흥분이 그 위험이 다가오고 있음을 우리에게 경고해 준다. 기질의 변화, 빈번한 흥분, 끊임없는 정신의 동요가 아이를 거의 자제할 수 없게 한다. 전에는 순순히 따르던 사람의 목소리도 아이에

게는 들리지 않는다. 그것은 열병에 걸린 사자와 같은 것이다. 아이는 보호자를 인정하지 않고 간섭받는 것을 거부하게 된다. 이것이 내가 말하는 제2의 탄생이다. 여기서 인간은 참으로 인생으로 들어간다. 이제부터는 인간의 어떤 정념도 그에게 생소한 것이 아니게 된다. 이제까지 우리의 배려는 아이의 놀이에 지나지 않았지만 여기에서 비로소 그것은 참으로 중요한 의미를 가지게 된다. 보통의 경우에 교육이 끝나게 되는 이 시기야 말로 정말로 우리의 교육을 시작하지 않으면 안 되는 시기이다.

—신체적 존재라는 면에서밖에 자신을 인식하지 못하고 있는 동안에 인간은 사물과의 관계에 있어서 자신을 연구하지 않으면 안 된다. 이것은 유년시대에 하는 일이다. 도덕적 존재로서의 자신을 느끼기 시작하면 인간과의 관계에 있어서의 자신을 연구하지 않으면 안 된다. 이것은 우리가 지금 도달한 시점에서부터 시작하여 전 생애에 걸쳐 하는 일이다.

—누군가를 특히 좋아하게 되면 상대도 자기를 그렇게 생각해 주기를 원하게 된다. 사랑은 상호적인 것이어야 한다. 사랑받으려면, 사랑스러운 인간이 되어야 한다. 특별히 사랑받기 위해서는 다른 누구보다도 한층 사랑스러운 인간이 되어야 한다. 적어도 사랑의 대상의 눈에는 그렇게 보여야 한다. 그래서 비로소 자신과 같은 인간에게 주목하게 되고, 자신과 그들을 비교해 보게 된다. 그로부터 경쟁심, 질투심이 생겨난다. 어떤 감정이 넘쳐흐르는 사람은 자신의 마음을 밝히고 싶어 한다. 애인을 필요로 하는 마음에서 이윽고 친구를 필요로 하는 마음이 생긴다.

—정념에 대한 지혜의 핵심은 다음과 같다: 첫째, 인간전체 및 개인과 관련된 참다운 인간관계들을 알아야 한다. 둘째, 모든 마음의 움직임을 이 관계들에 따르게 해야 한다. 그의 감수성이 자신의 일에만 한정되어 있는 경우에는 그의 행동에는 도덕적인 것은 전혀 없다. 감수성이 자신의 밖으로 넓어져 가게 되면 비로소 그는 느끼기를 시작하고 선악의 개념을 갖게 되며, 이를 통하여 그는 비로소 참으로 인간이 되고 인류를 구성하는 일원이 된다. 따라서 우리는 바로 이 점에 우선 관찰의 눈을 돌려야 한다.

―주의 깊게 키워진 청년이 느낄 수 있는 최초의 감정은 사랑이 아니라 우정이다. 나타나기 시작한 상상력의 최초의 행위는 청년에게 자신과 똑같은 인간의 존재를 가르치는 일로써, 인류에 대한 감정이 이성에 대한 감정보다 일찍 눈뜬다. 그래서 무지의 상태의 있는 기간을 잡아 늘이는 것에는 또 하나의 이익이 따른다. 그것은 나타나기 시작한 감수성을 이용하여 젊은 청년의 마음에 인간애의 최초의 씨앗을 심는 일이다. 일찍부터 타락하여 여자와의 방탕에 빠져버린 청년은 인정이 없고 잔혹하다는 사실을 나는 끊임없이 보아왔다. 격한 기질이 그들로 하여금 인내심을 잃어버리게 하고, 복수심이 강하고 흉포한 인간이 되게 한다. 그들의 상상력은 오직 하나의 일에 사로잡혀 있어서 다른 것은 아예 생각하려 들지도 않는다. 그들은 불쌍함도 가련함도 모른다. 보잘것없는 쾌락을 위해 그들은 아버지도 어머니도 우주 전체도 희생시켜 버릴 것이다. 그와는 반대로 축복받은 순진함 속에서 키워진 청년은 자연의 기본적인 충동에 의해 부드럽고 애정에 넘친 정념을 가지게 된다. 그의 심정은 동포들의 고통을 보고 움직인다. 그는 친구들과 재회했을 때 기쁨으로 몸을 떨고, 그들을 포옹하며 감동의 눈물을 흘린다.

―인간을 사회적인 존재로 만든 것은 인간의 약함이다. 우리의 마음에 인간애를 느끼게 하는 것은 우리들 공통의 비참함이다. 우리에게 공통되는 욕구들은 이해관계에 의해 우리를 결속시키지만, 우리에게 공통되는 괴로움은 애정에 의해 우리를 결속시킨다. 행복한 사람의 모습은 다른 사람에게 애정보다는 부러움을 느끼게 한다. 그런 사람이 자기 혼자의 행복을 획득했다는 것은 자기의 권리가 아닌 권리를 가로챘기 때문이라고 우리는 비난하고 싶어진다. 그리고 이기심은 그 사람이 우리를 전연 필요로 하지 않는다는 것을 우리로 하여금 느끼게 하여 우리를 더한층 괴롭게 한다. 그런데, 자기와 똑같은 괴로움을 겪고 있는 사람을 불쌍하게 생각하지 않는 사람이 있을까? 상상은 우리를 행복한 인간의 입장보다는 비참한 인간의 입장에 놓으려는 경향이 있다. 연민은 달콤하다. 괴로워하고 있는 사람의 입장에 자신을 두고, 자신은 그 사람처럼 괴롭지 않다는 기쁨을 느끼게 하기 때문이다. 선망

의 감정은 괴롭다. 왜냐하면 선망하는 자는 자신을 행복한자의 위치에 놓지 않으며, 자신이 행복하지 못하다는 것을 유감으로 생각하기 때문이다.

—열여섯 살이 되면 청년은 괴로움이 어떤 것인지를 안다. 자신도 괴로워한 일이 있기 때문이다. 그러나 다른 사람들도 역시 괴로워한다는 사실은 아직 잘 모른다. 괴로워하는 것을 보아도 그것을 느끼지 못하면 괴로움을 아는 것이 아니며, 남들의 감정을 상상하지 못하는 아이는 고통이라고 하면 자신의 고통밖에 모른다. 그러나 감각의 범위가 넓어져 상상의 불이 점화되면 그는 비로소 자신과 같은 인간 가운데에서 자신을 인식하고, 그들의 슬픔에 마음을 움직이며, 그들의 괴로움에 자신도 괴로움을 느끼게 된다. 그래서 고뇌하는 인류의 가엾은 광경이 이제까지 그가 맛본 일이 없는 감동을 처음으로 그의 마음에 불러일으키는 것도 바로 이때이다.

—이제 싹트기 시작한 이 감수성에 자극을 주어 그것을 길러 가기 위해서는, 그것을 이끌어 간다기보다 그 자연의 경향에 따라가기 위해서 우리는 대체 무엇을 해야 하는 것일까? 청년의 마음에 넘쳐나는 힘이 작용할 수 있는 대상, 마음을 쭉쭉 뻗게 하여 다른 존재들에 미치고 이르는 곳마다 그로 하여금 자신을 초월할 수 있게 하는 대상을 그에게 나타내 보여주어야 하지 않을까? 인간의 자아의 힘을 단단히 죄고 내부에 집중시키고 강화하는 모든 것을 조심스레 제거해 주어야 하지 않을까? 결국, 바꾸어 말하면, 친절한 마음·인간애·동정심·자비심 등 스스로 사람들을 기쁘게 하는 모든 상냥하고 사람을 끄는 정점을 자극해 주고, 선망·증오·탐욕 등 사람들이 싫어하는 잔혹한 모든 정념, 이른바 감수성을 무가치한 것으로 할 뿐만 아니라 부정적인 것으로 하여, 그것을 느끼고 있는 자의 마음을 들볶는 모든 정념이 생겨나지 않도록 해 주어야 하지 않을까?

세 가지의 격

첫 번째의 격: 인간의 마음은 자신을 자기보다 행복한 사람의 입장에 놓고 생각할 수는 없다. 자기보다 불쌍한 사람의 입장에 자신을 놓고 생각할

수 있을 뿐이다.

청년에게 인간애를 느끼게 하려면 다른 사람들의 부러운 운명에 감탄하게 하지 말고, 그에게 인생을 슬픈 측면에서 나타내 보여주어 그의 두려움을 일깨워야 한다. 그렇게 하면 그는 다른 사람들의 행복을 방해하지 않고서도 자신의 행복에의 길을 개척해 갈 것이다.

두 번째의 격: 사람은 오직 자신도 면할 수 없으리라고 생각되는 타인의 불행만을 동정한다.

왜 왕들은 백성들을 동정하지 않는가? 그들 자신은 절대로 평민이 되지 않으리라고 생각하기 때문이다. 왜 부자는 가난한 사람에 대하여 그토록 냉혹한가? 그들은 가난하게 될 염려가 없기 때문이다. 왜 귀족들은 민중을 경멸하는가? 귀족들은 결코 평민이 되지 않을 것이기 때문이다. 그러므로 불행한 사람들의 고통과 가난한 사람들의 노고를 영광된 높은 자리에서 내려다보는 따위의 일에 당신들의 학생을 익숙해지도록 해서는 안 된다. 그리고 그가 그런 사람들을 자신과는 아무런 관계도 없는 존재라고 생각한다면, 그들을 불쌍히 여기도록 가르칠 수 있다고 기대해서는 안 된다. 그 불행한 사람들의 운명은 그 자신의 운명이 될지도 모른다는 것, 그들의 모든 불행은 곧 그의 발밑에도 있다는 것, 생각지도 못했던 무수한 사건들과 피할 수 없는 사건들이 순식간에 그를 그러한 불행으로 빠뜨려 버릴지도 모른다는 사실을 충분히 이해시키도록 하는 편이 더 낫다. 그런 모든 것을 교리문답처럼 냉담한 어조로 이야기해주어서는 안 된다. 인간에게 덮쳐오는 재앙을 눈으로 보고 직접 느끼도록 하는 것이 좋다. 모든 인간을 둘러싸고 있는 위험을 통해서 그의 상상을 자극하여 두려움에 떨게 함이 좋다. 그의 주위에 있는 그러한 모든 심연을 엿보게 하여 그것을 그려 보이는 당신들의 이야기를 들으면서 거기에 떨어지지나 않을까 걱정스러워 그가 당신들의 품에 매달리도록 말이다. '그러면 그는 소심한 겁쟁이가 되어 버릴 것이다'라고 당신들은 말할지도 모른다. 그것은 나중에 보도록 하자. 어쨌든 지금은 우선 그를 인간적으로 만들어야 한다. 이것이 우리에게 있어서 무엇보다도 중요한 일이다.

세 번째 격: 타인의 불행에 대하여 느끼는 동정은 그 불행의 크고 작음에 비례하지 않고, 우리가 그 불행으로 괴로워하고 있는 사람에 대해 베푸는 감정에 비례한다.

우리가 불행한 사람을 동정하는 것은 그 자신이 동정을 받아야 할 상태에 있다고 생각하는 한에 있어서이다(297). 우리는 젊은 청년의 마음속 깊이 들어가, 거기에 숨어있는 자연의 최초의 충동을 자극해야 한다. 즉, 자기와 똑같은 인간들에 대해 그의 마음을 활짝 열게 해야 한다. 그와 더불어서 그런 마음의 움직임에는 되도록 개인적인 이해가 섞이지 않도록 하는 것이 필요하다. 특히 허영심, 경쟁심, 명예심 같은 우리를 다른 인간과 비교시키는 따위의 감정을 일으키게 해서는 안 된다.

—이제까지 가족과 친구들 품안에서 그들의 모든 배려의 유일한 대상이었던 젊은이가 갑자기 그때까지 거의 고려되지 않던 상황에 놓여졌을 때, 오랫동안 자기 세계의 중심이었던 사람이 소위 다른 세계의 바다에 빠져있는 듯한 느낌을 가졌을 때, 그에게 있어서는 얼마나 심한 변화인가. 자신에 속하는 사람들 사이에서 생겨나 자라온 자신은 중요한 존재라고 하는 관념을 낯선 사람들 사이에서 잃어버리기까지, 그는 얼마나 많은 모욕과 비굴한 생각을 견디어야 할까. 아이 적에는 모두가 그의 말을 들어주었고, 그의 기분을 맞춰 주었다. 청년이 된 그는 모두에게 양보하지 않으면 안 된다. 그렇지 않고 조금이라도 이전과 같은 태도를 보인다면 얼마나 가혹한 교훈이 그를 반성시키게 될까. 자신이 원하는 것은 무엇이든 쉽게 손에 넣었던 습관은 그로 하여금 많은 것을 원하게 하면서 끊임없는 결핍감을 느끼게 한다. 그가 보는 것은 무엇이든 그의 마음을 유혹하고, 남이 가지고 있는 것은 무엇이든 가지고 싶어 한다. 그는 모든 것을 탐내고, 모든 사람을 부러워하며, 어디에 가든 지배하고 싶어 한다. 허영심이 그의 마음을 좀먹고 제멋대로의 격렬한 욕망은 젊은 마음을 불타오르게 한다. 그와 함께 질투와 증오가 마음속에 생겨난다. 모든 탐욕스러운 정념이 일시에 날개를 펼친다. 그는 이러한 격정에 들떠서 혼잡한 세상으로 들어가며, 밤에는 이러한 격정을 지니

고 집으로 돌아온다. 자신과도 세계와도 일치하지 않으며, 여러 가지 헛된 계획들과 많은 공상들로 괴로워하면서 그는 잠들어 간다. 그리고 그의 오만한 마음은 꿈속에서까지 환상과 같은 행복을 그린다. 이것이 당신의 학생이다.

—우리는 외면적인 것으로 행복을 판단하는 일이 너무나도 많다. 우리는 행복을 가장 있을 법하지 않은 곳에서 찾아야 한다고 생각하여, 행복이 있을 수 없는 곳에서 그것을 구하고 있다. 쾌활한 기분은 행복이 없다는 증거에 지나지 않다. 쾌활한 사람은 타인을 속이고 자신의 기분도 숨기려하는 불행한 사람에 지나지 않는 일이 많다. 사람들이 많이 모인 곳에서 언제나 미소를 머금고 쾌활하며 명랑한 모습을 하고 있는 사람은 대부분 자기 집에서는 찡그린 얼굴로 소리치며 잔소리를 많이 한다. 그리하여 하인들은 주인이 친구들에게 베푸는 즐거움의 대가를 치러야 한다. 진짜 만족은 쾌활함도 아니고 우울함도 아니다. 사람은 그 달콤한 감정을 소중히 여겨, 그것을 맛보면서 잘 생각하고 충분히 즐기면서도 그것이 도망쳐버릴까 두려워한다. 참으로 행복한 인간은 많이 지껄이지 않고 잘 웃지 않는다. 그는 행복을 말하자면 자신의 가슴에 꽉 끌어안는다. 떠들썩한 즐거움과 날뛸 듯한 기쁨 뒤에는 엄청난 실망이 숨어있다. 한편 우울은 쾌락의 벗이다. 눈물과 연민은 더없이 유쾌한 즐거움이 동반되고, 큰 기쁨에는 환호성보다는 오히려 눈물이 따른다.

처음에는 여러 가지로 변화 있는 오락들이 행복해지는 데에 도움이 되는 것처럼 보여도, 또 한결같이 변화 없는 생활이 따분한 것처럼 보여도, 좀더 잘 살펴보면, 반대로 가장 유쾌한 마음의 습관은 욕망과 혐오감에 사로잡히는 일이 적은, 절도 있는 즐거움 가운데에 있음을 알 수 있다. 불안정한 욕망은 호기심과 변덕스러운 마음을 낳는다. 떠들썩한 쾌락의 허무함은 권태감을 낳는다. 좀더 유쾌한 상태를 알지 못하면 사람은 결코 자신의 상태에 싫증을 내는 일이 없다. 세계의 모든 인간 가운데에서 미개인이 가장 호기심이 적고, 가장 싫증내는 일이 적은 인간이다. 그들에게는 모든 것이 똑같다. 그들은 사물을 즐기는 것이 아니라 자기 자신을 즐긴다. 그들은 아무것도 하지 않고 인생을 지내지만 결코 권태에 빠지는 일이 없다.

세상 사람들은 언제나 가면을 쓰고 살아간다. 그들은 자기 자신에 대해서는 언제나 아무런 관련도 없는 타인으로서 살아가므로, 자기 자신일 때가 거의 없다. 그래서 부득이 자기 자신으로 돌아가지 않으면 안 될 때에는 불안한 기분이 된다. 그에게는 실제의 자기 모습은 아무런 의미도 없고 표면에 보이는 모습이 중요한 것이다.

—청년의 정열은 교육에 방해되는 것이 아니라 그것에 의해서 비로소 교육이 마무리되고 완성되는 것이다. 그것이야말로 청년이 힘에 있어서 당신들에게 뒤떨어지지 않는 존재가 되었을 때 그의 마음을 붙잡는 실마리를 당신들에게 주는 것이다. 그의 최초의 애정은 당신에게 있어서 그의 모든 마음의 움직임을 이끄는 고삐가 된다. 그는 전에는 제멋대로였는데 지금은 복종하게 되는 것이다. 아무것도 사랑하지 않을 때에는 그는 자기 자신과 자신의 필요에만 속박당했었다. 그러나 사랑하게 되면 곧 그는 애착에 속박당하게 된다. 이렇게 하여 그를 인간에 묶어두는 최초의 고삐가 만들어진다. 그러나 증대해가는 그의 감수성을 사랑 쪽으로 이끌어 가는 것만으로 그가 갑자기 모든 인간을 포용하게 되리라고 생각해서는 안 된다. 천성을 여러 가지 방법으로 기른 후에 그리고 자기 자신의 감정과 타인에게서 관찰되는 감정에 대하여 많이 반성한 후에 비로소 그는 자신의 개인적인 관념을 인류라는 추상적인 관념으로 일반화하기에 이르고, 자신의 개인적인 애정에 자신의 동포들에 대한 애정(자신을 동포들과 동일시하는 데에서 발생하는)을 연결시킬 수 있게 된다. 감사하는 마음이 자연의 감정이므로 만일 당신들이 자신의 잘못으로 그 효과를 무로 만들지 않는다면 당신들의 학생은 당신들 쪽에서 대가를 요구하지 않는 한 당신들의 보살핌의 가치를 알아서 그것을 고맙게 느낄 것이 확실하다. 그리고 당신들의 보살핌은 학생의 마음속에 어떤 일이 있어도 잃지 않을 큰 권위를 가지게 될 것이 확실하다. 그와 같이 유리한 입장이 확립되기 전에 학생에게 당신들의 공적을 자랑하여 그것을 망치지 않도록 주의할 일이다. 그를 위하여 당신들이 한 일을 자만하면 그로

하여금 혐오의 감정을 가지게 할 뿐이다. 그를 어른으로서 취급하는 시기가 오기 전까지는 당신들에 대한 그의 의무 같은 것을 결코 문제 삼아서는 안 된다. 오직 자기 자신에 대한 그의 의무만 문제 삼아야 한다. 그를 순종시키고자 한다면 그에게 완전한 자유를 주도록 하라.

－나는 마음의 최초의 움직임으로부터 양심의 최초의 소리가 들려온다는 것, 사랑과 미움의 감정으로부터 선악의 최초의 관념이 생겨난다는 것을 증명해 보이고 싶다. 정의와 선은 단순히 추상적인 언어나 오성에 의해 만들어지는 도덕적 개념이 아니라, 이성의 빛을 통하여 밝혀진 구체적인 심적 운동이 라는 것, 따라서 우리의 원시적인 경향성(감성적 충동)이 질서 있게 발달한 것에 지나지 않는다는 것, 그리고 양심과 무관하게 이성 혼자서는 어떠한 자연법도 확립할 수 없다는 것, 모든 자연권은 만일 그것이 인간 심정의 자연스러운 욕구에 기초하지 않는다면 모두 환영에 지나지 않는다는 것, 이러한 것들을 나는 증명하고 싶다.

－나의 에밀은 이제까지 오직 자기 자신밖에 바라보지 않았지만 동료 인간들에게로 눈을 돌리기 시작하면 자신을 그들과 비교해 보게 될 것이다. 그리고 이 비교가 그의 마음에 불러일으키는 최초의 감정은 첫 번째 자리를 차지하고 싶다는 욕구이다. 이것이야말로 자기애가 자존심으로 변하고 자존심에 기초한 모든 정념이 생겨나기 시작하는 기점일 것이다. 그러한 정념들 가운데 그의 성격 속에서 지배적으로 되는 것이 인간적이고 상냥한 정념인지, 그렇지 않으면 잔혹하고 악의 있는 정념인지, 친절과 동정의 정념인지 혹은 선망과 탐욕의 정념인지 하는 것을 결정하려면, 사람들 속에서 자신이 어떤 지위에 있다고 그가 느끼고 있는지, 그리고 그가 원하는 지위에 도달하기 위해 어떤 종류의 장애를 극복하지 않으면 안 된다고 생각하는지를 알 필요가 있다. 자신이 원하는 지위의 획득을 위해서 어떤 장애를 극복해야 하는지를 탐구하게 하기 위해서는 먼저 인간에게 공통되는 불행을 통해 인간의 모습을 보여주고, 그 다음에 서로 다른 점에 의해 인간의 모습을 보여주어야 한다. 그렇게 함으로써 자연적이고도 사회적인 불평등을 예상하고

사회질서 전체의 체계를 이해하게 된다.

—사회는 개인을 통하여, 개인은 사회를 통하여 연구되어야 한다. 정치와 도덕을 따로따로 취급하려 하는 사람들은 그 어느 쪽에 있어서든 무엇 하나 이해하지 못하게 된다. 우선 원시적인 관계에 주모가여 어째서 인간은 그것들의 영향을 받지 않으면 안 되는지, 그리고 거기에서 어떠한 정념이 생겨나는지를 본다. 반대로 정념이 발달하는 것에 의해서 그 관계가 복잡해지고 긴밀해지는 것을 본다. 자연상태에 있어서는 사실상의 평등, 참된 불멸의 평등이 있다. 이 상태에서는 인간과 인간의 차이가 한편을 다른 편에 종속시킬 만큼 큰 경우는 있을 수 없기 때문이다. 문명사회의 상태에는 권리상의 헛된 가공의 평등이 있다. 왜냐하면, 이 평등을 유지하기 위해 존재하는 수단자체가 그것을 파괴하는 역할을 하기 때문이며, 약자를 억압하기 위해 강자에게 주어지ㅐ는 국가권력이 자연에 의해서 양자 사이에 놓여진 일종의 균형을 깨뜨리고 있기 때문이다. 이 최초의 모순으로부터 사회 질서 속에서 확인되는 표면적인 것과 실제적인 것 사이의 일체의 모순이 생겨난다.

—청년이 함께 사는 사람들에 대해서 호감을 가질 수 있도록, 그 동료를 선택해 줄 것을 나는 바란다. 또 세상이라는 것을 충분히 알게 하고 거기에서 행해지는 모든 그릇된 일들에 대해 혐오를 느끼게 하고 싶다.

에밀의 종교론

—인간의 마음으로는 생각할 수 없을 뿐만 아니라 믿을 수도 없는 신비가 있다. 그런 것을 아이에게 가르치는 것이 일찍부터 거짓말하는 것을 가르치는 것 외에 어떤 이익이 되는지 나로서는 알 수 없다. '구원을 얻기 위해서는 신을 믿지 않으면 안 된다'고 하는 교의는 잘못 이해되면 잔인한 불관용의 근원이 되고, 말로 만족하는 것에 길들여짐으로써 인간의 이성에 치명적인 타격을 주는 모든 헛된 가르침의 원인이 된다. 물론 영원히 구원을 받을 만한 자가 되기 위해서는 한순간도 헛되이 보내서는 안 된다. 그러나 그 구원을 얻기 위해서 몇 가지 말을 되풀이하기만 하면 된다면 어째서 아

이들뿐만 아니라 찌르레기와 까치들로 천국을 가득 메워서는 안 되는 것인지 나는 잘 모르겠다. 기독교를 믿고 있다고 단언하는 아이는 대체 무엇을 믿고 있는 것일까? 자기가 이해하는 것을 믿는다. 진리를 이해할 수 있게 되어있지 않은 사람들에게 진리를 설명하는 것은 그만두기로 하자. 왜냐하면, 그것은 진리 대신에 오류를 깨우쳐주는 일이 되기 때문이다. 신에 대하여 야비하고 기괴하고 모욕적인 관념이나 신에 어울리지 않는 관념을 가지기보다는 아무런 관념도 가지지 않는 쪽이 낫다. 아이들의 정신 속에 신의 기괴한 이미지를 그려놓은 일의 큰 해악은, 그 이미지가 생애를 통해 아이의 뇌리에 남아있어서 어른이 되어도 아이가 생각하는 신외에는 다른 신을 생각할 수 없게 된다는 것이다.

—우리의 환상은 우리의 불행을 덮어 감춰주는 것이 아니라, 그것을 크게 하고 아무런 가치도 없는 것에 가치를 부여하여, 환상이 없으면 느껴지지 않는 여러 가지 거짓 결핍을 우리로 하여금 느끼게 합니다. 마음의 평화는 마음을 어지럽히는 모든 것을 돌아보지 않는 것에 의하여 얻어질 수 있습니다. 생명을 너무나도 소중히 여기는 사람은 생명을 잘 즐길 수 없는 사람이며, 행복을 너무나 탐욕스럽게 열망하는 사람은 틀림없이 가장 비참한 사람입니다.

—나는 인간의 슬픈 운명에 대하여 생각했다. 그들은 키도, 나침판도 없이 온갖 인간들의 억견이라는 저 바다 위를 떠돌면서 자신의 진로도 알지 못하고 자신이 어디에서 와서 어디로 가는지도 모르는 미숙한 물길 안내자 외에는 안내자도 없이 격렬한 정념의 태풍에 시달리고 있는 것이다. 아무래도 알지 않으면 안 되는 일에 대하여 의혹을 품는 것은 인간의 정신에 대해서 너무나도 괴로운 상태이다. 인간은 그에 오랫동안 견딜 수 없다. 따라서 싫든 좋든 자신의 생각을 결정하지 않으면 안 된다. 그리고 인간은 아무것도 믿지 않기보다는 차라리 오류를 범하는 쪽을 좋아한다. 내면의 빛에 묻기로 하자. 그것은 철학자들만큼은 나를 방황하게 하지 않을 것이다. 그렇지는 않더라도 적어도 내가 방황하는 것은 나 자신의 잘못 때문이라는 것이

된다. 그리고 나 자신의 환상을 좇는 쪽이 철학자들의 기만에 끌려 다니는 것보다 덜 타락할 것이다. 그래서 나는 진리에 대한 사랑을 유일한 철학으로서 마음에 품고, 공허하고 미묘한 이론을 면하게 해주는 쉽고 간단한 규칙을 유일한 방법으로 취했다. 나는 자신의 성실한 양심에 비추어 동의하지 않을 수 없는 지식은 모두 자명한 것으로서 승인하고, 이 지식과 필연적인 관련을 가진다고 보이는 것은 모두 진실한 것으로서 승인하기로 하며, 그 밖의 지식은 모두 불확정의 상태에 두어 부정도 긍정도 하지 않고, 또 그것들이 현실상 조금도 유용하지 않은 경우에는 그것들을 해명하기 위하여 마음을 괴롭히거나 하지 않기로 결심했다. 지각한다는 것은 느끼는 것이다. 비교한다는 것은 판단하는 것이다. 판단하는 것과 느끼는 것은 같은 것이 아니다. 나의 생각으로는 능동적인 존재나 지성을 가진 존재의 사물을 구별하는 능력은 '이다'라고 하는 말을 이해할 수 있는 능력이다. 비교하고 판단하는 지성의 힘을 단순히 감각 능력만을 가진 개체 안에서 찾으려 해도 소용없다. '더 크다'라든가 '더 작다'라든가 하는 이 비교의 관념은 '하나'라든가 '둘'과 같은 수량의 관념과 마찬가지로 확실히 감정이 아니다. 하기는 감정을 가질 경우에만 나의 정신을 그런 관념을 낳지만…….

—운동의 최초의 원인은 물질 안에는 없다. 물질은 운동을 받아들이고 그것을 전달하지만 운동을 일으키지는 못한다. 서로 작용하고 있는 자연의 힘, 그 힘의 작용과 반작용을 관찰하면 할수록 점점 더 나는 어떤 결과에서 다른 결과로 거슬러 올라가 언제나 무엇인가의 의지를 운동의 최초의 원인으로 하지 않으면 안 된다는 것을 안다. 다른 운동에 의해 일어난 것이 아닌 운동은 모두 자발적, 의지적 행위에 의하지 않으면 일어날 수 없다. 생명이 없는 물체는 작동에 의해서만 움직여지므로, 의지가 없이는 참으로 운동이라 할 수 있는 것이 존재하지 않는다. 이것이 나의 제1원리이다. 따라서 나는 무엇인가의 의지가 우주를 움직이고 자연에 생명을 부여하고 있다고 믿는다. 이것이 나의 제1신조이다. 움직이는 물질이 어떤 의지를 나에게 보여준다면 일정한 법칙에 따라 움직이는 물질은 어떤 지성을 나에게 나타

내 보여준다. 이것이 나의 제2신조이다. 행동하고 비교하고 선택하는 것은 능동적으로 생각하는 존재가 행하는 일이다. 어디에 그러한 존재가가 존재하는가 하고 그대는 나에게 물을 것이다. 회전하는 천체뿐만 아니라 우리를 비추고 있는 태양 안에도 존재한다. 우리 자신의 안뿐만 아니라 풀을 뜯는 양, 하늘을 나는 작은 새, 떨어지는 돌, 바람에 날려가는 나뭇잎 속에도 존재한다.

-물질이 영원한 것이든 만들어진 것이든, 그 근원이 수동적인 것이든 능동적인 것이든, 분명한 것은 전체는 하나로서 오직 하나의 지성을 나타내고 있다는 것이다. 나에게는 같은 체계 안에 질서를 이루고 있지 않은 것, 그리고 하나의 목적, 즉 확립된 질서 속에서 전체를 유지한다고 하는 목적을 위해 협력하지 않는 것은 하나도 발견되지 않기 때문이다. 의지(意志)하며 그 의지를 행할 수 있는 존재자, 자신의 힘으로 활동하는 존재자, 우주를 움직이고 만물에 질서를 부여하고 있는 존재자, 이러한 존재자를 나는 신이라 부른다. 나는 이 명칭에 지성과 힘과 의지의 관념을 통합하여 결부시키고 그 위에 그의 필연적인 결과인 선의 관념을 결부시킨다.

-나는 인간이라는 종족에 속하는 것으로서, 의심할 여지없이 자신이 제1위를 차지하고 있음을 안다. 왜냐하면 나 자신의 의지와 그 의지를 실행하기 위해 사용할 수 있는 도구에 의해, 나는 어떤 것이든 나의 주위에 있는 것들이 물체적인 힘만으로 나의 뜻에 반하여 내게 작용하는 것에 비해 한층 많은 힘만으로 나의 뜻에 반하여 내게 작용하는 것에 비해 한층 많은 힘을 가지고 나의 주위에 있는 모든 것에 작용할 수 있으며, 임의로 그것들의 작용을 받아들이거나 피할 수도 있기 때문이다. 또한 지성을 가지는 것에 의해 나는 모든 것을 검토할 수 있는 유일한 존재이기 때문이다. 나는 모든 것을 자신에게 결부시킬 수 있는 유일한 존재이므로, 모든 사물이 나를 위해 만들어졌다고 생각하는 것은 그리 이상한 일이 아니다.

-자연의 광경은 조화와 균형만을 내게 보여주었는데, 인류의 광경은 혼란과 무질서를 보여줄 뿐이다. 인간의 본성에 대해 사색했을 때, 나는 거기서

명백히 다른 두 가지의 원리를 발견했다. 하나는 인간을 높이고 영원한 진리를 탐구하게 하며, 정의와 도덕적인 미를 사랑하게 하고, 그 관조가 현자의 가장 큰 기쁨이 되는 지적인 세계를 향하게 한다. 그러나 다른 하나는 인간을 그 자신의 천박한 면으로 끌어내려서 관능의 지배에 굴복시키고, 관능의 노예인 정욕에 예속시켜서 전자의 원리로부터 생겨나는 감정이 인간이 느끼는 것을 정념에 의해서 방해받게 한다. 인간은 단순하지 않다. 나는 어떤 것을 원하면서 원하지 않는다. 나는 자신이 동시에 노예이기도 하며 자유인이기도 함을 느낀다. 이성에 귀를 기울일 때의 나는 능동적이지만, 정념에 이끌리고 있을 때의 나는 수동적이다. 그리고 내가 굴복했을 때 무엇보다도 견디기 어려운 고통은 '나는 저항할 수도 있었는데'하고 느끼는 것이다.

—인간의 의지를 결정하는 원인은 무엇인가. 그것은 그의 판단이다. 그러면 판단을 결정하는 원인은 무엇인가. 그것은 그의 지적 능력, 즉 판단력이다. 확실히 나는, 자신의 불행을 원할 만큼 자유롭지도 않다. 나의 자유는 나에게 좋 자신의 행복을 원하지 않을 만큼 자유롭지 않은 것, 또는 내가 좋다고 생각하는 것밖에 나로서는 원할 수 없다는 사실, 나에게 관계없는 것은 어떤 것도 나의 마음을 결정하게 할 수 없다고 하는 그런 사실 속에 있다. 내가 나 이외의 어떤 것도 될 수 없다고 해서 내가 나 자신의 주인이 아니란 말인가?

모든 행동의 근원은 자유로운 존재자의 의지에 있다. 거기에서부터 더 위로 거슬러 올라갈 수는 없다. 능동적인 근원으로부터 생기는 것이 아닌 그 어떤 행위나 그 어떤 결과를 가정하는 것은 원인이 없는 결과를 가정하는 것에 지나지 않는다. 그것은 악순환에 떨어지게 된다. 최초의 충동이라는 것은 전혀 존재하지 않거나, 모든 최초의 충동은 그에 앞선 어떤 원인도 가지지 않거나이다. 그리고 자유가 없는 곳에 참된 의지는 없다. 따라서 인간은 그 행동에 있어서 자유이며, 자유로운 자로서 비물질적인 실체에 의해서 생명을 부여받고 있다. 이것이 나의 제3의 신조이다.

—인간이 능동적이며 자유롭다면 그는 스스로 행동한다. 인간이 자유로

행한 것은 모두 신의 섭리에 의해 정해진 체계 안에 들어가지 않으므로 신의 탓으로 돌릴 수 없다. 신은 인간이 신으로부터 부여받은 자유를 남용하여 나쁜 짓을 하는 것을 원치 않는다. 그러나 신은 인간이 나쁜 짓을 하는 것을 방해하지 않는다. '우리가 악을 행하는 것을 말려주지 않는다'고 신에게 불평하는 것은 신이 인간을 뛰어난 본성을 가진 존재로 만든 것, 인간을 고귀한 존재로 하는 도덕성을 인간의 행동에 부여한 것, 미덕에 대한 권리를 부여한 것, 그런 것들에 대하여 불평하는 것이다. 최고의 행복은 자기 자신에게 만족하는 데에 있다. 우리가 지상에 놓여져 자유를 부여받고 있는 것은, 정념에 유혹당하면서도 양심에 의해 만류되는 것은 그런 자기만족을 즐길 수 있는 자가 되기 위해서이다.

—우리의 육체적인 욕구가 느껴지지 않게 되고 우리의 무분별한 욕망이 느껴지지 않게 되면 우리의 정념이나 죄도 없어질 것이다. 순수한 정신이 어떤 악을 행할 수 있겠는가. 아무런 욕구도 없는데 어떻게 사악해질 수 있겠는가. 정신이 우리의 조잡한 감각을 떠나고, 정신의 행복이 다른 존재들을 관조하는 가운데에 있다면, 정신은 선한 것만을 원하게 될 것이다. 그리고 사악하지 않은 자가 어떻게 영원히 비참한 자일 수 있겠는가. 아아, 관대하고 은혜로운 존재자여, 당신이 어떤 것을 명령하더라도 나는 그 앞에 무릎을 꿇으리라. 당신이 악인을 영원히 벌한다면 나는 당신의 정의에 나의 무력한 이성을 맡기리라. 그러나 그러한 불행한 사람들의 회한이 세월과 함께 사라져 가는 것이라면, 그들의 괴로움에 끝이 있다면, 언젠가는 모든 인간에게 똑같이 평안한 마음이 주어지게 된다면, 나는 당신을 찬양하리라. 악인도 나의 형제가 아닌가. 나 또한 몇 번이나 그와 똑같은 악인이 되려하지 않았던가. 원컨대 그가 불행한 환경에서 해방되고, 그에 따라붙는 사악한 마음도 버리게 하라. 그들도 나와 똑같이 행복하게 하라. 그의 행복은 나에게 질투를 느끼게 하기는커녕 나의 행복을 크게 할 뿐이리라.

이렇게 하여 나는 신의 조화 속에서 신을 바라보고, 신의 속성 중에서 나에게 있어서 꼭 알 필요가 있는 속상을 통해 신을 연구하여, 결국 이 무한한 존재에 대하여 획득하고 있었던 관념, 처음에는 불완전하고 한정되어 있던 관념을 점차로 확대하기에 이르렀다. 그러나 이 관념은 한층 고귀하고 위대한 것이 되었지만 인간의 이성과는 한층 균형이 잡히지 않은 것이 되었다. 정신적으로 영원한 빛에 가까이 감에 따라, 나는 그 빛남에 눈이 부시고 머리가 혼란되어, 그것을 생각할 때 나를 도와주었던 모든 지상적인 관념을 버리지 않으면 안 되었다. 신은 형태를 가진 것, 감각적인 것이 아니었다. 세계를 지배하는 지고의 지성/이성은 세계 그 자체는 아니었다. 이 존재의 본질을 이해하려고 하여 나의 정신을 채찍질해도 아무 소용이 없다. 이 존재의 본질을 이해하려고 나의 정신을 아무리 채찍질해도 아무 소용이 없다. 그 이성이야 말로, 살아있는 능동적인 실체에, 생기가 부여된 육체를 살아 활동하는 실체에 생명력을 부여하는 것이다. 신은 지적이다. 인간은 추론할 때 지성을 사용하지만 지고의 이성은 추론할 필요가 없다. 그에게는 전제도 귀결도 없다. 명제조차도 없다. 지고의 이성은 순수하게 직관적으로 존재하는 모든 것과 존재할 수 있는 모든 것을 똑같이 살펴보고 있다.

—가장 뛰어난 결의론자(決疑論者)는 양심이다. 우리가 교묘한 추론의 도움을 빌리는 경우는 양심을 속이려 할 때뿐이다. 모든 배려 중에서 첫째로 해야 할 배려는 자기 자신에 대한 배려이다. 그렇지만 우리가 타인을 희생시켜 자신의 행복을 구하는 것은 나쁜 짓이라는 것을 우리의 내면의 소리가 몇 번이나 우리에게 알려주었던가. 우리는 자연의 충동에 따르고 있다고 생각하지만 사실은 자연에 거스르고 있는 것이다. 자연이 우리의 관능에 이야기하는 것에는 귀를 기울이면서 우리의 마음에 이야기하는 것은 무시하고 있는 것이다. 능동적인 존재가 복종하고 수동적인 존재가 명령하고 있는 것이다. 양심은 영혼의 소리이고 정념은 육체의 소리이다. 이성은 우리를 속이는 일이 너무나도 많다. 우리가 이성을 의심하는 것은 지극히 당연한 권리이다. 그러나 양심은 결코 우리를 속이는 일이 없다. 양심이야말로 인간의 참된 안내자이다. 정신에 대한 양심의 관계는 육체에 대한 본능과 같은 것이다. 양심에 따르는 자는 자연에 따르는 자이며, 그는 결코 길을 잘못들

염려가 없다.

—우리 행동의 도덕성은 모두 우리 자신이 그 행동에 대하여 내린 판단 속에 있다. 선이 진실로 선이라면 그것은 우리의 행위 속에서 뿐만 아니라 우리의 마음속에 있어서도 선이어야 한다. 그리고 정의에 대한 가장 큰 보상은 자신이 그 정의를 실행하고 있다고 느끼는 것이다. 공동의 이해관계를 변호하는 나의 자연감정과 무엇이든 자아에 입각하여 생각하는 나의 이성, 이 양쪽으로부터 끊임없이 공격받고 있던 나는 만약 새로운 빛이 나를 비추어주지 않았다면, 또한 나의 생각을 굳히게 해준 진리가 나의 행동을 확고하게 해주고 나를 나 자신과 일치시켜주지 않았다면, 악을 행하면서 선을 사랑하는, 언제나 나 자신과 모순을 일으키는 이 끊임없는 양자택일 속에서 일생동안 방황을 계속했을 것이다. 이성만으로 미덕을 확립하려 해도 소용이 없다. 이성이 어떤 견고한 근거를 미덕에 부여할 수 있겠는가. '미덕이란 질서에 대한 사랑이다'라고 사람들은 말한다. 그러나 그 사랑이라는 것이 쾌적한 생활을 원하는 우리의 마음을 이길 수 있을까? 쾌적한 생활을 원하는 마음보다 이 사랑 쪽을 선택한다는 확실하고도 충분한 이유를 내게 나타내 보여주기 바란다. 결국 사람들이 들고 나오는 모든 원칙은 단순한 말의 유희에 지나지 않는다. 왜냐하면 나 역시 '악덕이란 다른 의미로 해석하면 질서에 대한 사랑이다'라고 말하고 싶기 때문이다. 감정과 지성이 있는 곳이면 어디에나 얼마간의 도덕적 질서가 있다. 단지 선인은 전체의 질서 속에 자신의 질서를 포함시키지만, 악인은 전체의 질서를 자신의 질서 속에 포함시킨다는 것이 다를 뿐이다.

—나는 지금에라도 이 행복과 자유의 상태로 되도록 자신을 높이기 위해 숭고한 관조를 행하는 일에 힘쓰고 있다. 나는 우주의 질서에 대하여 명상한다. 공허한 체계에 의해 그것을 설명하기 위해서가 아니라 끊임없이 그것을 찬미하기 위해, 그리고 우주 속에 자신의 모습을 드러내는 지혜로운 창조자를 숭배하기 위해서이다. 그는 나에게 선을 사랑하게 하기 위해서 양심을, 선을 알게 하기 위해서 이성을, 선을 선택하게 하기 위해서 자유를 부

여하지 않았는가.

—나는 진심으로 신을 믿고 있으므로 신에 어울린다고는 도저히 말할 수 없는 그렇게 많은 기적을 믿지 않는다. 기적에 의해 교설을 증명한 다음에는 교설에 의해 기적을 증명하지 않으면 안 된다. 그렇지 않으면 신의 조화를 악마의 조화라고 잘못 생각할 우려가 있다. 그것이〔=성서의 교설〕 부조리한 것, 아무 근거도 없는 것을 가르칠 뿐이라면, 우리와 같은 인간에게는 혐오의 감정을, 우리 자신에게는 공포를 일으키게 할 뿐이라면, 쉽게 노하는 신, 질투 많은 신, 복수를 좋아하는 신, 인간을 미워하는 편파적인 신을 그려 보일 뿐이라면, 전쟁과 투쟁의 신, 끊임없이 파괴하려하고 위협하려하는 신, 끊임없이 죄의 형벌과 고통에 대하여 이야기하면서 죄 없는 자들까지도 벌하는 것을 자랑삼는 신을 그려 보일 뿐이라면 나의 마음은 그런 무서운 신에게는 끌리지 않을 것이고 나는 자연의 종교를 포기할 것이다. 자연 종교가 불완전하다는 것은 그것이 우리에게 가르쳐주는 큰 진실 가운데에 애매한 점을 남기고 있기 때문이다. 그러한 진실을 인간의 정신이 감득하기 쉬운 방법으로 가르치고, 인간의 이해력이 미치는 곳에 놓아 인간에게 그것들을 이해시키고 믿게 하는 것이야말로 계시가 완수해야 할 역할이다. 신앙은 오성에 의해 확실해지고 견고해진다. 모든 종교 중에서 최상의 종교는 가장 명쾌한 종교임에 틀림없다. 나에게 신앙을 이야기해 줄 때에 신비나 모순을 많이 포함시키는 자는 그것만으로 나에게 불신감을 품게 한다. 내가 숭배하는 신은 결코 암흑의 신이 아니다. 오성을 사용하지 못하게 하기 위하여 신이 나에게 오성을 부여한 것은 아니다. 나의 이성을 복종시키라고 말하는 것은 이성을 제공한 자를 모욕하는 것이다. 진리에 봉사하는 자는 나의 이성에 압박을 가하지 않고 이성을 이끌어 준다.

—우리는 자연과 보조를 맞추어 일하고 있다. 그리고 자연이 육체적인 인간을 만들고 있을 때, 우리는 윤리적인 인간을 만들려고 노력한다. 그러나 이들의 진행속도는 같지 않다. 몸은 이미 건장하고 튼튼하게 되어 있어도, 정신은 아직 힘이 없고 약하다. 그리고 인간의 기술로 어떤 일을 할 수 있다

해도 육체는 언제나 이성에 앞선다. 인간이 가급적 통일성을 지니도록 하기 위하여 우리는 이제까지 이성을 억누르고 육체를 촉진하는 일에 모든 배려를 다해왔다. 그의 개성을 신장시켜주는 일에 의하여 우리는 나타나기 시작한 그의 감성을 억제해 왔다. 이성을 키우는 것에 의해서 감성을 규제해왔다. 지적인 대상은 감각적인 대상의 영향을 약화시켰다. 사물의 근원으로 거슬러 올라감에 의해서 우리는 그를 관능의 지배로부터 벗어나게 했다. 그를 자연의 연구로부터 자연의 창조자에 대한 탐구로 끌어올리는 것은 쉬운 일이었다.

4. 에밀 뒤르켕의 〈교육과 사회학〉

1) 교육과학의 성격

(1) 심리학과 사회학

—는 교육을 하나의 사회적 사실로서 파악하였다. 즉 그의 교육이론은 그의 사회학을 구성하는 기본요소였다. "나는 한 사람의 사회학자입니다. 내가 여러분들에게 교육에 관하여 이야기하려는 입장은 무엇보다도 사회학자의 입장입니다. 더욱이 이러한 관점에서 교육문제를 전개해나가는 것이 어떤 편견을 갖게 되는 것이기는커녕 오히려 교육의 참 본질을 설명하는 데 이보다 더 적절한 방법이 없다고 나는 확신하는 바 입니다"라고 뒤르켕은 말하고 있다. 교육은 분명한 사회적 현상이다(포코네, 10).

—심리학적 접근은 가능한 두 가지 접근법 중의 하나에 지나지 않는다. 심리학적 접근을 하는 사람은 교육이라는 사실의 두 측면 중 오직 하나의 측면에만 접근하고 있는 것이다. 왜냐하면 심리학은 아동이 무엇이며, 누가 교육을 받을 것이며, 아동의 동화와 반응양식에 대해서는 적절히 설명해 주지만, 교육이 전달하고 있는 문화의 본질이나 문화를 전달하는 데 사용하는 제도와 체제의 본질을 설명하는 데는 적절하지 못하기 때문이다. ……역사

상 특정시대의 특정사회가 실시한 체육·도덕·지식 등에 관한 교육은 명백히 사회학의 영역에 속한다. 교육연구의 두 측면 중의 하나는 사회학적 측면인 것이다. 관찰대상으로 주어진 하나의 사실로서의 교육을 과학적으로 연구하려면 사회학이 심리학과 협동하지 않으면 안 된다. 이러한 관점이 바로 뒤르켕이 교육과학에 접근하고 있는 방법이다.

(2) 교육과학의 본질

—교육과학의 고유한 기능은 현실을 알고 이해하는 것이다. 그것은 교사의 효과적인 활동과 혼동되어서도 안 되고 더욱이 이러한 활동을 지도하는 데 관심을 가진 교수법과 혼동하여서도 안 된다. 교육은 교육과학의 대상이다. 즉 교육과학이 교육과 똑같은 목적으로 연구되는 것이 아니라, 다만 교육과학이 교육을 대상으로 연구하는 한 교육의 목적을 가정하고 있을 뿐이라는 말이다.

—그는 그 이전에 유럽을 휩쓸었던 사변적 교육학을 배제하고, 교육을 경험과학의 영역으로서 끌어들임으로써 이른바 교육과학을 발전시키는 데 기여했다는 사실이다. 물론 이 점은 오늘에 와서는 이른바 비판적(철학적) 교육학의 입장에서 새로운 비판의 대상이 되고 있는 것은 사실이지만 아무튼 그의 중대한 공헌이라고 가니할 수 없다.

—뒤르켕이 말한 '교육학'은 교육활동 그 자체도 아니고, 교육에 대한 사변적 학문도 아니다. 그것은 전자에 대한 후자의 체계적 반응이며, 심리학과 사회학의 발견 중에서 교육의 실천과 개혁의 원리를 탐구하는 반영적 사고의 업적이다. 이렇게 파악한 교육학은 몽상적으로 흐르지 않으면서도 이상적인 방향으로 지향할 수 있다.

(3) 교육과학과 실천

—뒤르켕은 과학자뿐만 아니라 한 시민으로서도 행위에 관한 합리적 개념을 극히 중요하게 생각하였다. 그는 건설 없이 파괴만 일삼는 부정적 개혁

에 대해서는 말할 것도 없고, 개선은 없이 혼란만 초래하는 개혁가의 선동에도 적의를 품었던 것이 사실이다. 그러나 뒤르켕이야말로 행동을 위한 진정한 정열과 멋을 가진 인간이었다. 그는 어떤 행동이 결실을 맺으려면 그 행동이 적용될 사회의 제반조건을 고려하여 그 가능성과 제한성, 유용성 등을 고려하여야 한다고 생각하였다. 그는 교사를 위한 교육학 강의에서도 언제나 현실적 성격을 띠었다. 다른 저작을 살펴보더라도 그가 교육에 대하여 순수하게 사색적인 탐구에 몰두한 흔적은 발견할 수 없다. 그는 강의를 할 때에도 위에서 정의한 것과 같은 과학적 방법으로 학과내용을 다루었다. 교육내용의 선택은 당시 프랑스 공립고등학교 교사들이 직면하는 각종 현실적인 어려운 사정을 고려하여 자신이 결정하였다.

－절대적 가소성을 가진 제도는 없으며 또 의도적 수정에 절대적으로 저항하는 제도도 없다. 모든 제도를 각기 그 역할에 알맞도록 개선하고, 제도 상호간의 관계를 개선하고, 나아가 전체적인 문명체계에 적합하도록 제도를 개선하는 데에 합리적인 정치학의 활동무대가 제공된다. 마찬가지로 교육제도가 그렇게 될 경우에는 합리적 교육학의 활동무대를 제공해 줄 수 있다. 이 활동무대는 보수적인 것도 아니며 혁명적인 것도 아니고, 인간의 의도적 행동이 유효적절하게 작용할 수 있는 범위 내에서는 항상 유효할 수 있는 활동무대이다.

2) 교육의 성격

－그는 당시의 개인적·심리학적 견지에서만 교육을 보던 눈을 사회학적 측면에서 교육을 보도록 시야를 돌리는 데 크게 기여하였다는 점이다. 그는 교육을 하나의 사회적 사실로 보았으며 교육현상을 그 역사성과 사회성을 토대로 하여 관찰하여야 함을 역설하였다. 그는 교육이 개인의 흥미와 관심에 초점을 두기보다는 사회의 존속을 위한 조건을 영구히 재생하는 수단으로 간주되어야 한다고 주장했으며, 교육사회학의 발전을 위한 선구가 되었다.

—실제로 아동에게 부여되고 있는 교육을 고려하지 않고, 선험적으로만 아동은 이렇게 양육되어야 한다고 세부적으로 규정하는 것은 사회학자의 지적 습성에 가장 모순되는 사고방식이다. 학문적 사고개념, 교육과정, 교수방법, 전통, 관례, 유행, 새로운 착상, 교사의 이상—이러한 것 모두가 사실들이며, 이런 사실에 관하여 사회학은 그것을 변화시키려는 의도보다는 오히려 그 존재이유와 존재양식을 발견하려는 것이 일차적 임무이다.

3) 교육의 정의

(1) 역사적 고찰

—그러므로 교육을 정립하려면 그 전에 고금의 교육체계를 샅샅이 고찰하여 그 중 공통되는 특징을 찾아내지 않으면 안 된다. 우리가 모색하고 있는 교육의 정의는 이러한 특징들로서 규정될 것이다.

—그렇다면 어떻게 개인이 독자의 사색으로 개인 사색의 산물이 아닌 것을 재구성할 수 있겠는가? 개인은 그가 원하는 대로 무엇이나 쓸 수 있는 백지(tabula rasa)에 직면하는 것이 아니라, 그가 임의로 창조하지도 못하고 파괴도 변형도 하지 못하는 현실존재에 직면하는 것이다. 개인은 다만 그가 현실존재와 그 본질 및 그것이 의존하는 제반조건을 배워 이해하고 알게 되는 범위 내에서만 현실존재에 작용할 수 있을 뿐이다. ……그러므로 교육의 개념을 예비적으로 정립하기 위해서도 역사적 고찰이 필요불가결하다.

—만약 시대적·지역적 조건을 제거하고서 이상적 교육이 어떤 것이어야 하는가라고 묻는다면, 그것은 교육의 체계에는 본질적으로 현실성이 없다는 것을 암암리에 인정하는 것이 된다. 교육에 관한 관례와 제도도 여타의 사회제도와 마찬가지의 제도이며, 또 그것을 반영하고 있으며, 따라서 교육제도를 변화시키는 것은 사회구조를 변화시키는 것만큼 어려운 일이다. 그럼에도 불구하고 사람들은 교육을 생각할 때, 오랜 세월을 경과하여 점진적으로 형성된 관례와 제도를 간과해 버리는 경향이 있다. 그러나 이런 사고방

식은 순수한 실험적 개념체계인 것 같다. 이런 사고방식하에서는 교육체계가 논리적 구성개념으로 생각된다.

(2) 공통적 요소

－교육이란 용어는 대단히 광범한 의미를 내포하는 말로서, 때로는 자연 혹은 타인이 우리의 지력이나 의지력에 미치는 모든 작용의 총체를 의미하는 것으로 사용되어 왔다. 밀에 의하면 교육은 "우리 자신의 모든 행동과 타인이 우리의 본성을 보다 완전하게 만들 목적으로 취하는 모든 행동을 포함한다. 가장 넓은 의미로 사용될 때는 교육과 전혀 무관하고 전혀 다른 목적을 가진 일로 인하여 발생하는 인격과 능력에 대한 간접적 영향까지도 포함한다. 예를 들면 법의 영향, 통치구조의 영향, 산업예술의 영향, 나아가서는 인간 의지력이 미치지 못하는 물리적 자연현상, 즉 기후 · 토양조건 · 지방색 등의 영향까지도 포함하는 의미로 쓰인다". 그러나 이러한 정의는 전혀 속성을 달리하는 여러 요인들을 많이 포함하고 있기 때문에 하나의 주제로서 이해하기에는 너무나 혼돈스럽다. 이와 같은 제반 사태가 인간에게 미치는 영향은 인간이 인간에게 미치는 영향과는 그 과정이나 효과의 면에서 다르며, 또래집단이 다른 또래집단에게 미치는 영향은 성인이 청소년에게 미치는 영향과는 다르다. 우리의 관심을 끄는 것은 오직 후자일 뿐이며, 따라서 후자의 의미에서만 '교육'이란 용어를 사용하는 것이 편리하다(58-9).

－다음과 같이 교육을 정의할 수 있다. 즉 "교육은 아직 사회생활에 미숙한 아동들에게 성인이 끼치는 영향력이다. 교육의 목적은 아동에게 전체 사회적인 성격을 띤 정치사회화와 아동이 처하게 될 특정한 환경에 적합하도록 신체적 · 지적 · 도덕적 특성을 계발하는 것이다". 간단히 말해서 "교육은 아동을 사회화시키는 활동이다".

4) 교육의 목적과 기능

(1) 목적 일반

—앞의 정의에 따르면, 교육은 어린 세대를 사회화하는 제 방법으로서 구성된다. 추상적 개념으로서만 구별이 가능하지만, 인간은 분명히 두 가지 종류의 존재를 갖고 있다. 그 하나는 개인과 사적 생활사에만 적용되는 정신적 요소로 구성된 것이다. 이것을 개인적 존재라고 불러도 좋을 것이다. 다른 하나는 개인의 개성을 표현하는 것이 아니라 개인이 그 일부로서 구성되어 있는 제 집단의 현상을 표현하고 있는 사상과 감정, 관습의 체계이다. 이것은 종교적 신념, 도덕적 신념, 습관, 국민전통, 직업 전통 기타 모든 종류의 집단적 견해를 말한다. 이들의 총체가 사회적 존재를 형성한다. 개인에게 이 사회적 존재를 형성하는 것이 바로 교육의 목적이다.

—이기적이고 비사회적인 존재인 신생아에겐 가능한 한 빨리 새로운 도덕적 사회생활을 영위해 나갈 수 있도록 해 주어야 한다. 이러한 활동이 교육의 과업이며, 그 중요성에 대해서는 이미 살펴봤다. 교육의 과업은 다만 개현시키기만 하면 되는 숨은 잠재적 능력을 계발하거나, 인간 개체를 유기체적 본성이 지시하는 방향으로 계발하는 것으로 그치는 것이 아니다. 교육은 새로운 존재를 창조하여 인간에게 부여해 준다.

(2) 목적의 세분화

—교육은 아직 사회생활에 준비를 갖추지 못한 어린세대들에 대한 성인세대들의 영향력의 행사이다. 그 목적은 전체 사회로서의 정치사회와 그가 종사해야 할 특수환경의 양편에서 요구하는 지적·도덕적·신체적 제 특성을 아동에게 육성·계발하는 데 있다.

—모든 사회는 그 나름대로의 이상적 인간상과 인간의 의무를 지·덕·체의 세 측면에서 설정하고 있다고 할 수 있다. 이러한 이상은 어느 정도까지는 모든 국민에게 공통적인 것이며, 또 어느 관점을 넘어서서는 각 사회의

구조적 환경에 따라서 분화되게 된다. 하나이면서도 다양한 것인 이러한 이상이 바로 교육의 핵심이다. 그러므로 교육의 기능은 1) 사회가 그 구성원에게 필수적으로 요구하는 신체적·정신적 제 기능이 결핍되지 않도록 육성계발하고, 2) 특정사회집단(계층·계급·가족·직업 등)에 있어서 그 구성원에게 공통적이라고 판단되는 육체적·정신적 제 기능을 계발하는 것이다.

−직업의 분화가 교육의 다양성을 초래하고 말 것이다. 실제로 각종 직업은 저마다 특유의 능력과 특정의 이론적 실제적 관점을 갖는 전문지식을 요구하는 고유의 환경을 형성하고 있다. 그리고 아동이 소명 받은 기능을 수행할 수 있도록 그에게 준비시켜야 할 의무가 있기 때문에, 아동이 일정한 연령 이상이 되면 교육은 모든 아동에게 동등하게 시킬 수 없게 된다. 이러한 이유 때문에 모든 문명국가에서 교육이 점점 더 다양화하고 전문화되어 간다고 보는 것이다.

5) 교육의 과정

(1) 일 반

−교육의 목적을 확정한 다음에 우리가 해야 할 일은, 어떤 방법으로 어느 정도까지 이 목적을 달성할 수 있는가를 연구하는 일이다. 이 말은 교육의 실효성은 어떤 방법에 의해서 어느 정도까지 보장될 수 있는가를 묻는 셈이 된다).

−앞에서 우리는 이미 두 가지 요소를 발견하였다. 교육이 성립하려면 우선 성인세대와 청소년세대 간의 상호작용이 있어야 하며, 또 청소년에 대하여 성인이 영향을 끼쳐야 한다. 우리의 과제는 바로 이 영향의 본질이 무엇인가를 탐구하는 것이다.

(2) 교육의 비유

−이러한 영향을 효과적으로 미치기 위해 교육은 적절한 수단을 마련하고 있는가? 교육의 영향력을 구성하고 있는 요인과 영향력의 크기를 알아보기

위해서, 현대 심리학자 구요(Guyau)는 교육과 최면암시를 비교하였다. 이러한 비교가 아무런 근거 없이 행해진 것은 아니라고 생각한다. ……. 그런데 이러한 두 조건은 교사가 그의 영향권 안에 있는 아동과의 관계에서도 나타난다. 1) 아동은 자연스럽게 수동적인 상태로 되는데, 이것은 최면술의 피험자가 인위적으로 처하게 되는 수동적 상태와 대단히 비교가 된다. 아동의 마음은 아직 그에게 제시되는 개념에 대해서 저항하여 싸울 수 있을 만큼 개념을 많이 가지고 있지 못하며, 그의 의지는 아직 발달하지 않은 초보 단계이다. 그러므로 그는 대단히 암시를 받기 쉽다. 마찬가지 이유로 그는 예를 들어 설명하는 데 민감하며 이를 쉽게 용납하거나 모방하는 경향이 강하다. 2) 경험의 우수성과 소유하고 있는 문화의 우수성 때문에 교사는 학생보다 우월한 위치를 차지하게 되며 자연적으로 교사의 영향력이 필요한 실효성을 거두게 된다).

—우리는 또한 교육이 영향력을 발휘하기 위하여 필요로 하는 기본적인 수단이 무엇인가도 알게 된다. 최면가가 갖는 영향력의 근원은 특정 상황에서 그가 갖는 권위이다. 유추적으로 생각할 때 교육도 또한 기본적으로 권위의 문제임에 틀림없다고 볼 수 있다. ……그러나 아동은 다만 교사나 부모를 통해서만 자기의 의무를 알 수 있다. 아동이 의무가 무엇인지를 아는 길은 오직 부모나 교사의 언어와 행동을 통해서뿐이다. ……그러므로 도덕적 권위는 교사의 중요한 특성이다. 왜냐하면 의무가 의무로 되는 것은 교사의 권위를 통하여서만 가능하기 때문이다. 교사가 가져야 할 특성은 명령적 어조와 의지력에 대한 존경심이다. 교사는 명령적 어조로 양심을 선언하고 의지력에 대한 존경심을 고취시켜야 한다. 이 존경심은 양심을 판단에 따르도록 만든다. 이와 같이 교사의 인간됨으로부터 교사의 이러한 인상이 발산되는 것은 불가피한 현상이다.

—최면암시의 힘은 대단히 큰 것으로 알려져 있다. 따라서 이 비교를 통하여 교사의 힘이 어느 정도 되는가를 짐작할 수 있다. 그런데 만약 교육의 영향이 정도 면에서는 최면암시보다 비록 낮다고 하더라도 그와 유사한 효

율성을 갖고 있는 것이 사실이라면, 교육을 이용하는 방법을 알 때 우리는 교육에 대해 많은 것을 기대할 수 있을 것이다.

(3) 방법적 원리

－교육은 즉각적이고 분명한 성과를 추구하지 않고 꾸준하게 계속적이어야 한다. 또 일정하게 설정된 바람직한 방향으로 점진적으로 진행하면서, 외부의 사건이나 우발적인 환경 때문에 방향이 분산되지 않도록 해야 한다. 이러한 조건을 갖춘 교육은 정신 깊숙이 영향을 미치는 데 필요한 모든 수단을 임의로 행사할 수 있게 된다.

－이러한 의미의 권위는 강압적인 것도 아니요, 억압적인 것도 아니라는 것을 구태여 밝힐 필요가 없다. 권위는 순수하게 도덕적 우월일 뿐이다. 권위는 교사가 두 가지 주요 조건을 갖추고 있을 것을 전제로 한다. 첫째로 교사는 의지력을 가져야 한다. 왜냐하면 권위는 신뢰감을 암시하고 있기 때문에 결심을 주저하거나 바꾸는 사람을 아동이 믿을 수 없기 때문이다. ……무엇보다 가장 중요한 것은 그가 전달하려고 하는 감성문제에 대해 자신 내부로부터 우러나는 권위를 느껴야 한다는 것이다. 권위는 교사가 그것을 실질적으로 소유하고 있을 때에 한해서만 교사가 천명할 수 있는 힘으로 되는 것이다.

(4) 교사의 역할

－교사도 또한 그를 초월하는 위대한 도덕적인 인간, 즉 사회의 전도자인 것이다. 성직자가 신의 해석자인 것과 마찬가지로 교사도 그 시대와 국가의 위대한 도덕사상의 해석자인 것이다. 교사에게 이러한 사회의 도덕적 사상에 숙달하도록 하고, 이 사상의 향기를 느끼도록 하라. 그러면 이 사상이 갖고 있는 권위와 또 그것에 대해 교사가 느끼는 권위는 아동에게 그리고 교사가 하는 모든 행동에 반드시 전달되고야 말 것이다. ……권위는 순전히 교사가 자기의 기능 혹은 직무에 대해여 갖는 존경심으로 구성되어 있다. 언어와 몸

짓을 통하여 교사로부터 아동에게 전달되는 것은 이러한 존경심이다.

—이제야 비로소 교사의 권위가 적용되어야 할 곳은 바로 아동에게 극기 정신을 부여하는 것이라는 점이 정확하게 파악되었다. 교사의 권위는 의무와 이성이 가진 권위의 오직 한 가지 측면에 불과하다. 그러므로 아동은 교사의 말 속에서 권위를 인정하도록 훈련받아야 하고 그 권위의 우월성에 대해 복종하도록 훈련받아야 한다. 이러한 조건 위에서만 아동이 나중에라도 양심적으로 권위를 발견할 줄 알게 되고, 권위를 존중할 줄 알게 될 것이다.

6) 개인과 사회

—한 세대가 죽어서 다음 세대로 대체되는 시간을 낭비하지 않고서도 인간의 지혜는 무한하게 축적되어 나가고 있으며, 인간을 동물 이상으로 혹은 개체의 능력 이상으로 고양시키는 것은 바로 이와 같은 끊임없는 경험의 축적이다. 그러나 이미 논의한 협동의 경우와 꼭 마찬가지로 이러한 축적은 사회 내에서 사회를 통하여서만 가능하다. 한 세대의 유산이 보존되어 다음 세대의 유산에 부가되려면 세대의 소멸성을 초월하여 영속하고 세대와 세대를 결속시켜 주는 도덕적 인격체가 있어야 할 것이다. 이것이 바로 사회인 것이다.

—사회가 개인을 형성할 때, 사회의 요구에 맞춰서 형성한다는 사실을 우리는 확인하였다. 그렇다면 개인은 견딜 수 없는 폭군에게 굴복하고 있는 것이 아닌가? 그러나 실제로는 개인이 스스로 흥미를 갖고 복종하는 것이다. 왜냐하면 교육을 통하여 집단적 영향이 우리에게 형성해주는 새로운 존재는 우리가 갖고 있는 것 중 가장 좋은 것의 대표적인 것이기 때문이다. 인간은 오직 그가 사회 안에서 살기 때문에 인간인 것이다.

—자결적 사회에서는 개인은 자신의 행동을 스스로 결정한다. 사회가 개체에 미치는 영향, 특히 교육을 통한 영향은 개인을 억압하거나 약화시키거나 성격변화의 목적이나 의도를 갖는 것이 결코 아니며, 오히려 반대로 개

체를 성장하도록 도와주고 참인간이 되도록 하는 것이다.

7) 국가의 역할

—교육은 본질적으로 사회적 기능이기 때문에, 국가가 교육에 대해 무관심하게 있을 수는 없다. 오히려 반대로 교육에 관련되는 모든 것은 어느 정도 국가의 영향력 안에 있어야 한다. 그렇다고 해서 국가가 수업을 독점해야 한다는 말은 아니다. 이 문제는 대단히 복잡하기 때문에 이렇게 지나쳐 버리면서 간단히 취급할 수가 없다.

—그 원리들은 현재적으로든 잠재적으로든 모든 사람들에게 공통적인 것이며, 따라서 어떤 경우일지라도 공공연하게 감히 부정하지 못하는 것이다. 이성의 존중, 과학의 존중, 민주적 도덕의 기초를 이루고 있는 사상과 감정의 존중 등이 그러한 원리들이다. 이러한 기본적 원리의 대강을 규정하고 학교에서 이것을 가르치게 하고, 언제 어디서나 모든 아동이 잘 숙지하고 있는가를 확인하고, 그것이 존중되고 있는가를 확인하는 일은 국가의 역할이다. 국가는 이와 같은 관련하에서 그 영향력을 덜 공격적이고 덜 극단적인 동시에 일정한 한계 내에서 현명하게 행사할 때보다 큰 실질적 효과를 거둘 것이다.

(1) 칸트의 교육개념

칸트의 교육에 대한 개념규정들은 무엇보다도 그가 1776년부터 네 학기에 걸쳐 행한 교육학에 대한 강의의 기록인 『교육학 강의』(1803)에 나타나 있다. 그러나 그 내용이 칸트의 다른 철학적 저술들에 비해 너무 단편적이고 비체계적이어서 출판이후 지난 20세기 중반에 이르기까지 학계의 주목을 거의 받지 못했다.[13] 그러나 20세기 후반 이후 독일 교육학계에 이 강

13) 칸트의 교육학 강의는 또한 그 생성과정과 출판과정과 관련된 신뢰성의 문제를 지니고 있음을 여기에서 언급해야 하겠다. 칸트는 그의 만년에 자신이 가지고 있던

의록에 대한 재평가 작업이 일어나면서 그 교육학적인 가치가 새롭게 조명되고 있다(Weisskopf 1970; Niethammer 1980; Strauss 1982; Pleines 1985; Hufnagel 1990; Kauder / Fischer 1999).

(2) 칸트의 교육에 대한 개념적 구분

칸트는 이 『교육학 강의』의 첫머리부터 교육에 대한 개념적 구분을 시작한다.

인간은 교육을 받아야 하는 유일한 피조물이다. 우리는 교육이라는 말을 양육, 훈육, 그리고 교수 또는 양성의 의미로 이해한다. 이에 따라서 인간은 차례로 유아－아동－학생이 된다(PÄD, A 1).

그런데 『교육학 강의』에서 칸트는 이러한 구분을 포함하여 아홉 가지나 되는 교육에 대한 개념구분을 시도하고 있는데, 이것은 그가 체계적으로 정리된 강의록을 가지고 강의를 한 것이 아니라 그때그때의 교육적인 단상(斷想)들을 메모하여 강의에 임했으며, 이에 따라 교육에 대한 개념 구분도 여러 시기에 걸쳐서 시도되었다는 것을 짐작하게 한다. 이 논문에서 우리는 이러한 구분들을 모두 다루고자 하지 않으며, 가장 많이 인용되고 있는 포괄적인 구분을 하나 택하여 논의의 대상으로 삼고자 한다. 그것은 다름 아닌 '훈육', '문화화'(육성), '시민화'(교화), '도덕화'의 구분이다(PÄD, A 22ff.). 그런

교육학 강의 메모를 그의 제자였던 링크(Theodor Rink)에게 출판하도록 넘겨주었다. 그런데 오늘날 칸트 자신의 메모가 남아있지 않으므로, 링크가 어느 정도로 강의록의 편집에 있어서 문장표현이나 내용면에 있어서 관여했는지를 확인할 수 없는 상태이다. 이러한 관점에서 이 강의록 텍스트에 대한 신뢰성의 문제가 꾸준히 제기되어 왔다. 이러한 신뢰성 문제와 함께 강의록 내용이 매우 단편적이라는 점에 근거하여, 그동안 독일 학계에서는 다른 칸트의 저술들을 바탕으로 하여 이 강의록의 내용을 검토하고 보완하고자 하는 재구성의 시도가 이루어지고 있다(Weisskopf 1970; Niethammer 1980; Strauss 1982; Pleines 1985; Hufnagel 1990; Kauder / Fischer 1999). 그러나 본 소논문에서는 이 문제를 더 이상 천착할 수 없다.

데 이러한 교육단계들은 본래적 교육이라고 일컬어지며 이 구분에서 유아에 대한 초기적인 보살핌이라고 볼 수 있는 '양육'이 빠져 있다. 그러나 우리는 본래적 교육의 단계들을 위한 준비로서 양육을 교육단계의 하나로 추가하는 것이 적절할 것으로 판단한다. 이하에서는 이 다섯 단계에 대한 고찰이 먼저 이루어지며, 이를 바탕으로 교육의 종합적인 의미를 규정해보고자 한다.

① 양 육

칸트는 부모나 유모에 의하여 이루어지는 소아에 대한 최초의 보살핌을 '양육'이라고 부른다. "양육이란 어린아이가 자신의 힘을 스스로에게 해를 미치는 방향으로 사용하지 못하도록 하는 부모의 사전배려를 말한다"(PÄD, A 2). 따라서 양육은 우선은 단지 '소극적'이다.

최초의 교육은 단지 소극적이어야 한다는 것, 즉 자연의 사전배려에 새로운 무엇을 첨가해야 하는 것이 아니라 자연이 방해받지 않아야 한다는 것을 무엇보다도 유념해야 한다. 교육에 있어서 허용될 수 있는 기술은 단지 단련의 기술뿐이다(PÄD, A 44f.).

양육이 자연의 논리 속에 놓여있는 유아의 신체적-생리적 차원에 관여하는 한, 양육은 유아의 신체적 차원의 자연적인 발달을 위한 소극적인 도움이어야 한다. 그러나 유아는 단지 신체적 존재이기만 한 것이 아니다. 왜냐하면 그의 내면에는 출생과 동시에 이성이 싹터 나오기 때문이다. 그러므로 유아는 단지 동물적인 존재로 다루어져서는 결코 안 된다. 양육을 통하여 유아의 신체적 발달이 촉진되어야 하지만, 이 자연적 교육은 인격 발달과 관련하여 이루어져야 한다. 교육의 과정에서 전개되어야 하는 모든 후속적인 이성능력의 발달단계들은 이미 이 교육의 초기단계에서부터 고려되어야만 한다. 그럴 때에만 양육은 '합목적적'이 된다.

양육에 있어서는 유아의 자발적 활동성의 촉진이 중요하며, 이를 위하여 유아에게 자유가 허용되어야 하는 것이다(Weischedel, 1969, 522ff.). 우선은 유아에게 신체적 자유가 허용되어야 한다. 이에 따라서 칸트는 유아를 강보에 싸는 것이 사지의 자유로운 사용을 방해한다는 이유로 반대하였다(PÄD, A 44). 그는 또한 걸음마 줄과 보행기의 사용이 아이의 자발적 활동을 제약하기 때문에 지양되어야 한다고 주장한다.

모든 그러한 인위적인 장치들은 그러한 것들이 조직화된 이성적 존재〔=아동〕에게 내재되어 있는 자연의 목적에 배치되기 때문에 부적절한 것이다. 따라서 아동에게는 그들이 지니고 있는 〔여러 가지의〕 능력들을 사용하는 것을 배울 수 있는 자유가 허용되어야 한다(PÄD, A 55).

이러한 관점에서 왜 칸트가 아동교육에 있어서 '습성'의 형성을 강하게 반대하는지도 이해할 수 있게 된다. 습성이란 "동일한 오락이나 동일한 행위의 잦은 반복을 통하여 필연성이 되어버리는 오락이나 행위"를 말한다(PÄD, A 55). "한 인간이 지닌 습성이 증가하면 할수록 그만큼 더 그는 부자유스러워지고 의존적이 된다"(PÄD, A 56). 그러므로 아동에게 습성이 형성되게 해서는 안 된다.

많은 부모들은 그들의 자녀들을 모든 것에 습관화를 시키려고 한다. 이것은 그러나 이롭지 못한 일이다. 왜냐하면 인간의 자연성 일반은, 또는 부분적으로 개별적 주체의 자연성도 마찬가지로, 모든 것에 습관화될 수 없는 것이기 때문이다. 그리하여 많은 아동들은 '평생토록' 가르침을 받는 입장에 머무르게 된다(PÄD, A 56).[14]

요컨대, 초기단계의 자연적 교육으로서의 양육은 후속적인 이성능력의 발달단계들과 관련하여 수행되어야 하며, 여기에 양육의 교육적 가치가 놓여 있는 것이다.

---

14) 칸트는 특히 습성이 인간의 도덕적인 후견상태를 초래한다는 이유로 비난한다. "**습성**(assuetudo)은 그때까지 해온 방법으로 계속해서 행동해야 하는 생리적인 내적 강제이다. 습성은 선한 행위들에서 그 도덕적 가치를 빼앗는다. 왜냐하면 습성은 심정의 자유를 장해하며, 동일한 행위를 무반성적으로 반복하게 함으로써 우스꽝스러워지기 때문이다"(ANTH, B 38f.).

② 훈 육

칸트의 역사철학에 의하면 이성이 인류에게서 눈을 뜬 이래로 자연과 문화 사이에 항쟁이 있어왔으며, 그에 상응하여 인간의 안에서는 동물성과 인간성 사이의 항쟁이 일어났다. 바로 이 때문에, 즉 "동물성이-개인에게 있어서나 인간사회에 있어서-인간성을 해치지 않도록" 하기 위하여 교육에 있어서 훈육이 불가피하다(PÄD, A 22). "훈육은 인간이 동물적인 충동에 의하여 그의 본분, 즉 인간성으로부터 벗어나지 않도록 지켜준다"(PÄD, A 3). 그리하여 칸트는 훈육을 "야만성의 제어"라고 특징짓는다(PÄD, A 22).

그러나 인간의 동물성은 동물들의 동물성과 단순히 동일시되어서는 안 된다. 왜냐하면 인간의 동물성은 어떠한 방식으로든 '인간성'과 결합되어 있기 때문이다. 동물성은 더욱이 인간성(인격성)을 위하여 불가결하다.15) 왜냐하면 인간성은 동물성의 매체 속에서만 실현될 수 있기 때문이다! 이러한 관점에서 보면 인간의 동물성은 그 자체로 선하고 합목적적인 것이다. 다만 동물성이 "인간성의 법칙들"에(PÄD, A 3) 따르지 않고 법칙에 대한 자신의 우위를 주장할 때에만 악한 것이다. "단지 자연이 법칙을 따르지 않는 것이 악의 원인이다"(PÄD, A 19).

인간에게는 그러나 처음부터 "자연적인 악에의 성향"이 깃들어 있다(REL, B 35)! 칸트는 인간이 나면서부터 지니고 있는 자유에로의 성향이 있으며 이를 위해 모든 것을 희생한다고 말하고 있다(PÄD, A 4). 그러나 문맥에

15) 인격성(Persönlichkeit)이란 칸트에 의하면 우선 인간의 '이성규정성'(Vernunftbestimmtheit), 즉 인간존재의 본질적인 계기인 이성이 인간존재의 다른 구성요소들을 통일적으로 규정하고 있는 사태를 의미한다. 이성을 인간의 보편적 본성이라고 보는 칸트의 입장에 따르면 인격성이란 인류일반에 동일하게 주어져 있는 인간의 본질성의 이념이라고 할 수 있다. 이에 따라 칸트는 인격성을 '인격속의 (보편) 인간성'(die Menschheit in der Person)이라고 부르고 있다(KpV, A 155). 인격(Person)이란 인격성(Persönlichkeit)의 실현을 지향하는 사실적 개인이다. 이성은 칸트에게 있어서 보편적인 사유의 능력일 뿐만 아니라 자연인과의 필연성과 감성충동의 강제에서 벗어난 행위를 일으킬 수 있는 (초월적) 자유의 능력이며, 이를 행위의 차원에서 실현해가는 사람이 도덕적 인격이다. 따라서 인격이란 '이성적으로 의욕하며, 자유로이 행동하는 인간존재'라고 할 수 있다.

의거해서 볼 때, 이 자유에의 성향은 천성적인 도덕적 자유에의 경향성이 아니라 법칙에서 벗어나려는 성향이며, 이것이 야만성을 형성하는 것이다(PÄD, A 3). 이 감성적 자의성에의 성향은 이미 유아기 때부터 싹이 터서 성장하면서 점점 더 강화된다. 동물성을 인간성에 종속시키려면 인간은 종국적으로 도덕화를 필요로 한다. 그러나 도덕화는 이성능력이 교육의 도움으로 충분히 발달된 후에야 제대로 수행될 수 있는 것이므로 아동에게는 우선적으로 훈육이 부과되어야 한다. 아동의 최초의 전도(顚倒)상태는 단번에 근본적으로 바꿀 수는 없지만 더 이상 강화되지 않고 점차로 약화되어 갈 수 있도록 억제되어야 한다. 훈육은 또한 이른 아동기부터 적용되어야 한다. "왜냐하면 이것이 이루어지지 않으면 인간을 나중에 바꾼다는 것은 매우 어렵기 때문이다"(PÄD, A 4). "따라서 훈육의 등한시는 양성의 등한시보다 더 큰 재앙이다. 왜냐하면 양성은 나중에도 보충될 수 있으나, 야만성은 제거될 수 없으며 훈육에서의 등한시는 결코 〔다른 종류의 교육적 노력으로〕 대치될 수 없기 때문이다"(PÄD, A 8f.).

훈육은 아동을 이성적인 것으로 인정된 규정들(인간성의 법칙들)에 복종시키고 "그에게 법칙의 강제를 느끼도록 하는 것"이다(PÄD, A 3). 칸트는 우리가 위에서 보았듯이 모든 (감성적) 습성들을 단호하게 거절하고 있음에도 불구하고, 이성적인 규칙들에 순종하는 것이 습관으로 굳어져야 한다고 촉구한다. 칸트는 인간의 삶을 지배하고 있는 맹목적인 습성들의 엄청난 힘을 통찰하고 있었다. 이 (감성적인) 습성들에 굴복하지 않으려면 이에 대한 방책이 강구되지 않으면 안 된다. 그래서 교육자는 어린이가 이성적 규칙을 따르는 습관을 형성하도록 해야 하는 것이며 이것이 훈육의 과제인 것이다.

훈육의 실패는 초기의 아동의 심정상태, 즉 주로 감성적 욕구에 따라 움직이는 자의적 태도를 고착화시키는 결과로 나타난다. 이로 인해 성장하는 인간의 이성을 단계적으로 발달시키고자 하는 모든 후속적인 교육적 노력들은 성공하기가 어렵게 된다. 왜냐하면 이성의 양성은 이성을 감성으로부터 점증적으로 해방시키면서, 동시에 이성의 감성에 대한 지배력을 증진시켜가는 것을 전제로 하기 때문이다.

훈육에 있어서 교육자는 훈육이 노예적이어서는 안 된다는 것과, 아동이 자신의 자유를 느끼도록 해야 하며, 그러나 아동이 다른 사람의 자유를 장애하지 않도록 지도되어야 한다는 것 등을 유의해야 한다(PÄD, A 58). 여기에서 우리는 어려운 교육적인 문제에 봉착하게 된다. 즉, "어떻게 법칙적인 강제에 대한 복종과 자신의 자유를 사용하는 능력을 결합시킬 수 있겠느냐" 하는 문제이다(PÄD, A 32). 이 문제는 다음과 같은 유명한 칸트의 질문에 요약되어 있다. "어떻게 하면 강제를 가하면서 자유를 길러낼 수 있을까?"(같은 책, 같은 쪽). 아동의 야만성(=감성적 자의성)은 초기에는 교육자, 즉 이성적인 자질을 갖춘 성인에 의하여 제어되어야 한다. 칸트는 어린이의 의지를 "꺾어서는 안 되며 자연적인 장애에 굴복하는 방법으로 이끌어져야 한다"고 주장한다(PÄD, A 94). 그러나 교사가 실제적인 교육상황에서 그러한 자연스러운 방책을 항상 동원한다는 것은 가능한 일이 아니다. 이럴 경우에도 아동의 맹목적인 자의에 대하여 교육자는 자신의 이성적인 의지로 맞서야 하는데, 이 경우에 강제는 충분히 정당화되어야 한다. 교육자는 아동에게 "아동 자신이 스스로의 자유를 사용할 수 있도록 하기위하여 강제를 부과하고 있다는 것과 아동이 언젠가는 자유로울 수 있도록 그를 키우고 있다는 것을 증명할 수 있어야 한다"(PÄD, A 33). 이것은 엄청난 교육적 요구이다! 이 요구를 충족시키지 못하면 훈육은 정당성을 주장할 수가 없으며, 정당한 훈육이 없이 교육은 결국 그의 본래적인 목표에 도달할 수가 없을 것이다.

③ 문화화(육성)

칸트는 그의 『교육학 강의』에서 교육범주로서의 '양성'(Kultur)을 일관된 의미로 사용하고 있지를 않다. 양성은 우선 '숙련성을 형성시키기 위한 가르침'의 의미로 이해할 수 있다. 숙련성이란 "모든 임의적인 목적을 충족시킬 수 있는 능력의 소유"를 말한다. "목적의 종류가 많기 때문에 숙련성도 어느 정도 무한하다"(PÄD, A 22f.). 그렇기 때문에 양성은 거의 모든 교육의 영역에 관계된다. 그래서 『교육학 강의』에서는 자연적 양성과 심정의 양성만이 아니라 도덕적 양성에 대해서도 언급하고 있다.[16)]

가. 신체적인 양성

초기의 '자연적인' 사전배려, 즉 '양육'에 이어서 자연적인 신체적 교육은 계속되어야 한다. 신체적 양성은 "임의적인 운동이나 감각기관의 사용에 관계된다"(PÄD, A 64). 임의적인 운동의 양성에 있어서는 현재와 미래의 모든 다양한 목적들의 도달에 필요한 신체적 강건과 숙련성이 중요하다. 이러한 목적을 위하여 감각능력도 또한 연습되어야 한다. 요컨대, 신체적 양성에 있어서는 아동이 자신의 실천능력을 강화시키기 위하여 자신의 힘들을 사용하는 것을 배우도록 하는 것이 중요하다.

나. 심정력들의 양성

칸트는 심정(Seele)의 양성도 또한 어느 정도는 '자연적'이라고 말한다(PÄD, A 71).[17)] 이 말은 심정의 양성이 다른 한편으로 또한 '실천적' 부분을 포함하고 있다는 것을 의미한다. 그러나 칸트는 심정의 양성에 있어서 자연적 부분과 실천적 부분 사이의 구별을 명확하게 하지 않고 있다. 그가 학술적 양성을 뜻하는 지성능력들의 양성을 특별 양성이라고 부르고, 이를 심정력들의 일반적 양성-이것은 다시 자연적 양성과 실천적 양성으로 구분되고 있다-과 구별하고 있는 점이 눈길을 끈다. 일반적 양성은 심정력들의 강화에 관계된다.

16) 칸트에게 있어서 엄격한 의미의 도덕화란 감성적-경험적 규정을 벗어난 도덕법칙을 유일 절대의 의지의 격률로 확립하는 것이므로 가장 내면적이고 자발적인 자기 변혁이다. 따라서 도덕화는 '외적인 요인들과의 상호작용을 통한 인간존재의 경험적인 형성'의 과정을 의미하는 '양성'(Kultur)과는 구별된다. 그러나 양성이 도덕화를 위해 유리한 조건을 형성시킬 수는 있다. 예컨대 칸트는 '문화화'의 결과 형성되는 '숙련성'은 도덕화의 중요한 전제인 성격형성을 위해 불가결하다고 말한다(Vgl. PÄD, A 112). 이와 같은 관점에서 우리는 '도덕적 양성'이라는 말을 '본래적 의미의 도덕화를 위한 준비'라는 의미로 이해할 수 있을 것이다.

17) 칸트는 Seele라는 용어를 보통 Gemüt와 거의 같은 의미로 사용하고 있으므로 '영혼'이라고 옮기지 않고 '심정'으로 옮긴다.

우선 학술적 양성을 의미하는 '지성능력들의 특별 양성'을 살펴보기로 한다. 이는 하위지성능력의 양성과 상위지성능력의 양성으로 구분된다.

a) 하위 지성능력들의 양성에 칸트는 인식능력, 감각, 상상력, 기억력, 주의력, 그리고 지능의 양성을 소속시키고 있다(PÄD, A 87). 칸트에 의하면 하위의 지성능력들을 그자체로만 발달시키는 것은 교육적인 의미가 없다. 왜냐하면 "하위지성능력들은 그 자체로는 가치를 지니지 못하기 때문이다. 예컨대 기억은 많이 하고 있으나 판단력이 없는 사람의 경우가 이에 대한 사례가 된다"(PÄD, A 78). 그러므로 이들 하위의 지성능력들은 상위의 지성능력들과 관련하여 양성되어야 한다.

b) 상위의 지성능력에는 일반적인 것을 인식하는 능력인 지성과 일반적인 것을 특수한 것에 적용하는 능력인 판단력, 그리고 "일반적인 것과 특수한 것의 관계를 통찰"하는 능력인 이성이 있다(PÄD, A 78f.).

지성의 양성에 있어서는 규칙의식의 형성이 중요하다. 왜냐하면 지성은 위에서 언급한 바와 같이 '규칙들의 능력'이기 때문이다. "지성을 양성해야 하는 경우에는 언제나 규칙이 제시되어야 한다. 규칙들을 추상하는 것은 지성이 단순히 기계적으로 작용하지 않고 규칙을 의식하면서 작용하도록 하는 데에 매우 유용하다"(PÄD, A 84). "지성은 초기에는 어느 정도 또한 수동적으로 양성되어야 한다. 〔즉〕 규칙들을 증명하는 사례들을 제시하거나, 또는 반대로 개별 사례들에 대한 규칙을 발견하도록 하는 것이다"(PÄD, A 88). 지성의 양성을 위해서는 그러니까 개별사례들의 추상을 통한 일반화의 연습이 중요하다. 일반화를 통하여 일반적인 경험적 규칙들이 얻어진다.

판단력의 양성은 개별사례들을 보편적인 규칙에 소속시키는 능력의 형성을 의미한다. 이 능력에 의하여 사람들은 개별사례들을 해당되는 보편적 규칙과 관련지어 이해할 수 있게 된다.[18)]

---

18) 여기에서는 『판단력비판』에서 제시되는 '반성적 판단력'(reflektierende Urteilskraft)은 언급되지 않으며 단지 '규정적인 판단력'(bestimmende Urteilskraft)만이 언급되고 있는 것이다.

이성의 양성에 있어서는 아동의 이성이 이성적인 성인인 교육자에 의하여 지도되어야 한다는 것을 유의해야 한다. "그러므로 아동의 이성이 모든 것을 사변하도록 허용해서도 안 되며, 아동들 앞에서 그들이 이해할 수 있는 수준을 초월한 개념들에 대한 사변을 늘어놓아서도 안 된다"(PÄD, A 89). 아동기는 순수한 사변이성을 양성할 수 있는 시기가 아니므로, 이때의 이성의 사용은 인과관계에 따라 경과되는 대상들에 대한 성찰에 제한되어야 한다(같은 책, 같은 쪽).

여기에는 『순수이성비판』에서 이성비판을 통하여 이성의 모든 오류를 지양시키고자 했던 칸트의 비판정신의 목소리가 뚜렷하게 울려나오고 있다. 경험적 사용에 있어서 이성이 오류에 빠질 위험은 적다. "왜냐하면 이 경우 이성이 사용하는 원칙들은 경험의 시금석에 의해서 연속적인 시험을 받기 때문이다"(KrV, B 738f.). 그러나 경험 가능한 조건들과 제약자들을 넘어서서 무제약자를 구하는 것이 인간이성의 본성이며, 이를 위해 경험적 직관에 근거하지 않는 이성의 초월적 사용이 필요해진다. 초월적 사용에 있어서 인간의 이성은 매우 쉽게 가능한 경험의 한계를 넘어서서 자신의 인식을 확장하려는 오류에 빠지며, 이를 통해서 이성의 '초월적 가상(假象)'이 생겨난다. 이러한 오류를 방지하기 위해서 인간이성은 훈육과[19] 자기비판을 필요로 한다.

이로부터 하나의 교육적인 결론이 나온다. 성장세대의 이성에 대한 초기의 양성에 있어서는 이성의 사용은 가급적 경험적 영역에 국한되어야 한다. 이성은 경험의 안전한 바탕에서 충분히 훈련되고 강화되고 난 후에야 초월

---

19) 이성의 훈육의 필요성에 대하여 칸트는 『순수이성비판』에서 다음과 같이 말하고 있다: "우리의 가능적인 인식의 한계가 매우 좁은 곳에서 판단에의 충동은 매우 크고, 나타나는 가상은 매우 유혹적이며, 또한 오류에서 생기는 손해는 매우 크므로, 이 경우 우리의 인식을 증대시킬 많은 적극적인 가르침보다는 우리를 오류에서 막아주는 데에 기여하는 지도의 **소극성**이 훨씬 더 중요하다. 이렇게 일정한 규칙들을 벗어나려는 지속적인 성향을 제한하고 결국 제거하는 **강제**를 우리는 **훈육**이라고 부른다"(KrV, B 737).

적 사용에 종사할 수가 있게 된다.

이성의 양성에 있어서는 그러나 이성의 경험적 사용을 통하여 그의 초월적 사용이 준비되어야 한다는 것이 유의되어야 한다. 달리 표현하여, 이성의 양성은 성장세대가 종국적으로 경험적 대상들의 '현상적 성격'을 통찰할 수 있도록 설계되어야 한다. 이러한 통찰은 필연적으로 현상의 근거가 되는 초월적 대상, 즉 '물자체'－이에 대해 경험적으로 사용되는 이성은 아무런 권리도 없다－의 가정에 이르게 된다. 이와 같은 이성의 경험적 사용의 한계에 대한 통찰은 이성의 초월적 사용을 위한 공간을 마련해준다. 초월적 사용에 있어서 이성은 경험세계를 벗어난다. 왜냐하면 이때에 이성은 오직 자기 자신과 지성에만 관계하기 때문이다. 이를 통해 이성은 자기 자신의 '예지적 성격'을 통찰한다.[20] 이성은 마침내 자기 자신을 "자연법칙에 따라 일어나는 현상들의 한 계열을 스스로 시작하는 원인의 **절대적 자발성**"으로 감지한다(KrV, B 474). 이성의 양성은 이성이 자기 자신을 초월적 자유, 즉 예지적 인과성으로 의식하게 될 때 그의 과제를 충족시키게 된다. 이를 통해서 이성의 양성은 도덕화의 불가결한 전제조건이라는 것이 분명해진다.

20) 칸트는 경험적 과정으로 확인되지 않는 초경험적 차원이 인간에게 깃들어 있다고 전제한다. 그러나 칸트는 인간의 경험에서 완전히 벗어난 '초험적'(超驗的: transzendent) 영역은 철학적－학문적 연구의 대상이 될 수 없다고 보았으며, 단지 경험과 관련을 맺는 범위 안에서, 즉 경험을 가능케 하는 조건으로서만 초경험적인 차원에 대한 철학적－학문적 논의가 허용될 수 있다고 보았다. 이와 같이 경험의 가능성의 조건으로 '사유'될 수 있는 초경험적인 차원은 경험적인 차원에 대하여 '초월적'(超越的: transzendental)이라고 불린다. 인간의 인식의 측면에서 시간·공간과 12범주는 경험적으로 확인될 수 없지만 경험적 인식이 가능하기 위해서는 전제되지 않으면 안 되는 조건들, 즉 경험적 인식의 초월적 조건들이다. 인간의 행위에 있어서 행위의 초월적 조건은 자유이다. 인간의 행위는 자연인과의 기계적 과정이나 감성충동－인간에 내재해 있는 자연성으로서－의 강제를 벗어난 이성적 결단에 의하여 이루어지는 것일 때에 참으로 자유로운 행위이다. 이성이 그 어떤 조건들로부터도 영향을 받지 않고 완전히 독립적으로 행위의 원칙을 산출하여 이 원칙이 단독으로 의지를 충족적으로 규정하는 것이 칸트적 의미의 자유이며, 이러한 의미의 자유는 경험적 행위 속에서는 확인되기 어렵지만 자유로운 행위의 원인으로 상정되어야 하므로 초월적 자유라 칭해진다. 이와 같은 인간의 초월적 주관성의 특성을 예지적 성격(=초감성적 성격)이라고 불린다.

왜냐하면 칸트적 의미의 도덕성은 초월적 자유의 이념-여기에 도달하기 위해서는 고도의 반성수준이 요구되는-위에 기초하기 때문이다.

칸트는 "어떤 심정능력도 혼자만 양성되어서는 안 되며, 저마다 다른 심정능력들과 관련하여 양성되어야 한다"고 주장한다(PÄD, A 78). 인간의 다양한 지성능력들은 모든 양성된 지성능력들이 상호 연관된 전체를 이루어서 통일적인 합주(合奏)가 가능하도록 양성되어야 한다. 다양한 하위의 지성능력들은-그들 간에 서로 연관되어-무엇보다도 지성과 체계적으로 결합되어야 한다. 지성은 판단력의 중재를 통하여 이성과 결합된다. 이를 통해 하나의 전체적인 지성능력들의 기능연관이 생겨난다.

이러한 사고의 기능연관은 그러나 궁극적으로 칸트가 '나는 생각한다'(das: Ich denke)로 나타내는 초월적 자아의식에 의해서만 가능하다.[21] 근원적인 동일성을 형성하는 이 '나는 생각한다'가 없이는 한 개인에게 있어서 다기다양하게 양성된 숙련성들(문화성과들)의 통합성은 생각될 수가 없다. 이 '나는 생각한다', 즉 사고주관은 칸트에 의하면 모든 사고행위의 수행주체로 기능하면서도 그 근거는 사실적 사고수행으로부터 벗어나 있으며, 이를 통해 형식적인 동일성을 유지한다. 여기에서 이미 문화화의 교육단계에서 성장세대의 자아정체성 형성이 고려되어야 한다는 것이 분명해진다. 자아정체성의 형성은 칸트에 따르면 실천적 양성(교육)의 주요과제이다. 이를 통해서 왜 문화화가 학술적 양성의 의미로서의 '심정력들의 특별양성'에만 국한

21) 칸트는 순수이성비판에서 인간의 자아의식을 경험적 자아의식과 초월적 자아의식으로 구분하고 있다. 경험적 자아의식이란 경험세계 속에서 '체험하는 주체'로서의 자기의식을 말하며, 이 자아는 시간의 흐름 안에서 일어나는 상이한 경험들 가운데에서 자기 자신을 매 경우에 상이하게 의식한다. 그러나 이 자기 자신에 대한 의식은 결코 자아 자체가 아니다. 왜냐하면 이 경험적 자기의식을 '의식하면서' 이를 자신의 대상으로 만드는 보다 근원적인 의식이 존재하기 때문이다. 그러나 이 근원적인 자아의식은 모든 대상적 파악으로부터 벗어나 있으므로 '초월적 자아(의식)'라고 불려진다. 마치 두 가지의 상이한 자아가 공존하는 것처럼 보이는 이 특이한 현상은 인간이면 누구나 자신에게서 확인할 수 있지만 이 사태를 명확하게 설명하기란 어렵다고 칸트는 실토한다(FORT, A 35). 그에 의하면 이 초월적 자아의식(="나는 생각한다")은 나의 모든 표상을 항상 동반하면서 일관된 동일성을 유지한다.

되지 않고 실천적 양성의 의미인 '심정력들의 일반적 양성'도 또한 포함하는지가 이해된다(PÄD, A 85).

그러나 문화화를 통하여 형성된 개인적 정체성(personale Identität)에는 최종적 가치성이 주어지지 않는다. 왜냐하면 이 개인적 정체성은 아직 무제약적 이성성(도덕성)의 이념에 상응할 수 없기 때문이다. 이 정체성은 다만 문화와의 지속적인 상호작용을 통하여 발달되는 개인적인 정체성일 뿐이다. "문화화는 인간에게 개인(Individuum)으로서의 그 자신에 관하여 하나의 가치를 부여한다"(PÄD, A 36). 문화화는 개인과 문화의 상호작용을 통하여 수행된다. 이를 도야수행으로 이해할 때 "문화는 객관화이며, 도야는 〔객관화된 문화를〕 재주관화"하는 과정으로 이해될 수 있다(Ballauff, 1970b, 23).

문화적 규범지평 속에서 형성된 인간의 개별성은 그러나 후속적인 이성적 규범지평에 대하여 열려 있어야 한다. 다시 말해서, 성장세대가 그들의 개별성을 보다 높은 이성성의 단계들로 계속 발전시키도록 하기 위해서는 그들로 하여금 사회적인, 그리고 도덕적인 규범지평에 눈을 뜨도록 이끌어야 하며, 이것이 후속적인 교육의 과제가 되는 것이다.

④ 시민화

문화화의 교육단계에서 자신의 개별성을 형성시킨 성장세대는 이제 시민화되어야 한다. 즉, 성장세대의 '문화적 개별성'은 사회적 연관성 안으로 통합되어야 하며, 이를 통해 '사회적 개별성'이 형성된다. 시민화는 "인간이 또한 영리해 지는 것과 인간사회에 적응하는 것, 그가 다른 사람에게 호감을 주며 영향력을 미치는 것" 등을 의도한다(PÄD, A 23). 그래서 칸트는 시민화를 '세간지(世間智: Weltklugheit)의 양성'이라고 특징짓는다(PÄD, A 112f.). 시민화를 통하여 "인간은 시민으로 양성되며, 이때 그는 공적인 가치를 획득한다. 그는 시민사회를 자신의 의도에 따라 이끌기도 하며, 또한 자신을 시민사회에 적응시키기도 한다"(PÄD, A 36).

칸트는 시민화를 그의 시대에 도래하고 있던 '시민사회'와 연관시켰다. 그는 인류가 역사의 과정에서 종국적으로 시민사회를 이룩한 것을 인류역사에 있어서 매우 중요한 사건으로 보고 있다. 왜냐하면 시민사회는 인류의 본질규정을 실현하기 위한 가장 유리한 틀을 제공한다고 보기 때문이다. 그에 따라 칸트는 인류의 중요한 과제의 하나가 보편적으로 법이 지배하는 시민사회에 도달하는 데에 있다고 보았다(IDEE, A 394).

사회생활의 역동성 속에서 삶의 새로운 가능성이 열린다. 인간의 자연소질조차도 인간 혼자서, 또는 좁은 인간집단 속보다 사회 속에서 더욱더 잘 양성된다. 칸트는 사회 안에서 인간들 사이의 경쟁(항쟁: Antagonismus)이 인간의 자연소질의 양성을 위한 불가결한 추진력이라는 것을 인정한다. 그에 따르면 모든 항쟁은 소질로서 인간의 자연성에 내재되어 있는 "비사교적인 사교성"에서 유래된다고 한다(IDEE, A 392).

인간은 무리를 짓고자 하는 경향성을 지니고 있다. 왜냐하면 그는 사회상태에서 한 인간 이상의 존재로—자연소질의 발달에 있어서—느끼기 때문이다. 그러나 그는 또한 스스로 고립되려는 강한 성벽을 지니고 있다. 왜냐하면 그는 자신 안에서 모든 것을 자기 마음대로 하려는 비사교적인 특성을 발견하기 때문이다. 이 비사교적 특성으로 그는 어디에서나 저항에 부딪히며, 또한 자신의 입장에서 타인들에 저항하려는 경향이 있음을 알고 있는 것이다(IDEE, A 392).

이러한 항쟁으로부터 인간사회에 많은 해악이 발생한다. 그러나 이 항쟁은 인간으로 하여금 다른 사람들과의 대결에 있어서 자신을 유지할 수 있게 하기 위하여 그가 지닌 자연소질들을 최대한 발달시키도록 강요한다. 시민사회는 그러므로 한편으로는 인간들 사이의 긍정적인 경쟁을 촉진하고, 다른 한편으로는 경쟁에서 발생하는 해악을 최소화시키기 위하여 사회적 공정성이 또한 확보되도록 조직되어야 한다.

칸트가 시민화에서 세간지의 양성을 강조하고 있는 점이 눈에 띈다. 세간지는 문화화를 통해 양성된 숙련성을 인간관계에 적용하는 기술이다. 세간지의 양성을 위하여 성장세대는 우선 자신을 감추어 속을 들여다 볼 수 없게 하면서도 타인의 속내를 탐색하는 것을 배워야 한다. 여기에는 불순성에 가까운 자기 실책의 은폐까지도 포함된다(PÄD, A 113). 은폐를 위해서는 한편으로 자신의 감정을 지배해야 하며, 다른 한편으로는 예의범절을 갖춘 겉모습을 지녀야 한다. 이와 같은 언급들이 엄격한 도덕론자인 칸트에 어울리지 않는 것으로 비칠 수도 있을 것이다. 그러나 심원한 인간 이해자인 그는 인간관계의 양면성—한편으로는 개인의 자기실현을 촉진하면서도 다른 한편으로는 이를 손상시키기도 하는—을 통찰하고 있었다. 이 대립성은 시민화의 교육단계에서 충분히 고려되어야 한다. 성장세대는 사회 속에서 다른 사람들과 원활하게 교제하면서도 타인들에 의하여 내적인 인격영역이 상처를 받는 것을 막을 수 있도록 교육되어야 한다.

시민사회 속에서 인간은 예의바른 인간이 된다. 문화적-사회적 공동세계로서의 시민사회는 매 경우에 하나의 특정한 규범지평을 지니고 있다. 그러므로 한 사회 안에서의 인간들의 친교적인 공동의 삶은 오직 사회의 구성원들이 함께 동일한 규범지평 아래 놓여 있을 때에만 가능하다. 그리고 사회의 규범화를 통하여 인간은 예의범절을 획득하게 된다. 시민화는 이러한 의미에서 사회적 규범지평 안에서의 확장된 개별성의 형성을 의미한다. 그러나 시민화는 훈육, 문화화와 함께 인간의 최고의 존재가능성으로 이행하는 중간단계들로 설정되기 때문에 단순한 사회적 적응과는 구별되어야 한다. 한 사회 안에 현존하는 규범들은 그의 가치성이 교육학적 기준들—이들은 최종적으로 인간성의 이념에 의지한다—을 통하여 검증된 경우에만 교육적으로 의미가 있는 것이다. 그에 따라 교육은 현존하는 사회적 규범들을 비판적으로 수정 또는 개선하는 기능을 지니며, 이를 통해 교육은 사회의 개선에 기여한다. 다시 말해서, 교육을 통하여 인류의 새로운 세대—그의 본분인 인간성의 이념에 끊임없이 접근해 가는—가 출현되며, 또한 이로부터 당연히 하나의 새로운, 개선된 사회가 나타날 것이다. 여기에 교육과 사회 또는 국가 사이의 상호적인 관계가 드러난다.

칸트에 의하면 인간의 사교성은 사회 안에서 개인들의 '인본성'(=인간다움: Humanität)을 촉진할 수 있는 토대이다. 그에 따라서 칸트는 학교교육에 있어서 아동들의 사교성의 촉진을 강조하였다(PÄD, A 109). 칸트는 지속적인 사교적 관계를 통해 생성되는 예의범절성이 종국적으로 도덕성으로 이행할 수 있는 가능성을 본다. 다시 말해서, 사회 안에서 자신을 유덕한 것으로 나타내고 싶어하는 인간의 경향성을 순수한 덕에의 추진력으로 공급함으로써 이것이 가능해 진다는 것이다.

인간은 통틀어 볼 때, 시민화가 될수록 더욱 더 배우가 되어간다. 그는 호의, 타인의 존중, 예절바름, 사욕(私慾) 없음의 겉모습을-이를 통해 타인들을 기만하려는 의도를 갖지는 않고-지니고자 한다. 사람들이 진심으로 이러한 태도를 취하지 않는다는 것은 서로 간에 양해되어 있다. 그리고 이러한 태도로 처세를 하는 것은 또한 아주 좋은 일이다. 왜냐하면 인간들이 이러한 역할의 수행을 통하여 나중에는 덕성들-사람들이 오랜 세월동안 그 겉모습만 가장했던-이 점차로 실제로 각성되며, 신조로 이행되어 간다(ANTH, B 42f.).

여기에서 교육적인 결론이 도출된다. 시민화의 교육단계에서는 사교적인 교제를 통하여 예의범절을 형성하는 것이 중요한 과제이다. 이를 위해 성장세대에게 매 경우의 사회적 문맥 가운데에서 유덕한 것으로 간주되는 교제방식들이 추천되어야 한다. 그러한 교제방식들의 실천은 타인들과의 유덕한 교제가 개인의 행복을 증대시킨다는 점을 확신시킴에 의하여 촉진된다. 여기에서는 성장세대에게 유덕한 교제에의 경향성을 불러일으키는 것이 관건이 될 것이다. 유덕한 교제방식들을 '미적으로 나타내 보여주는 것'이 이러한 목적에 기여하리라는 것은 명백하다.

시민화의 핵심은 덕과 행복을 사교적인 교제 안에서 하나로 합치는 것이며, 이를 통해 사회적인 개별성, 즉 '인본성'이 형성된다. "교제에 있어서 복된 삶과 덕을 합일하려는 사고방식이 인본성이다"(ANTH, B 243). 인본성은 여기에서 이성성(理性性: Vernünftigkeit)의[22] 제약적인 형태-아직 도덕성의 이념에 조건 없이 상응하지 못하는-를 의미하고 있음은 분명하다. 그럼에도 불구하고 인본성의 개념에는 도덕성의 이념에의 관련이 이미 현전하고 있다. 이러한 관점에서 시민화는 도덕화의 전(前) 단계를 이루고 있다고 할 수 있는 것이다.

⑤ 도덕화

지금까지의 교육의 단계들에 대한 고찰에서 도덕성의 이념은 칸트에게 있어서 교육의 최종목표이기만 할 뿐이 아니라 교육의 모든 분야에 대한 일관된 최고척도로 기능한다는 것이 분명해졌다. 모든 교육행위에 있어서 교육자의 시선은 교육의 고지인 도덕성을 향해 있어야 한다. 도덕화의 견지에서 보면 모든 이전의 교육단계들은 도덕화를 위한 준비과정이다. 그러나 준비과정을 통하여 도덕성으로의 이행가능성이 반드시 주어지는 것은 아니다. 도덕화와 이전의 교육단계들 사이에는 질적인 간격이 존재한다.

인간은 시민화를 통하여 예절바른 사람이 되지만 아직 도덕적인 사람이 된 것은 아니다. 왜냐하면 그는 도덕법칙을 유일하고 충분한 격률의 근거로 받아들일 능력이 아직 없기 때문이다. 그의 격률은 여전히 압도적으로 '자기애'에-이 자기애가 예의범절에 의하여 세련되어있음에도 불구하고-의하여 규정되고 있다. 이 자기애는 도덕성에 따라서 자신을 합리화시킬 줄 안다는 점에서, 즉 덕스러운 겉모습을 보일 줄 안다는 점에서 세련되어 있는 것이다. 이러한 인간은 경험적 성격에 따르면 어느 정도 선하다고 할 수 있지만, 예지적 성격에 따르면 여전히 악하며, 따라서 그는 아직 도덕적인 존재가 아니다. 왜냐하면 그는 행위의 내면적 동기에 있어서 여전히 이기심과 감성적 경향성에 의존되어 있기 때문이다. 이를 통하여 왜 칸트적 의미의 도덕화가 예의범절의 점진적인 개선만으로 이루어질 수 없는지가 분명해진

---

22) 이성성이란 '이성규정성', 즉 '이성에 의하여 어떤 사태의 구성요소들이 규정되어 있음'의 뜻으로 이해할 수 있다. 예컨대 인간존재의 이성성은 인격성(Persönlichkeit)이 된다.

다(REL, B 54f.).

인간은 그의 격률에 있어서 도덕법칙이 자기애의 원칙에 대하여 확고한 우위를 점할 때에 비로소 도덕적으로 선하다. 그럼에도 자기애는 인간의 심정 깊숙이 뿌리를 박고 있으며, 그 영향력은 끈질기고도 은밀하다. 그 때문에 자기애를 결정적으로 도덕법칙에 복종시킨다는 것은 참으로 어렵다. 도덕화는 그러니까 인간이

그의 격률의 최고근거-이를 통하여 그가 악한 인간이었던-를 한 번의 일회적인 요지부동의 결의를 통하여 뒤집는 것〔을 통해 일어난다〕(이로써 새로운 인간을 이끌어낸다). 이렇게 되면 그는, 원칙과 사고방식에 의거해 볼 때, 선에 대한 감수성을 지닌 주체가 된다. 그러나 그는 연속적인 노력과 형성을 통해서만 비로소 선한 인간이 될 수 있다(REL, B 54f.).

도덕화는 그러므로 "사고방식에 있어서의 혁명", 하나의 '개심'(改心), 또는 일종의 '재탄생'이며 이기적 존재로서의 옛사람의 죽음을 전제로 하는 새로운 창조이다(REL, B 54; B 98)! 그러나 어떻게 하여 사고방식의 혁명이 일어날 수 있을까? 이 혁명을 수행하기 위해서는 인간에게 실천적 의미의 자유가 부여되어야 한다. 그런데 이 실천적 자유는 의지가 도덕법칙에 '자발적으로' 복종함을 통하여 비로소 모습을 드러내는 것이다(HOLSTEIN 1984, 13). 따라서 본래적인 의미의 도덕화는 타인에 의한 모든 직접적인 영향으로부터 벗어나 있다. 왜냐하면 (예지적 행위로서의) 덕에로의 자유로운 결의가 타인의 영향에 의하여 수동적으로 일어날 수는 없기 때문이다. 이에 따라 도덕화를 위한 직접적인 교육적인 조치도 있을 수가 없으므로, 도덕화는 단지 가장 내면적이고 실존적인 사건으로 상정될 수 있을 뿐이다. 여기에서 칸트적 의미의 도덕교육은 난문(難問: Aporie)에 빠져드는 것처럼 보인다.

그럼에도 불구하고 칸트는 인간에게는 어떠한 다른 의도와도 무관하게 선을 그자체로 원하는 선의지의 개념이 이미 "자연적인 건강한 이성"에 깃들어 있다고 주장한다(GMS, B 8). 선의지의 개념은 따라서 "배움이 필요치 않

으며, 단지 계발만을 필요로 할 뿐이다"(같은 책, 같은 쪽). 모든 인간은 그가 인간인 한, 그의 심정 속에 "이성의 소리"로서의 도덕적 당위의식을 지니고 있다(KpV, A 62). 단지 많은 경우에 강력한 감성적인 자의성에 덮여서 잘 들리지 않을 뿐이다.

교육은 그리하여 이성의 소리가 성장세대에게 들릴 수 있도록 해야 한다. 교육자는 이성의 소리가 종국적으로 흔들림 없는 선의지로 확립되도록 학생을 도와야 하는 것이다. 교육자는 성장세대의 내면에 배아상태로 존재하는 선의지를 통찰하고 성장세대의 도덕적 신조에 대한 내적, 외적 반작용들을 막고자 노력하면서 이를 주도면밀하게 촉진해야 한다.

도덕교육에 있어서는 우선 "하나의 성격을 기초하는 것"이 중요하다. "성격은 격률에 따라 행동하는 능숙성 안에 놓여 있다"(PÄD, A 100). 격률은 칸트에 따르면 의지를 규정하는 실천적 규칙이다(GMS, B 51). 『판단력비판』에 따르면 실천적 규칙은 기술적-실천적 규칙과 도덕적-실천적 규칙으로 구분된다(KU, B XIII). 기술적-실천적 규칙은 숙련성과 영리성에 관계되며, 도덕적-실천적 규칙은 단지 도덕성에만 관계된다. 숙련성과 영리성, 도덕성을 위한 교육단계들은 이들 각 단계들이 저마다 격률에 따라 행동하는 능력을 형성시킨다는 점에서 실천적 교육에 속한다. 이 세 교육양식들의 목표는 질적으로 상이하기는 하지만 그들은 다 함께 통일적인 행위주체의 형성에 기여한다. 숙련성을 위한 교육에서 심정의 철저성이 생기고, 영리성을 위한 교육에서 꿋꿋함(Wackerheit)-이는 의지력과 감정의 절제를 포함한다-이 생긴다(PÄD, A 112ff.). 따라서 숙련성과 영리성의 형성을 전제하지 않고는 성격의 형성은 생각하기 어렵다. 왜냐하면 성격이란 "무엇인가를 행하고자 하는 확고한 의도와 이 의도를 실제로 수행"할 수 있는 능력이기 때문이다(PÄD, A 116). 칸트가 도덕성의 요체로 간주한 선의지(善意志: guter Wille)가 경험세계 속에서 스스로를 실현하기 위해서는 신체적-심리적 행위능력과 문화적-사회적 행위능력을 필요로 하는 것이다. 이러한 관점에서 볼 때, 도덕성의 형성을 위해서는 도덕화뿐만 아니라, 교육의 모든 단계, 즉 양육, 훈육, 문화화, 시민화 모두가 불가결하다고 말하지 않을 수 없다. 여기에서 우리는 칸트의 명제, 즉 인간은 그의 자연소질들을 균형 있고 합목적적으로 발달시킴으로써 자연구속성에서 벗어나 본분규정에 도달할 수 있다는 명제의 의미를 분명히 이해하게 된다.

성격형성에 있어서 결정적인 것은 격률의 순수성이다. 인간은 성격형성을 통하여 "오직 순전히 선한 목적들을 선택하는" 신조에 도달해야 한다(PÄD, A 23). 인간은 좋은 목적들을 이 목적들이 다른 이기적인 목적들에 기여하기 때문이 아니라 그 자체로 선하기 때문에 선택할 수 있어야 한다. "왜냐하면 행위의 모든 도덕적 가치는 선의 격률 안에 존재하기 때문이다"(PÄD, A 86).

이를 통해 도덕적 성격형성은 선에 대한 통찰, 즉 도덕적 통찰을 전제로 한다는 것이 분명해진다. 지금까지 자기애의 원리, 즉 행복의 원리에 의하여 그의 삶의 대부분을 이끌어온 성장세대가 이 원리에서 벗어나기 위해서는 성장세대에게 지금까지의 존재방식보다 질적으로 높은 존재가능성에 대한 통찰이 생겨나지 않으면 안 된다.

우리는 문화화의 교육단계의 서술에서 문화화의 최고목적 중의 하나가 성장세대로 하여금 자신의 예지적 성격(초월적 자유)을 통찰하도록 하는 것이라고 서술한 바 있다. 칸트가 실천적 판단, 즉 행위상황에 대한 판단에 있어서 보통의 인간지성(상식)이 이론적인 사변보다 뛰어나다고 말하고 있음에도 불구하고(GMS, B 21), 도덕적 통찰은 이론적 양성을 전제로 한다. 왜냐하면 보통 인간지성은 '자연적 변증법'(natürliche Dialektik)으로부터 자신을 지킬 능력이 없기 때문이다. 자연변증법은 "의무의 엄격한 법칙에 반하여 궤변을 꾸며대면서, 이 법칙의 타당성을, 적어도 그 순수성과 엄밀성을 회의에 빠트리고, 이 법칙을 가능한 한 우리의 소망과 경향성들에 적합하게 만들고자 하는" 자기애의 성향에서 생겨난다(GMS, B 23). 이러한 자연변증법에서 자신을 지켜내려면 높은 반성능력이 요구된다. 칸트가 이론철학에서 초감성적인 것에 대한 사변을 제한하면서 다만 감성의 월권을 굴복시키려는 의도에 있어서만 허용을 한 반면에, 실천적 관점에서는 오히려 권장하였다. 왜냐하면 그는 인간의 도덕적 본분규정을 최종적으로 초감성적인 것 안에서 보았기 때문이다.

인간의 초감성적 도덕적 본분규정에 대한 통찰로서의 도덕적 통찰은 우선은 소극적 통찰로 주어질 수밖에 없다. 왜냐하면 '자연의 최종목적'(KU, B 430)으로서의 도덕성은 칸트에게 있어서는 다만 "필연적인 이성추리를 통해서만"(KrV, B 397) 도달될 수 있는 이성이념이며 이 이념에 부합되는 대상이 감각에 제시된다는 것은 불가능하기 때문이다. 도덕적 통찰은 따라서 우리가 경향성의 요구에 상응하는 모든 질료적인 원리들(특히 행복의 원리)로는 진정한 도덕성을 이룰 수 없음을 통찰하면서(KpV, A 40), 다만 '논의적'으로만, 즉 직관적이 아닌 우회적인 반성을 통하여 산출될 수 있을 뿐이다. 그러나 도덕적 행위를 통하여 자유의 실재성이 증명됨으로써 논의적인 도덕적 통찰은 '적극적인' 통찰로 바뀐다. 다시 말해서, 우리가 도덕법칙에 의한 우리 의지의 직접적인 규정의 결과 감성적 경향성들에 대한 의존성에서 벗어나서 행동할 수 있다는 사실을 통하여 자유의 실재성이 증명되며, 이러한 실천적 자유의 실재성은 인간의 초감성적 본분규정에 대한 확고한 통찰로 연결된다.

인간의 본질규정에 대한 통찰이 명료하면 할수록 우리 마음속에서 자신의 예지적인 본질규정에 상응하여 행동하라는 피할 수 없는 요구로서의 '의무'의 소리가 더욱 더 뚜렷하게 울린다. 의무에 따라 행위를 함으로써만이 그는 자신을 '자유로이 행동하는 존재'로 볼 수 있게 된다. 이러한 관점에서 볼 때, 도덕교육은 의무개념을 통찰하고 이를 바탕으로 의무에 따라 행동하도록 성장세대를 이끌어 주는 것이라고 말할 수 있다. 칸트는 두 가지 종류의 의무, 즉 자기 자신에 대한 의무와 타인에 대한 의무에 대해서 말한다.

자기 자신에 대한 의무는 인간의 내면에 그를 모든 다른 생명체들보다 고귀하게 만드는 하나의 존엄성을 지닌다는 데에 있는 것이며, 그의 의무는 이러한 "그의 인격에 깃들어 있는 인간성의 존엄을 부인하지 않는 것"이다(PÄD, A 119). 반면에 타인에 대한 의무는 "인간의 권리에 대한 경외와 존경"에 있다(PÄD, A 120). 모든 인간은, 나와 남을 포함하여, 저마다 인간의 절대적 존엄성을 구성하는 예지적 성격이 깃들어 있기 때문에 존경의 대상이 된다. 그리하여 칸트는 아동이 자신과 타인들에 대하여 인간으로서의 존엄성을 느낄 수 있도록 하며, 이러한 인간의 존엄성에 대한 존경을 아동에게 의무로 느끼도록 하는 것을 교육의 중요한 과제로 설정한다. 이에 따라 아동을 그의 외관이나 사회-경제적인 출신배경, 종교 등에 관계없이 존중하는 것이 교육자의 근본 격률이 되어야 한다. 왜냐하면 아동은 가능적 인격성으로서의 예지적 성격이 깃들어 있는 존재이기 때문이다. 그러므로 교육자는 그의 학생을 책망하거나 벌할 때에도 인간의 절대적 존엄성에 대한 존경을 잃으면 안 된다. 성장세대에 내재되어 있는 목적 자체로서의 인격성을 존경하는 것은 교육자의 정언명법이 되어야 한다. "네가 행위를 할 때에 너와 모든 다른 사람의 인격 안에 깃들어 있는 보편적 인간성을 언제나 동시에 목적으로 대하며, 결코 단순한 수단으로서 대하지 않도록 하라"(GMS, B 66f.).

끝으로 이상의 논의들을 근거로 하여 칸트의 교육학의 성격에 대하여 숙고해보고자 한다. 칸트의 교육학은 요컨대 '개별성발달의 이론'으로 해석될 수 있다. 우리가 위에서 고찰한 바와 같이, 칸트의 교육프로그램의 근본적인 목표는 문화화를 통해 형성되는 문화적 개별성을 시민화를 통하여 사회적 개별성으로 발전시키며, 종국적으로 도덕화를 통하여 도덕적 개별성으로 승화시키는 것이다. 이로부터 칸트적 의미의 도덕성이란 다층적인 개별성의 구조로부터 파악되어야 한다는 것이 분명해진다.

인간은 분명히 생리적-심리적 존재이며, 또한 문화적-사회적 존재이다. 그러나 그의 존재핵심에 있어서는 이러한 생리적, 심리적, 문화적, 사회적 문맥을 초월해 있다는 것이 칸트의 인간관의 핵심이다. 이것을 다른 말로 부연하면 다음과 같다. 인간은 그가 처해있는 생리적-심리적, 문화적-사회적 조건들의 제약을 받는다. 이러한 조건들은 개인의 삶의 토대가 될 뿐만 아니라 그의 삶에 대한 규범지평으로 기능하기도 한다. 그러나 개인이 이러한 조건들에 일방적으로 지배되기만 하는 것이 아니라 어느 정도의 '자발성'을 가지고 이러한 조건들과 상호작용을 하고 있다. 이렇게 자발성을 행사하는 한에 있어서 인간은 그러한 조건들의 제약에서 벗어나 있는 것이며, 여기에서 칸트는 인간의 절대적 존엄성을 보고 있는 것이다.

이 자발성이 계발되어 보다 의식적으로 행사될 때에 '자율'이 이루어진다. 칸트는 개인의 자발성의 근거를 이성에서 보았으며, 따라서 이성능력을 발달시키는 것은 동시에 개인의 자발성을 증진시켜 자율에 도달하는 길인 것이다. 이처럼 칸트적 의미의 개별성의 핵심은 자발성이라고도 볼 수 있으며, 칸트 교육론의 요체도 이러한 개인의 자발성을 발달시키는 데에 있다고 할 수 있을 것이다. 문화화를 통하여 문화적 자발성이, 시민화를 통하여 사회적 자발성이, 그리고 도덕화를 통하여 도덕적 자발성이 형성된다. 이 세 단계의 자발성의 확립을 통하여 개인의 자율이 이루어진다. 칸트는 이러한 '자율적인 개인'을 근대 시민사회의 이상적인 구성원의 모델로 제시한 것이라고 볼 수 있다.

이러한 관점에서 볼 때, 칸트가 '실천적 교육'의 주요범주로 제시한 문화화, 시민화, 도덕화는 교육자가 주도적으로 행사하고, 성장세대는 단지 수동적으로 받아들이는 교육행위를 말하는 것이 아니다. 칸트적 의미의 실천적 교육의 1차적 과제는 문화적, 사회적, 도덕적 규범지평으로 성장세대를 안내함으로써[23] 그들 스스로가 이들 상이한 규범지평들에 상응하는 '책임들'을 지각할 수 있도록 이끄는 것이다. 그러나 도야를 위해서는 책임의 지각만으로 충분하지는 않다. 개인은 더 나아가서 자신의 책임의식에 따라 행동할 수 있어야 한다. 요컨대 실천적 교육은 학생으로 하여금 한편으로는 제약적, 무제약적 규범지평들을 지각할 수 있도록 해야 하며, 다른 한편으로는 그들의 책임수행의

23) 칸트가 그의 『도덕형이상학원론』에서 제시하고 있는 '목적의 왕국'은 개별자(Individuum)들에 대한 규범지평으로 해석될 수 있다. 목적의 왕국이란 인간의 다차원적인 삶의 지평에서 읽어낸 목적들의 체계이다. 그것은 단지 경험적인 목적들뿐만 아니라 인간의 이성적 본성으로부터 연역해낸 목적들을 포함한 하나의 체계를 의미한다.

의지와 이에 필요한 실행능력, 한마디로 말해 '책임능력'을 촉진해야 한다. 책임을 지울 수 있고 책임능력이 있는 사람은 '성숙한 인간'이다(Ritzel 1973, 40). 이러한 관점에서 우리는 칸트의 교육학을 '성숙성의 교육학'이며, 이러한 의미에서 또한 '계몽의 교육학'이라고 부를 수 있을 것이다. 성숙한 인간이란 그의 사실적 삶의 복합적인 문맥 속에서 제약적, 무제약적 규범지평들에 관련하여 자신의 개별성을 유지할 수 있는 능력을 지닌 자이다.

달리 표현하여, 교육과 도야는 일정한 문화적-사회적 문맥 속에서 이루어진다. 그럼에도 불구하고 교육과 도야의 질을 유지하기 위해서는 교육과 도야의 보편적, 초시간적 시금석이 주어져야 한다. 인간성의 이념(무제약적 이성성으로서)은 칸트의 교육학에서 최종적인 보편적 규범지평으로 기능하며, 이 규범지평의 최고기준에 따라서 모든 교육이론적인 조치들과 교육실천들이 정당화될 수 있어야 한다. 교육학은 그리하여 성장세대의 자연발생적인 개별성의 단순한 발달에만 기여해서는 안 되며, 그들에게 이성적인 규범지평들, 특히 무제약적인 보편적 규범지평을 지향하면서 자신의 개별성을 지속적으로 발달시킬 수 있는 기회를 부여해야 한다. 이러한 관점에서 우리는 칸트의 교육학은 '개별성의 교육학'인 동시에 '보편인간성의 교육학'이라고 말할 수 있을 것이다(Hufnagel 1990, 115f.).

⑥ 기술로서의 교육과 학문으로서의 교육학

이제 우리는 『교육학 강의』의 하나의 중요한 명제인 '기술(예술)로서의 교육'을 논구해보기로 한다. 칸트에 따르면 인간의 자연소질들을 균형 있고 합목적적으로 발달시키고 이를 바탕으로 하여 인류를 종국적으로 그의 본분규정, 즉 인간성의 이념에 도달토록 하는 것이 교육에 부과된 과제이다. 그런데 교육은 경험세계 안에서 수행되는 것이라는 점이 진지하게 고려되지 않으면 안 된다. 교육의 목표차원, 즉 인간성의 이념은 칸트에 의하면 오직 이성이 산출하는 것이지만, 교육의 조치들은 단지 이성으로부터만 도출될 수는 없다. 교육자는 교육실제에 접근해가면서 목표의 실현을 위한 교육조치들을 기획해야 한다. 따라서 교육행위는 언제나 매 경우의 통찰과 경험에 의지하는 '기획적인 행위'(projektives Handeln)이다. 교육실천의 경험을 통하여 교육자는 일정한 교육적인 숙련성, 즉 '교육술'(=교육예술: Erziehungskunst)을 획득하게 되는데, 이에 의하여 교육자는 매 경우의 다기다양한 교육적 상황 속에서 능숙하게 교육적 조치를 행할 수 있는 것이다.

기술은 칸트에 따르면 그의 원천과 진행에 따라서 '기계적'(mechanisch)이거나 '판단적'(judiziös)이다(PÄD, A 16). 그런데 교육술 또는 교육학은 "그것이 인간의 자연성을 발달시켜서 그의 본분규정에 도달토록 하려면 판단적이어야 한다"(PÄD, A 16). 교육은 많은 세대를 거쳐서 완성되어야 하는 기술이다(PÄD, A 13). 왜냐하면 교육은 인류가 매 경우에 도달한 이성적인 통찰에 의지하기 때문인 데, 이 통찰은 또한 교육의 덕분으로 산출되는 것이다. "통찰은 교육에 의지하며, 교육은 다시 통찰에 의지한다"(PÄD, A 14). 교육술은 그러니까 '변증법적인' 발전과정 가운데에 존재한다.

따라서 교육은 다만 점차적으로 한걸음씩 진보할 수 있는 것이다. 그리고 오직 다음과 같은 과정, 즉 한 세대가 그의 경험과 지식을 다음 세대에 전하고 이 세대가 물려받은 경험과 지식에 얼마간을 첨가하여 또 다음 세대에 전달하는 반복적 과정을 통하여 교육방법의 올바른 개념이 생겨날 수 있는 것이다(PÄD, A 14).

그리하여 칸트는 교육학은 교육술의 차원을 넘어서서 하나의 '학문'(Wissenschaft)이 되어야 한다고 주장한다. 교육술은 매 경우의 교육자의 통찰과 교육적인 상황에 의존한다. 이에 따라 교육술은 언제나 다소간에 개인적이고 우연적인 성격을 지니게 된다. 그러나 교육이 단지 교육자의 개인적인 교육술에 따라서 행해진다면 교육자의 자의(恣意)와 우연적인 상황들에 맡겨질 위험이 있으므로, 교육은 연관적인 노력이 되어야 하며(PÄD, A 16), 이 연관적인 노력은 학문적인 틀에 의하여 정돈되어야 한다. 그렇지 않으면 과거부터 지금까지 수많은 세대들이 얻은 교육적인 통찰과 경험은 그 다음 세대에 가서 대폭 상실되어 버리고 말 것이다.

그러면 칸트에게 있어서 학문으로서의 교육학이란 무엇을 의미하는가? 이 물음에서는 '교육학의 학문적 성격'이 문제가 되는 것이다. 칸트가 이 물음에 명시적으로 답을 하지 않았기 때문에 우리는 그 답을 그의 저서들에서 찾아보려고 한다. 먼저 칸트의 학문개념에 대하여 알아본다. 학문은 칸트에게 있어서 하나의 인식의 체계, 즉 "다양한 인식들이 하나의 이념 아래서 통일을 이루는 것"을 말한다(KrV, B 860). 이념이란 하나의 선취된 전체의 이성개념이며, 해당되는 학문의 최고목적을 이룬다. 이념은 그의 실행을 위해서 도식(Schema)을 필요로 하는데, 도식이란 전체의 윤곽과 부분구성요소로의 세분을 이념에 따라, 즉 선험적으로 포함하고 있어야 한다. 그리고 또한 도식은 그것이 해당되는 전체를 모든 다른 것과 원리적으로 확실히 구별해야 한다(KrV, B 861f.). 이와 같이 학문은 해당 이념과 이 이념에서 도출되는 도식에 따라서 수행되는 '인식의 건축술'로부터 생겨난다.

이러한 칸트의 학문개념을 근거로 하여 이제 칸트적 의미의 학문으로서의 교육학이 어떠한 것인가를 숙고해 보아야 할 것이다. 만일 교육학이 교육과 도야를[24] 위한 학문으로 간주된다면, 한편으로는 교육과 도야의 목표차원이 규정되어야 하는데, 이것은-교육과 도야는 인간을 대상으로 하므로-인간의 본질규정을 전제로 한다. 칸트에게 있어서 인간의 본질은 종국적으로 예지적 성격에 놓여있는데, 이 인간의 예지적 성격은 그러나 경험적 연구로는 결코 접근될 수 없으며 오직 이성의 자기성찰에 의해서만이 접근될 수 있다. 물론 칸트는 교육의 목표를 단지 예지적 성격으로부터만 이끌어내고

24) '교육'(Erziehung)은 일정한 교육목표를 세우고 이에 도달하기 위한 교육자의 교육행위를 전제로 하는 데 반해, '도야'(Bildung)란 본래 '일정한 가치지향에 따른 인간의 내면성의 형성'을 의미하는 것으로 타인에 의한 교육적인 도움이 없이도 스스로 이루어질 수 있다는 점에서 교육과 구분된다. 도야를 '내면성의 형성'이라는 넓은 의미에서 보면 인간이 살아있는 한 계속적으로 일어나는 것이라고 볼 수도 있다. 그런데 계몽주의시대 이후로 도야를 교육의 중요한 목표로 보는 입장이 확립되면서 교육과 도야는 밀접한 개념이 되어갔으며, 현대 독일학계에서는 빈번히 도야와 교육이 교환개념으로 쓰이고 있다. 그러나 본 논문에서는 도야(Bildung)와 교육(Erziehung)의 개념 간의 원칙적인 구분을 유지한다.

있는 것은 아니다. 왜냐하면 그는 예지적 성격에 기초하는 도덕성뿐만 아니라 경험적 차원의 (문화적) 숙련성과 영리성(=세간지) 등을 교육목표에 포함시키고 있기 때문이다. 그러나 뒤의 두 가지 목표는 그 자체로 절대적 가치를 지니지 않으며, 유일한 절대적 가치인 도덕성의 실현에 기여할 때 그 온전한 가치를 획득한다. 따라서 칸트에게 있어서 교육의 최고목표는 도덕성의 실현에 있다고 할 수 있으며, 도덕성은 칸트에게 있어서 경험적 차원을 벗어난 예지적 성격에 기초하는 것이므로, 교육의 목표차원은 주로 초월철학적인 해명을 통하여 주어진다고 볼 수 있다.[25)]

이에 반해 교육과 도야의 수행차원은 경험적-인간학적인 인식들을 포함하고 있어야 한다. 왜냐하면 목표차원의 실현으로서의 교육실천과 도야실천은 오직 경험세계에서만 수행될 수 있기 때문이다. 그 때문에 교육에 대한 실험(경험적 연구)이 필요하다.[26)] 그러나 교육에 대한 경험적 연구는 단지 자연과학적인 실험적 연구처럼 이루어져서는 안 된다. 왜 그런가? 경험적 연구는 그 자체가 하나의 경험적 과정이다. 경험이란 칸트에 의하면 언제나 경험의 주관적 조건들(근거들)에 의존되어있다. 따라서 경험은 이러한 주관적 조건들(근거들)과 관련해서만이 올바로 이해될 수 있는 것이다. 다시 말

25) 여기에서 교육의 목표차원에 대한 초월철학적인 해명이 경험적인 차원의 배제를 의미하는 것이 결코 아니라는 점은 유의되어야 한다. 초월철학적 해명이란 현상적 사실을 초월적인 근거(조건)의 관점에서 이해하고 설명하는 것을 말하므로, 교육목표를 초월적으로 해명한다 함은 교육 목표설정에 있어서 사실성(경험적 차원)과 초월성을 함께 고려한다는 것을 말한다. 예컨대 도덕성은 초월적 자유에 기초하지만 사실적 행위가운데에서 실현된다. 따라서 도덕성을 규정하기 위해서는 도덕성의 초월적 근거인 자유뿐만 아니라, 행위의 사실적 조건들도 고려해야만 하는 것이다.

26) 칸트는 교육에 있어서 실험을 촉구하였다: "사람들은 은연중에 교육에 있어서 실험이 필요 없을 것이며, 이성에 의하여 무엇이 좋고 좋지 않은지를 판단할 수 있을 것이라고 생각한다. 그러나 이는 매우 잘못된 생각이며, 경험은 우리가 실제로 시도해볼 경우에 우리가 애초에 기대했던 바와는 정반대의 결과가 나올 수 있다는 것을 가르쳐주고 있다"(PÄD, A 26f.). 그러나 우리는 이 인용문에서 칸트가 말하는 경험연구는 자연과학의 모델에 따라 수행되는 실증주의적 경험연구가 아니라는 것을 알 수 있다. 칸트가 말하는 실험은 초월철학적으로 규정된 교육의 목표차원을 구체적 교육상황에서 효과적으로 실현하기 위한 탐색적인 시도를 말하는 것이다(Vgl. Weckmann, 1990, 336).

해 경험의 참된 의미는 해당 경험을 경험의 주체인 인간의 주관성(내면성)으로 소급시킴에 의해서만 밝혀진다. 이것은 경험이 인간의 행위와 관련될 때 특히 명확해진다. 칸트는 그의 실천철학에서 외형상으로는 동일한 것으로 보이는 인간의 행위들도 그 내적인 동기가 질적으로 상이할 수 있으며, 또한 이러한 동기들은 경험적-실증적으로 확인하기가 어렵다는 것을 보여주고 있다(KpV, A 126f.).[27] 이러한 점은 교육이라는 현상이 주로 인간의 행위에 의하여 구성된다는 점에 비추어볼 때 특히 의미가 커진다.

(교육적) 경험의 주관적 조건들은 경험적-실험적 연구의 대상이 될 수 없으므로 여기에서 다시금 교육철학적 사유에 대한 요구가 생겨난다. 교육에 대한 원리적인 사유로서의 교육철학적 사유는 교육의 사실성과 초월성을 함께 고려하면서 '원칙들의 체계'를 산출하며, 경험적 연구의 결과들을 이 체계 안으로 정돈해 들인다. 이를 통하여 경험적 연구결과들은 그에 적합한 방향규정성과 의미규정성을 획득하게 된다. 그렇지 않으면 경험적 연구는 합목적적(合目的的)이 되지 못한다. 즉, 교육철학적 사유에 의하여 방향이 규정되지 않은 경험연구는 인간의 다차원적인 이성성의 실현에 일관성 있게 기여할 수가 없다는 것이다. 요컨대, 철학적 반성은 단지 교육의 목표차원의 규정을 위해서만 필요한 것이 아니라, 교육의 실행차원의 규정을 위해서도 불가결한 것이다.

인류는 교육의 목표차원의 규정에 관하여 아직 최종적인 통찰에 도달하지 못하였다.[28] 다른 한편으로 교육실천은 변화무쌍한 문화적-사회적 상황 속에서 수행되어야 한다. 이러한 여건 속에서 교육학은 다만 '교육원리들의

---

27) 종교논문에서 칸트는 행위의 주관적 원칙인 격률(格率: Maxime)에 대하여 다음과 같이 말하고 있다: "〔……〕 왜냐하면 우리가 격률을 선택하는 최초의 근거는 언제나 우리의 자의(恣意: Willkür) 안에 놓여있는데, 이 최초의 근거는 경험적으로 주어질 수 있는 사실이 아니기 때문이다"(REL, B 8).

28) 칸트는 다음과 같이 고백한다: "예전에는 사람들이 인간의 본성이 도달할 수 있는 완전성의 개념을 가져본 적이 없었다. 우리 자신도 아직 이 개념을 명료화시키지 못하고 있다"(PÄD, A 12).

기획적인 체계'로만 가능하다. 이것은 교육의 목표차원과 실행차원이 서로 체계적으로 결합된 교육학적 기획을 말한다고 할 수 있다.[29] 이러한 교육학적 체계는 하나의 원리들의 틀에 의하여 유지되어야 하는데, 이 원리들의 틀은 다시 하나의 근본이념에 기초한다. 칸트에게 있어서 교육학적 체계의 근본이념은 인격성(인격속의 인간성)의 이념인 것이 명백하다. 그러나 인격성의 이념의 도식을 구성해야 할 부차적인 원리들은 칸트에게 있어서 아직 확정되어 있지 않은 것으로 보이며, 이것은 후속적인 연구를 요하는 것이다.[30] 요컨대, 칸트적 의미의 학문으로서의 교육학이란 개방적인-새로이 도달된 통찰들에 상응하여 지속적으로 변경될 수 있는-교육원리들의 체계를 말한다.

칸트는 교육술을 학문적인 교육학으로 향상시킬 것을 촉구하였다. 그러나 그를 통하여 교육술의 중요성이 축소되는 것은 아니다. 학문적 교육학이 산출하는 교육학적 원리들은 오직 교육술을 통하여 실천될 수 있기 때문에, 교육술의 양성은 교육실천가들에게 있어서 여전히 중요한 과제로 남아있다. 그러나 교육술이 참다운 교육의 예술이 되기 위해서는 교육학적 반성과 결합되어야 하며, 교육학적 반성능력의 양성은 학문적 교육학의 과제일 것이다. 이러한 관점에서 우리는 교육적으로 의미 있는 교육술은 교육의 원리차원에 대한 숙고와 교육실천 사이의 지속적인 상호관계를 통하여 주어진다고 말할 수 있을 것이며, 이것은 동시에 '교육적 이성'의 양성과정이 된다고 할 수 있을 것이다.

(3) 칸트 교육관의 현대적 의미

칸트 교육학이 오늘날 우리에게 주는 첫 번째의 중요한 메시지는 교육과

---

29) 우리는 여기에서 발라우프의 『체계적 교육학』을 상기시킨다(Ballauff 1970, 특히 34쪽부터).

30) 인격성의 이념에 대한 부속적인 원리들로서 우리는 사고의 이념관련성, 의지의 자율(실천이성), 순수 취미 등을 들 수 있을 것이다. 도덕형이상학원론에 우리는 숙련성, 영리성, 도덕성으로의 실천이성의 세분화를 본다(GMS, B 41ff.). 교육적 원리들로서 칸트는 『교육학 강의』에서 양육, 훈육, 문화화, 시민화, 도덕화를 들고 있다.

교육학에 있어서 초월성의 전망이 고려되어야 한다는 것이다. 칸트의 위대한 공헌중의 하나는 인간의 초경험적 영역을 최대한 학문적 타당성의 영역 안으로 끌어들였다는 데에 있을 것이다. 그리고 이러한 칸트의 작업은 오늘날에 와서도 근본적으로 극복되었다고 볼 수 없다. 이러한 칸트의 성과가—현대의 실증주의적, 사회과학적으로 정향된 교육관의 입장에서 그러하듯이—실증적으로 확인될 수 없는 추상적 관념성이라고 매도되고 배척된다면 교육과 교육학에 있어서 인간의 초경험적인 영역은 무시되어버리거나, 또는 다만 종교적인 교의의 형태로만 남게 될 것이다. 그러나 우리가 실증주의신화에 따라서 인간을 관찰, 측정, 검증, 반복 가능한 범위 안에서만 파악하고 이에 근거하여 교육행위를 한다면 우리는 부지불식간에 인간을 사물화하게 될 것이며, 교육은 다만 계획적, 기계적 산출의 과정이 되어 버리고 말 것이다. 이를 통해 인간존재의 근본적 가능성으로서의 자유는 설 자리가 없게 되며, 따라서 인간은 생리적—심리적 메커니즘과, 문화적—사회적인 조건들에 완전히 종속되어있는 존재임을 자인해야 할 것이다. 여기에서 인간의 존엄성이란 공허한 구호에 불과하게 된다.

인간의 존엄성은—그것이 주장되어야만 한다면—그의 심원한 내면성에서 찾아지지 않으면 안 되며, 이를 위해 교육과 교육학에 있어서 인간의 초월적 전망의 견지가 불가결하다고 하지 않을 수 없다. 이것은 특히 실증주의의 전횡을 제한하면서, 인간의 사유적(思惟的=이성적) 본성이 지니고 있는 자유(자발성)와 함께 이에 근거하고 있는 인간의 절대적 존엄성을 지켜내기 위해 반드시 필요하다. 다만 우리가 학문적 작업이 수행되는 사유지평의 역사성을 고려할 때, 칸트의 작업은 오늘의 사유지평에서 새롭게 해석되고 (경우에 따라) 수정되면서 현재화되지 않으면 안 될 것이다.

두 번째로, 칸트의 교육학 구상은 위에서 언급한 바와 같이, 교육원리들의 체계로서의 '체계적 교육학'에 대한 요구로 나타난다. 오늘날의 시점에서 볼 때, '커다란 체계의 시대'는 지나갔다는 데에 이의를 달기는 어려울 것이다. 그러나 그렇다고 하여 교육에 대한 어느 정도의 체계적 관점을 형성하는 것조차 불가능하다고 말할 수 있을까? 만일 이것이 더 이상 가능하지 않다면, 칸트적 의미에서 볼 때, '학문적 교육학'의 존재이유 자체에 대한 의문이 제기되지 않을 수 없을 것이다. 칸트는 교육이 상호연관적인 노력이 되어야 하며, 이를 위해서는 교육에 대한 체계적 관점의 형성이 불가결함을 주장하였다(PÄD, A 16). 우리는 교사가 나름대로의 교육적 원리들의 체계를 머릿속에 지니고 있지 않을 경우에, 역동적인 교육상황 속에서 단지 관행적이거나, 또는 즉흥적인 교육행위밖에 할 수 없을 것이라는 것을 어렵지 않게 추측할 수 있다. 또한 다른 한편으로, 예컨대 예비교사들이 교육과 관련된 여러 분과학문들을 상호연관성이 없이 배우고 더구나 이러한 이론들과 실천과의 관계성을 산출할 능력을 갖추지 못한 채로 교단에 서게 될 때, 그들이 배운 교육의 분과학문들의 교육실천에 대한 기여가 얼마나 미미할 것인지도 쉽게 가늠해 볼 수 있는 것이다. 이러한 견지에서 볼 때, 체계적 교육학의 요구는 특히 교육실천의 측면에서 절실하게 나타난다고 하지 않을 수 없다.

그러나 현대적 교육상황 속에서 교육실천가들이 혼자의 힘으로 교육에 대한 체계적인 관점을 형성한다는 것은 쉬운 일이 아니다. 더 나아가서 교육실천가들이 지니는 교육원리들의 체계는 '교육적' 타당성을 확보해야만 하므로, 교육실천가는 교육학자의 학문이론적 작업의 도움을 필요로 하는 것이다.

칸트에 따르면 교육학자는 자신과 자신의 시대가 처해 있는 사유지평과 경험지평 가운데에서 교육의 근본적인 관점들을 확인하고 규정하며 이 관점들의 상호연관성을 산출함으로써 하나의 '일반적인 교육적 원리들의 체계'(=체계적 교육학)를 기획해야 한다. 그러나 위에서 언급한 바와 같이, 우리는 칸트가 가정했던 보편타당한 교육원리들의 체계로서의 교육학에 대한 요구는 오늘날의 상황에서 볼 때 완화되어야 한다고 본다. 체계적 교육학은 자신의 기획적이고 잠정적인 성격을 인정해야 하며, 따라서 새로 획득되는 통찰과 경험에 따라서 계속적으로 교정될 수 있는 개방적인 시스템이어야 한다.

그러나 이러한 이론적 기획이 교육실천가에게 그들이 처하는 모든 교육상황에 적용 가능한 교육원리나 처방, 기술을 제공해 줄 수 없는 것은 불문가지의 사실이다. 교육실천가들이 매 경우에 만나게 되는 실제적 교육상황은 그때마다 독특한 구성상태를 지닌다고 볼 수 있으므로, 이러한 교육상황을 일반적인 원칙들과 규칙들로 완전하게 소급시킨다는 것은 전적으로 불가능한 것이다.

이로부터 모든 교육실천가가 '자기 자신의' 구체적인 교육원리들의 체계를 기획해야 할 필요성이 생겨난다. 이를 위해 교육학자가 기획한 일반적인 교육원리들의 체계(=체계적 교육학)가 참조되어야 하지만, 그러나 교육실천가가 교육학자의 체계에 무반성적으로 의존해서도 안 된다. 이러한 교육체계가 생겨난 사유지평에 대하여 교육실천가가 어느 정도 통찰(이해)할 수 있을 때에만이 스스로 이 체계에 대하여 자립적으로 숙고를 할 수 있게 되며, 이러한 전제하에서만 그는 자기 자신의 교육적 원칙들의 틀을 스스로 형성할 수 있는 것이다.[31] 교육실천가가 자기 스스로 형성시킨 원리적 틀을 지니고 있어야만 그의 모든 후속적인 교육적 통찰들과 경험들을 이 틀 안으로 정돈해 들일 수 있을 것이며, 또한 경우에 따라서 새롭게 얻어진 통찰들을 통하여 기존의 원리적 틀을 교정할 수도 있는 것이다.

모든 체계에 있어서는 '하나의 전체에 대한 이념적인 선취'가 관건이므로 교육자는 자신의 교육적 원리체계의 도움으로 매 경우의 교육상황을 이 전체에 대한 전망과 관련하여 고찰할 수 있게 된다. 다시 말해서 그는 매 경우의 교육상황의 의미구조를 선취된 전체 의미연관과 관련지어 통찰함으로써 상황적 요인들의 불투명성으로부터 해방되며, 명확한 교육적 의도를 견지하면서 교육행위를 전개해 나갈 수 있게 되는 것이다.

교육실천가가 교육의 원리적 차원에 대하여 사고할 수 있기 위해서는 적절한 사고수단을 갖추어야 하며, 인류 정신사의 과정에서 나타난 여러 가지의 사유의 길들을 익혀야 한다. 그럴 때에야 비로소 교육실천가는 자립적으

31) 이것은 특히 교사양성과정에서 이론적인 교육학 학습의 중심과제가 되어야 할 것이다.

로 사유할 수 있을 것이기 때문이다. 여기에서 교육실천가들의 철학적 소양에 대한 필요성이 생겨난다. 결론적으로 말하여, 교육이란 교육의 원리적 차원과 실천적 차원 사이의 지속적인 변증법적 상호관계 속에 존재한다고 말할 수 있을 것이며, 이와 같은 이론과 실천의 지속적인 상호침투를 통하여 '교육적 이성'이 형성될 것이다.

이상에서 칸트의 체계적 교육학에 대한 요구가 우리에게 주는 의미를 간단히 논의해 보았다. 물론 칸트의 교육이론 자체가 이와 같은 의도에 충분히 부응할 수 있다고 말할 수는 없다. 그러나 적어도 우리시대의 교육적 요구에 상응하는 '체계적 교육학'을 발전시키기 위한 하나의 매우 유익한 준거틀의 역할을 할 수 있을 것임에는 틀림이 없을 것이다.

【참고 문헌】

일차 문헌

Kant, Immanuel: Kritik der reinen Vernunft. hg. von R. Schmidt. Hamburg 1990(**KrV**).

Kant, Immanuel: Kritik der praktischen Vernunft. hg. von Karl Vorländer. Hamburg 1990(**KpV**).

Kant, Immanuel: Kritik der Urteilskraft. hg. von Gerhard Lehmann. Stuttgart 1990(**KU**).

Kant, Immanuel: Grundlegung zur Metaphysik der Sitten. in: Kant, Immanuel: Werke in sechs Bänden. hg. von Wilhelm Weischedel. Darmstadt 1983(='Weischedel-Ausgabe'〈바이셰델판〉) Bd. 4, S. 7-102(**GMS**).

Kant, Immanuel: Anthropologie in pragmatischer Hinsicht. in: 'Weischedel-Ausgabe' Bd. 6, S. 395-690(**ANTH**).

Kant, Immanuel: Die Religion innerhalb der Grenzen der bloßen Vernunft. in: 'Weischedel-Ausgabe' Bd. 4, S. 645-879(**REL**).

Kant, Immanuel: Über Pädagogik. in: 'Weischedel-Ausgabe' Bd. 6, S. 691-761(**PÄD**).

Kant, Immanuel: Idee zu einer allgemeinen Geschichte in weltbürgerlicher Absicht. in: 'Weischedel-Ausgabe' Bd. 6, S. 31-50(**IDEE**).

*칸트문헌의 인용에 있어서는 원본의 1판은 A, 2판은 B로 표시함.

이차 문헌

김병옥(1986), 『칸트 교육사상 연구』, 서울: 집문당.

김영래(2003), 『칸트의 교육이론』, 서울: 학지사.

김영래(2002a)「막스 셸러의 본보기 이론의 교육학적 의미: 칸트의 본보기 이론과의 관련성을 중심으로」, 『안암교육학연구』 제8권 제1호, pp. 37-70.

김영래(2002b), 「헤르바르트의 교육적 수업이론에 대한 고찰: 지적 교수와 정의적-도덕적 교육의 통합가능성을 중심으로」, 『한국교육학연구』 제8권 제2호, pp. 61-83.

칸트/이한구 편역(1992), 『칸트의 역사철학』, 서울: 서광사.
카울바하/백종현 옮김(1992), 『칸트 비판철학의 형성과정과 체계』, 서울: 서광사 (Kaulbach, Friedrich: Immanuel Kant. 2. durchges. Aufl. Berlin/New York 1982).
한자경(1992), 『칸트와 초월철학: 인간이란 무엇인가?』, 서울: 서광사.
Ballauff, Theodor (1957): Vernünftiger Wille und gläubige Liebe. Interpretationen zu Kants und Pestalozzis Werk. Meisenheim a. G.
Ballauff, Theodor (1970a): Systematische Pädagogik. 3., umge. Aufl. Heidelberg.
Ballauff, Theodor (1982): Einige pädagogische Konsequenzen aus Kants Philosophie. in: Vierteljahrsschrift für wissenschaftliche Pädagogik (58), S. 273-293.
Dohmen, Günther (1978): Was heißt "Bildung"? in: Pleines, JürgenEckardt (Hg. 1978): Bildungstheorien. Probleme und Positionen. Freiburg/Basel/Wien, S. 160-171.
Düsing, Klaus (1971): Das Problem des höchsten Gutes in Kants praktischer Philosophie. in: Kant-Studien (62), S. 5-42.
Heidemann, Ingeborg (1957): Person und Welt. Zur Kantinterpretation von Heinz Heimsoeth. in: Kant-Studien (48), S. 344-360.
Heimsoeth, Heinz (1956): Persönlichkeitsbewußtsein und Ding an sich in der Kantischen Philosophie. in: ders.: Studien zur Philosophie Immanuel Kants. Metaphysische Ursprünge und Ontologische Grundlagen. Köln, S. 227-257.
Henke, Roland W. (1997): Kants Konzept von moralischer Erziehung im Brennpunkt gegenwärtiger Diskussionen. in: Pädagogischer Rundschau (51), S. 17-30.
Henrich, Dieter (1973): Der Begriff der sittlichen Einheit und Kants Lehre vom Faktum der Vernunft. in: Prauss, Gerold (Hg.): Kant. Zur Deutung seiner Theorie von Erkennen und Handeln. Köln 1973, S. 223-254.
Herbart, Johann Friedrich (1964): Pädagogische Schriften. Bd. 1. hg. von Walter Asmus. Stuttgart.
Herbart, Johann Friedrich (1982): Pädagogische Schriften. Bd. 2. hg. von Walter Asmus. Stuttgart.

Holstein, Hermann (Hg.: 1984): Immanuel Kant. Über Pädagogik. 5. Aufl. Bochum.

Hufnagel, Erwin (1972): Zum Problem des Wollens. Unter besonderer Berücksichtigung von Kant und Scheler. Phil. Diss. Bonn.

Hufnagel, Erwin (1988): Kants pädagogische Theorie. in: Kant-Studien (79), S. 43-56.

Hufnagel, Erwin (1990): Der Wissenschaftscharakter der Pädagogik. Studien zur Pädagogischen Grundlehre von Kant, Natorp und Hönigswald. Würzburg.

Kauder, Peter / Fischer, Wolfgang (1999): Immanuel Kant über Pädagogik: 7 Studien. Hohengehren.

Kim, Young-Rae (2002): Der Begriff der Bildung bei Immanuel Kant, Max Scheler und Theodor Ballauff. Frankfurt a. M. / Berlin / Bern / Bruxelles / New York / Oxford / Wien.

Löwisch, Dieter-Jürgen (1966): Zur angeborenen Persönlichkeit und ihrer Aufklärung. In: Kant-Studien (57), S. 266-275.

Niethammer, Arnolf (1980): Kants Vorlesung über Pädagogik. Freiheit und Notwendigkeit in Erziehung und Entwicklung. Frankfurt a. M. / Bern / Cirencester U.K.

Pleines, Jürgen-Eckardt (Hg.: 1985): Kant und die Pädagogik. Pädagogik und praktische Philosophie. Würzburg.

Ritzel, Wolfgang (1968): Die Vielheit der pädagogischen Theorien und die Einheit der Pädagogik. Wuppertal / Ratingen / Düsseldorf.

Ritzel, Wolfgang (1973): Pädagogik als praktische Wissenschaft. Von der Intentionalität zur Mündigkeit. Heidelberg.

Ruhloff, Jörg (1975): "Wie kultiviere ich die Freiheit bei dem Zwange?" in: Vierteljahrsschrift für wissenschaftliche Pädagogik (51), S. 2-18.

Scheler, Max(1980a): GW II: Der Formalismus in der Ethik und die materielle Wertethik. 6. durchge. Aufl. hg. von Manfred S. Frings. Bern / München.

Weischedel, Wilhelm (1969): Kant und das Problem einer Erziehung zur Freiheit. in: Neue Sammlung (9), S. 520-527.

Weiskopf, Traugott (1970): Immanuel Kant und die Pädagogik. Beiträge zu einer Monographie. Zürich.

Ⅶ. 실용주의(Pragmatism)와 교육

1. 프래그머티즘의 성립

가. 프래그머티즘: 관념이나 사상을 '행위'(그리스어로 'pragma')와의 관련하여 파악하는 입장을 말하며 실용주의라고 번역됨.

나. 성립배경: 1) 유럽에서 완성된 산업혁명과 산업자본의 미국화 2) 자연과학의 발전, 특히 진화론의 영향 3) 서부개척의 경험

다. 주요사상가

① 퍼스(Peirce, 1839-1914): 관념의 의미규정을 통하여 처음으로 프래그머티즘을 이론적으로 기초. 관념 자체는 가소적(可塑的: flexible)인 것이므로 한 관념의 의미는 그 관념이 초래하는 결과에 있다고 주장(한 관념이 유효한 결과를 초래하면 이 관념은 의미가 있는 관념임).

② 제임스(James, 1842-1910): 퍼스의 방법을 진리문제에 응용. 어떠한 관념이라도 그것이 유용한 결과를 초래한다면 진리라고 주장.

③ 듀이(Dewey, 1859-1952): 위의 두 사상가의 노선을 더욱 발전시킴. 관념이란 명확하지 않은 상황에서 명확한 상황을 결과로서 낳게 하는 실험적인 가설이라고 주장(관념은 상황을 바꾸기 위한 도구).

1) 프래그머티즘 교육사상

(1) 어원 및 등장배경, 전개과정

① 프래그머티즘의 어원: 그리스어 '프라그마'(pragma)에서 유래했으며, 실천·행위·활동을 의미한다. 관념이나 이론 등의 가치나 타당성을 실천을 통해 밝힌다는 취지로 학문의 실용성을 강조. / 퍼어스(Peirce)는 이 용어를 칸트의 용법에서 채용함. 【실천이성의 명령=프락티슈(praktisch, 선

험적 · 정언적 의미) + 프라그마티슈(pragmatisch, 경험적 · 가언적 의미】

② **등장배경**: 19세기 후반으로부터 20세기에 걸쳐 미국에서 발생하고 성장한 미국의 독자적인 사상이다.

* 식민지시대 이래 19세기 후반까지: 미국 사상계는 독일 '관념론'에 의해 지배 ⇒ 지나치게 현학적 · 폐쇄적 체계를 유지하고 있던 관념론에 대한 반발이 확산되는 가운데 대두.
* 남북전쟁 이후 급속 발전을 이룩한 자본주의: 정치, 경제뿐 아니라 사상 면에서도 유럽을 벗어나 미국의 독자성을 확립시킴
* 발생동기: 자본주의 근대 과학적 사고방식 + 미국의 전통적 청교도 정신의 조화 꾀하는 학자들에 의해서 (cf. 청교도적 낙관주의: 급속한 산업발전으로 고된 노동은 반드시 보상을 가져다준다는 믿음)
* 다윈의 진화론 영향: 진화론은 비관념론적인 새로운 해석의 계기를 제공해 인간 삶에 유용한 변화를 가져올 지식과 학문의 발달에 더 큰 관심을 갖게 함.
* 프래그머티즘은 개인의 노력이나 재능이 아닌, 당시 미국 현실의 결과이다.
* 유럽의 전통적 사상과도 관련: 유럽의 새로운 경험론, 과학주의 흐름을 따르면서 종래의 추상적, 관념적 철학의 여러 논쟁을 지양하려 하는 데 독자성이 있음.

③ **전개과정**:

(a) 퍼어스(Charles Sanders Peirce): '의미의 이론'은 대상에 관한 우리의 사고가 명확한 판단에 도달하기 위해서는 우리의 사고 안에 일정한 신념을 확립하면 된다는 것. '신념'이란 어떤 상황에 처했을 때 어떤 행동을 취해야 할지 지시해주는 것이다.

(b) 제임스(William James): 퍼어스의 '의미의 이론'에 행동적 요소를 도입해 프래그머티즘을 '진리의 이론'으로 전개. 프래그머티즘은 합리주의와 경험주의의 조정자이며 형이상학의 논쟁을 해결하기 위한 방법론이며 구체적인 세계관은 아니라고 말했다. 의식의 흐름에 있어서

철저한 경험, 직접경험을 중요시했다.

- 관념의 참/거짓 문제는 실생활에서 어떤 실천적 차이를 나타내는가에 의해 결정된다. 관념의 진위는 그 자체로 결정되지 않고, 결과가 유효하고 검증되면 참.
- 진리의 상대성·가변성: 시공간을 초월한 절대적 진리는 없다. 진리의 기준은 실생활의 유용성이다.

(c) 듀이(John Dewey): 프래그머티즘에서 행동적 요소를 더욱 강조, 개인적 관심에서 사회적 관심으로 발전시킴. 그의 철학은 '도구주의'나 '실험주의'라고 불림.

- 도구주의: 인간의 모든 관념과 사상은 현실생활의 문제해결을 위한 도구에 지나지 않음
- 경험: 환경과의 상호작용/사고작용: 경험에 순탄치 못할 때 이를 타개하기 위한 기능
- 창조적 지성: 생활경험의 한 가지 지능으로 발달한 장래를 예상할 수 있는 도구적 지성
- 탐구: 주체와 환경과의 습관화된 균형상태가 깨어져 양자의 관계가 불안정해졌을 때, 주체가 안정을 회복하기 위해 상황을 분석·판단·작용·조작해 새로운 안정상태에 도달하는 의식과 행동의 문제해결을 위한 노력과정. 종류는 상식적 탐구와 과학적 탐구가 있음.
- 탐구의 순서: 불안정한 상황 → 문제의 설정(문제의미 확인) → 가설설정(착상, 아이디어) → 추론(궁리) → 실험(실제 적용) → 안정상황(증명 완료, 추론이 틀리면 가설설정부터 재출발)

⇒ 안정상황이 탐구의 종류를 의미하는 것 아니다. 인생은 탐구의 연속이다.

- 인간(유기체)이 살아간다는 것: 환경에 대해 작용하는 행위를 통해 끊임없이 자기를 개조하는 과정에 지나지 않음. 자기개조는 자신의 사회적 경험을 지속시키고, 새로운 세대에 전달. 교육은 이런 지속과 전달을 위해 사회에 본래 갖춰져 있는 사회 고유의 기능.

－교육의 목적: 민주사회의 실현 ⇒ 듀이 曰: "교육은 스스로 민주사회를 지향하고 있으며, 교육 이외의 어떤 외적 권위에도 굴복하지 않는 것"

(2) 실용주의와 프래그머티즘의 구분

듀이에 대한 오해를 낳는 원천은 프래그머티즘을 실용주의로 해석하는 견해라고 한다. 이 두 개념은 엄밀한 의미에서 차이가 있으나, 사람들은 두 개념을 혼용하는 것이 현실이다. 실용주의는 좁은 의미의 프래그머티즘으로서 실생활과 관련된 가치를 중시하는 사고방식이며 세속적인 인간의 삶을 영위하고 개선하는 일이 최우선의 관심사인 사유체계이다.

하지만 원래 의미의 프래그머티즘은 지식을 바깥 세계, 실재의 표상이나 모사로 간주하는 전통철학과는 구분되는 발상에 근거한다. 프래그머티즘은 지식을 절대적인 것, 확실한 것, 불변하는 것으로 간주하는 전통철학에서 이탈하는 사유체계이다. 지식은 언제나 성장하는 과정 중에 있는 것으로서 최종적일 수 없다는 것이다. 지식은 그 자체가 목적이 아니라, 우리가 실현하고자 하는 목적을 위해 활용돼야 하는 도구이다.

'지식=도구'라는 주장이 프래그머티즘을 실용주의로 오해시킬 수도 있다. 하지만 듀이가 지식을 도구라고 한 것은, 세속적 삶을 위한 도구라는 의미가 아니다. 또한 듀이가 말하는 문제 상황은 먹고 살아가는 일과 관련된 '실제적인' 문제가 아니다. 이는 프래그머티즘이 말하는 실천(praxis)의 의미에 대한 바른 해석이 아니다. praxis는 이론적인 활동으로서의 theoria와 밀접한 관계를 갖으며, 행위와 사고(성찰)가 혼융된 상호작용하는 상태로 '실천과 이론'의 이분법적 틀을 넘어서는 개념이다.

듀이 자신도 이와 관련해 프래그머티즘과 도구주의를 실용주의로 해석하는 것이 그릇됨을 밝히고 있다. 이보다는 '실천주의'나 '실험주의'로 해석하기를 바란다. 따라서 관념이나 지식이 도구로서 유용성을 지녀야 한다는 그의 발언을 실용주의로 이해해서는 안 될 것 같다.

하지만 대부분 두 용어를 함께 사용하는 것이 현실이므로, 이 발표문에서도 같은 의미로 사용하기로 한다.

(3) 프래그머티즘의 특징

① 검증될 수 있는 것이 진리라는 '경험주의'와 인간문제해결에 유용한 것이 진리라는 '공리주의적 요소'의 결합: 과거 형이상학적·관념론적 사색을 거부하고 사람들 경험을 중요시.

② 관념론과 실재론간의 대립을 극복하고 새로운 하나의 사상으로 정립하려고 시도.

③ 진리가 선험적으로 존재한다는 '선험주의'와 진리가 인간 경험과 독립적으로 존재한다는 '철학적 이원론'을 부정: 인류와 사회의 발전과 진보에 의미 있는 것으로서의 진리를 중시.

④ 윤리적·도덕적 규범도 절대적 가치가 아닌 시대와 사회변동에 따라 그 사회 진보에 기여할 수 있도록 수정·개선되어야 한다는 입장이다.

(4) 프래그머티즘에 속한 사람들

① 고전적 프래그머티즘: 퍼어스(Charls S. Peirce), 제임스(William James), 미드(George Herbert Mead), 듀이(John Dewey)－철학은 인간의 문제해결을 위해 필요한 것이라고 주장

② 로티(Richard Rorty)의 네오프래그머티즘: 프래그머티즘의 재부흥을 주도하면서, 이전에 미국 사상계를 주도하던 분석철학 흐름에 중대한 도전.

(5) 프래그머티즘의 교육이론

듀이는 철학과 교육의 불가분의 관계를 강조했다. 그는 교육에 분명하고 체계적인 철학적 근거를 제공하고, 이를 실천의 영역까지 이끌어 전통적 교육방식에 큰 영향을 미쳤다. 듀이에 따르면, 철학의 진가는 교육의 이론과 실제에 영향을 미치는 것이다. 다음은 듀이의 교육사상을 중심으로 프래그

머티즘의 교육론을 정리한 것이다.

① 교육의 의의: 경험의 재구성

-경험: 생활을 의미하며, 개인과 환경과의 접촉에서 일어나는 변동을 뜻함. 생활 속에서 인간들이 끊임없이 만나는 문제를 해결하는 과정이다.

-인간의 생활: 항상 변화함. 환경과 부딪히며 살아가면서 경험이 쌓이고, 쌓인 경험이 새로운 경험을 유발한다.

-듀이의 '경험의 재구성': ⓐ 경험의 '의미 증가' ⓑ 다음 경험의 진로를 이끌어가는 능력을 증대시키는 일: 처음의 활동은 충동적 형태로 시작되며 맹목적이지만 점차 다른 활동과의 상호 관련성과 계속성을 파악해가는 것. 장차 어떤 일이 일어날 것인지 보다 정확히 예측할 수 있으며, 이를 통해 미래의 경험의 결과를 준비할 수 있음.

-'교육적'인 경험: 모든 경험이 교육적 가치를 가지지는 않는다. 경험에 의미를 주고, 장차 다가올 경험에 방향을 제시할 수 있는 것만이 교육적인 경험이다.

② 교육의 목표: 성장 그 자체

-프래그머티즘의 핵심개념: 변화, 성장, 발달

-듀이가 말하는 인간의 최종 결론: 생활의 발견, 성장

-교육 과정은 그 자체가 목적으로, 계속되는 재조직, 재형성이다.

-학교교육의 목적: 성장을 보장하는 능력을 조직해 교육이 계속될 수 있도록 하는 것.
("우리가 학교를 떠난다고 해서 교육이 중지되어서는 안 된다"는 누구나 다 아는 사실)

-학교교육의 최고의 성과: 생활 그 자체에서 배우려는 성향, 모든 사람들이 생활에서 배울 수 있도록 생활조건을 개조하는 일, 생활이 성장을 의미하므로 생물은 참되고 적극적으로 살게 된다.

⇒듀이는 전통적 사고방식을 뒤엎고, 성장 자체를 교육의 목적으로 삼았다. 하지만 성장 자체를 무조건 합리화하는 것은 아니다. 교육적 가치를 지녔으며, 인간의 발전을 의미하는 것만이 성장에 해당된다. 즉, 도둑이 보다 더 나은 도둑으로 성장하는 것은 교육적 가치를 지닌 진정한 성장이 아니다.

③ 학습활동: 행동을 통한 학습

－행동을 통한 학습(learning by doing): 어린이는 추상적인 문자보다는 실제 행동을 통해서 배운다. 경험은 능동적, 행동적이며 적극적으로 행하고 참여하는 일이다. 이는 받아들이는 교육, 듣는 교육이 아니라 쟁취하고 행하는 교육이다. 또한 교사가 학생에게 지식을 떠먹이는 교육이 아닌, 어린이가 자기활동을 통해 스스로 만드는 교육이다.

－신체적 활동 외에 지적·정서적 활동 포함: 어린이 본성 계발에 있어 능동적인 면을 강조.

－듀이의 교육방법: 어린이의 활동적인 본성에 부응하려면 능동적인 활동을 일깨우는 '행동을 통한 학습'이 가장 좋다.

④ 교육의 동기: 흥미

－교육 과정에 있어서 '어린이의 흥미·노력·훈련'이 중요

－전통적인 교육: 어린이의 노력과 훈련에 더 많은 관심을 가짐. 인간 사회는 경쟁의 마당이라 봤으며 노력과 엄격한 훈련을 강조했음.

－듀이의 전통적 교육에 대한 비판: 흥미와 노력은 공존 가능! 흥미와 노력이 서로 조화될 수 없고 대립되는 것으로 보는 데서 온 오류이다.

－흥미에 도취된 노력: 두 요소가 혼연일체된 것. 외부로부터 강요된 것이 아니라, 어린이 스스로가 만든 '목적어린 활동'이다. 흥미는 저절로 생기며, 노력은 스스로 따르고, 훈련은 자율적으로 이뤄진다.

－교사의 임무: 어린이가 뚜렷한 목적의식을 갖도록 도와주는 일⇒흥미,

노력, 훈련문제는 저절로 해결.

-듀이의 '아동중심 교육사상': "아동을 존중하라. 그를 최후까지 존중하라. 그러나 동시에 너 자신을 존중하라. 아동의 훈련에 중요한 두 가지 일은 그의 천성을 보존하고 오직 그것만을 훈련하려고 하는 것이다. 즉, 천성이 향하는 바에 따라 지식을 부여하는 것이다."

⇒초기 실험학교, 진보주의교육의 제창, 경험주의·생활중심·흥미중심·활동중심교육의 근간

-듀이 교육에서 '어린이'가 출발점이자 중심, 목적: 어린이의 성장과 발달이 교육의 이상이다. 어린이의 존재성 외의 것은 모두 어린이의 성장을 위한 수단에 불과.

-어린이가 학교에 다니는 이유: 다른 어린이와 함께 학습해야 하기 때문

-인간의 성장: 공허한 것에 무엇을 채우는 것이 아님, 이미 성장가능성을 가진 어린이가 적극적으로 스스로를 만들어 내는 것, 자기 안에 미리 무한의 가능성을 가지고 있음, 어린이가 교육의 주체이며 그 안의 가능성을 인정한다.

⇒듀이는 과거의 교육활동의 중심이 성인·교재·제도·관념이었던 것을 비판하고, 중심을 어린이와 생활로 옮김.

2) 듀이와 프래그머티즘 교육사상

(1) 듀이의 생애

실용주의 이론을 완성시킨 듀이는 미국 버몬트(Vermont) 주 벌링톤(Burlington)에서 태어났다. 1875년에 버몬트대학교에서 학사학위를 받고 1879년부터 1881년까지 교사로 재직했다. 그 후 존스 홉킨스 대학 대학원 박사과정을 밟으면서 당시 유럽 및 영국에서 크게 유행하던 헤겔의 관념론에 입각한 철학사상에 심취하게 된다. 후에 그가 초기의 헤겔 철학 단계에서 벗어났을 때도, 변화·과정·유기적인 상호작용의 헤겔적 사유방식

은 여전히 그의 이론 형성에 큰 영향을 미쳤다.

듀이는 박사학위 취득 후 1884년에 미시간 대학교로 옮겨 10년간 강의했고, 1894년에 시카고 대학의 교수가 되어 교육학과, 철학과, 심리학과의 학과장으로 학문에 정진했다. 1894년부터 1904년까지 그는 '듀이 학교'라 불리는 대학 실험학교를 운영하며 그의 심리학적, 교육학적 가설들을 검증하고 실천하는 데 노력했다.

듀이는 1904년 시카고대학에서 사임하고 컬럼비아대학 철학교수로 부임해 1930년까지 교수로서 명성을 얻었다. 국제적으로도 평판이 높아 여러 나라에서 강연했으며, 미국의 교육과 철학에 지속적인 영향을 미쳤다. 그는 1952년 6월 1일 사망할 때까지 끊임없이 연구 활동을 했으며 교육학 및 철학 분야에서 약 1000여 편의 논문과 책을 저술했다. 주요 저서로는 『학교와 사회』, 『어린이와 교육과정』, 『민주주의와 교육』, 『경험과 교육』등이 있다.

☆ **듀이의 실험학교**: 이 실험학교는 4세에서 14세까지의 어린이를 대상으로, 놀이・자연・학습・구성・자기표현 등의 방식을 통하여 '상호 협동적인 삶의 경험'을 증진하는 데 목적을 두었다. 이 학교는 학습자를 북돋워서 학습자 자신의 경험을 활발하게 재구성하도록 고안된 수업프로그램을 운영했다. 이 프로그램은 다섯 단계로 운영된다. 【1단계 수업: 실제적인 활동과 초보적 경험 / 2단계: 문제 발견과 그 문제에 대한 반성적 사고를 하도록 도움 / 3단계: 문제해결을 위해 실제 사실에 관련된 자료를 발견, 정보 수집 / 4단계: 가설을 세우거나 문제해결 방안 제시 / 5단계: 문제해결 방안을 실제적인 행위를 통해 검증】

이러한 수업방식은 듀이가 인간과 환경의 상호작용인 '경험'의 교육철학을 실험학교에 적용한 데서 비롯된 것이다. 이 프로그램의 특징은 '축소된 지역사회'와 '온실적 사회'로서의 따뜻하고 포용적인 학교 기능을 발휘하는 것이었다. 어린이들의 개인적인 성향은 학교라는 지역사회 안에서 '협동적인 삶'을 지향하도록 했다. 이러한 듀이의 실험학교는 그의 교육적 가설인 '개인의 삶의 경험을 넓은 사회에서 재구성시켜 보고 더 큰 직업사회와 공중사회에서 펼칠 수 있도록' 하는 교육이론 형성에 크게 기여했다.

(2) 듀이의 사상

① 유기체의 환경과의 상호작용

- 듀이는 다윈의 이론에 영향을 받으면서 실험주의적 철학을 발전시킨다. 고정된 궁극적 실체를 부정하고 다윈의 개념인 '진화'과정을 수용한다.
- 인간 유기체는 생명을 유지시키기 위한 '충동'과 '동기'를 소유한 조직체이다.
- 듀이의 교육에 대한 기본적인 이론: ⓐ 학습자는 생명을 유지하기 위한 본능과 충동을 지닌 생물적 사회적인 유기체이다 ⓑ 학습자는 자연적이며 사회적인 주거지나 환경 속에서 살고 있다 ⓒ 학습자는 개인적인 본능적 충동에 의해 움직이며, 환경과 끊임없는 상호작용을 하는 적극적 존재 ⓓ 환경과의 상호작용을 통해 개인은 그의 욕구를 충족시키려 하고 그로 인해 문제 상황에 부딪힌다 ⓔ 그 환경으로부터 발생된 문제해결과정 전반이 곧 학습이다
- 듀이는 사회가 분리된 낱낱의 개인들로 구성됐다는 점을 강조하면서도 '사회적 다원주의'의 경쟁적 도덕과 윤리를 반대: 집단생활과 협동을 강조
- 듀이 사상의 자연주의적 요소: 루소의 낭만적인 것과는 달리, 인간을 사회적·자연적인 면으로 분리하는 이원론적 접근을 거부

② 듀이의 인식론

- 지식: 사람들의 상식적인 관심을 다루어 '공동'으로 서로의 경험을 함께 하면서 만들어지는 것
- 듀이는 원시적인 인간에게는 문제를 해결하기 위해 사용할 방법과 도구가 불충분한 상태임을 발견 (≠루소의 자연적 상태 찬미) 문명화된 사회는 물질적 도구들을 활용한다.
- 학교교육을 통해 문명화된 사회에서 자란 어린이들은 도구와 방법을 창안해내고 활용할 수 있는 많은 경험을 체험한다.

–사고는 상황이 불만족, 불확실할 때 일어나므로 이를 통해 인간은 도구와 방법을 만든다.
–'생각한다'는 행위에는 행동과 그 결과와의 상관관계를 예측하는 내용이 포함된다.

③ 듀이의 가치론: 실험적 가치화
–듀이는 '가치란, 다양한 환경 상황에 대해 개인이 반응함으로써 나타난다'고 생각해 '도덕적 상대주의'를 주장한다. (≠ 이상주의, 실재주의: 가치 위계가 우주 자체에 존재)
–전통철학의 가치화의 약점: 특정한 시간과 장소에 관계없이 정당화되는 근거가 고정됨
–분화독립적인 현대 세계에서 가치론은, 문화적 상호교류를 통해 조정되고 수정된다.
–듀이의 가치론: 개인의 기호·바람·희망·욕구·욕망 등에 기초해서 목적과 방법을 단일화 (하나의 목적이 달성되면, 그것은 다른 목적을 위한 하나의 수단이 된다)
–가치기준: 목적과 수단, 방법과 목표와 상호관련성에 기초
–가치란, 인간의 성장 발전과 사회적 공유와 공동의 경험에 공헌하느냐 여부에 의해 평가돼야 한다고 보았다.
–교육적 상황에서 듀이의 가치론: 개방된 학습에 의한 탐구정신을 강조

(3) 듀이의 진보주의 교육사상 (아동중심의 교육, 사회중심의 교육)

① 전통적 교육관에 대한 비판
–위로부터 교수–학습을 주도하는 방식
–성숙을 향해 배우는 학생들에게 성인의 표준과 교과내용 및 방법을 위로부터 부과

—학생들의 경험, 능력을 배려하지 않은 면이 있다.
—학생들이 학습의 진전에 적극적으로 참여하지 못함
—배운다는 것은 이미 책이나 선인들의 머릿속에 들어있는 것을 습득하는 것
—배우는 내용은 본질적으로 고정된 것, 최종적 산물: 생성 방식 및 미래의 변화는 고려 안 하였다.
—요구되는 교과내용, 학습방법 등은 학생이 이미 지닌 경험의 테두리를 넘어선다.

(a) 교육목적의 측면: 전통적 교육의 목적은 미래의 책임과 삶의 성공을 위한 준비를 하게 하는 것이다. 교과내용은 과거로부터 전해오는 것으로 학생들의 태도는 유순하거나 수용적·복종적이어야 한다. 도덕적 훈련은 기준과 규칙에 일치하는 행동습관을 형성하는 것이다. 학교는 행동규칙을 습관화하는 특수한 기구이며, '축소된 사회'가 아니므로 학생의 사회적 경험과의 연관성을 거의 상실하고 있다. 또한 경험의 종류를 결정하는 학습자의 내적 요인에 대해 거의 관심을 기울이지 않는다. 즉 학생들의 능력과 목적 요인을 고려하지 않고, 일체의 교육에 대한 책임을 교사가 모두 떠맡고 있다.

(b) 교육내용의 측면: 전통적 교육에서 교과서는 과거의 지식과 지혜를 대표하며, 교사는 지식이나 기능을 전달하고 행위 규칙을 강요하는 '매개체'이다. 학생들이 교과에 적응하지 못하면 학생에게 잘못이 있는 것으로 간주되었다. 교과내용이나 교재에는 절대 문제가 없다는 것이다.

(c) 학습자의 측면: 전통적인 교육은 교사중심이므로 학생의 경험이 무용지물로 간주된다. 학생들은 새로운 아이디어에 무감각해지고 의욕을 잃는 것이다. 오히려 기계적인 훈련으로 기능을 습득함으로써 새로운 상황에 지적으로 행동할 수 있는 판단력·능력을 제한받는다.

② 진보적 교육관

(a) 진보적 교육이란?

듀이는 새로운 진보적 교육철학을 제시한다. "위로부터의 부과는 개성의 표현이나 함양으로 대치되고, 외적인 훈련은 자유활동으로, 교재와 교사에게서 배우는 것은 경험을 통해 배우는 것으로 대치된다"고 말했다. 즉, 전통적 교육에서의 기능과 기술은 목적 달성의 수단일 뿐이며, 미래를 위한 준비였던 교육은 현재의 삶의 기회를 최대한 활용하는 것으로 바뀐다. 진보적 교육철학은 '경험'의 개념을 통해 형성됐다. 코메니우스의 감각적 실학주의 교육사상과 베이컨의 경험론에서 채용한 개념이다.

ⓑ 경험의 개념: 경험은 능동적 요소(실험)+수동적 요소(당하는 것)의 결합. 두 측면이 어떻게 연결되는가에 따라 경험의 '성과'와 '가치'가 달라진다. 경험과 교육은 유기적 관계.

ⓐ 경험의 성격: 비교육적인 경험과 교육적인 경험으로 구분된다. 따라서 경험과 교육이 동일시될 수 없다. 비교육적인 경험이란, 이후에 하게 될 경험의 성장을 막거나 왜곡하는 결과를 가져오는 경험과 서로 연관되지 않은 개별적인 경험을 말한다. 전자는 무감각, 감수성의 결핍을 가져올 수 있으며, 후자는 서로 축적되어 상호관련을 맺지 못하기 때문이다.

ⓑ 경험의 질: 두 가지 측면을 갖고 있다. 첫째는 즐거움 또는 불쾌함이라는 즉각적인 측면이며, 둘째는 나중의 경험에 미치는 영향이다. 따라서 교육자는 학습자가 현재 활동에 열중할 수 있는 경험을 마련함과 동시에 후속하는 경험 또한 고려해야 하는 것이다.

ⓒ 경험의 원리-교육이 경험을 바탕으로 운영되기 위해 '경험의 이론'을 만들 필요성 있음.

ⓐ 경험의 계속성 원리: 앞서 지나간 경험에서 영향 받으며, 이후의 경험의 질에 영향 미침.

ⓑ 경험의 상호작용 원리: 경험 속의 두 요소인 '객관적 환경'과 '개인'이 계속 상호작용. 특히 듀이는 사회적 환경과 개인간의 상호작용에 관심을 가짐.

ⓓ 반성적 사고가 내재한 교육적 경험: 반성적 사고=문제해결의 도구

–교육적 경험: 미래의 경험을 지시해주고 문제해결의 반성적 사고를 지닌 경험

–경험이 의미 있으려면, 인간이 목적을 머리 속에 그리며 행동할 수 있게 하는 '사고'가 개입돼야 한다.

–'반성적(반향적)사고'란? 문제해결 과정에 늘 머릿속에 그려진 예견된 결과에 비춰 계속 수정해 가는 것

–'반성적(반향적)사고'의 5단계 과정: 문제상황(과거의 경험과는 다른 상황에서 행동이 장애를 받음)→문제의 인식(행동방해 요소를 확인)→문제의 명료화(여러 생각과 아이디어, 도구와 자원 활용)→잠정적인 가설의 설정(문제를 해결하기 위한 가설 탐구, 미래를 예측해 보고 가장 적합한 해결책 구상)→**가설의 검증** (행동 착수, 실패하면 또 다른 가설)

※ 5단계: 전통적 학교교육과의 차별성, 직접 교사와 학생이 경험을 거친다.

③ 교육의 목적: 성장과 경험의 재구성

–과거 전통적 교육: '준비'로서의 교육. 교사중심적이고 일방적이며, 교사는 학생들이 체험하게 되는 경험의 종류에 대한 배려가 없고 그에 대해 책임지지 않는다.

–경험: 학생들이 보다 깊고 넓은 성질의 나중 경험을 준비하기 위한 것이어야 한다.

–바른 경험의 성장, 경험의 지속과 축적, 경험의 재구성이 필요함.

–듀이의 주장: 교육의 유일한 목적은 '성장과 경험의 재구성'이다.

–지성: 사고력, 반성적 사고/성장: 여러 경험에서의 상호관계성 이해능력/교육: 학생들이 많은 문제를 풀어가며 학습하고 이 과정을 통해 계속적으로 경험을 재구성하는 과정

–교사: 미래에 좋은 영향을 주는 종류의 현재 경험을 마련할 책임이 있음

–듀이가 생각하는 학교: 단순히 지역사회의 축소판에 그칠 것이 아니라

그 사회의 주요 제도들을 대표해야 한다. 학습자는 서로에 대해 이해해 '민주적인 생활태도' 갖춘 곳. (협동적 활동을 권장)

－민주적 교육: 상호협동적 경험의 공유를 방해하는 종교・인종・지역・경제적 차별이 없으며 다양한 경험이 공유되는 것.

(4) 듀이의 '실용주의 교육철학'과 이에 대한 비판

① 듀이의 교육목적론

－듀이의 주장: "교육이 그 자체로서는 목적을 지닐 수 없다" ⇒ 인간들이 목적을 지니는 것이지, 추상적 개념인 교육 자체에는 목적이 없다. 따라서 그들의 목적은 다양하며, 각각의 어린이에 따라 목적이 변화되어야 하고 성장에 따라 목적 또한 달라져야 하는 것이다.

－교육목적의 설정기준: ⓐ 학습자의 내재적 활동과 요구 ⓑ 교육방법으로의 변형 ⓒ 구체적인 교육목적(보편적인 것은 모든 특정 맥락에서 분리되고 현실로부터 동떨어진 것이므로)

－일반적 목적: 민주주의 사회에서의 사회적 능률과 교양 ⇒ 사회적 능률이란 산업적・경제적 능력을 의미하며, 시민적 능률・훌륭한 시민성을 말한다. 이 둘은 서로 통합된 능력으로 발휘되어야 한다. 훌륭한 시민성이란, 좋은 이웃관계를 유지하며 법률을 준수하는 등의 능력을 말한다.

－사회적 능률과 교양의 '통합'을 주장: 능률과 교양을 동일하게 봐야 계층의 이원화도 해소하고 민주적인 사회를 조직할 수 있다.

⇒ **교육목적 비판**: 우선, 교육목적의 설정은 영원한 진리의 준거를 기초로 하여 설정되어야 할 것도 고려되어야 한다. 즉, 학습자가 지향할 뚜렷한 준거가 있어야 하며 이는 절대적이어야 한다. 둘째, 교육활동이 주지주의적 측면보다 직업적 측면이 고조되어 반주지주의적 교육으로 나타날 수 있다. (cf. 대학에서조차 직업주의 교육이 성행함을 지적) 셋째, 궁극적 교육목적보다 구체적인 교육목적을 중요시한다. 넷째, 자연발생적으로 나타나는 초월적 세계

에 대한 인정이 때로는 불가피함에도 이러한 선험적 측면을 도외시한다.

② 듀이의 교육내용론

–듀이는, 교육내용과 사회적 실제현상과의 분리는 결국 교과중심 교육내용으로 형성됐고, 교육내용 그 자체를 위한 학습이 되어 지식위주의 교육으로 흘러버렸다고 비판했다.

–교과중심 교육내용 비판→경험중심 교육내용을 강조: 실제 생활에서 효과적인 삶을 살아가는 데 필요한 지성의 능력을 개발하지 못했다고 비판하며 '개인의 경험'을 강조했음

–학습자 개인의 사회적 경험의 삶과 일치시켜 교육내용을 구성할 때, 지성적 능력의 연마가 가능함

–경험 중심 교육내용이 학습자를 중심으로 조직되지만, 교사·학부모·교육전문가의 의견을 무시하거나 배제한다는 뜻이 아님. 학습자의 발달과 흥미를 포함시키려는 것이다.

–학습내용 사이의 가치: 서열을 정할 수 없다.

–교육내용의 단계(수준): 1단계–놀이와 작업(직접체험으로 경험의 여러 기능적 측면을 접하고 지적인 사고를 하게 된다) / 2단계–지리와 역사(시간적 경험과 공간적 경험을 확대) / 3단계–과학(신념과 주장을 검증하는 일을 다루는 내용, 자신의 문제를 과학적으로 풀어가는 방법을 탐구한다)

⇒**교육내용 비판**: 학습자 중심의 교육내용을 강조할 경우의 단점이 있다. 교사가 판단해 꼭 가르쳐야 할 내용이 결여되기 쉽다. 또한 그 사회 속에서 전통적으로 내려오는 가치 있는 교육내용이 무시되기 쉽다.

③ 듀이의 교육방법론

–교육방법의 단계(학습자의 사고 계발): 사고의 경험단계→사고의 자료단계→관념의 형성단계→관념의 검증단계

−ⓐ 사고의 경험단계: 사고라고 불리는 발전적 경험에 대한 최초 단계는 경험이다.

ⓑ 사고의 자료단계: 사고의 자료는 사상이 아니라, 여러 가지 행위·사실·사건·사물의 관계이다.

ⓒ 관념의 형성단계: 사고와 상호 관련된 사실·자료·이미 습득한 지식 등은 관념이 된다.

ⓓ 관념의 검증단계: 사고를 통한 관념은 실제 행동해 봄으로써 검증된다.

−교육방법적 태도: 지나친 자기의식을 하지 않는 '솔직성의 태도', 여러 의견을 청취하고 다른 사람의 의견을 수용할 줄 아는 개방적인 '열린 마음의 태도', 교육내용 자체에 몰두하는 '성심성의 태도', 계획된 일의 결과를 미리 생각해보는 '책임성의 태도'

⇒**교육방법 비판**: 모든 교육내용에 대해 학습자가 자신의 실제경험을 통해 교수−학습활동을 전개하는 것은 시간적·공간적 여건뿐 아니라 물질적·정신적 노력이 엄청 많이 필요하다. 즉, 교육현장에서 실천문제가 한계성을 가진다. 또한 학습자 개인에 따라 주입식 지식을 얼마든지 실제상황에 활용할 수 있는 것이다. 또 실제 교육현장에서 자칫 교사가 방관자의 태도를 취하기 쉬운 폐단이 있다. 학습자가 실제 검증해볼 수 있는 실험실, 실습지, 실습실 등 교육적 환경의 시설을 갖추는 데 한계가 있기도 하다. 끝으로 추상적 개념들은 구체적·행동적으로 검증할 수 없는 것도 있다.
듀이의 교육방법론은 이론적으로는 훌륭한 체계이나, 실천적 측면에서 많은 문제점과 한계를 지니고 있다.

3) 생각해 볼 문제

① 프래그머티즘에서는 궁극적인 실체를 부정하고 있다. 즉, 이원론을 부정하고 있는 것이다. 이에 대해서 어떻게 생각하는지 토론해보고 싶다.

⇒【나의 견해】: 이원론에 의해 현재 교육이 많은 영향을 받은 것이 사

실이다. 이론과 실제의 구분, 인문교육과 직업교육의 구분, 순수예술과 응용예술의 구분, 생각과 행동의 구분에 무의식적인 영향을 미치고 있다. 이 때문에 교과도 이분법적으로 구분돼 있으며 이론적 과목이 실제 과목보다 상위에 놓인 위계적 교육과정 구조를 이룬다. 따라서 언어·셈하기 등의 기본적인 교과를 먼저 배우는 식으로 구성돼 있다. 이는 추상적인 것을 먼저 배움으로써, 배운 지식을 현실에 적용하기가 어려운 단점이 있다. 이런 점을 봤을 때, 프래그머티즘은 발상의 전환을 해 볼 수 있는 기회를 가져다 준 면이 있다고 본다.

② 듀이의 교육방법론이 어떤 시사점을 준다고 생각하는지 토론해보고 싶다.

⇒【나의 견해】: 듀이가 제시한 이론을 보며, 교사 중심의 과거의 교육방법을 되돌아보고 반성하며 학생 중심의 교육으로 방향 전환할 필요성이 있음을 깨닫게 한다는 데 의의가 있다고 본다. 또한 지식위주의 교육내용에만 치우칠 것이 아니라 경험중심 교육내용과 조화를 이뤄야 할 것이다. 교육의 일반 목적에 있어서도, 사회적 능률과 교양이 통합돼야 한다.

③ 듀이가 제시한 철학은 극찬과 혹평과 오해로 점철되어 있다고 평가된다. 그의 이론이 가지는 한계점에는 어떤 것이 있다고 생각하는지 얘기해보고 싶다.

【참고 문헌】

〈현대교육사상〉 학지사－김귀성, 노상우 공저
〈교육의 철학적 이해〉 경성대학교 출판부－박준영 저
〈서양교육사상사〉 양서원－주영흠 저
〈죤 듀이의 경험과 교육〉 원미사－엄태동 편저
〈프래그머티즘〉 아카넷－김동식 저
〈교육의 역사와 철학〉 동문사－강선보 외 3인 공저

Ⅷ. 존 듀이(John Dewey)에 대한 입장

미국의 철학자·교육학자. 버몬트 주(州) 벌링턴 출생. 버몬트대학을 졸업하고, 존스홉킨스대학에서 학위를 받았으며, 미네소타·미시간·시카고·컬럼비아 각 대학에서 교수를 역임하였다. 1930년 이후에는 컬럼비아대학 명예교수가 되었다. 그는 처음에 헤겔 철학의 영향을 받았으나, 차차 W. 제임스의 프래그머티즘에 끌려, 이것을 발전시킴으로써 '실용주의(實用主義)' 또는 '도구주의(道具主義)'의 입장을 확립하였다.

그의 『논리학적 이론의 연구』(1903) 『실험적 논리학 논문집』(1916) 『사고의 방법』(1933) 등에 의하면, 모든 사고(思考)는 혼탁하고 불확실한 상황을 명확한 상황으로 개조(改造)하는 노력, 다시 말하면 '탐구(探求)'인 것이다. 관념이란 이를 위한 실험적인 가설(假說)이며 도구이다. 예를 들면, 처음에는 무엇인지 모르는 것도, 이것은 오렌지의 일종이 아닐까 하고 잘라보고 맛봄으로써 오렌지라는 것을 알 수 있듯이, 실험적인 가설로서의 관념은 상황을 개조하기 위한 도구라고 말할 수 있다. 따라서 칼의 좋고 나쁨이 잘 드느냐 아니냐에 따라 결정되듯이, 관념의 좋고 나쁨(진위)은 상황을 개조할 수 있는지의 유효성(有效性)에 의하여 판정된다.

이러한 기본적인 입장에서, 논리학은 모든 분야에서의 탐구 규범과 생차를 분명히 함으로서 앞으로의 탐구를 보다 더 유효한 것으로 만들 수 있다고 주장하는 『논리학-탐구의 이론』(1938)을 저술하였다. 또한 『경험으로서의 예술』(1934)에 의하면, 경험은 인식(認識)의 한 형식일 뿐만 아니라, 반성이 가미되기 전에 느껴지며 살아 있는 것으로서 널리 해석된다. 인간생활은 혼탁하고 불확정(不確定)한 경험에서 통일적인 경험으로 이행하는 리드미컬한 움직임에 의해서 성립된다. 전자에서 후자에 이를 때 우리에게는 새로운 의미와 충족감이 주어진다. 이러한 이행(移行)의 달성이야말로 예술의 본질적인 작용이라고 그는 생각하였다.

교육에 대해서는 『학교와 사회』(1899) 『민주주의와 교육』(1916)에 의해서 그의 사상을 알 수 있다. 그에 따르면, 교육이란 경험의 끊임없는 개조(改造)이며, 미숙한 경험을 지적인 기술과 습관을 갖춘 경험으로 발전시키는 것이다. 따라서 학생들에게 일방적으로 지식을 주입시키거나, 반대로 학생들의 자발성(自發性)에만 의존하면 불충분하므로 여러 가지 경험에 참여시킴으로써 창조력을 발휘시킬 수 있는 계획성을 마련할 필요가 있다. 이 일을 위하여 학교는 현실사회의 모델일 뿐만 아니라, 사회개조의 모체가 될 수 있는 이상사회로서 제시되어야 한다고 주장하였다.

1. 듀이의 교육철학적 입장

1) 궁극적 실체의 부정

이 세상에는 영원불변의 것은 없다. '변화'만이 유일한 실재이며, 불변의 실체란 증명할 수 없는 허구에 불과하다(궁극적 실체를 해명코자하는 전통적 형이상학 거부).

2) *경험주의-상대주의*적 지식관

참다운 지식(진리)은 오직 경험 속에 존재하며, 어떤 지식의 가치는 그 유용성에 의하여 판단된다. 실재란 관념 속에 존재하는 것도 아니고 객관세계 자체에 존재하는 것도 아니다(전통적인 이상주의와 실재주의의 부정). 지식의 내용인 실재(reality)는 인간과 환경의 상호작용인 '경험'의 총체일 뿐이다. 세계는 오직 인간이 의미를 부여하는 한도 내에서만 의미를 갖는다(인간을 위한 '유용성'). 비록 우주 자체가 어떤 심오한 목적을 지녔다고 하더라도 그것은 인간에게는 감추어져 있는 것이다. 인간이 경험할 수 없는 것은 인간을 위해 실재하는 것이 아니다. 요컨대, 진리는 전통철학에서 주장하듯이 선험적으로 존재하는 것이 아니라, 인간의 경험으로부터 나오는 시험적이고 가설적인 것이다. 인간의 경험이란 계속적인 형성의 과정에 있고, 이에 따라 진리도 변화될 수 있는 것이다(상대주의적 진리관). 제임스는 교육받은 개인이 자신의 실재를 창조할 권리를 가져야 한다고 강조한 반면, 퍼스나 듀이는 실재는 해당 영역의 전문가, 특히 과학자에 의해서 가장 잘 확립된다고 주장한다("과학이 인간에게 확실성을 부여한다").

3) 인간관

인간은 환경과 상호작용을 하면서 생존하는 경험적 유기체(experiencing organism)이며, 흥미와 욕구를 지니고 있으며, 타고난 욕구와 충동을 바탕으로 목표를 설정하고 지성의 도움으로 자신과 환경을 변화시킴으로써 목표를 달성하는 존재, 즉 성'장적인 존재'(growing organism)이다. 또한 다른 사람들과 더불어 사회를 이루고 살아갈 때에 흥미와 욕구가 가장 잘 충족되는 사회적 존재(social being)이기도 하다(경험적-실증주의적 인간이해).

2. 듀이의 교육관

프래그머티즘의 철학적 기초는 궁극적 실체의 부정에서 시작된다. 경험을 초월한 궁극적 실재에 대한 형이상학적 사색은 근거가 없는 망상에 불과하며, 관념적 실재를 경험적 사실과 구별하는 전통철학의 이원론적 사고도 이론과 실제를 분리시키는 형식주의의 폐해를 낳았다고 비판한다. 절대불변의 존재는 없으며 따라서 존재의 불확실성(존재하는 것은 변화하는 것)을 주장. 또한 진화론의 영향을 받아 인간을 '환경과 상호작용하는 유기체'로 파악하면서, 학습이란 이러한 인간유기체와 환경 사이의 상호작용을 통해 문제를 해결하는 과정이라고 정의하였다.

진리란 상황적 적합성 또는 적절성의 기준에 의해 평가되며 이때의 적합성은 사회를 구성하는 최대다수가 최선이라고 생각하는 것을 말한다. '지성' 역시 문제 상황에 부딪혀서 이를 해결해가는 지속적인 노력의 과정에서 형성되는 것이라고 보았다.

그는 반향적 사고(reflective thinking)를 주장했는데 주어진 문제 상황에서 문제해결 후의 결과에 대해 예견되는 목적(ends-in-view)을 가지고 결과와 현실상황을 되비추어보면서 문제를 해결해가는 것을 말한다. '문제의 상황−문제의 인식−문제의 명료화−문제에 대한 가설 정립−가설의 검증'의 단계로 반향적 사고가 이루어진다.

교육의 목적은 문화의 현상유지와 경험의 연속적인 재구성인데, 이러한 문제해결은 학교라는 공간 안에서 협동적인 활동을 통해 이루어진다. 이러한 면에서 학교는 축소된 사회, 온실적 사회라고 할 수 있으며, 이 공간 안에서 아동들은 '사회화'(socialization)되며 민주주의적 생활방식을 배운다. 교육에 있어서 심리학적 측면(개인)과 사회학적 측면(사회)이 서로 유기적으로 관련되어 있다. 교육을 받은 개인은 사회적 개인이고 사회는 개인의 유기적 통합체이다. 교육은 사회의 진보와 개혁의 근본적 수단이다. 교육에 대한 의무는 지역사회가 져야 할 최고의 도덕적 의무이다. 교사는 단순히 개인들을 훈련시키는 사람이 아니라 올바른 사회를 형성시키는 사람인 것이다.

〈듀이 교육이론의 특징〉

① 교육은 성장이다. 성장은 삶의 특징이므로 교육은 성장과 완전히 동일하다. 교육의 유일한 목적은 과정 그 자체에 있다.

② 연속적 경험의 재구성이 교육의 과정이다. 경험을 재구성하는 일은 개인적인 동시에 사회적이다. 교육은 부딪히면서 문제를 해결하면서 배우고, 또 그러한 활동을 통해 연속적으로 경험을 재구성하는 것이다.

③ 학교는 축소된 사회로서 문화유산을 엄선하고 정화하는 기능을 한다. 학교는 성장세대를 사회, 문화적 활동에 참여시키는 특별한 환경이다.

④ 교육은 문제해결 학습을 통해 개인이 사회화되는 과정이다. 학습은 학생이 필요로 하는 활동으로부터 시작되며 수업에 함께 참여하는 사람들과 공유하는 협동작업의 형태를 지닌다.

⑤ 학생들은 행함으로써 배운다. 교사중심의 교육보다는 학습자 중심의 교육내용이 학생들의 지성을 개발하는 데 더 효과적이라고 보았다.

듀이의 교육이론은 인간중심, 아동중심의 교육이라는 점에서 교육사적 의의를 찾을 수 있지만 그의 실용주의적 관점은 인간을 신체적, 심리적, 사회적, 문화적 존재로만 파악함으로써 인간을 물상화(物象化)시켰다는 비판이 제기되어왔다. 다시 말해 그는 인간을 진화론적이고 자연과학적인 관점에서 파악하여 인간의 심원한 내면성을 적절히 고려하지 않았다고 할 수 있는 것이다. 그는 인간을 욕구와 충동에 지배되는 생물학적-사회학적 존재로 규정하였으며 도덕성도 사회성과의 연장선상에서 파악하고 있는데, 도덕성이란 사회에 의해 결정되는 것이라기보다는 오히려 사회 속에서 주체적으로 실존하는 인격적 개인의 결단에 의해 실현되는 것이라고 보아야 할 것이다. 다시 말해 인간은 자연적(육체적-감각적) 삶과 사회적 삶을 살면서도 그때그때의 삶의 상황에 대하여 이성과 양심을 가지고 수긍하기도 하고 저항하기도 하는 존재이며, 이러한 주체적인 결단에 따라 행위하고 살아갈 때에 도덕성이 확보되는 것이다.

Ⅸ. 진보, 본질, 재건, 항존주의와 교육

1. 진보주의 (Progressivism) 교육

1) 개 관

진보주의교육이란 루소의 아동중심교육이 미국으로 건너와 프래그머티즘의 영향을 받아 전개된 교육 개혁 운동을 말한다. 전통적인 형식주의 교육에 반기를 들고 민주적인 교육 이념, 학생의 창의적인 활동, 생활 안의 교육 소재, 학교와 사회화의 밀접한 관련의 구축을 강조하는 이념이다.

2) 배 경

이 운동의 핵심은 과거의 성인 중심 교육 내지는 교사 중심 교육을 비판하고 아동 중심 교육을 주장하는 데 있다 이러한 아동 중심 교육 사상은 루소 때부터 싹 터서 페스탈로치와 프뢰벨 등을 거쳐 계승 발전되었다. 이것은 중산층이 늘어나고 교육이 보편화되기 시작한 미국으로 건너와 만, 버나드, 파커 등에 의해 토대가 형성되었고, 듀이가 중심이 되어 꽃을 피우게 되었다. 진보주의는 이 아동중심교육이 실용주의의 영향을 받아 진보주의라는 이름하에 하나의 교육 개혁 운동으로 전개된 것이다. 1918년에는 듀이의 신봉자들이 진보주의 교육 협회를 결성하여 조직적인 개혁운동을 전개하였고, 이를 보급함으로써 국내외로 퍼져 갔고, 그 결과 1920·30년대에 미국 교육계를 풍미하였다.

3) 진보주의의 교육 원리

① 교육은 생활을 위한 준비가 아니라 생활 그 자체이어야 한다. 현명한

삶은 경험의 해석과 경험의 재구성을 내포한다. 따라서 학교는 아동은 연령에 알맞은 학습 환경을 제공하여야 하며, 장차 성인이 되어 겪게 될 경험들과 학습 환경을 제공하여야 한다.

② 학습은 직접적으로 아동의 흥미와 관련되어야 한다. 아동은 자신의 흥미와 관련된 것이면 무엇이든지 배우고자 하며, 자신이 가진 문제들을 해결해 줄 것 같은 것이면 무엇이든지 배우고자 하는 경향이 있다. 어른으로부터 강요당하고 있다고 느끼면 무엇이든지 저항하는 경향이 있다. 그러므로 진정한 의미의 학습은 아동의 흥미와 관련되어야 한다.

③ 교과목의 강요보다는 문제해결 위주의 학습이 중시되어야 한다. 지식은 그것을 이용하여 무엇인가를 행동으로 옮길 수 있어야만 의미를 갖는다. 만약 학생이 사회적·정치적 이념을 진정으로 이해하기 위해서는 교실 자체가 사회적인 민주주의의 산 실험실이 되어야 한다. 이처럼 경험과 실험은 진보주의의 학습 방법의 핵심 개념이다.

④ 교사의 역할은 아동을 감독하는 것이 아니라 안내하고 조력하는 것이다. 즉 교사는 아동들이 곤경에 처할 때에 자신의 풍부한 지식과 경험으로 아동들을 도와주는 역할을 해야 한다. 권위를 지닌 자로서가 아니도 탁월하고 풍부한 경험을 지닌 원조자 내지는 안내자로서 임해야 한다.

⑤ 학교는 경쟁보다는 협동을 장려하여야 한다. 진보주의자들은 경쟁과 개인적 이익의 성취보다는 사랑과 협동이 교육에 더 적합하다고 본다. 경쟁을 전적으로 부정한 것은 아니지만 그래도 인간의 본성을 생물학적·사회학적 사실에 비추어 볼 때 경쟁보다는 협동이 더 적합하다고 주장한다.

⑥ 민주주의만이 진정한 성장에 필요한 사상과 인격의 자유로운 상호작용을 허용하고 촉진한다. 민주주의와 성장과 교육은 서로 상호 관련되어 있다. 따라서 민주주의를 가르치기 위해서는 학교 자체가 민주적이어야 한다. 그러기 위해서는 학교는 학생자치제, 자유로운 의사소통 및 토론, 학생과 교직원의 공동계획 수립, 그리고 교육경험에 모든 사람의 충분한 참여 등을 조성하여야 한다.

4) 진보주의의 영향 (공헌)

① 제도적 변화－소수정예주의 교육(복선형)에서 기회균등의 원칙에 입각한 교육(단선형)으로 바뀜. 만인을 위한 교육・교육의 보편성이 보급 ⇒ 공교육 개념의 발전.

② 교육 내용과 방법의 변화

- 학교 교육 내용: 학술적 내용→대중적 내용 (직업교육까지 포함).
- 과거에는 지적 측면만을 중시→전인적 측면도 중시.
- 교육내용과 방법의 혁신을 가져옴: 교육 내용의 대상이 다양해지고 계속 변호, 교육 방법을 끊임없이 혁신.

③ 우주나 교육 그 자체에서 끊임없이 일어나고 있는 변화와 갱신의 추세에 관심을 기울이고 기존의 사회 질서에 대한 부단한 도전으로 교육 개혁이나 발전에 크게 공헌.

5) 진보주의 교육에 대한 비판

2차대전이 일어나면서부터 비판을 받기 시작함.

1) 기본적 기술이나 능력의 습득에 소홀

2) 미래에 대한 교육의 준비성 소홀

3) 지나친 아동 중심 교육으로 목표 설정 및 문제해결능력 상실

4) 산만한 수업의 진행

5) 협동의 지나친 강조

6) 사회구성원으로서 필요한 지식이나 전통을 체계 있게 학습하기 어려움

7) 아동을 이기적이며 자기중심적 인간으로 되게 하며, 사회 공통의 복지향상을 위한 희생정신이 박약해짐.

6) 진보주의 교육협회의 강령

1) 아동은 외적 권위에 의하지 않고 자신의 사회적 필요에 의하려 자연스럽게 발달한 자유를 누려야 한다. (자연스러운 아동의 발달)

2) 아동의 흥미와 욕구의 충족이 모든 학습과 활동의 동기가 되어야 한다. (흥미에 의한 학습)

3) 교사는 아동의 활동을 고무하고 적절한 정보를 제공하는 안내자가 되어야 한다. (안내자로서의 교사)

4) 아동의 평가는 지적인 면에 대한 평가뿐만 아니라 아동의 신체적·정신적·도덕적·사회적 특징에 대한 평가를 포함하는 것으로서 아동의 발달과 지도에 도움이 되는 것이어야 한다. (아동에 대한 과학적 이해)

5) 가장 중시되어야 할 것은 아동의 건강이며, 따라서 학교의 시설·환경·인적 조건은 명랑해야 한다. (아동의 신체적 건강)

6) 학교는 학부모와 기민한 협조 관계를 유지하면서 아동의 교육에 힘써야 한다. (가정과 학교의 협력)

7) 진보주의 학교는 좋은 전통 위에다 새 것을 담는 실험학교로서 교육개혁 운동의 중핵이 되어야 한다. (선구자로서의 학교)

2. 본질주의(Essentialism) 교육

1) 개 관

문화를 구성하는 가장 본질적인 것들을 교육을 통해 다음 세대에 계승함으로써 역사를 전진시키는 원동력을 길러 내자는 하나의 교육 사조이다.

본질주의자들이 주장하는 개혁의 초점은

① 교과서의 내용을 학문적으로 재검토하고,

② 학교 교육 프로그램 중에서 본질적인 것과 비본질적인 것을 구분하고, ③ 교사의 권위를 다시 회복하는 것이다.

2) 배 경

진보주의와 항존주의는 철학적 모태를 가지고 있으나 본질주의는 진보주의에 대한 부분적인 비판으로 출현하였기 때문에 처음부터 교육운동으로 시작하였다. 아동의 흥미와 욕구를 지나치게 존중하였던 진보주의 교육은 전통적 교육이 지니고 있는 장점들을 소홀히 한 문제점들을 드러내게 되었다 진보주의 교육이 드러내고 있는 한계를 보완·극복하려는 움직임이 1930년대에 일어나기 시작했는데 그것이 곧 본질주의 교육운동이었다. 이 운동의 주창자들은 1938년에 미국 교육 향상을 위한 본질파 위원회를 구성했는데 배글리, 브리그스, 브리드, 칸델, 데미아스케비치 등이 중심인물이었으며, 호온도 이 운동을 지지하였다.

3) 본질주의의 교육이론

① 유산의식의 제고: 유산 중에서 가장 귀한 것을 정선 압축 체계화하여 다음 세대에게 계승시킨다.

② 지적 엘리트 육성: 문화의식을 고취하는 인문 교육을 철저히 해서 지적 정예로 키운다.

③ 인문교육: 자유 교양 교육과 학문적 체제를 중시하고 논리적 사고력을 함양하며, 역사의식을 배양한다.

4) 본질주의의 교육원리

① 학습이란 원래 강한 훈련을 해야 하며 억지로라도 꾸준히 해야 한다.

② 교육의 주도권은 학생이 아니라 교사가 지녀야 한다. 교사의 권위가

강조되며 교사 중심의 교육이 이루어져야 한다.

③ 교육의 과정의 핵심은 지정된 교재를 철저하게 이수하는 것이다. 개인의 경험을 능가하는 민족적 경험이나 사회적 유산의 중요성을 강조한다. 이의 교육을 위해 논리적으로 조직된 교재를 어린이에게 제공해야 한다.

④ 전통적인 학문적 훈련방식이 계속 유지되어야 한다. 지식은 본래 추상적인 것이어서 현실적인 문제해결 방법으로 접근하기 어려운 것들도 많다.

5) 본질주의 교육에 대한 비판

① 문화유산의 본질적인 것은 보존되어야 한다고 하지만 실제로 전통과 본질을 구분하기란 매우 어렵다.

② 전통이라고 모두 가치 있는 것은 아니다 (본질주의의 보수성).

③ 사회과학을 경시하였다(자연과학, 역사학 위주).

④ 아동의 자발적 참여의식과 비판적 사고, 독립심, 협동정신 결여(진보성 부족)

⑤ 문화보존만 강조하여 사회혁신에 대한 전망의 미흡

6) 본질주의와 진보주의의 비교

① 철학적 배경

- 진보주의: 실용주의 이론에 기반을 두고 있으며, 복합적인 변인 즉 역사・심리・사회・철학 등에 두고 있다.
- 본질주의: 보수적이고 여러 철학이 복합된 것으로 이상주의와 현실주의에 기반을 두고 있다.

② 교육 원리

- 진보주의: 어린이의 흥미에 초점을 두고 자유 보장과 교육의 주도권은 아동에게 있으며 아동 중심 교육이다.

- 본질주의: 기존의 체재에 대해 지키고자 하는 노력을 중시하고 어린이의 노력에 초점을 두어 훈련의 반복과 교사의 교육 주도권, 어른 중심의 교육이 강조된다.

③ 교육 방법

- 진보주의: 문제해결 능력과 새로운 지식의 창조를 위한 경험 중심, 현장 중심의 실험적인 방법을 교사가 협조자의 위치에서 지도한다.
- 본질주의 교재와 교과 자체에 중점을 두고 고전적인 지식을 중시하여 학습 전이를 꾀한다.

④ 가치관

- 진보주의: 새로운 가치 창조에 중점을 두고 생활 자체가 교육이며 양보와 협력을 중시하고 만인을 위한 교육 즉, 평등주의 교육을 주장하며 아동의 잠재능력 개발에 역점을 둔다.
- 본질주의: 고정된 가치를 중시하고 교육은 생활 준비의 고정이라고 하며 경쟁을 기본으로 한 능력주의와 엘리트주의를 위한 반복된 정신훈련 교육을 강조한다.

⑤ 교육의 역할

- 진보주의: 사회를 재건하고 개인차를 존중하며 다양한 교육이 이루어지도록 한다.
- 본질주의: 있는 것을 없애는 것이 아니라 그 사회에 적응하는 창조이며 전체 중심의 보편성을 중시하는 지적인 우수성을 강조한다.

3. 항존주의(Perennialism) 교육

1) 개 관

항존주의는 진보주의 교육이념을 전면 부정하면서 1930년대부터 등장하기 시작했다. 진보주의와 본질주의의 경우는 과학주의 · 세속주의 · 물질주의인데 반하여 항존주의는 반과학주의 · 탈세속주의 · 정신주의이며, 진보주의가 '변화의 원리'를 강조한 데 반하여 항존주의는 '절대적 원리'로 돌아갈 것을 강조하고 있다. 항존주의는 플라톤 · 아리스토텔레스 · 스콜라 학파 등의 항존철학에 기원을 갖는 교육철학으로서, 진리와 원리는 변하지 않는다고 믿으며, 모든 가변적인 것을 이 진리와 원리에 입각해서 해석하려는 입장을 취한다.

2) 철학적 배경

항존주의의 철학적 배경은 실재론에 있다. 항존주의는 보수적 내지는 전통적 교육관을 표방하고 있으며 인간의 본질이 불변하기에 교육의 기본원리도 불변한다는 믿음을 토대로 하고 있다. 또한 인간은 이성적 동물이라고 주장한 아리스토텔레스의 견해에 동조하면서 항존주의자들은 인간의 이성을 계발하기 위해 수립된 사회적 기관이 학교라고 본다. 대표적인 항존주의자들로 무종교를 대표하는 허친스(Hutchins), 개신교를 대표하는 아들러(Adler), 가톨릭을 대표하는 마리탱(Maritain) 등을 들 수 있다.

3) 항존주의의 교육원리

① 교육목적은 진리에 인간을 적응시키는 것이다. 진리를 탐구하고 진리에 안주하는 자세를 확립하게 해 주는 것이 곧 교육의 과업이다.

② 서로 다른 환경에 놓여있다 하더라도 인간의 본질은 불변하는 것이기 때문에 교육의 본질도 변하지 않는다. 그러므로 교육은 모든 사람을 위해서 보편적이고 동일해야 한다.

③ 교육이란 생활의 모방이 아니라 생활을 위해 준비하는 것이다. 생활을 위한 준비로서의 교육이란 이상적 삶을 위한 준비를 뜻하며, 이를 위해 학

생들로 하여금 문화적 유산의 가치를 깨닫게 하고, 학생들 스스로가 그러한 가치를 성취할 수 있도록 하며, 문화적 유산 중에서 가장 좋은 것이 무엇인가를 알게 해 주는 교육을 뜻한다.

④ 영원불변의 진리는 위대한 고전 속에서 찾아볼 수 있다. 교육에서 가르쳐지는 진리는 고전 속에 잘 나타나 있기 때문에 고전 독서 교육이 강조되어야 한다.

⑤ 아동·학생은 이 세상에서 가장 영원한 것으로 남아 있게 될 어떤 기초가 되는 교과를 배워야 한다. 흥미 위주의 교육, 직업 교육 같은 것은 학교 교육의 목적이 될 수 없고 세상사를 원만히 다룰 수 있는 인간의 교육이 학교 교육의 목적이 되어야 한다. 그래서 그들이 강조하는 교과는 국어·역사·수학·자연과학·예술·철학이다.

⑥ 이성은 인간의 최고의 속성이므로 교육은 이성을 계발하는 데 집중되어야 한다. 이성은 타고난 것일지도 모르지만 이성이 사용되어지기 위해서는 또한 교육되어져야 한다.

4) 항존주의 교육에 대한 비판

① 지적 훈련을 강조하고 있는데 과연 모든 사람이 교육을 통한 전문교육을 해낼 수용자세가 되어있는가가 문제다.

② 지성의 귀족화를 목표로 하고 있다.

③ 교육을 고전적 전통에 불합리하게 제한시켰다. 현실을 경시하고 급변하는 현실과는 관계없는 고전을 통해서만 이성을 훈련하려 했다.

④ 항존주의가 절대적 원리에 근거를 두고 있는 반면 민주주의 원리는 상대적이므로 새로운 진리를 탐구하는 과학 정신, 자유시민을 육성하는 민주주의 요청에 위배되는 교육이다.

⑤ 학문적 능력에 못지않은 인간의 다른 특질들의 발달을 지연시켰다. 인간은 지적, 정신적, 신체적, 사회적 활동의 복합체인데 오직 지적인 면만

강조하게 되면 전인교육에 위배된다.

5) 본질주의와 항존주의의 다른 점

가. 본질주의는 항존주의처럼 전적으로 '지적' 교육만을 강조하지는 않는다. 왜냐하면 본질주의는 어떤 추상적인 영원한 진리보다는 자연적・사회적 환경에 대한 개인의 적응에 더 많은 관심을 갖기 때문이다.

나. 본질주의는 진보주의가 교육 방법에 미친 공헌을 적극적으로 기꺼이 받아들인다는 점에서 항존주의와 다르다.

다. 항존주의자는 과거의 위대한 창조적 업적을 인간의 보편적 통찰에 대한 영원한 표현으로 숭배한 데 비하여, 본질주의자는 그러한 인류의 업적을 오늘날의 문제를 다루기 위한 지식의 자료로 이용한다.

라. 본질주의는 학문의 훈련성, 교사의 주도성, 문화유산의 승계성, 교육의 조직성 등을 강조했고, 항존주의는 목적의 동일성, 극기수련성, 진리동경성, 이상적인 삶 추구성, 교양교육성, 고전 독서 계획성 등을 강조하였다.

4. 재건주의(Reconstructionism) 교육

1) 개 관

아동의 개성을 강조했던 진보주의 교육자들 외에 사회 변화에 주요 관심을 가졌던 진보주의자들도 있었다. 사회적 재건주의자들이라고 불리는 이런 유형의 진보주의자들은 진정한 진보주의 교육이란 현 상태의 교육과 사회를 개혁하는 것이라고 주장한다. 즉, 새로운 사회의 창조를 추구해야 한다는 것이다. 이는 진보주의 교육운동의 한 부분이었으므로 재건주의에 큰 영향을 미친 것은 진보주의라고 할 수 있다. 하지만 재건주의는 무엇보다도 목표 중심의 미래 지향적이 철학이다. 사회적 재건주의 인류가 심각한 문화의 위기상태에 있음을 전제로 하는 교육철학이다. 그래서 교육의 제 일차적인 목적도 현대와 같은 문화의 위기를 해결하기 위해서 사회를 재구성하도록 하는 데에 있다고 본다. 이들은 학교에서 인류를 괴롭히는 사회적 병폐들은 다루어야 한다고 본다. 이런 입장에서 재건주의자들은 형이상학적인 지식보다는 경제학, 인류학, 사회학, 심리학 등과 같은 사회과학적인 지식을 유용한 도구라고 본다.

2) 생성 배경

진보주의 교육운동이 한창이던 1930년대에 미국인들은 대공황기를 겪게 되었다. 이때 진보주의자들 중에서 미국 사회를 비판하며 교육과 사회의 개혁을 부르짖고 나온 교육자들이 있었다. 즉 1930년대 전반기에 소위 전위적 사상가라고 불리는 일군의 교육자들이 새롭고도 공정한 사회를 건설하는 데 있어서 학교가 앞장서야 할 것을 주장하고 나섰다. 이 운동의 대표적 인물들이 1930년대의 카운츠(Counts)와 러그(Rugg) 그리고 1950년대의 브라멜드(Brameld) 등이었다.

3) 재건주의의 교육원리

① 교육의 가장 중요한 목적은 사회를 재구성하는 데 필요한 프로그램을 제정하는 데 있다. 사회가 변화되어야 한다고 보지만, 그것은 정치적 행위로서가 아니라 근본적으로 교육을 통해서 이루어져야 한다.

② 새로운 사회는 진정으로 민주적인 사회가 되어야 하며, 그 사회의 주요 기관들이나 자원들은 국민 스스로가 통제하여야 한다. 이상적인 사회는 민주적인 사회이기 때문에, 이러한 사회 역시 민주적인 방법으로 실현되어야 한다. 따라서 새로운 사회질서의 목적, 구조, 정책 등은 가능한 한 국민

다수의 지지기반하에서 결정되어야 한다. 그러기에 우리가 진정으로 사회를 재구성하려고 한다면, 우선 사회구성원을 재교육하여야 한다.

③ 교사는 문화적 재건주의자들의 견해의 확실성과 합법성에 대해서 민주적인 방법으로 그들의 학생을 설득시켜야만 한다.

④ 아동·학교·교육 그 자체는 사회적, 문화적인 힘에 의해서 재구성되어야 한다. 즉 교육은 사회적 자아실현인 그것을 통해 개인의 사회적 본성을 개발할 뿐만 아니라 사회 계획에 참여하는 방법을 학습하게 된다. 물론 진보주의도 교육의 문화적, 사회적 성격 및 협동적 성격 배양을 중시하였지만 근본적으로는 개인주의적 입장에서 아동의 자유를 강조한 반면에, 재건주의에서는 아동·학교·교육이 사회와 문화에 의해 규정되어야 한다고 보고 본질주의자들이 말하는 자아실현을 사회적 자아실현으로 전환시켜야 한다고 주장한다.

⑤ 교육의 수단과 목적은 현대의 문화위기에 대처하기 위하여 재구성되어야 하며, 행동과학에 의해서 발견된 연구결과에 따라서 재구성되어야 한다.

4) 재건주의 교육에 대한 비판

① 교육이 최다수의 합의에 의해서 미래 사회의 질서가 고안되어야 한다고 하는 데 대하여, 새로운 사회건설에 대한 가치의 척도와 의견의 합의가 매우 곤란하다.

② 재건교육 사상의 해당 과학에 대한 지나친 신뢰에 대하여 그 한계성이 있다.

③ 교육의 힘으로 새로운 사회의 질서를 수립하는 과업 자체에 대한 회의가 있다. 물론 교육을 사회 개혁의 수단과 사회 재건의 방편으로 삼지만, 그 온전한 가능성에 대한 회의는 부인할 수 없다.

X. 실존주의 교육철학

1. 실존주의란 무엇인가?

실존이 본질에 선행한다"는 실존철학자 사르트르의 말과 "만남이 교육에 선행한다"는 실존철학적 교육이론을 주장한 볼노오(Bollnow)의 말이 있다. 전자의 경우, 인간은 미리 짜여진 사회적 규범이나 도덕적 판단기준에 매일 수 없는 존재로 광야에 내던져진 상태에서 스스로를 자기 책임하에 형성해 나가는 존재이며 객관적 실재보다 자신과 관련이 있을 때에 의미가 있고 또 그것이 자기 상황에 맞게 자신이 규범을 선택하는 것을 중시한다. 후자의 경우, 한 인간이 다른 인간에게 끌려 마음 전체가 하나가 될 때 교육의 터전이 마련된다는 것이다. 플라톤과 소크라테스의 만남, 베드로와 예수의 만남이 있었듯이 영혼 대 영혼의 만남에 의해 새로운 인간이 탄생한다는 것이다. 이러한 만남은 의도적・계획적・계속적 교육의 결과가 아닌 인격적 믿음을 자아내는 만남이어야만 본래적인 자기를 각성시켜 자기가 되게 하는 교육의 터전이 마련된다는 것이다.

이처럼 이 두 주장으로부터 실존주의를 정의하기는 어렵지만 공통된 연구주제는 체제성의 대비개념인 개체성, 지식 이외의 감정, 의지까지도 포함한 체험의 세계를 중시하는 지향성, 사실로 인정할 수밖에 없는 존재의 불합리성, 자기 삶을 개척하는 데 있어서의 선택의 자유와 결단, 피할 수 없는 죽음, 불안, 우울, 두 자유로운 개체 사이에서 이루어져야 할 공감적 관여의 문제 등이 있다.

2. 실존주의의 역사

실존주의는 합리주의의 허구성, 실증주의의 비인간화, 독재체제의 비윤리성에 반기를 들고 등장했고, 특히 2차 대전의 비리의 체험에서 나온 절망적 허무주의와 그것을 극복하려는 행동적 참여주의하고도 맥을 같이한다. 실존주의는 개체적·현존적 인간을 중시하기에 교육의 체제화, 교육의 비인간화 현상에 도전하는 새로운 교육철학에 큰 영향을 주었다. 하지만 실존 그 자체가 논리와 추상을 거부하는 정서적·지향적인 것이기에 논리와 추상을 생명으로 하는 학문적 체계화는 모순된 면이 있다.

실존주의적 발상을 호교론에 도입하여 실존주의의 비조라 불리게 된 사람은 파스칼이며, 인간의 내면적 주체성 확립을 위한 실존적 삶을 제창하여 현대적 의미로 실존철학의 창시자가 된 사람은 키르케고르이며, 지나친 합리주의로 병들고 있는 현대문명에서 삶에의 충동의 재생으로 살리자면서 실존적 의지성을 강조한 사람은 니체였다. 비록 이들의 이론이 조직적이지 않지만 교육학에 지대한 영향을 미쳤다. 그러면 이들의 논리를 간략히 요약해 보기로 하자.

파스칼: 객관화도 계량화도 할 수 없으나 우리를 강한 힘으로 몰아가는 그 무엇이 우리 안에 존재하며 바로 그것이 실존이란 것이다. 인간이란 이중성이 있으며 모순으로 뭉쳐 있다. 인간의 이성도 학문도 인간의 고난을 해결해 주지 못하며 인생이란 공허하다. 인간이 자신의 하찮은 이성을 버리고 신에 귀의하여 마음의 평화를 구하는 신앙을 찾을 수밖에 없다는 것이다.

키르케고르: 인간은 먼저 내면적으로 자기 자신을 이해하여 자기 자신의 찾는 것을 배워야 한다. 교육은 산파처럼 생도에게 자극을 주어, 그가 원래 지니고 있었으나 잃었던 것을 다시 찾게 해 주는 "일깨움(각성)"이다.

니체: 낭만이 사라진 합리주의, 정서가 고갈된 지성주의, 개성이 소외된 조직주의, 그릇된 개인주의 등을 비판하고 경제성장이나 국가발전을 위한 교육의 실용성보다 더욱 중요한 것은 인간됨을 일깨워 주는 인문적 교양을 중시했다. 즉, 내면의 세계를 키워주는 인문교육과 삶의 교육을 중시한 전인교육을 강조했다.

3. 실존주의의 교육이론

1920년대까지의 교육은 인간 안에 부여되어 있다고 여겨진 창조적 능력에 대한 확신 위에 서 있었다. 루소는 그릇된 사회를 인간교육을 통해 개혁할 수 있고, 교육은 내재적이며 본질적인 인간의 선을 계발하는 일로서 조화롭게 계발될 수 있으며, 내재적인 인간의 능력은 일정한 법칙에 의해 자율적으로 발전하는 것이므로, 발전을 저해하는 체제적·부정적 요인을 제거해야 한다고 했다.

그러나 이 같은 낙천적 교육관은 문화적 상황과 인간관의 변화로 벽에 부딪치고 말았다. 현대의 기술문명과 노동조건이 인간의 능력을 조화적으로 발전시키기에는 부정적 요인이 많고, 아동의 유전적 조건은 의도적인 교육적 정열로도 극복될 수 없는 한계성이 있으며, 1945년 전후의 전쟁에서 나타난 인간의 취약성, 추악성은 인간 운명의 심연을 보임으로써 불안과 공포를 자아내게 했기 때문이다. 그러므로 현대에 모순되는 낙천적 교육관을 점검하여 실존에 알맞은 새 교육관을 모색할 필요성이 대두된 것이다.

볼르노(Bollnow)는 전통적 교육관을 크게 기계적 교육관(공장적 교육관)과 유기적 교육관으로 구분하며 전자는 계몽주의로부터, 후자는 낭만주의로부터 나온 것이라고 보았다.

기계적 교육관은 장인이 세워진 계획대로 연장을 이용하여 주어진 소재로 상품을 제작하듯이 인간을 어떤 일정한 모습으로 만들어 나가는 것을 교육이라고 보는 반면, 유기적 교육관은 인간을 그 자신에게 내재하는 고유한 법칙에 따라 안으로부터 계발되어 자신의 고유한 목표를 지향하는 존재라고 보며 교육이란 이것을 돕는 작용이라고 보는 입장이다. 전자는 교육을 외부의 연속적, 계획이며 적극적 작용으로, 후자는 동식물의 사육이나 재배와 같은 자연적 성장과정에 따르는 연속적 발전과 소극적 작용으로 보았으며, 이 둘 모두 인간의 도야 가능성과 교육에 있어서 지속성과 계획성을 전제하고 있는 반면, 교사-학생 간의 '상호관계형성'은 경시되고 있다.

실존적 교육관은 이러한 전통적 관점들의 극복을 시도하고 있다. 실존주의는 완전한 자유 속에서 홀로 결단에 의한 개인적 선택을 하되, 자신의 선택에 대해 철저한 책임을 지도록 하며, 선택과 책임에 대한 개인의 반성을 강조한다. 교육이란 선택의 자유 그리고 선택의 의미와 그 선택에 대한 책임에 관해 의식을 일깨워 주는 과정이라고 본다. 따라서 학교는 선택적 분위기를 조성하여야 하며, 학생의 선택을 일방적 내지는 획일적으로 규정하여서는 안 된다.

루소나 페스탈로치 같은 자연주의자들은 구체적인 교수방법을 제시하였으며, 도구주의자들은 문제해결법을 교육실제에서 중시하였다. 그러나 실존주의에서는 교과목 자체보다 교과목을 다루는 방법을 더욱더 중시한다. 학교는 학생들의 자유를 신장하고, 창조적인 개성을 갖도록 격려해야 하며, 적응이나 관습에의 순응을 강요해서는 안 된다는 것이다. 즉, 환경에 의해 '형성되는 존재'로부터 '그 자신을 형성해 나가는 존재'로의 역할을 강조한다.

실존주의자들은 교육을 통해 전인적 인간을 달성하고자 하나, 학교가 이미 개인이 '사회화'되는 장소로 변해버렸기에 집단의 훌륭한 일원, 훌륭한 시민은 형성시킬 수 있으나, 훌륭한 개인을 형성시키기 어렵다는 부정적 입장을 취한다.

실존주의자들이 강조하는 교과목은 인문학과 예술인데, 이는 인간의 정서 및 심미적 성향과 도덕적 성향이 이러한 과목들을 통해 잘 계발될 수 있다고 보기 때문이다.

현대교육은 인간 세상의 어두운 측면을 감추고자 하나, 실존주의자들은 진정한 교육이란 감추지 않는 교육으로 학생들로 하여금 죽음, 좌절, 갈등, 고통, 공포, 성 등의 좋고 나쁜 점, 합리적 비합리적인 삶의 모든 측면들을 배울 수 있도록 해야 한다는 것이다.

이처럼 실존주의자들은 인간의 죽음, 불안, 고통, 위기 등과 같은 어두운 측면과 자유, 선택, 책임, 개성 등과 같은 주체적 측면을 부각시켜 단순히 지속적인 노력만으로는 인간을 변화시킬 수 없기에 새로운 교육형태인 비연속적 교육의 가능성을 제시하였다. 볼노에 의하면 비연속적 형식들로는 위기, 각성, 충고, 상담, 만남, 모험과 좌절 등이 있다. 만남은 새로운 것이나 결정적인 것과 마주치는 것으로도 해석되나 실존적 개념의 만남은 예측도 못했던 일이 운명적으로 일어나 돌연 사람을 사로잡아 삶에 새로운 방향을 취할 수밖에 없게 하는 사건의 돌발을 의미한다.

실존주의 교육이 주는 시사점들을 정리하면, 첫째로 비연속적 형성가능성을 제시, 둘째로 보편화·집단화·획일화하는 현대교육의 경향을 개성과 주체성을 최대한으로 존중하며, 셋째로 다양한 커리큘럼을 제공하여 전인교육을 가능하게 하며, 넷째로 새로운 차원의 교사론 및 교사교육을 강조하며, 다섯째로 삶의 어두운 측면까지도 교육의 영역으로 끌어들여 보다 진솔한 교육이 이루어질 것을 촉구한다.

전통적 교육의 개념과 실존적 교육의 개념 간에 다른 측면이 많은데 첫째, 도야재설과의 대립이다. 종래의 교육은 인간에 내재적인 가능성을 도야하기 위해 도야재로 그것을 자극·계발시키려 했다. 그러나 만남은 어느 날 갑자기 나타나 영혼을 흔들며, 그 한 번의 결과는 영원히 지속되어 만남을 이룬 사람은 자신으로 존립된다. 둘째, 계획·조정설과의 대립이다. 종래의 교육은 학생의 개성과 특성에 알맞은 자료를 학생에게 계획적으로 짜주면서 그들의 성장을 일정한 방향으로 조정하려 했으며 따라서 개성과 차이성을 충분히 고려하지 않는다. 그러나 만남은 학생에게 낯선 방법으로 찾아와 충동적인 힘을 발로하며, 학생은 낯선 것을 우발적으로 수용하여 자기를 형성하여 점진적·계획적인 변화가 아닌 급격하고 우발적인 윤리적 비약을 가질 수 있다. 셋째, 다변적 교육설과의 대립이다. 종래의 교육은 인간의 조화적 발전을 강조한 나머지 교육내용을 가능한 다방면에 걸치게 했다. 그러나 만남은 운명적·순간적으로 사람을 사로잡으며 하나의 만남은 다른 만남을 거부하기에 다방면적 접촉방식과 모순된다.

이와 같은 특성으로 인해 만남은 통념적인 교육의 개념과 대립되며, 만남은 교육에로의 방법화를 거부한다. 진정한 만남은 꾸며낼 수 없기에 교사는 다만 이 같은 만남을 예비해야만 한다는 것이다.

4. 의의와 한계

실존주의 교육관의 의의는 대중인을 기르지 말고 주체인을 기르자는 주장처럼 인간의 주체성의 존중과 교육학에 있어서의 인간의 복권이라 할 수 있다. 교육학은 원래 인간학에서 출발했으나 과학화를 표방하며 자연과학을 모델로 발전하면서 인간의 자유나 결단성 등 인간의 특성을 사상하고 인간 부재의 학으로 변질되어 갔다. 이에 제동을 걸어 교육학을 인간성의 지향의 학으로 발전하도록 촉구했다.

그러나 역시 실존철학적 교육관에도 몇 가지 한계점이 있다. 첫째는 인간의 현존재의 기저를 사회과학적 시각에서 파악하고자 하는 노력이 미흡하였다. 인간의 자유만 강조했지, 어떻게 자유를 쟁취할 것인가에 대한 구체적 방안 제시가 부족했다. 둘째는 비련속적 형식의 교육이 갖는 한계이다. 방법화의 어려움을 어떻게 극복할 것인가에 대해 소극적이었다. 만남이 교육에서 중요하다면 이에 대한 대비책과 방법의 논의가 있어야 함에도 불구하고 무의도적, 우연한 은총이라 여기며 그 이상의 진전이 없었다. 만남은 인격에서 나오며, 그러기에 교사는 인격적 삶의 자세를 갖추고 훨씬 많은 생도들이 만남의 혜택을 누릴 수 있도록 그 방법화에 힘써야 할 것이다.

XI. 마르틴 부버의 만남의 교육철학

1. 부버사상의 뿌리: 하시디즘

마르틴 부버(Martin Buber, 1878-1965)는 오스트리아의 비엔나에서 평범한 중산층의 유대인 부모 밑에서 태어나 3세 때의 부모의 이혼으로 히

브리어 학자인 조부와 어린시절을 보냈다. 조부의 영향으로 여러 유대고전 및 비유대인의 작품들을 읽으며 정신적 기반을 닦았으며 거기에서 하시디즘과 '만난다'. 하시디즘의 부버에 대한 영향은 결정적인 것이었고, 따라서 하시디즘을 모르고는 부버를 이해할 수 없다. 하시디즘은 18세기 엘리에저(Israel nen Eliezer)에 의해 동유럽 폴란드에서 생겨난 유대교의 경건주의적 신비운동이다. 하시디즘의 근본이념은 모든 사물 및 피조물들은 신성한 것이므로 "하나님의 세계를 사랑"하라고 가르친다. 인간의 일상생활의 모든 것이 신성한 것이며, 일상생활을 통해 하나님의 뜻을 실현하는 것이 삶의 진정한 목적이다. 따라서 하시디즘은 삶에 대한 환희와 이웃에 대한 사랑, 세계 속에서의 적극적인 봉사를 강조하며, 이를 통해 진정한 삶의 의미와 인간 공동체를 발견하게 된다고 가르친다.

2. 만남의 철학

현대사회의 과학기술 문명의 발달은 비인간화 현상을 초래했고 개인주의와 집단주의 사이에서 우왕좌왕하며 인간의 가치와 존엄성을 상실하는 무방향성의 딜레마에 빠져있다. 이 같은 상황을 '나'와 '너'의 '만남'과 대화를 통하여 극복하려는 것이 부버철학의 요지이다.

인간의 세계에 대한 태도는 '나-그것'의 관계와 '나-너'의 관계가 있다. '나-그것'의 관계는 인식론적 관계이며, '나-너'의 관계는 존재론적 관계이며, 직접적, 상호적, 근원적이다. 참다운 인간존재는 고립된 실존 속에 있는 것이 아니라 관계형성을 통해서 드러나기에 관계의 개념으로 인간의 위치 및 본질을 파악하고자 하는 것이다.

'나-너'의 관계가 성립되는 영역은 세 가지가 있다. 첫째는 자연과 더불어 사는 삶으로 '사물들'과도 '나-너'의 관계의 가능성을 의미하며, 둘째는 사람들과 더불어 사는 삶으로 관계가 트이고 말이 통하며, 셋째는 정신적 존재들(영적 존재) 더불어 사는 삶으로 '너'라는 말을 듣지 못하지만 그렇게 부름 받고 있음을 느끼며 대답할 수 있음을 뜻한다.

이상의 세 가지 영역과 우리는 관계를 형성하게 되며, 자연 및 사람과의 '나-너' 관계형성을 통해 '영원한 너'를 접할 수 있다는 것이다. 그러면 '영원한 너'로 이르게 하는 '나-너'관계의 특성은 다음의 다섯 가지로 요약된다.

첫째, 상호성(mutuality)으로 너로 말미암아 내가 존재하며, 나로 말미암아 네가 존재하는 것이다. '만남'은 나와 너의 존재론적 '사이(between)'에서 성립한다.

둘째, 직접성(directness)으로 '나-너'의 관계에서는 어떤 개념체제나 선험적 지식도 장애가 되기에 온갖 수단이 깨어질 때 만남이 발생한다는 것이다.

셋째, 시간적 현재성(presentness)으로 이는 과거와 미래 사이의 추상적인 시점을 지칭하는 것이 아니라, '참된, 충만한 현재'를 지칭한다.

넷째, 강렬성(intensity)으로 이것은 관계가 외부에서 어떤 개입이나 관여를 완전히 배제함으로써 나타나는 절대적 관계의 힘을 뜻한다.

다섯째, 표현불가능성(ineffability)으로 이것은 관계내용이 결코 객관적 지식이나 대상에서 얻어지는 내용물과 같은 것이 될 수 없다는 것을 의미한다. '만남'은 은혜로 말미암아 이루어진다.

하지만 부버에 의하면 '그것'없이 사람은 살 수 없다. 그러나 "'그것'만을 가지고 사는 사람은 사람이 아니다"라는 말로부터 '나-그것'의 관계도 필요하다는 것이다. 즉, '나-그것'의 관계와 '나-너'의 관계는 삶의 전체성과 통일성 속에서 조명되어야 한다.

인간은 모순적 존재이며, 인간이 세계에 대한 태도(관계)가 이중적인 것을 인식하고 궁극적 차원에서 극복하여야 하며 이것은 '나-너'의 관계 즉, 대화적 관계를 통해 극복될 수 있다.

대화적 상황은 두 개인의 실존을 통해서 파악될 수 있는 것이 아니고, '사이(between)'가 실존하면서 그들 두 개인을 초월하는 것으로부터 파악되어야 한다. 진정한 대화적 관계는 '나-너'의 관계를 의미하며, 비대화적 관계는'나-그것'의 관계를 의미한다. 그러면 부버가 주장하는 대화의 세 가지 유형, 즉 대화의 세 가지 단계를 알아보자.

첫째, 대화로서 위장된 독백(monologue)으로 이는 각자가 단지 자신의 입장을 강요하고 있으며, 자신에게 말하기 위해 타자의 말이 끝나기를 기다린다. 이것은 독백이며, 거짓대화에 불과하다.

둘째, 실무적 대화(technical dialogue)로 이는 객관적 이해의 필요에 의해 발생된다.

셋째, 진정한 대화(genuine dialogue)로 이는 자신에게가 아닌 타자에게 몰두하고 타자의 현존재를 인정하며 상호관계를 확립한다.

그러면 진정한 대화를 가능하게 하는 세 가지 조건에는 완전한 진실성의 추구, 진정한 직면, 어떤 이념이나 삶의 방식, 정치노선, 학설 등을 강요하는 즉, 프로퍼갠더(propaganda)를 이용하여 외부로부터의 압력에 사람들이 순응시키는 것을 거부하는 것이다.

이상에서 현대사회가 기계·기술 문명에의 치중과 기능화된 사회구조에의 지나친 의존 등을 통해 '그것'의 세계가 더욱 확대되어 인류의 미래를 더욱 위기적 상황으로 몰아가고 있다. 이를 '나-너'의 관계의 회복을 통해 극복하자는 것이다.

3. 인간교육론

하시디즘은 인간의 독특성, 개별성, 평등성을 강조하며 인간이 세계와 하나님간의 중재자 역할을 수행해야 하는 존재임을 강조한다. 이러한 것들을 깨우치고 실현하게 하는 것이 교육의 과업이라는 것이다. 부버의 교육적 중점은 자연과의 관계, 인간과의 관계, 정신적 존재와의 관계를 통해 학생들의 인격을 계발하고 실현하는 전인교육론이다. 인간의 삶과 정신의 형성에 영향을 주는 두 요인은 프로퍼갠더와 교육이며 전자는 자신의 의견과 태도를 타자에게 강요하지만 후자는 자신의 내면에서 정당하다고 인식한 것을 타자의 영혼 속에서 발견하고 촉진하는 것으로 '만남'을 통하여 가능하다는 것이다.

부버의 '아동의 창의력'이란 연설에서 아동에 관한 특징을 다음과 같이 진술하고 있다.

첫째, 아동은 무한한 가능성과 창조성을 지닌 하나의 현실이며, 교육은 아동의 창작적 본능을 촉진시킬 수 있는 방향으로 전환되어야 한다.

둘째, 세계 자체가 하나의 교육장이라는 것이다. 오늘날의 학교교육이 지적 교육에 치중한 나머지 교사의 비중이 절대적이지만 실제 아동은 자연과 사회와 세계의 여러 요소에 의해 교육을 받게 되며 교사는 그의 일부분에 지나지 않으므로 겸손과 자애를 갖추어야 한다.

셋째, 교육은 비(非)에로스적이어야 한다. 인간은 모두 인격적 존재이며 동등하기에 편애, 퇴학제도 등의 교사가 학생을 취사선택한다는 것은 있을 수 없는 일이며 동등한 인격자로서 '서로 만남'을 했을 때 참다운 교육작용이 일어난다. 또한 교사가 교과 및 교과내용을 선정할 때에도 가급적 자신의 목적이나 교육적 준거보다는 학생들 자신의 욕구와 준거를 이용해야 한다. 교사는 '나－너'의 관계 속에서 학생을 소유의 대상, 향락의 대상, 조종의 대상으로 보지 않고 독특한 존재로 직면해야 한다.

넷째, 포용(inclusion)으로써의 교육을 강조한다. 교사는 학생의 입장에서 교과목의 의미를 자각하고 자신에 대한 예민한 관찰을 하여야 한다. 교육의 역할은 신뢰의 분위기 속에서 학생으로 하여금 구체적인 포용의 체험을 갖도록 촉진하는 것이어야 한다.

다섯째, 성격교육을 강조한다. 위대한 성격의 소유자는 주어진 상황의 독특성에 조화롭게 반응하는 자이다. 현대인은 틀에 박힌 생활을 함으로써 두려움과 인격적 책임으로부터 도피한다. 교육의 과업은 인격적 책임을 일깨워 주는 것이다. 개인의 자아실현은 집단주의 속에 있는 것이 아니라 공동체 속에 있다. 진정한 대화교육은 '나'가 강조되는 개인주의와 '너'를 '그것'으로 예속시키는 집단주의의 혼란 속에서 진정한 '나'와 '너'를 발견하여 주는 것이 대화교육이다.

이상에서처럼, 인간교육은 삶 그 자체를 통해 이루어져야 함을 강조하며 이런 점에서 교사의 인격적 모범을 강조한다.

4. 가치교육론

산업사회의 위기 속에서 인간의 가치와 권위를 회복하는 것이 교육의 당면한 큰 과제라면, 가치교육에 관한 문제는 대단히 중요한 것이다. 부버의 대화철학의 기초는 종교철학과 윤리론이며 대화적 관계는 상호성과 상호존중 속에서 '너'에 대한 도덕적 행동을 의미한다.

선이란 근원적으로 하나님과의 관계로부터 유도된 방향과 목적을 지닌 인간들의 전체적·직접적인 관계이며, 반면 악은 관계형성의 실패 및 방향의 결여로 규정된다. '만남'의 부재는 종교적 차원에서 보았을 때 악의 상태를 의미하며, 관계의 회복(만남)은 선의 상태를 의미한다. 악(겸손의 망각)은 상상과 선택의 두 단계로 나눈다. 부버는 선과 악을 대립적·분리적인 것이 아니라 상호 혼재적(混在的)인 것으로서 전체적 선으로 보되, 단지 선의 낮은 단계가 악의 상태로 본다. 선의 낮은 단계로부터 높은 단계－'나－너'의 관계－로 나아가게 하는 의도적 및 무의도적 노력이 교육의 본래적 사명이라 한다.

참된 가치는 객관화된 추상 속에서나 서술된 문장 속에서보다는 구체적인 삶 속에서 더 잘 발견될 수 있으므로 교육에서 '만남'을 중시해야 하며, 학생들의 삶 그 자체를 귀중한 학습내용으로 직시해야 할 것이다. 정당하고 의미 있는 삶 속으로 학생들을 이끌려고 하는 교육자는 학생들의 삶의 양식과 그들이 서 있는 위치를 알고 그들이 계발되어야 할 방향을 알아서 철저히 그들을 지속적으로 그 방향으로 인도하여야 한다.

5. 사회교육론

부버는 인간을 고립된 존재가 아닌 인간과의 관계 속에서 인간의 본질을 파악하고자 했다. 인간의 진정한 관계는 인격체들과의 상호관계에만 존재하며, 인간교육 또한 공동체 안에서 가능하다는 것이다. 현대사회에서 인간은 개인주의와 집단주의에서 우왕좌왕하고 있다. 세계는 '나-그것'의 관계에 바탕을 둔 집단적 사회와 '나-너'의 관계에 바탕을 둔 진정한 대화가 이루어지는 인격공동체로 구분한다. 인간은 이러한 공동체를 떠나 살 수 없으며, 또한 개별적인 존엄성이 인정되지 않는 곳에 참된 공동체가 형성될 수 없다. 이러한 공동체에서 상호책임의 구조가 인간의 경험을 확립시켜 주며 개인과 집단 사이의 질서를 이루는 틀이 되어 준다. 현대인은 집단 속에 자신을 구속하여 인격적 책임을 회피하고 자율을 포기하며 복종을 추구한다. 그리하여 인간간의 관계의 상실을 가져온다. 집단이란 진정한 의미의 결속체가 아니며 존재하는 별개의 개인들의 '꾸러미'에 불과하다. 반면에 공동체는 인간관계를 근본적으로 하고 각 개인은 독립되어 있다. 이들은 공동의 목표를 추구하지만 이것이 공동체의 주요 관심사는 아니며 또한 개인의 인격적 책임을 면제시켜 주지도 않는다. 공동체의 구성원들 간에는 공감적인 친화력이 면면히 흐르며 공동체의 생명력은 '나-너'의 관계가 충만할수록 강해진다.

이처럼 참된 인격교육은 공동체 속에서 가능하며 교육은 학생들에게 인격적 책임을 일깨워 주어야 한다. 부버는 개인주의와 집단주의를 모두 부정한다. 개인주의는 전체적 인간의 한 일면만을 보는 데 국한되며, 집단주의는 인간을 단지 큰 실체의 한 부분으로 보기 때문에 이 둘 모두 인간의 전체성을 제대로 파악하지 못하고 있다는 것이다.

개인주의는 인격적 고독 속에서 자신을 고립시키며 집단주의는 개인주의가 실패한 이후에 나타나는데 집단의 다수 속에 자신을 맡겨 자신의 의지를 일반적 의지에 병합시켜 개인의 인격적 책임을 포기한다. 이들의 대안으로 '사이(between)'이며 사이 속에서의 인간은 자신을 자아 속에 격리시키지도 않고 집단 속으로 던져 넣지도 않는다.

부버는 현대 사회주의에 대해 비판적이다. 그것은 진정한 공동체를 파괴할 우려가 있으며 절대권력을 국가에 부여함으로 우리의 자율의지와는 관계없이 필연적으로 파멸의 길로 이를 것이라는 것이다. 인간의 자발적 친교활동을 보장하지 못하며 정신의 법칙을 도구화할 수도 있으며 자유를 파괴한다는 것이다. 이의 대안으로 종교적 사회주의는 제도의 창출에 중요성을 두지 않고 인간 상호간의 실제적인 삶을 변화시키는 데 중요성을 부여한다.

행동이 결여된 사회적 믿음은 무의미하기에 믿음과 행동의 조화, 내적인 삶과 외적인 삶과의 조화, 개인적 인격으로서의 윤리와 사회의 한 구성원으로서의 윤리 간의 조화가 있어야 한다. 미래를 위해 인류를 가르치고 이상을 설정하여 명료하게 밝히며, 인간의 사회적 지식을 내부로부터 부활시키는 것이 교육가의 몫이다.

현대사회를 부활시키는 데 있어서 엘리트(elite:정신적 인간)의 교육적·사회적 역할이 강조된다. 자신의 활기찬 모범을 통해 동심원적(同心圓的) 영향력을 방출하는 엘리트의 육성이 우리 시대의 사회적 부활을 위해 필요하다는 것이다. 현대사회의 위기는 단순히 사회·경제적인 체제의 혼란에서 오는 것이 아니라, 인간실존의 근본을 위협하고 '나-너'관계의 기능을 약화시키는 데에 있으므로 교육이 그 해결의 역할을 맡아야 한다.

6. 평화교육론

인류의 역사는 전쟁으로 얼룩져 있다. 과거의 전쟁은 전쟁 그 자체에 그쳤지만 오늘날의 전쟁은 규모 면에서나 무기의 힘과 양에서 실로 지구상의 인간의 생존을 위협하고 있다. 평화유지를 위해서 핵무기가 필요하다는 주장이 과연 타당하겠는가? 결국 전쟁과 평화는 인간의 심성에서 비롯되며 평화유지의 근원적 해결은 평화에 관한 교육이 있어야 한다.

평화유지에 대한 전제조건으로는 첫째, 각 민족은 집단주의가 되어서는 안 되며 가능한 한 공동체가 되어야 하며 둘째, 각 공동체는 진정한 공동체가 되어야 하며, 대화를 시작하려는 용기와 의지를 가져야 한다. 현대의 위기는 체제에서 오는 것이 아니라 인간실존의 근본을 위협하는 데서 옴으로써 실존적 불신을 해소하고 참된 대화적 관계를 수립하여 평화를 위해 활동할 수 있는 교육이 이루어져야 하며, 평화교육은 자기교육(self-education)의 형태를 취한다는 것이다.

부버는 어떤 분명한 방법으로 우리를 가르치는 것이 아니라 우리가 각성해야 할 '방향'을 제시하고 있기에 교육가가 혼자서 자신의 인격 속에서 결단을 하여 가치 있는 것을 확인하고 무가치한 것을 배제하여야 한다. 교육목표는 말로 표현될 수 있는 것이 아니라 행동으로 실현되어야 하기에 교육목표는 교육가가 결정한다는 것이다.

오늘날 인간에 의해 형성된 테크놀로지가 인간을 압도하면서 노예화하려 든다. 오히려 이제는 기계문명이 지닌 거대한 힘을 빼앗을 수 있는 비결을 터득해야만 한다. 진정한 의미의 평화교육이 이루어지기 위해서는 학생들이 대화적으로 관계할 수 있도록 유도해야 하며, 대화적 관계 위에 학생의 자유와 개성을 존중하며 공동체 형성을 통해 무방향의 딜레마를 벗어나야 할 것이다.

7. 교사-학생 관계론

교육의 본래적 사명은 '사람임'을 '사람됨'으로 이끄는 일이다. 학교교육의 비인간화 현상으로 학교교육의 유해성(有害性) 내지 무용성(無用性)에 대한 주장도 나오고 있으나 최근에 인간학적 접근으로 교사-학생 간의 관계의 중요성이 강조된다. 학생의 인간성(인간됨)은 인간적인 교사의 인간적인 교육방법에 의해 계발될 수 있다.

그러면 '만남'의 사상과 교육관에서의 교사－학생간의 관계를 알아보기로 하자.

첫째, 상호인격적 친교의 관계로 이는 교사와 학생 둘 다 자유로이 활동하는 인격체로서 각각의 인격이 '서로 만남'하는 것을 의미하며 인격적 관계 형성을 위해서는 교사 자신이 먼저 인격화되어야 한다.

둘째, 구도적 동반자 관계로 교사－학생간의 관계는 우열적 상하관계가 아닌 진리와 삶 앞에 적나라하게 서 있는 동등한 구도자의 관계로 보는 우정의 관계를 이른다.

셋째, 상호포용적 관계로 이는 교사의 사랑의 포용성에 의해 학생들은 그들 자신의 삶을 또한 교사에게 드러내어 주는 것을 말한다.

넷째, 상호개방적 관계로 교사는 자기 자신을 개방하고 신뢰감 있는 분위기를 형성하기 위해서는 용기와 진실한 태도 및 상당한 원숙성을 필요로 한다. 신뢰와 개방의 모험 없이는 위대한 교육적 성과가 이루어질 수 없다고 보기 때문이다. 교사는 학생을 인격으로 대하고 학생은 교사가 자기를 인격으로 확인하고 있음을 느끼게 되고, 학생의 교사에 대한 신뢰가 형성되며 학생은 교사를 하나의 인격으로 수용할 때에 교육 작용이 성립한다는 것이다.

다섯째, 상호 개성의 조화적 관계로 이는 자유로운 개성적 존재로서 '서로 만남'을 하면서 창조활동이 이루어지고 진리의 공동생산이 이루어진다는 것이다. 교사가 학생들 각자의 개성과 가치를 인정하고 앙양하여 줄 때, 학생들은 자신의 삶의 의미를 발견할 수 있게 되는 것이다.

여섯째, 대화적 관계로 이는 대화를 통하여 서로의 인격을 부화(부화)시켜 주는 것이다. 대화적 관계의 주요형태는 첫째는 추상적이긴 하지만 포용의 상호체험에 의존, 둘째는 교육의 관계로 구체적이지만 일방적 포용의 체험에 근거, 셋째는 우정인데 구체적이며 상호적인 포용의 체험에 근거하며 이것이 진정한 포용이 되는 것이다.

이상에서 교사와 학생간의 인격적 접촉을 통해, 한 인간의 삶이 비약적 변화를 가져올 수 있다는 것을 알아보았다.

오늘날의 교사는 학생들의 진정한 삶을 도외시한 채 지식교육에 치중하기에 그들의 진정한 삶의 변화를 기대하기 어렵다. 가장 바람직한 교육상황이란 우정이 존재하는 곳이라 했듯이 그것은 '나－너'의 관계를 뜻하는 것이다. 비인간화 현상의 원인을 사회의 탓으로만 돌릴 것이 아니라 교육이 적극적인 책임을 져야 한다. 교사와 학생간의 참된 관계가 인간화 교육의 핵심이며 교육의 인간화를 통해 사회의 인간화를 도모하여야 한다. 교사는 가르치는 과목에 정통해야 하며, 풍부한 내적 체험을 진실한 행동으로 나타낼 때 비로소 교사－학생 간의 인격적 만남이 이루어질 것이다. 교사는 권위주의적인 지도자(leader)가 아니라, 스스로 진리를 발견할 수 있도록 학생 개개인을 도와주려고 노력하는 원조자(helper)이다. 교사는 지적 교육과 정의적 교육이 조화를 이룰 때 학습효과의 극대화는 물론 인간성 회복이란 실마리도 풀릴 것이다.

제4장 실기교육과 현장적용

Ⅰ. 실습에 대한 전반적인 소개

1. 사전교육

가. 사범(교육)대학 또는 교직과정의 사전 교육

① 실습을 나가기 전의 사전 지도로 각 대학에서 실시한다.

② 교육실습에 대한 개괄적인 안내와 전반적인 사전 지도를 한다.

나. 실습 학교의 사전 교육

① 본격적인 실습 이전에 실습 학교를 방문하여 인사를 나누는 시기로 각 학교별로 출퇴근 시간이나 앞으로 실습 기간 동안 지켜야 할 사항, 본인에게 배정된 담임선생님과 담당 학급 등이 사전에 안내된다.

② 이때 실습 지도교사는 실습 학교에서 마련한 교육실습 계획서를 교생에게 나눠주고 실습 지도가 어떻게 진행될 것인지 설명한다.

2. 실습 첫 주

−본격적인 실습이 이루어지는 4주 가운데 첫 주로 적응하는 시기이다.

가. 학급 담임 선생님 및 학급 학생들과 인사한다.

나. 학급 담임 선생님의 허락하에 학생들의 신상기록 카드 등을 열람하여 신상을 파악한다.

다. 참관수업이 이루어지는 시기로 보통 하루에 네 시간 정도 참관한다. (본인의 전공과목 및 기타 참관을 허락하는 과목에 한하여 이루어지며, 이 시간은 학교마다, 개인마다 차이가 난다.)

3. 실습 2~3주째

−보통의 경우 교과지도교사와 상담 후에 교생이 직접 수업을 담당하고 학급 지도교사의 지도하에 학생 지도와 학급경영에 참여하는 시기이다.

가. 실제 수업 기간은 본래 규정에는 3회로 되어 있으나 학교와 실습생의 사정에 따라 1회에서 20회 이상이 이루어지기도 한다.

나 학급사무 처리(학급 지도교사의 업무 협조 요청에 의해 이루어진다.)

다. 교재를 연구하고 자료를 제작하여 실제 수업에 적용한다. (파워 포인트, OHP, 그림, 궤도, 실물 화상기, 어학 실습기, 컴퓨터 등의 다양한 자료를 이용하는 것이 좋다.)

라. 실제 수업 시 학습 지도안을 작성하여 계획에 맞춰 수업을 하는 것이 중요하다. (이에 대한 자료를 대개 각 대학의 교수−학습자료센터에 구비되어 있으니 참고할 수 있다.)

마. 학습 지도안과 실습일지는 차후 본교로 귀교한 뒤 성적평가를 위해 제출해야 하므로 잘 작성하며, 원활한 수업 준비 및 진행을 위해서 지도교사에게 자문과 확인을 받는다.

바. 학급 지도교사와 우호적인 관계 유지를 통해서 이 시기에 많은 도움과 자문을 받을 수 있도록 교생이 노력하는 것이 중요하다.

4. 실습 4주째

－3주간의 실습을 정리하고 교생실습을 마무리하는 시기이다.

가. 그간의 교육실습을 마무리하고 정리하며 대표수업이 이루어지는 시기이다.

나. 대표수업은 전체 교생 가운데 대표를 선출하여 그 대표교생을 주축으로 다른 교생들과 함께 준비하며 교장, 교감, 연구부장, 실습 지도교사들을 모시고 그간 배우고 익힌 결과를 보여드리기 위해 선출된 교생이 수업을 하게 된다.

다. 4주간의 교생실습에 대한 평가가 대표수업을 통해 마무리되는 시기이므로 대표교생을 주축으로 모두 협동하여 수업을 준비한다.

5. 귀교준비(실습 최종 단계 및 귀교 직후)

－귀교 후 성적집계를 위하여 다음 사항들을 준비한다.

가. 교육실습생 전원이 교육실습 일지, 학습 지도안을 반드시 교수－학습자료센터/교직과의 교직담당 조교에게 제출하여야 하는데 이를 각 학교별 대표가 책임지고 수합하여 제출하는 것이 바람직하다.

나. 개별 교섭자는 본인이 직접 책임지고 서류를 제출한다.

다. 이 밖에 반드시 제출해야 할 것으로는 사전교육 마지막 날이나 오리엔테이션 당일 배부하는 실습비의 영수증과 교육실습 평가표, 출석부가 있다. 이는 학교별로 실습 담당교사가 직접 보내주는 경우와 대표학생에게 전달을 의뢰하는 방법이 있는데 만일 학교별로 실습 지도교사가 직접 보내주는 경우 제출물이 제대로 도착했는지 담당 조교에게 반드시 확인해야 한다.

라. 만일 제출 서류가 도착하지 않았거나 제출되지 않았을 경우 발생하는 불이익은 사전에 확인하지 않은 학생이 지게 되므로 유의하여야 한다.

Ⅱ. 교육실습의 문제점

1. 교육실습의 기간, 시기, 횟수

현재 우리나라에서 교사자격증을 취득하기 위해서는 교육실습(4주)의 과정을 이수해야 한다. 대체로 한 번의 실습 경험을 갖는 것이 보편적이며, 6학기 이상을 이수하고 4월이나 5월에 나가게 된다. 드물게 2학기에 교육실습을 하는 경우도 있다. 이번에는 교육실습의 시간적인 문제를 기간, 횟수, 시기로 나누어 생각해보았다.

1) 교육실습의 기간

교육실습은 교원양성기관의 학생이나 대학의 비사범계열 교직과정 이수자들이 일정한 기간 동안 교육의 현장인 학교에서 실무에 종사함으로써 교직을 이해하고 체험하는 실무능력을 실제로 배우는 과정이다. 즉, 대학에서 배운 지식은 물론 더 나아가 지금까지 자신이 직, 간접적으로 체험한 모든 교육경험을 학교교육 현장에서 종합적으로 실천하는 동시에 교육자로서의 자기 자신을 점검함으로써 반성과 보완을 하며 교육의 실천적 능력을 배양하는 기회이다.

교육이론을 실제에 적용, 교직 경험의 습득, 학교교육의 현황을 이해, 교육의 기법을 연마, 교직에 대한 자세의 확립, 교생의 자기 이해와 평가의 실질적인 목적을 획득하기 위해서는 4주라는 시간이 명백히 부족하다고 생각한다. 실질적이고 실무적으로 교직을 실습하기 위해서는 더욱 긴 시간이 요구된다. 시험 기간의 학급 운영과 학교 운영, 시험 문제 출제와 평가의 실무, 수련회·소풍과 같은 교외 활동에서의 학생지도, 방학 전후에 대한 학생 지도 등을 예비교사로서 모두 경험해 보아야 한다고 생각하는데, 4주 동안에 이런 일들을 경험할 수는 없는 것이 현실이다. 또한 이런 경험 없이 교사자격증을 획득하는 것도 목적에 맞지 않는다는 반성을 해 보았다.

실질적으로 실습을 나가게 되면, 해당 학교에서의 오리엔테이션을 받느라 첫째 주는 학교생활에 몰입하기 힘들다. 나머지 3주 동안 학생들과의 관계, 수업의 실습, 학교 업무의 파악 등의 일을 해야 한다. 한꺼번에 휘몰아치듯이 이뤄지는 실습은 효과성에 대해 논하게 된다면 큰 목소리를 내기 힘들 것이다.

2) 교육실습의 시기

대체로 많은 학교들이 4월에 교육실습을 시행하고, 또 5월에 몇몇의 학교에서 교육실습생을 받는다. 일단, 4월에 교육실습을 시행하게 되면 많은 문제점이 발생한다고 본다.

첫째로, 담당교사와 아이들, 아이들과 아이들의 관계가 공고히 되지 않은 상태에서 교생의 출현은 아이들에게서 관심과 주의의 분산을 가져오게 된다. 앞으로 1년 동안 같이 생활하게 될 교사와 학우들의 관계가 충분히 다져진 후에 교생이 온다면, 아이들은 더 깊은 관계를 맺을 수 있다고 생각한다. 이 시기의 아이들은 교사와 학우들과 친해지는 데 더 많은 관심과 노력을 쏟아야 한다고 생각한다. 이를 확대하여, 교육실습이 종료되어 교생이 학교를 떠난 후를 생각해볼 수 있을 것이다. 실제적으로 아이들은 교생과 더 쉽게 친해지는 경향을 보이고 있다. 왜냐하면, 교생은 아이들을 실질적으로 평가하지 않는 존재이며, 아직은 '교사'가 아닌, 배우는 예비교사의 입장에 있기 때문이다. 또한 상대적으로 교사보다 문화적인 공통 이슈가 많기 때문에 대화가 더 잘 통할 수 있다. 이런 교생의 존재가 사라지게 되면, 아이들은 교생을 그리워하게 되고, 자신의 담임선생님과 비교를 하면서 학급의 분위기를 흐리게 되는 상황으로 발전할 수 있다. 실제적으로 교육실습이 끝나면, 교사는 아이들의 기강을 다시 잡기 위해서 많은 노력을 기울인다고 한다. 이런 이유들 때문에, 교사는 교생에게 실질적인 수업 시간이나 학급 운영에 있어서의 기회를 고의적으로 줄이는 수가 많다.

둘째로, 4월에 말에는 중간고사를 보게 된다. 아이들은 시험을 앞두고 교생에 대한 관심보다는 시험 준비에 몰두하게 되어, 학생 지도에 있어서 어려움을 겪게 될 수가 있다. 또한 교생을 교사 자격증이 있는 사람이 아니므로, 시험 전에 수업 시간을 할당해 주는 것을 걱정하고 거부하는 교사가 있다. 이는 교사가 해야 할 가장 큰일 중 하나인 수업에 대한 실습이 제대로 이루어지지 않는 것이라고 생각한다.

이런 교육실습 시기의 문제를 해결하기 위해, 실습 시기를 가을 학기로 미루는 것에 대해 생각해 보았다. 물론 임용시험의 시기와 부딪히는 문제가 발생할 수도 있다. 만약 더욱 효과적인 실습을 위해 실습의시기를 2학기로 늦춘다면, 진정 교사가 되고자 하는 사람만 실습을 받을 수 있도록 해야 할 것이다. 현재는 단순한 자격증의 취득이 주요 목적이 되고, 실제로 임용시험을 통해 채용되는 사람은 10퍼센트 정도밖에 되지 않기 때문이다. 시험을 앞두고 있으나, 실습은 모두 똑같은 시기에 받게 되므로 형평성에도 크게 위배되지 않을 것이라고 생각했다.

3) 교육실습의 횟수

중등교사 자격증의 획들을 위해서는 한 번의 교육실습만이 요구되고 있는데, 이를 더 늘려야 한다고 생각한다. 이는 교육실습의 기간과도 일맥상통하는 이야기로, 단 한 번의 실습으로 교육실습의 목적을 달성하게 어렵기 때문이다. 일반적인 사대는 한 번, 한국교원대는 두 번의 실습을 할 수 있는데, 상대적으로 초등교사 양성기관인 교육대학은 여러 차례의 실습 기회를 가질 수 있다. 다양한 환경의 학교에서 실습의 기회를 갖는 것은 실무 파악과, 실제 교사가 되었을 때 적용할 수 있는 방법의 활용도가 높아지는 것이다.

여기서 또한 생각해 볼 문제는, 교육실습을 나감으로 해서 얻게 되는 불이익이다. 한 학기에 실습수업 하나만을 수강하는 것이 아니기 때문에, 다른 강의에 불참하게 되어 제대로 된 공부가 안 되고 학점의 불이익이 일어날 수 있다. 이는 비사범계열의 교직 이수자들에게 공통적으로 일어나는 문제점이다. 이와 같은 문제를 해결하기 위해서는 교사 양성이 좀더 전문적이고 폐쇄적으로 이루어져야 하며, 교원 선발의 방법도 달라져야 한다고 생각한다.

4) 외국의 사례

이렇게 4주 동안 단 한번의 실습으로 교사자격증을 얻는 우리나라와 비교해 볼 때, 외국은 좀더 심도 있게 교사를 선발하고 양성하고 있다.

(1) 영 국

영국은 '현장지도 능력'을 갖춘 우수한 교사를 양성하기 위해 자격 기준을 계속 강화하면서 이직으로 인한 빈자리를 메우려 노력하고 있다. 교사의 질이 교육을 좌우하며, 나아가 국가의 미래를 결정하기 때문에 비록 빈자리가 있더라도 '숫자 채우기식'으로 교원을 늘리지는 않는다. 영국에서는 1994년에 설립된 교원양성원(TTA)이 수업에 대한 정보를 제공하고, 우수한 교사를 확보하기 위한 기준을 설정하며 재정 지원을 담당하고 있다. 영국에서는 바로 정교사가 될 수는 없고, 수습교사를 지내야 한다. 수습교사가 되면 1년간 학교 현장에서 일하면서 틈틈이 교육청이 주관하는 이론교육을 받는다. 수습교사 기간은 단순한 통과의례가 아니다. 개인별 진로기록부에 따라 수습교사의 장점과 보완점, 양성목표와 실행계획 등을 적고 학교에서 이를 평가해 앞으로 더 개발해야 할 분야와 수정된 목표 등을 상세히 기록한다. 이 기록부는 교사로 임용되면 근무하는 학교에 제출된다. 교장과 지도교사는 수습교사를 4단계로 평가하며 이 평가에 따라 초봉이 차이 나게 된다. 교직 희망자는 수습 기간을 마친 뒤 교사자격 기준시험을 통과해야 교사자격증을 손에 쥘 수 있으며, 일할 학교를 직접 골라 인터뷰를 거쳐 채용된다. TTA 대변인은 "교사가 되기는 쉽지 않지만, 누구나 교사가 될 수 있도록 길을 열어 두는 것이 우리의 목표"라고 말했다. 이렇듯 영국은 1년이라는 긴 시간을 책정하여 실무적인 측면을 배우고 자신의 적성이 교직에 맞는 것인지도 탐색할 수 있도록 해 놓았다.

(2) 독 일

교사가 되려면 장기간 현장실습을 해야 하는 나라들이 적지 않은데, 비교적 교사의 사회적 지위가 높은 독일의 경우를 살펴보자. 교직과정을 이수하면 1차 국가고시를 치러 잠정적인 공무원인 실습교사가 될 수 있다. 실습교사는 1주에 10시간가량 학교에서 실습을 하며 교육청이 주관하는 세미나에 참석한다. 세미나에서 교육학, 교육심리학, 공무원법, 교습법, 학교행정 등을 배운다. 수업 실습은 '수업참관-〉 지도교사 참관수업-〉 수업'의 3단계로 이루어진다. 마지막 단계에서 교육청 전문가들이 참관해 지도한다. 2년간의 실습을 마친 뒤에 2차 국가고시를 통과해야 정교사 자격증을 받는다.

5) 교육실습의 기간, 횟수, 시기에 대한 결어

이런 문제점과 외국의 사례를 보면, 우리는 교사 양성에 있어서 심도 있는 고려가 되지 않고 있음을 알 수 있다. 실제적으로 학교에서의 대처와 학생들의 지도에 큰 도움을 주지 못하는 형식적인 절차라는 생각을 지울 수 없었으며, 이는 유능한 교사의 양성과는 거리가 먼 이야기라고 생각했다. 그러나 교육실습이라는 문제를 해결하기 위해서는 여러 가지 행정적인 측면과 제도적인 측면이 얽혀 있기 때문에, 전반적인 시각이 필요함을 알 수 있었다. 이를 위해서는 사람을 변화시킬 수 있는 최대의 도구인 '교육'의 필요성에 대해 사람들이 진정으로 깨닫고 이를 실천하려는 인식의 변화가 기반이 되어야 할 것이라고 본다.

2. 연구수업

학교마다 형식에 차이가 있겠지만 대개의 경우 교육실습 기간 마지막 주에 교생 대표의 연구수업이 이루어진다. 이 수업을 통해 한 달 동안의 실습 활동이 평가되고, 학교 현장에서는 현실적인 이유로 적용하기 어렵더라도 수업 현장에서 이루어져야 할 발전적이고 바람직한 수업 모형을 제시해야 하기 때문에 이러한 연구수업을 교생 실습의 꽃이자 제일 통과하기 어려운 의례 중 하나라고 생각하는 것이 사실이다. 물론 말 그대로 '연구수업' 이기 때문에 다소 현재 수업과 동떨어졌다 하더라도 올바른 미래 수업의 청사진을 제시해야 하는 것이 사실이지만 직접 실습을 체험하고 온 교생 중에 연구수업이 너무 형식적이어서 바람직한 방향성을 잃고 관례화되고 있다고 느끼는 사람이 적지 않고, 여러 논문을 통해서도 연구수업의 문제점이 오래 전부터 지적되어 오고 있는 것을 보면 분명 현 연구수업의 개선책을 강구해야 할 필요가 있음에 틀림없다.

1) 연구수업의 의의

수업연구란 수업과정의 일반원리를 수업목표 달성 가능성과 관련시켜 학생의 성취도와 수업 진행의 과정을 분석하는 현장 연구를 말한다. 수업연구는 학습목표를 효과적으로 도달시킬 수 있는 수업절차를 연구하여 공개하는 시범수업으로서 수업모형의 적용을 연구하고 학습지도 절차, 학습 방법, 평가 등에서 공통적으로 제기되는 수업상의 문제점을 해결하여 수업 기술의 향상을 도모한다.

2) 문제점

(1) 연구수업의 의의가 퇴색되고 있다–형식화, 관례화

교생실습 기간 동안에 연구수업이라는 것이 수업의 개선과 향상에 직접 도움을 주는 것이 아니라 실습기간에 어떻게 해서든 한 번은 거치고 넘어가야 할 통과의례쯤으로 여겨져 학생들을 위한 연구라기보다 학점을 잘 받기 위해 선생님들에게 잘 보이기 위한 방법위주로 진행되어 가는 것이 사실이다. 그래서 어떤 학교들은 연구수업을 할 반을 대상으로 똑같은 내용을 똑같은 방법으로 예행연습을 하는 선생님들도 있다. 심지어는 연구수업 당시 원활한 진행을 위해서 발표할 학생이나 발표내용 등을 정해주어 수업이 아니라 연극처럼 진행하는 경우도 허다하다. 이것은 연구수업의 진정한 의의를 잃어버리고 지나치게 형식만을 강조하여 생겨난 폐단으로 반드시 개선되어야 할 부분이다.

(2) 평가의 불공정성–대표 교생만 연구수업을 하고 있다.

미래에 선생님을 꿈꾸는 학생들이 사전에 선생님들의 생활을 배우고 체험하기 위해서 거쳐 가는 과정인 교생실습 기간에 선생님으로서의 자질을 충분히 평가하기 위해서는 개인마다 수업 내용을 지켜봐야만 가능할 것이다. 그렇지만 현실적으로는 실습생 대표 한 사람이 연구수업을 준비하고, 그 한 사람만의 수업으로 교생대표를 평가하고 있는 것이 사실이다. 그러므로 제대로 된 평가가 이루어지기 위해서는 지금처럼 겉치레만 치중하여 단 한사람만이 연구수업을 진행하는 것보다 자연스러운 평소 수업의 모습이라도 교생 각자의 수업을 모두 참관하여 개인적으로 잘못을 지적해주고 개선방향을 제시해주는 것이 바람직할 것이라고 생각한다.

(3) 현실과 너무 동떨어진 겉치레만을 중시한다.

연구수업이란 바람직한 수업 모형을 제시하는 것이기 때문에 현재 학교 현장에서 이루어지는 것과는 약간의 괴리가 있을 수야 있겠지만, 연구수업이

라고 해서 실제로 수업할 때에 별로 도움이 되지 않는 교구들까지 사용하여 겉만 포장하는 것은 올바르지 못하다고 생각한다. 평소에는 시간상, 금전상의 이유로 시도해보기 어려웠지만 실험적인 차원에서 연구수업에서는 도전해본다든지 하는 것은 현실과 동떨어진 것으로 이해할 수 있겠지만, 판서를 통해 충분히 내용을 전달할 수 있는 것도 단지 선생님들께 보이는 작업이라는 이유 하나 때문에 색지를 이용하여 붙이는 것은 쓸데없는 일에 시간이나 노력, 금전적인 낭비를 하고 있는 것처럼 보인다. 오히려 그런 교구를 제작할 시간에 아이들에게 좀더 재미있고 쉽게 수업 내용을 이해시킬 방법을 연구하는 것이 아이들에게는 훨씬 효과적인 수업이 될 것이기 때문이다.

3) 바람직한 연구 수업 활동의 방향

(1) 전문성 신장을 위한 수업 연구의 활성화

교과지식을 어떻게 효율적으로 전달할 것인가, 또 그것을 위해서는 어떤 교구를 사용할 것인가를 연구하여 전문성을 신장하려고 노력해야 할 것이다. 다시 말해 형식보다는 내용을 풍성하게 하려는 생각을 가져야 한다. 각자의 특성에 맞는 바람직한 수업 방법을 연구하려는 것에 중점을 두게 되면, 예행연습을 하지 않아도 수업 내용의 향상에는 관심을 두지 않고 오로지 보이는 것에만 치중하지 않아도 충분히 훌륭한 연구수업을 진행할 수 있기 때문에 교생들의 부담이 줄어들게 될 것이며 그것을 통해 오히려 더 창의적으로 참신한 교육방법들이 연구될 것이다.

(2) 자율 연구수업의 실시로 동료교사 간 또는 자신의 수업에 대한 수시 점검

현재는 서로 연구수업을 하는 것을 회피하는 것이 사실이다. 이것은 다른 사람은 하지 않아도 될 일을 혼자 떠맡게 된다는 귀찮음과 다른 사람들의 평가까지 연구수업을 통해 이루어진다는 부담감 때문일 것이다. 물론 대표

수업을 하는 교생에게는 성적에 특혜 등이 주어지는 것은 사실이지만, 교생 실습 점수를 전반적으로 좋게 주는 현실에 비추어 봤을 때 매력 있는 충분한 보상이 아닌 것은 확실하다. 그러므로 자율적으로 연구수업을 실시하여 동료교사들끼리 평가를 하도록 한다든지, 교생 전부가 특별한 연구 수업 형태가 아니라 실제 자연스러운 수업의 모습을 평가를 받는다든지 하는 방법으로 개선이 되어야 형식만을 추구하는 연구수업에서 실제로 아이들을 위한 수업 방법 시정을 위한 연구수업의 형태로 변화가 될 수 있을 것이다.

3. 대학 수업과 학교 현장의 괴리

1) 문제점

(1) 대학 수업의 현실적용 능력 부족

대학에서 가르쳐지는 각과 지도법, 교재 연구 등은 수업방법을 배우기는 하지만 교생들의 실제적인 수업능력을 키워 주는 데는 한계가 있고, 실습학교에서의 지도강화 역시 매우 이론적이고 원론적인 내용으로 전개되고 있어 실습생들에게 실질적인 수업지도 방법에 대한 기술이나 능력을 개발하는 데 한계가 있는 것으로 인식되고 있다.

그래서 비(非)사대로써 교직을 이수하는 학생들은 말할 것도 없거니와 심지어 4년 동안 선생님이 될 준비를 철저하게 하는 사대생들도 실제로 교생실습을 나가서 아이들을 가르칠 때에는 대학에서 발표준비를 하는 것과 마찬가지로 수업 전에 모든 것을 새로 준비해야 한다고 어려움을 털어놓는 경우가 많고 또 이런 문제는 주요과목이 아닌 과목에서 더욱 두드러지게 나타나고 있다. 물론 이론과 실제를 연결시킨다는 것, 수업 시간에 배운 내용을 실생활에 적용시킨다는 것이 어렵다는 것도 하나의 이유가 될 수 있겠지만 대학의 교재연구법이나 교재 연구 및 지도법 등의 수업이 학생들이 교육과정에 대해 충분히 이해할 수 있는 정보를 제공해주지 못하고 있는 것이 더욱 큰 문제일 것이다.

(2) 대학에서 제시하는 수업 모형의 현장 적용 시 어려움

대학에서는 정보화 시대에 발맞추어 학교 현장에서도 ICT를 적극 활용해야 함을 강조하고 있다. 하지만 대부분의 학교 현장에서는 진도나 시간, 비용상의 문제 등으로 ICT활용이 제대로 이루어지고 있지 않고 있는 것이 사실이다. 학생들에게는 대학수업에서 생각하듯 ICT가 그렇게 신기하고 재미있는 학습도구가 아닐 뿐만 아니라 45-50분 정도의 수업에서 ICT를 활용하는 것은 오히려 학생들의 집중력을 분산시킬 수 있다는 문제들 때문에 실제 교사들은 이런 학습 도구들을 사용하는 것을 꺼리고 있는 것이 현실이다. 그러나 대학 수업에서는 이런 현장에서의 적용의 어려움을 고려하고, 효과적인 수업 방향을 제시하지 못하고 뜬 구름 잡는 이야기들만 하고 있어서 교생들이나 신참교사들은 학교 현장의 관례를 따르는 것이 아이들에게 효과적인지 아니면 대학에서 배운 대로 이상적인 수업을 진행하는 것이 바람직한 것인지 혼동을 겪게 되는 경우가 많다. 그러므로 학교 현장에 대한 다각도의 연구가 이루어져 이러한 괴리를 최소화할 수 있는 방안을 강구해야 할 것이다.

2) 해결방안

(1) 교육실습 프로그램의 사전 공동 개발

교육실습의 내실화를 기하고 실습생과 실습학교의 요구를 충족시키기 위하여 대학과 실습학교가 실습프로그램을 사전에 공동으로 개발할 필요가 있다. 지금까지 교육실습은 교육실습의 시기나 기간 등 구조적인 요소들에 대해서만 대학에 의해서 계획되고 있을 뿐 교육실습 과정에서 구체적으로 무엇을 어떻게 제공할 것인가에 대해서는 어떤 표준화된 기준을 제시하고 있지 않다. 현재 실습학교별 프로그램에 대한 평가 또한 거의 이루어지고 있

지 않다. 이런 상황으로 인하여 실습학교별로 교육실습 프로그램의 특성화가 이루어지지 않고 있음에도 불구하고 프로그램의 운영 등의 측면에서 실제적으로 질적인 차이가 드러나고 있다.

따라서 대학과 실습학교가 교육실습 프로그램의 사전 공동개발을 통하여 교육실습 프로그램을 표준화하여 교육실습에서 기본적으로 제공해야 하는 내용이 무엇이고, 어떤 내용을 중점적으로 제공해야 하고, 또는 실습학교별로 특성화된 프로그램은 어느 정도 제공해야 하는가 등의 기본적인 틀을 제공할 필요가 있다. 이렇게 되면 표준화된 교육실습 프로그램을 기초로 하여 각 학교별로 프로그램을 융통성을 발휘하여 운영하도록 하고 나아가 실습학교 프로그램에 대한 평가를 통해 교육실습의 내실화를 기할 수 있을 것이다.

(2) 대학과 교육실습학교 간 긴밀한 협력체제 구축

대학과 실습학교 간, 대학 지도교수와 실습학교 지도교사 간의 역할과 책임이 명료하게 규정되어야 하며 이를 바탕으로 대학과 교육실습학교 간에 긴밀한 협력체제가 구축되어야 한다. 먼저 대학에서는 교육실습을 내보내기 전 사전준비교육을 하여 현장에서의 교육실습 내용과 연계가 잘 이루어지도록 해야 할 것이다. 또한 대학에서 배운 다양한 교수학습이론이나 방법을 교실현장에서 실제로 적용하고 활용할 수 있도록 충분한 기회를 제공해야 할 것이다.

한편, 실습학교들 간에 실습프로그램의 내용이나 구체적인 운영방침, 그리고 수업지도방법 등에 대하여 장단점을 상호・보완할 수 있는 협력체제를 마련하는 것이 필요하다. 그래서 실습 교육실습에서 실제로 다루고 있는 핵심적 내용, 실제 교과수업 지도 방법, 수업지도의 지식과 기술, 교육실습 지도방법 등에서 오는 실습학교별 차이를 극복하여 어느 실습학교에서 실습을 했느냐에 의해서 교육실습을 통한 교직경험의 질적 차이가 있어서는 안 될 것이다.

(3) 대학 수업 내용의 현실성 강화

대학에서의 강의가 형식적으로 이루어져서는 안 되며 실제 현장에서 이루어지고 있는 내용을 중심으로 준비되어야 한다. 실습학교에서는 수업과정에서 실제적 기술이나 방법을 지도받을 수 있도록 지도강화, 수업협의회 등을 통하여 충분한 구체적인 경험들이 지도되어야 한다. 수업실습에서 다루어지는 지도강화 가운데 학급관리, 학습목표 진술 및 질문요령, 각과 수업지도법, 통합교육과정의 실제 등 대학에서 다루고 있는 내용은 실질적으로 수업활동에 도움을 주는 기술이나 사례중심으로 중복이 없도록 해야 할 것이다.

4. 학교 현장의 문제점

1) 교사의 질 저하

교사라는 직업은 교육공무원으로서 신분과 직업의 안정성이 확실하게 보장되는 것이다. 그렇기 때문에 많은 사람들이 교사의 직업을 선택하기도 하여, 교직이 갖는 매력으로 작용할 수도 있을 것이다. 하지만 사람이 한 가지 일만 오랫동안 하다 보면 매너리즘에 빠져 무미건조한 삶을 살아가게 되는 경우가 많다. 교단에서 가장 크게 문제시되고 있는 것 중 하나는, 전반적으로 교사의 실력이 낮아지는 것이다. 대체로 5년 정도의 기간이 지나게 되면 교수법의 개발이나 교재연구에 있어서 소홀해지게 되는 것이다. 아이들에게는 항상 새로운 내용이지만, 교사에게는 항상 똑같은 내용이기 때문이다. 물론 교육과정이 바뀌면서 내용 또한 변화되고 있으나 기본적인 내용의 골자는 그대로인 경우가 많다. 이렇듯 가르치는 사람이 교육에 열의를 갖기 않게 되면, 교육의 수혜자는 많은 불이익을 보게 된다. 자신이 끝임 없이 발전하지 않아도 직장을 가질 수 있는 교직의 특성이 이런 현상을 불러오는 것이다.

그래서 요즘 학교에서는 교사평가제와 수석교사제를 도입하려하고 있다. 특히 교사평가제는 제도의 도입과 평가의 기준을 제정하는 데 있어서 많은 진통을 겪고 있다.

(1) 교사평가제

교원 평가의 문제를 논의하기에 앞서 교원의 전문적 능력을 무엇으로 보는가를 정의해야 할 필요가 있다. 교원의 전문성이란 바로 가르치는 교수 능력에 있음은 재론의 여지가 없다. 그렇다면 잘 가르치는 교원들을 높이 평가하면 될 것이 아닌가? 문제는 교원의 전문성을 양적으로만 평가하고자 할 때 문제가 생기기도 하지만, 과연 질적으로 평가할 수 있는 기준이나 준거로 무엇이 있을 수 있는가에 대한 정답이 없다는 데 있다.

교원 평가와 관련된 또 다른 문제는 현재 교원이 감당하고 있는 역할의 이중성에 있다. 공무원 신분으로서의 교원의 역할과 학생을 가르치는 전문가로서의 역할이 양분되어 있는데, 그중 어느 부분에 우선순위를 부여하며, 비중의 차이를 어느 정도 둘 것인가가 문제이다. 현재 교원 평가의 기본 골격을 유지하고 있는 경력 점수나 근무 평정 점수가 매우 높은 것도 사실상 가르치는 일보다 국가 공무원의 직무에 더 비중을 두고 있다고 볼 수 있다.

① 현행 교사 평가제의 문제점

우선, 첫째로 승진 대상자 선발에 국한되어 있는 평가제도라는 문제점이 있다. 현행 평가제도는 승진 대상자 선발을 목적으로 평가가 이루어지고 있으며, 교사들은 승진을 위해 평가에 집착하고 있다. 다음으로, 감독자 중심의 평가로 인한 교직사회의 상호불신을 들 수 있다. 감독자 위주로 이루어지기에 상호협의절차가 없어 평가 결과를 불신하며, 점수 위주의 평가와 서열화로 인한 교직 사회의 경쟁의식이 심화되고 있다. 셋째로, 교원의 능력과 자질을 진단하는 평가제도가 정착되어 있지 않다는 점이다. 기준이 구체적이지 못하여 주관적인 평가가 이루이지 쉽고, 교원의 능력 진단을 위한 평가는 시행되고 있지 못하다. 또한 이런 결과를 자기계발 자료로 활용하지 못하는 단점도 갖고 있다. 마지막으로, 현행 승진평정제도는 교원의 전문성과 책무성을 제고하지 못한다는 점이다. 교원의 전문적 자질을 평가하는 교원 평가제도가 정착되어 있지 않고, 교원의 권위가 하락하고 능력 있는 교원의 사기가 실추되고 있다. 우리가 OECD 국가 중 학업성취도는 상위권이지만 교육 만족도는 최하위권이라는 결과를 보더라도 확연하게 알 수 있는 점이다.

② 교사를 누가, 어떻게, 무엇으로 평가할 것인가?

그렇다면 교사를 평가하는 기준에 있어서 논의해 보아야 할 것이다. 여기에 교사 평가의 내용과 하위 영역들에 대한 기준은 한국교육과정평가원 책임연구원인 노국향의 '실적 위주의 교원 평가의 문제와 보완책'이라는 글에 실린 것을 정리해 보았다.

〈표-1〉 교원의 실적 평가를 위한 평가 영역 및 내용

평가영역	평가내용
교육활동	교재의 재구성 능력, 학생의 이해도 증진 능력, 교수기법, 상담 활동 능력 등에 대한 종합적 평가
근무성적	교원으로서의 근무 능력, 자질 및 태도, 근무 실적에 대한 종합적 평가
연구, 저술 활동	전문성 신장을 위한 각종 연구, 저술 실적에 대한 평가
교육경력	교육에 관한 업무에 종사한 기간에 대한 평가
교직 사회 봉사 활동	전문성을 살려서 교직 사회에 봉사한 실적에 대한 평가
학위 및 자격 취득	취득한 학위 및 자격에 대한 평가

이렇게 평가의 범위와 내용에 대해서 정리를 해 보았는데 이것 또한 하나의 대안일 뿐이지 이것이 진정한 기준이 될 수는 없다고 생각한다.

평가의 객관성을 확보하기 위해 자료나 기록에 근거하여 평가하는 방식이 정착될 수 있도록 해야 하며, 평가 과정의 민주성 및 공정성을 확보할 수 있는 획기적인 방안을 동시에 강구해야 한다. 지나친 개인 평가에 집착할 경우 교원들의 비인간적인 평가 문화가 조성될 수 있으며, 소모적인 평가 위주의 평가 체제가 형성될 수 있는바, 이는 곧바로 배우는 학생들에게 비교육적인 영향을 미칠 위험성이 있다. 따라서 이를 보완하기 위해 개인 평

가와 함께 집단 평가를 도입하는 것도 고려해 볼 필요가 있다. 또한 객관적이고 합리적인 교원 평가가 이루어지기 위해서는 교원 평가 체제를 형성 평가와 총괄 평가로 구분하여 교원들이 수시로, 자발적으로 교원 평가에 적극적으로 참여할 수 있는 기회를 부여해 줄 필요가 있다. 형성 평가는 교원의 능력에 대한 자기 진단 및 자발적인 확인 및 반성의 기회를 제공할 것이다. 따라서 자기 평가 방식으로 하되 평가 결과를 인사나 보상의 자료로 활용되지 않도록 유의할 필요가 있다.

다음으로 이런 내용을 누가 평가할 것인지에 대해서 알아보고자 한다. 평가자의 범위는 객관성과 공정성을 기하기 위해서 상급 감독자 위주의 평가를 지양하고 평가자의 범위를 넓혀야 한다는 주장이 많이 나오고 있다. 우선 동료교사의 평가의 일원으로 참여시키자는 의견이 있지만, 교실에서 이루어지는 수업 내용을 정확하고 공정하게 평가하는 데 한계가 있는 비판과, 동료평가의 결과가 인사행정에 지나치게 반영될 경우 교원 상호간의 갈등과 불신을 초래할 우려가 있다는 비판도 나오고 있다. 가장 많은 논란의 여지가 되고 있는 것이 학생과 학부모의 참여이다. 교원단체는 교원평가가 인기투표화될 수 있다는 점과 학부모가 교사를 평가할 만한 자료를 가지고 있지 못하다는 점 등을 들어 학생과 학부모를 평가자를 포함시키지 말자는 의견을 내 놓고 있다. 그러나 학부모 단체는 학부모가 교육의 수효자요 납세자라는 점, 학생은 교실 내에서의 교사의 수업 능력을 가장 잘 평가할 수 있는 위치에 있다는 점, 동료 교사에 의한 평가는 온정주의로 인한 한계가 있다는 점 등을 들어 학생과 학부모를 평가자로 포함시켜야 한다고 주장한다.

이런 평가자의 범위 선정에 대해서는 여러 사람들과의 토의가 필요하다고 생각한다. 하지만 여기서 우리가 꼭 하고 싶은 말은, 교육의 직접적인 수혜자인 학생의 평가는 반영되어야 한다는 것이다. 학생이 어찌 교사를 평가할 수 있느냐며 아이들의 평가 능력에 대한 의구심을 제안하는 사람이 많은 줄 알지만, 학생들도 교사를 평가할 수 있다고 생각한다. 그들은 교사가 자신들을 인간적으로 대하는지, 수업에 성의를 다하고 있는지, 인격적으로는 좋지만 수업은 만족할 수 없다든지 등의 평가는 충분히 내릴 수 있다고 본다. 여기서 논의되어야 할 부분은, 학생을 평가자의 범위에 넣어야 할지 말아야 할지가 아닌, 그 반영비율에 대한 것임을 강조하고 싶다.

(2) 수석교사제

우리나라의 교원 자격 체계는 관리직 우위의 일원적 자격 체계로 되어 있어, 교사가 교단 교사로서의 전문성 함양과 교사 본연의 업무인 교수 활동에 전념하게 하기보다는 관리직으로의 승진에만 관심을 갖도록 유도하고 있으며, 교장·교감으로의 승진 기회를 얻지 못한 교사들은 불만을 갖게 되고, 사기가 저하되어 교수 활동에 전념하기 어려우며, 이로 인해 교육의 질을 제고한다는 것은 기대하기 힘든 실정이다. 따라서 이와 같은 문제를 해결하기 위해서는 교원 자격 체계의 개편이 시급히 요청되며, 그 문제해결의 대안으로 논의되고 있는 것이 바로 수석교사제이다.

① 수석교사제의 장점

수석교사는 평교사로서 취득할 수 있는 최고의 전문적 자격으로, 엄격한 전형 절차를 거쳐 임용되고, 교육 경험과 전문적 지식, 교수 방법이 우수하여 수업 지도자(instructional leader)로서의 권능과 교장에 상응하는 보수가 주어지는 모범적인 교사라고 규정할 수 있을 것이다.

우선, 첫째로, 교수-학습 활동에 전념할 수 있는 여건이 조성될 것이라고 본다. 현행의 체계는 소수의 교원에게만 행정관리직에 승진할 수 있는 기회가 주어지기 때문에 과열 경쟁이 일어날 수밖에 없으며, 그 결과 많은 교사들은 교사 본연의 업무인 교수-학습 활동에는 소홀해지기 쉽다. 따라서 이러한 문제를 개선하여 교사들이 가르치는 일에 전념할 수 있도록 하기 위해서 수석교사제 도입의 필요성을 생각할 수 있다.

둘째로, 교단 중시 풍토의 조성이 가능할 것이다. 현재는 아무리 가르치는 일에 뛰어난 역량과 전문성을 갖춘 교사라 할지라도 관리직으로 승진하지 않으면 인정받지 못하는 풍토이기 때문에 가르치는 일에 전문적으로 매달리는 교사에 대한 평가가 낮아지는 경향이 있다. 이는 교사의 보람과 성취감을 높여줄 수 없는 제도라고 생각한다.

셋째, 교내 장학의 활성화를 통한 교원의 전문성 제고가 가능하다. 교내에 교수직으로서 최고의 권위를 갖는 수석교사를 두게 되면, 수업 지도성을 발휘하고, 개별화된 교내 장학을 담당하게 함으로써 교원의 전문성을 신장시키고, 수업을 개선해 나갈 수 있게 될 것이다.

마지막으로, 교사의 직무 분화를 통한 학교 개혁의 가능성이다. 학교 교육의 질적 향상을 도모하기 위해서는 무엇보다도 교원의 전문성 제고가 우선 되어야 하며, 이를 위해서는 교사의 직무 체계를 재조정하는 학교 개혁이 뒤따라야 한다. 수석교사제이 도입은 교사, 교장 및 교감, 교육전문직, 그리고 교육 행정가의 역할과 직무를 재조정하는 과정을 반드시 거치게 됨으로 학교 개혁으로 이어질 수 있을 것이다.

② 수석교사제의 단점

위와 같은 장점을 갖고 있는 수석교사제일지라도 그에 따라는 단점 또한 간과할 수 없을 것이다. 우선, 평교사에게 새로운 부담감을 조성하게 될 것이라는 점이다. 이 제도가 도입되면 교장 및 교감이 못 되고 수석교사도 못된 평교사들에게는 엄청남 심리적 부담감을 안겨주게 될 것이라고 생각한다. 때로는 심각한 부작용으로 의욕과 사기의 저하로 인해 가르치는 일에 전념하기 힘들 수도 있을 것이다.

둘째로, 수석교사의 직무와 역할 규정의 곤란을 들 수 있다. 아직 우리나라에 도입된 제도가 아니므로, 우리의 실정에 맞게 재조정을 해야 하는 일을 빼놓을 수가 없을 것이다. 수석교사의 역할과 직무를 교장, 교감의 역할 및 직무와 관련하여 명확히 규정하기 어려울 뿐만 아니라 평교사와의 관계도 명확히 구분하기 어려워 이들 간의 충돌이나 갈등이 쉽게 야기될 것이다.

셋째, 객관적이고 공정한 선발 기준 개발의 어려움이다. 제도 도입의 근본 취지를 살리자면, 수석교사의 자격 요건을 경력 중심보다는 전문성과 능력을 검증하여 엄격한 자격 요건에 따라 소수 정예의 교사들에게 수석교사가 될 수 있게 하여야 한다. 그러나 수석교사 선발에 적용할 객관적이고 공정한 기준을 마련하는 것은 여간 어려운 일이 아니며, 그렇다고 경력에 따라서만 선별한다면 교원의 전문적 수월성 제고를 통해 학생들에게 보다 나은 교육을 실시한다는 수석교사제 본래의 정신을 살리지 못하게 될 것이다.

③ 수석교사제에 대한 결어

이 제도는 도입의 여부를 결정해야 하는 사항이기 때문에 더욱 민감한 문제라고 생각한다. 하지만, 현재 학교의 문제점을 교사의 전반적인 질 저하와 시간이 지날수록 동기 유발이 어려운 현실을 감안해 본다면, 단점을 보완할 수 있는 방안을 첨가하여 도입하는 것이 좋다고 생각한다. 왜냐하면, 본질적으로 수업의 질이 떨어지는 것을 막고자 하는 것이기에 가르치는 것을 전문적으로 하는 고위 직위의 책정은 일반 교사들의 지속적인 노력을 꾀할 수 있을 것이라고 보기 때문이다.

2) 승진제도의 문제점

우리나라의 모든 관료제가 부패하는 가장 큰 이유가 바로 학연, 지연으로 이어지는 연고주의 때문이다. 그래서 소위 '줄을 잘 서는 것'이 출세의 지름길이 된다는 의식이 우리 사회에 팽배해 있는 것이 사실이다. 교직사회의 승진제도도 이런 문제로 인하여 멍들고 있다.

(1) 문제점

① 관리직 우위의 자격제도

관행적으로 교장과 교감을 관리직이라고 일컫는데, 이러한 관료주의적인 명칭 역시 관리직 우위의 자격 제도를 반영한 것으로 교직의 전문직 문화를 저해하고 있다.

승진의 최고 자리에 오른 교장은 학교 경영의 결정권자로서 지도와 감독과 예산의 집행뿐이 아니라 평교사와는 커다란 차이를 보이는 수당과 판공비 등을 지급함에 따라, 교원들이 교단교사로서 남아서 교수-학습 활동의 전문성 함양에 주력하기 어려운 상황이다. 따라서 승진을 위한 경쟁 풍토를 만연시켜 교사 본연의 교수활동이 소홀해지며, 교직사회에서는 교장, 교감으로 승진하지 아니한 교원은 무능한 교원으로 간주되기 쉬우며, 이러한 풍조로 인해 일정한 경력과 학력을 갖추었음에도 불구하고 승진하지 못한 많은 교사들이 근무의욕과 사기가 크게 저하되어 있는 실정이다.

② 교장자격제도

우리나라는 교사와 교장을 교육전문직과 분류하여 교원으로 규정하고 그 직무를 동일하게 '가르치는 것'으로 정하고 있다. 이는 교사와 교장이 업무가 다를지언정 본질적인 직무성은 가르치는 것이어야 한다는 의미이다. 그럼에도 불구하고 세계에서 유일하게 자격증을 발급하고, 수업을 면제해주고, 관리만 하는 행정직으로 교장직의 틀을 정한 것은 교원의 전문직성을 무시하는 것이며, 그 이면에는 교사와 교장이 상호교류할 수 있는 길을 막음으로써 교단을 분할하고 그 바탕 위에서 관료적 통제를 용이하게 행사하겠다는 일제식(日帝式) 사고방식이 자리잡고 있는 것이다. 이로 인해 교장들과 국민들은 교장의 직무성을 가르치는 의미보다 관리하는 의미로만 그릇 해석하는 우를 범하게 되었다.

③ 자격에 따른 직무의 미분화

우리나라의 경우 2급 정교사 자격증을 가지고 채용된 교사가 대체로 5년 내지 10년 경력 내에 1급 정교사 자격연수를 받게 되면 그 후에는 교장·교감으로 승진하기 위한 자격연수를 이수하게 되는 극소수를 제외하고는 교단교사로서의 전문성 신장을 위한 체계적이고 종합적인 연수기회가 없다.

④ 수직적인 위계질서

지금의 학교는 관료에 의해 지배당하고 있으며 그 수단이 바로 공문이다. 가르치는 일보다 행정적인 업무처리를 더 중시하게 만드는 것의 직접적인 원인이 수직적인 위계구조이다. 교사들은 교장에 의해 종속되고, 교감과 교장은 행정 관청에 의해 종속되는 수직적인 위계 구조로는 단위 학교의 자율성을 살려낼 수 없다. 학생과 학부모, 지역 주민들과 삶과 무관한 전국적인 교육과정과 온 나라가 모두 동일한 교육활동으로는 학교의 민주화를 이뤄낼 수 없다.

(2) 해결책

① 자격 및 직급제도의 개편

1급, 2급, 교감, 교장 등의 수직적인 자격제도를 폐지하고, 모든 교사는 준교사와 정교사 제도로 이분화해야 한다. 양성과정을 거쳐 교직에 들어 올 모든 자격을 갖춘 교사는 준교사 자격증을 획득하게 된다. 준교사 자격을 갖춘 모든 이들은 학교에 임용될 수 있으며, 학교에 근무하여 교과 활동을 할 수 있다. 즉, 담임 활동은 할 수 없는 것이다.

교과교육활동은 일정정도의 교수 학습능력만 갖추면 할 수 있다. 그러나 학급을 담당하는 담임활동이야말로 고도의 전문적인 능력과 교육적인 경험을 요구하는 활동이다. 그러기에 제한하는 것이다. 이는 직위와 직급을 구분하는 의미 또한 가지게 된다.

이리하여 3년의 수습 기간을 마치고 일정한 재교육을 마친 교사는 정교사 자격을 획득하게 된다. 정교사 자격을 갖추고 난 이후에야 비로소 교과교육활동과 함께 담임 활동을 할 수 있다. 또한 보직을 맡을 수 있으며, 교감, 교장으로 근무할 수 있게도 된다. 즉 교감, 교장이 되기 위한 별도의 자격증은 필요하지 않으며 정교사 자격만으로 충분하다.

② 교장선출보직제의 실현

선출 보직제라는 것은 교장의 직위를 자격증제에 의한 승진이 아닌 '선출

(초빙) 보직'의 개념으로 하며, 보직을 떠나면 교사로서 다시 교단에서는 것을 원칙으로 하는 것이다. 교장은 학교 구성원들의 구심으로써 가르치는 것의 행정적 책무를 완수하면서 학교를 민주적으로 운영하는 상을 갖게 되는 것이다. 이는 교원 조직을 현행의 행정관리체제 위주인 『2급정교사→1급정교사→교감→교장』의 수직적인 자격 제도를 학생지도에 전념할 수 있는 수평 분화 적인 『준교사→정교사 ↔ (교감)교장』제도로 전환하는 것을 의미한다. 이럴 경우 교육전문직은 교육부와 교육청을 학교교육지원센터로 전환하여 '장학·연구위원회'를 구성하고 임기제를 적용, 교사·교장에서 교육전문직으로 교육전문직에서 교사·교장으로 상호 교류하는 형태를 갖게 된다.

고질적인 문제가 되고 있는 근평을 폐지하고 대신 종합 인사 기록제와 인사위원회를 도입하여 교장보직제를 정착시키자는 것으로 이는 새롭게 시작하는 제도가 아니라 다른 나라에서 이미 시행되고 있는 제도이다.

③ 능력중심 교사교육(Competency-Basac Teacher Education)

현대 학교교육이 해결해야 할 중요한 과제는 무엇보다도 교육의 효율성을 제고하는 일이다. 교육은 이제 범국가적인 사업으로써의 성격, 다시 말해서 교육의 공공성과 사회적 책무성(Accountability)이 강조되기에 이르렀다. 즉 교육을 단순히 개인의 자아실현이나 인격형성, 복지향상의 수단으로만 보던 것에서 더 나아가 국가의 존립과 발전에 기여하는 국민적, 사회적인 노력으로까지 생각하게 되었다. 그리고 현대의 교육은 예전에 비해서 효율성이 많이 요구되고 있다. 교육의 효율성과 관련하여 교육을 성공적으로 수행하기 위한 가장 중요한 요인 중의 하나가 바로 학교교육을 담당하는 교사의 자질이다. 따라서 교사교육의 목적은 유능한 교사의 양성에 있으며, 이러한 요구는 교사교육 분야에서의 책무성을 강조하고 있다.

이처럼 교사교육 분야에서 증가되는 책무성 문제의 요구에 의하여 제기되고 있는 것이 바로 미국에서 1950년대 중반에 거론되어 1960년대부터 본격적으로 시작되어 1970년대까지 교사교육에 큰 영향을 준 '능력중심 교사

교육'이다. 능력중심 교사교육은 일선 교사교육의 현장에 생산현장의 과학적 생산관리모형을 적용함으로써 교사교육의 효율성을 높여보고자 하는 일종의 체제적 접근방법을 의미한다. 다시 말해 교사교육의 효율성을 투입과 산출의 관계로 파악하고, 보다 생산적인 투입과 산출의 과정을 통제하기 위해서 교사교육의 목표를 행동적으로 세분화하여, 교육결과를 객관적으로 측정이 가능한 행동적 목표에 비추어 평가하고자 하는 것이다. 즉 능력중심 교사교육은 실제 연구결과로 입증된 교수행동. 능력. 업무수행 등을 기초로 일선 학교교사를 연수하고 평가하기 위하여 고안된 제도라 할 수 있다.

④ 학교－교사－학생－학부모간의 연계 상담 및 운영회

우리의 학교는 폐쇄적으로 운영되어 오는 경향이 있다. 최근, 많이 나아지기는 했지만, 아직도 재정 운영이라든지 교사위원회의 문제는 학부모나 학생에게 쉬쉬하는 경향이 적지 않다. 또한, 현재의 학부모회는 소수의 '능력이 되는' 학부모가 중심이 되거나 거의 독점하다시피 하는 현상이 일어나고 있다. 이러한 학부모회와 학교·교사 사이에는 떳떳하지 못한 거래가 오고가는 경우도 많다. 이 또한 고쳐져서 모든 학생의 학부모가 고루 참여하여 의견을 내고, 공정하고 투명하게 운영될 수 있는 학부모회가 필요하다.

【참고 문헌】

선진교육을 벤치마킹하라－동아일보사, 하준우·이인철·이진영·김경달·박용 지음

예비교사를 위한 교육실습의 이론과 실천－문음사, 정영근 지음

교육학대사전. 교육과학사(1988)

교원 자격 및 승진제도 연구 이철호 (배문중학교교사)

2000년도 광주교육대학교 (발전기금)학술연구 지원 연구과제 결과보고서

Ⅲ. 대안학교의 교육사례

1. 교육과 진로 현장 적용

1) 서 론

(1) 주제선택 이유와 문제제기

－대안학교에 대한 관심 높아지고 있는 상황이다.

－의문점: 대안학교는 진정한 대안인가?

↑

대안학교 졸업생들이 사회에서 어떠한 역할을 하는가?

⇒ 짧은 대안교육의 역사, 아직 알 수 없다

－축소된 의문점: 대학 학력이 필수가 된 사회,
입시교육을 하지 않는 대안학교는 이 상황을 어떻게 타개해 나가는가?

⇒ 대안학교 졸업생·재학생들의 진로 선택, 그것이 궁금하다

⇒ 대안학교에서의 진로교육, 그것이 궁금하다

(2) 한국 대안학교의 등장 배경

－1990년대 중반부터 등장

－공교육의 문제점: 학업중단 청소년 매년 6-7만 명(1.8%)
대학입시에 역량 집중→집단적 획일성, 경쟁
사교육 시장의 확대
인성, 도덕교육의 부재

(3) 대안교육의 공통적 지향성

-생태주의적 가치관
-공통체적 삶의 가치
-영성적 지식
-개개인의 다양성 존중

(4) 대안학교의 현황

[표 1] 특성화 고교의 현황

학교 (개교 년도)	위 치	교육이념과 학교특색	재단 성격	기숙사 학교 여부	부적응 학생을 주로 선발
경주화랑고등학교 1998년	경북 경주시	원불교 정신에 입각한 인성 중심의 열린교육	원불교	○	●
공동체비전고등학교 2003년	충남 서천군	"이름뿐인 미션스쿨이 아니라 명실상부한 기독교 명문교"를 지향	개신교	○	
동명고등학교 1999년	광주시 광산구	"믿음이 있는 학교, 믿음을 주는 학교, 믿음을 갖는 학교"	개신교	○	
세인고등학교 1999년	전북 완주군	"기독교 정신으로 미래를 준비하는 사람을 길러낸다"	개신교	○	
원경고등학교 1998년	경남 합천군	마음공부를 통한 인성교육	원불교	○	●
지구촌고등학교 2002년	부산시 연제구	선교사 자녀들이 주로 다니는 학교	개신교	○	
푸른꿈고등학교 1999년	전북 무주군	생태교육 중시	무교	○	
한빛고등학교 1998년	전남 담양군	"하나님 사랑, 이웃 사랑, 자연 사랑"	개신교	○	
간디고등학교 1998년	경남 산청군	"사랑"과 "자발성"	무교	○	
경기대명고등학교 2002년	경기도 수원시	최초의 공립 대안학교로 경기도교육청이 부적응 학생을 위해 만들었음	공립		●
달구벌고등학교 2004년	대구광역시	"기독교 정신에 입각한 '나눔과 섬김'을 실천하며 더불어 사는 삶"	개신교	○	

학교 (개교 년도)	위 치	교육이념과 학교특색	재단 성격	기숙사 학교 여부	부적응 학생을 주로 선발
두레자연고등학교 1999년	경기도 화성시	기독교 공동체 운동을 하는 두레마을에서 운영	개신교	○	●
산마을고등학교 (전 국제복음고등학교, 2002년 교명 변경) 2000년	인천광역시 강화군	기독교적 영성 교육	개신교	○	●
양업고등학교 1998년	충청북도 청원군	삶의 선택과 결정에서 자율적, 주도적인 인재 양성	천주교	○	
이우고등학교 2003년 9월	경기도 성남시 분당구	21세기 "더불어 사는 삶"을 실천하는 인간 양성	무교		
영산성지고등학교 (1983년 고등학교 개편 인가, 1998년 특성화고등학교 인가)	전남 영광군	무학년, 무학급제의 열린 교육 공동체 생활, 자연 친화의 살림 운동	원불교	○	●
지리산고등학교 2003년 12월	경남 산청군	"불우한 학생들을 대상으로 가정을 대신하는 학교"를 지향 일반 학생들을 모집하는 인문계 사립학교 성격	무교	○	
한마음고등학교 2003년	충청남도 천안시	자연친화적 인성교육	무교	○	

(5) 진로교육의 현황

－일반고교보다 다양한 진로교육 방법

－적성검사, 인성검사, 교사 상담, 인턴제도, 외부강사 초청 간담회, 진로관련 교과목 개설 등

－교육환경

: 다양한 체험, 가치관, 진로 선택의 동기 제공

: 특성화 교과, 단체 교외활동, 기숙사제 등

(6) 졸업생들의 진로 현황

－대부분 대학진학

Ⅳ. 새로운 교육 방법의 적용

1. TGT모형

1 교사의 수업안내

-수업 목표를 분명히 제시한다. -소집단 활동 내용을 안내한다. -필요한 강의 수업을 한다.

오 교사는 '계절의 변화' 수업에서 TGT모형을 사용하였다. 오 교사는 EBS에서 제작한 계절에 관한 다큐멘터리 비디오를 20분간 보여주고, 학생들에게 계절의 변화에 관해 간단히 설명도 하고 질문도 받았다.

2 소집단 학습

-학습 과제지에 따라 학습을 한다.

그리고 나서 학습 과제지를 나누어주고 소집단별로 이를 해결하고 퀴즈 게임에 대비하게 하였다. 오 교사 학급은 48명으로 여섯 명이 한 소집단으로 되어 8개 소집단으로 구성되어 있다. 각 소집단은 성적순으로 우수한 학생과 낮은 학생들이 골고루 섞여 있다. 오 교사는 네 개 소집단씩 아메리칸 리그와 내쇼날 리그로 나누어 운영하고 있다.

3 TGT게임

-게임을 실시한다.

퀴즈 게임을 위해 오 교사는 16개의 문제 카드로 구성된 묶음을 열두 개 준비하였다. 아울러 정답지와 기록지도 열두 개를 준비하였다. 문제 카드에는 오늘 배운 수업 내용에 관한 퀴즈가 적혀 있고, 뒷면에는 1번부터 16번까지 번호가 적혀있다. 오 교사는 우선 아메리칸 리그의 테이블1에서 게임을 할 선수들 네 명(각 소집단의 1번 타자)을 불러서 문제카드, 정답지, 기록지를 주고 게임을 시작하게 하였다. 이어서 테이블2, 테이블3, 테이블4 선수들도 불러서 주었고, 다음으로 내쇼날 리그도 같은 방식으로 진행하였다. 각 부에서는 네 명의 각 소집단 대표선수가 규칙대로 게임을 진행하는데 모두 16문제이므로 한 사람이 4문제를 먼저 풀 수 있는 기회가 제공되어 있다. 가위바위보를 하여 '선(先)'을 정하면 '선'이 임의의 문제 카드를 먼저 선택하여 다른 소집단 선수들이 들을 수 있도록 큰 소리로 문제를 읽은 뒤 답을 말할 권리가 있다. 다음에 오른쪽에 있는 학생이 선의 답이 정답이라고 생각하거나 잘 모를 때에는 '통과'를 외치고, 틀렸다고 생각되면 '찬스'를 외쳐서 자신의 답을 말한다. 그런 후 또 오른쪽에 있는 학생이 같은 방식으로 차례로 진행하는데 네 명 모두에게 차례로 기회가 주어진 뒤 정답을 확인한다. 그런 뒤에 '선'의 오른쪽 학생이 새롭게 '선'이 되어 새로운 카드를 선택하여 같은 방식으로 진행한다. 문제를 선택한 학생은 틀려도 감점이 없으나 찬스를 사용한 학생이 틀렸을 때는 감점을 당한다.

4 소집단 점수에 따른 소집단별 보상

-소집단 점수를 계산하고 보상한다.

게임을 통해 개인별로 맞힌 카드 수에 따라 등위가 정해지고, 그 등위에 따라 점수가 부여되며 그 점수의 합이 소집단 점수가 된다. 일종의 체급별 경기이므로 공부를 잘하는 학생이나 못하는 학생 모두가 소집단에 기여할 동일한 기회를 갖기 때문에 모두들 열심히 공부하였다. 처음에 각 소집단에서 성적이 낮은 학생들이 의기소침하였으므로 오 교사는 연속 두 번 최고점

을 받아 오면 소집단 내 서열이 하나씩 상승시키는 방법을 사용하였다. 그래서 이제는 어느 누구도 서열이 고정되어 있지 않고 계속 변하기 때문에 그런 문제는 나타나지 않았다. 어쨌든 오 교사는 이 수업을 한 후로 학생들이 이 게임에 더욱 흥미를 느껴서 매우 재미있고 적극적으로 공부하는 것을 만족해하고 있다.

오 교사는 토요일마다 그 주의 소집단 활동 결과를 다음과 같이 게시판에 게재하였다

〈학급 게시판〉

안녕! 여러분,
작은거인이 이번 주 퀴즈에서 55점을 얻어 이번 주 으뜸팀으로 선정되었습니다.
특히 홍성일의 활약이 대단했습니다. 이제 작은거인이 아메리칸 리그에서 1위를 달리고 있는 번개팀을 아슬아슬한 차이로 위협하고 있습니다. 번개팀은 정신 바짝 차려야겠지요?
한편, 소나기팀도 탈꼴찌에 성공했군요. 그러나 상하위팀 간의 점수차가 많지 않아 아직도 동부리그의 우승팀은 누가 될지 전혀 예상할 수가 없군요. 내쇼날리그는 꿈틀이팀이 계속 독주를 하고 있군요. 그 기세가 무섭습니다.

〈그림〉 게시판의 예

리 그	아메리칸 리그			내쇼날 리그		
순 위	팀이름	성 명	점 수	팀이름	성 명	점 수
1	작은거인 55	홍성일 김경희 정문식 박성배	60 40 60 60	꿈틀이 50	손유현 김연기 정동규 박상우	60 30 60 50
2	번개 50	김경미 박상미 손기식 송인식	60 50 30 60	빵이요 45	박상식 송도영 이철기 김영희	30 30 60 60
3	소나기 45	강문자 길승음 박기순 진필식	40 60 40 40	캡 45	박상천 남경숙 정일미 김미연	60 50 50 20
4	맙소사 35	송대규 설동운 신선미 박필자	40 40 20 40	길조 40	성경식 선지운 김상한 송지나	40 50 30 40
5	달려라 28	조혜진 장진석 김미리 박성배 손정석	40 20 40 20 20	바람의 아들 35	홍리나 김정미 정숙현 박도식 도종순	40 20 20 20 20

전반기 리그 순위

아메리칸 리그		내쇼날 리그	
1위 번개	50	1위 꿈틀이	51
2위 작은거인	48	2위 빵이요	35
3위 달려라	40	3위 길조	33
4위 소나기	35	4위 사이버	30
5위 맙소사	30	5위 가자월드컵	28

2. 이론적 기초

TGT는 Johns Hopkins 대학에서 연구 개발된 STL(Student Team Learning)프로그램 중의 하나이다(Slavin, 1990). TGT도 STAD와 거의 비슷한 절차를 가지고 있지만 두 가지 점에서 차이가 있다. 하나는 STAD가 개인적인 퀴즈를 대비해서 학습하는 반면에 TGT는 후술하겠지만 토너먼트 게임에서 좋은 성적을 얻기 위해 학습을 한다는 점이고 다른 하나는 STAD에서는 향상점수로 학습동기를 강화시키지만 TGT는 게임에서 얻은 점수로 학습동기를 강화시킨다는 점이다. 그리고 TGT의 중요한 특징은 매주 토너먼트 성적에 의해서 선수로 출전하는 테이블이 바뀐다는 점이다. 즉 그 주에 좋은 성적을 얻은 구성원은 다음 주에 더 높은 경쟁자들이 모이는 상위의 테이블 선수로 나가게 되고, 반대로 좋지 않은 성적을 얻은 구성원은 자신이 출전했던 테이블보다 하위의 테이블에 출전하게 된다. 이것은 STAD에서 학습 능력에 관계없이 열심히 학습한 학습자는 향상점수를 통해 자신의 소집단에 기여하고, 자신의 성취욕을 얻는 것과 마찬가지로, TGT의 학습자들도 자신과 비슷한 능력의 경쟁자와 게임을 하게 되므로 자신의 팀에 공헌할 수 있는 동등한 기회를 갖게 되는 셈이다.

또한 TGT는 지루하기 쉬운 학습을 게임의 형식으로 진행하므로 학습자들에게 굉장한 흥미를 가지게 한다. 반면에 다른 협동 학습 방법과는 달리 게임에 상대적으로 많은 시간을 보내기 때문에 협동 학습 활동 시간이 줄어드는 단점은 있다. 그러나 게임에서 승리하기 위해 더욱 구성원들끼리 준비하는 학습의 농도는 더 진하다고 볼 수 있다.

3. 수업 절차

TGT는 STAD와 마찬가지로 학습 목표, 수업 준비, 학습 내용 개요 제시, 소집단 활동까지는 절차가 같다. 소집단 활동을 통해 게임에 임할 준비가 다 되었으면 TGT의 가장 독특한 특징인 토너먼트 게임에 들어가게 된다(Slavin, 1986; Priest & Stahl, 1994).

① 교사의 수업 안내(class presentation of the lesson)

이 단계는 STAD와 똑같다.

② 소집단 학습(team study)

이 단계도 STAD와 같다.

③ 토너먼트 게임(tournaments game)

게임을 위한 교사의 준비

▷ 문제 카드 및 정답지를 준비한다. 교사는 학습자들이 배운 단원의 범위 내에서 학습 목표에 관련된 퀴즈 문제들을 준비하여야 한다. 보통 네 명이 한 테이블에서 게임을 하게 되므로 4의 배수에 해당되는 수만큼 문제를 만들어야 한다. 예를 들어 24개의 문제를 만들었다면 24개의 카드(카드의 크기는 트럼프 카드의 정도면 적당하다)에 앞면은 1번에서 24번까지의 번호를 적고, 뒷면에 문제를 적어서 준비한다. 그리고 그에 해당하는 정답지도 만드는데 이것은 필요한 문제의 답만 들춰볼 수 있도록 포스트잇과 같은 것으로 가려놓아야 한다. 카드의 앞면에는 번호를 적어도 좋지만 다양한 그림이 있는 카드를 사용해도 관계없다. 또한 카드와 문제를 분리해서 준비해도 관계없다. 예를 들어 번호가 적인 작은 카드를 사용하여 뒷면에 문제를 적을 공간이 적다면, 별도의 용지에 준비한 카드 수만큼 문제를 만들어 따로 사용해도 된다. 그리고 문제의 수는 4의 배수로 24, 28, 32 문제 등, 단원 내용이나 수업 시간 등을 고려해 조정할 수 있으나 가능한 많은 문제

를 출제하는 것이 바람직하다. 만약 세 명씩 테이블 게임을 한다면 3의 배수에 해당되는 문제카드를 제공해야 할 것이다. 또한 정해진 시간보다 빨리 게임이 끝난 테이블을 위하여 또 한 묶음의 문제 카드를 만들어 놓는 것이 바림직하다. 즉 테이블 마다 게임 진행 속도의 차이가 있기 마련이고, 어떤 테이블은 아직 열두 문제밖에 진행되지 않았는데 다른 테이블은 게임이 끝나버릴 수도 있기 때문이다. 게임이 끝난 테이블의 학습자들은 다른 테이블의 학습자들이 게임을 끝낼 때까지 기다려야 하고, 교사가 이들을 통제하는 데에도 신경을 써야 하기 때문이다. 학습자들은 높은 점수를 얻고자 게임을 계속하기를 바라기 때문에 문제 수가 많아도 불평하지는 않는다.

▷ 각종 기록 카드를 준비한다. 우선 각 토너먼트 테이블에는 네 명의 학습자가 게임을 하게 된다면 각 테이블마다 게임의 결과를 기입할 〈표〉과 같은 테이블 기록표를 준비한다. 다음으로 〈표〉와 같은 소집단별 성적을 볼 수 있는 소집단별 기록표도 준비한다. 교사는 STAD에서와 같이 전체 소집단과 학생들의 성적을 일목요연하게 게시판에 게시하고 격려하는 것이 좋다.

▷ 각 토너먼트 게임의 성적에 따른 점수기준도 〈표〉와 같이 미리 제시해 주어야 한다. 특히 동점이 나왔을 때나 게임에 참가한 인원수의 차이를 대비한 점수 기준도 마련해 주어야 한다. 예를 들어 어떤 테이블은 세 명이 게임을 하게 되고, 어떤 테이블은 다섯 명이 게임을 하게 된다. 지면관계상 〈표〉에는 제시되지 않았지만 이때의 기준도 별도로 미리 제시해 주어야 하는데, 이런 경우는 학습자들에게 공정하다고 생각되는 기준을 교사가 나름대로 정해서 제시해 주면 된다.

게임의 방법

▷ 우선 한 토너먼트 게임 테이블에 네 명의 학생이 게임을 할 수 있게 하기 위해서는 학급 학생수와 소집단의 수를 잘 조절해야 한다. 만약

한 학급의 학생수가 48명이고, 네 명씩 열두 개의 소집단으로 구성되어 있다면 1-4조는 1부 리그, 5-8조는 2부 리그, 9-12조는 3부 리그로 나누어 운영하면 될 것이다. 그렇게 되면 게임을 하게 되는 테이블이 모두 열두 개가 된다. 그러므로 교사는 열두 묶음의 문제 카드, 정답지, 테이블 기록표를 준비해야 한다. 만약 출제한 문제가 그렇게 많지 않다면 한 테이블에 세 명이 게임을 할 수 있게 해서 가능한 문제를 풀 수 있는 기회를 많이 주는 방향으로 진행할 수도 있다. 이때는 1-3조가 1부 리그, 4-6조가 2부 리그, 7-9조가 3부 리그, 10-12조가 4부 리그가 될 것이다. 그 외의 학생수의 차이로 인해 발생하는 문제들은 교사가 적절히 융통성을 발휘해서 운영하면 된다.

▷ 각 조는 STAD의 경우와 같이 이전의 학력 점수 등에 따른 학습능력별로 상위, 중간, 중간, 하위의 학생으로 구성되어 있다. 각 구성원은 자신의 학습 능력에 따라 다른 조의 같은 학습 능력을 가진 학생과 게임을 하게 된다. 즉 1부 리그의 예를 든다면 1조의 상위, 2조의 상위, 3조의 상위, 4조의 상위 학생이 한 테이블에 만나서 게임을 하고, 또 각조의 하위 학생 네 명이 한 테이블에서 게임을 하게 되는 것이다. 이렇게 함으로써 모든 구성원은 동등한 조건에서 게임에 임할 수 있고, 여기서 얻은 성적에 따라 다음 게임에는 상위 테이블에 출전할 수도 있고, 팀에 기여할 동등한 기회를 갖게 된다.

▷ 네 명의 학습자들이 토너먼트 테이블에 둘러 앉으면 테이블 위에는 교사가 준비해둔 문제 카드 묶음(카드 번호가 적혀 있는 면을 위로 하여)이 섞어져 있고, 정답지는 가려진 상태로 놓여있고, 또한 테이블 기록표가 놓여져 있다. 누가 먼저 문제를 풀 것인지 '선(先)'을 정하면(문제카드가 4의 배수이므로 먼저 하는 것에 대한 특혜가 없다. 그러므로 가위바위보로 먼저 할 사람을 정하든지, 아니면 눈을 감고 각각 카드를 뽑아서 카드에 적힌 수가 가장 낮은 학생을 '선'으로 정하는 등의 방법을 사용하면 된다), 오른쪽으로 1번 도전자, 2번 도전

자, 3번 도전자가 된다. '선'이 결정되면 '선'은 임의의 카드를 선택하고 그 카드를 뒤집어서 카드 뒤에 있는 문제를 다른 학생들이 들을 수 있도록 읽는다. 물론 다른 학생들 모두가 문제를 정확히 이해할 수 있도록 공개한다. '선'의 권한은 자신이 선택한 문제의 답을 먼저 말할 수 있고, 틀려도 감점이 없다는 점에 있다. '선'이 생각한 답을 말한 다음, 1번 도전자부터 자신이 생각을 표현할 수 있는 기회가 주어진다. 즉 앞에서 말한 것이 정답이라 생각되거나 잘 모르겠으면 '통과'를 외치고, 틀렸다고 생각되면 '찬스'를 외치고 자신이 생각하는 답을 말하면 된다. 그러나 도전자들이 말한 답이 틀렸을 때는 1점의 감점을 당하게 된다. 2번, 3번 도전자는 '선'에서부터 앞의 도전자들 중 누구 하나가 정답을 말했다고 생각되거나 잘 모르면 '통과'를 외치고, 만약 아직 정답이 나오지 않았다고 생각하면 그때 '찬스'를 외치고, 자신이 생각한 답을 말하면 된다. 이렇게 해서 마지만 도전자 즉 3번 도전자가 정답을 확인하는 역할과 결과를 기록하는 역할을 맞는다. 이렇게 한 라운드가 끝나면 1번 도전자가 새로운 리더가 되고, 오른쪽으로 역할이 하나씩 옮겨지게 된다.

▷ 교사가 마치기 10분쯤 전에 게임의 종료를 알리면 게임이 끝나는데, 이때 네 명의 학생이 동등한 횟수만큼 '선'의 역할을 하지 못한 테이블은 그렇게 될 때까지 기다려 준다. 게임의 종료를 알리기 전에 주어진 문제 카드를 다 사용한 테이블이 있으면, 준비해 둔 다른 문제 카드 묶음을 제공한다. 예비 문제 카드를 준비해 놓지 않으면 그 테이블의 학생들을 통제하기가 힘이 드므로 반드시 준비해 두는 것이 좋다. 게임이 끝나면 테이블 기록표에 결과를 기록 한 후 교사에게 제출한다.

④ 소집단 점수의 게시와 보상(team recognition)

교사는 테이블 기록표에서 나타난 순위에 따라 〈표〉과 같은 기준에 의해 점수를 부여하고, 소집단 성적을 산출한다. 소집단 성적을 산출하는 데에는 시간이 걸리므로 그 결과는 대부분 다음 수업을 시작하기 전에 발표하면 된다. 그리고 각 테이블에서 1위를 한 학습자는 다음 게임에서는 한 단계 오른 테이블에 임하게 되고(예를 들어 하위였다면 중위로), 2, 3위를 한 학습자는 현상유지, 하위에 머무른 학습자는 한 단계 내린 테이블에 임하게 한다. 물론 한 조의 모든 학습자가 각 테이블에서 1위를 할 수도 있고, 모두 4위를 할 수도 있다. 그러나 기본 정신은 각 게임에서의 성적을 다음 게임에 진출할 때 반영한다는 것이다.

5. 유의점

STAD와 TGT는 보상 중심 협동학습의 대표적 모형이다. 수업절차가 특별하기보다는 보상 방식이 특별한 수업모형이다. 그러므로 모든 교과와 모든 학년에 다 적용이 가능하다. 그러나 퀴즈 문제를 많이 출제해야 하므로 문제를 많이 만들 수 있는 교과가 적용하기 편리하다. 또한 교과 내용이 재미가 없거나 수업 내용이 재미없을 때, 또 아동이 흥미를 느끼지 못할 때 사용하기를 권장하는 모형이다. 왜냐하면 수업이 게임처럼 느껴지기 때문에 아동들이 매우 좋아하는 수업모형이기 때문이다. 그리고 이 모형은 한 두 번의 수업으로 끝나는 것이 아니라 장기간 계속 점수 관리를 해야 하기 때문에 한 학기 단위로 계속 실시하여야 한다. 물론 모든 교과를 다 할 필요는 없다. 처음에는 한두 교과를 정해서 적용하는 것이 좋고, 자주 퀴즈시험을 치면 그것을 평가하고 관리하기 힘이 드므로 일주일에 한번 또는 몇 차시 한 후에 한번씩 퀴즈시험을 치는 방법을 권장한다.

1) TGT(Teams Games Tournaments)

TGT는 STAD와 마찬가지로 학습 목표, 수업 준비, 학습 내용 개요 제시, 소집단 활동까지는 절차가 같다. 소집단 활동을 통해 게임에 임할 준비가 다 되었으면 TGT의 가장 독특한 특징인 토너먼트 게임에 들어가게 된다(Slavin, 1986; Priest & Stahl, 1994).

(1) 교사의 수업 안내(class presentation of the lesson)

수업이 시작되면 교사는 우선 단원의 전체 개요를 직접 교수한다. 이는 구체적 학습을 하기 이전에 전체 학습내용의 대강을 파악하여 학습활동의 기본방향을 제시하여 주려는 것이다. 교사가 직접 강의를 할 수도 있고, 비디오나 OHP 등 학습자료를 이용할 수도 있으며 때로는 초청강사나 자원봉사 학부모를 동원할 수도 있다. 협동학습의 기본 정신 중의 하나는 과거에 교사라는 유일한 학습자료원에서 여타의 다양한 학습자료원을 지향하는 것이므로 학습에 도움이 되는 가용 자원을 많이 동원하는 것이 바람직하다.

교사는 전체 학급을 대상으로 도입(opening), 전개(development), 연습(guided-practice)의 순으로 이번 수업에 대한 안내를 하게 된다. 이는 교사에 의한 직접 교수(direct instruction)나 강의 및 토의(lecture-discussion by teacher)식으로 하는 단계인데 이것이 기존의 전통적 수업과 다른 점은 학생들이 주의를 집중하게 되는 이유가 있기 때문이다. 즉 자신들이 해야 할 소집단활동의 방향과 소집단 활동이 끝난 뒤 치를 퀴즈 시험의 중요한 힌트를 얻기 때문이다. 또한 단순한 설명보다는 다양한 시청각 교재를 사용하는 것도 중요한 차이점이다. 이 단계에서는 다음과 같은 절차 요령을 고려하여 진행한다.

① 도 입

▷ 이번 수업에서 무엇을 배워야 하고 그것이 왜 중요한지를 설명한다

▷ 이번 수업에 필요한 사전 정보와 기능을 설명한다

② 전 개

▷ 평가할 목표를 분명히 제시한다

▷ 단순한 파지능력보다 의미의 이해를 강조한다
▷ 다양한 시청각기재를 동원한다
▷ 질문을 통해서 학생이 교사의 설명을 이해하는지 확인한다
▷ 학생의 대답이 맞고 틀렸을 때 그 이유를 분명히 설명한다
▷ 학생의 이해가 확인되면 빨리빨리 다음 단계로 넘어간다
▷ 빠르고 정확하며 방해물을 즉시 제거함으로써 수업의 추진력을 확보한다

③ 연　습
▷ 모든 학생으로 하여금 과제 수행 연습을 체험하게 한다
▷ 임의로 학생을 지적하여 질문에 대답하게 한다
▷ 이 단계에서 너무 긴 시간을 할애하지 않는다

(2) 소집단 학습(team study)

STAD에서 소집단 구성원 수는 보통 4-6명으로 구성한다. 이때 소집단 구성원은 성(sex), 성적, 성격 등을 고려하여 최대한 이질적으로 구성한다. 소집단이 구성되면 소집단 구성원 각자의 역할분담을 정하도록 한다. 각자의 역할은 수업내용에 따라, 구성원의 특징에 따라 다르지만 최소한 소집단 리더는 선출해서 소집단 활동의 진행을 순조롭게 할 수 있어야 한다. 그 외에 기록담당, 자료담당 등의 역할들을 협의해서 분담한다. 소집단이 구성되었으면 소집단 활동의 규칙을 교사가 게시판이나 흑판에 게시한다. STAD의 소집단 활동의 최소한의 규칙은 다음과 같지만 교사가 소집단 활동을 격려하기 위해 나름대로 여러 가지 규칙을 더 제시할 수도 있다.

각자는 자기 소집단의 구성원들이 주어진 과제를 해결하는 데 책임을 져야 한다.

모든 구성원이 과제를 다 해결할 때까지 소집단 활동을 끝내어서는 안 된다.

과제가 어려워서 해결되지 않을 경우, 소집단 내에서 최대한 해결을 위해 노력하고, 도저히 해결되지 않을 때에만 교사에게 질문한다. 이때에는 소집

단 구성원 모두가 함께 손을 들어 표시한다.

소집단 활동은 다른 소집단을 방해하지 말아야 한다. 10인치 목소리, 즉 낮은 목소리로 토론할 것을 요구한다.

소집단 활동을 하기 전, 교사는 각 소집단에게 두 장의 학습 과제지와 두 장의 정답지를 나누어 준다. 학습과제지 넉 장을 주지 않고 두 장만 주는 이유는 넉 장을 줄 경우 각자 개별적으로 학습활동을 할 가능성이 있기 때문이다. 두 장을 주게 되면 대개 짝을 지어서 학습하게 된다. 또다른 방법은 학습과제지를 한 장만 주고, 한 학습자가 과제를 읽고 모두 그 과제를 해결한 다음에 구성원 모두가 똑같은 답을 얻었는지 확인한 다음, 답을 기록한다. 만약 얻은 답이 다르다면 토론을 통해 모두 통일된 답을 얻어야 한다. 그런 후 다음 과제를 또 다른 학습자가 읽고 같은 방식으로 과제를 모두 해결한 후에 교사로부터 정답지를 얻어 결과를 확인하고, 왜 정답이 맞았는지 또는 틀렸는지를 서로 토론하여 과제를 익힌다.

소집단 활동이 끝난 후 교사는 각 소집단 구성원에게 이번 소집단 활동을 반성하고 다음 활동에서 우리 소집단에 필요한 것이 무엇인지, 그리고 각자가 소집단의 성공을 위해 해야 할 일이 무엇인지를 한 가지씩 적게 하여 소집단 활동의 개선을 도모할 수 있다.

(3) 토너먼트 게임(tournaments game)

게임을 위한 교사의 준비

▷ 문제 카드 및 정답지를 준비한다. 교사는 학습자들이 배운 단원의 범위 내에서 학습 목표에 관련된 퀴즈 문제들을 준비하여야 한다. 보통 네 명이 한 테이블에서 게임을 하게 되므로 4의 배수에 해당되는 수만큼 문제를 만들어야 한다. 예를 들어 24개의 문제를 만들었다면 24개의 카드(카드의 크기는 트럼프 카드의 정도면 적당하다)에 앞면은 1번에서 24번까지의 번호를 적고, 뒷면에 문제를 적어서 준비한다.

그리고 그에 해당하는 정답지도 만드는데 이것은 필요한 문제의 답만 들춰볼 수 있도록 포스트잇과 같은 것으로 가려놓아야 한다. 카드의 앞면에는 번호를 적어도 좋지만 다양한 그림이 있는 카드를 사용해도 관계없다. 또한 카드와 문제를 분리해서 준비해도 관계없다. 예를 들어 번호가 적인 작은 카드를 사용하여 뒷면에 문제를 적을 공간이 적다면, 별도의 용지에 준비한 카드 수만큼 문제를 만들어 따로 사용해도 된다. 그리고 문제의 수는 4의 배수로 24, 28, 32 문제 등, 단원 내용이나 수업 시간 등을 고려해 조정할 수 있으나 가능한 많은 문제를 출제하는 것이 바람직하다. 만약 세 명씩 테이블 게임을 한다면 3의 배수에 해당되는 문제카드를 제공해야 할 것이다. 또한 정해진 시간보다 빨리 게임이 끝난 테이블을 위하여 또 한 묶음의 문제 카드를 만들어 놓는 것이 바림직하다. 즉 테이블마다 게임 진행 속도의 차이가 있기 마련이고, 어떤 테이블은 아직 열두 문제밖에 진행되지 않았는데 다른 테이블은 게임이 끝나버릴 수도 있기 때문이다. 게임이 끝난 테이블의 학습자들은 다른 테이블의 학습자들이 게임을 끝낼 때까지 기다려야 하고, 교사가 이들을 통제하는 데에도 신경을 써야 하기 때문이다. 학습자들은 높은 점수를 얻고자 게임을 계속하기를 바라기 때문에 문제 수가 많아도 불평하지는 않는다.

▷ 각종 기록 카드를 준비한다. 우선 각 토너먼트 테이블에는 네 명의 학습자가 게임을 하게 된다면 각 테이블마다 게임의 결과를 기입할 〈표 1〉과 같은 테이블 기록표를 준비한다. 다음으로 〈표 2〉와 같은 소집단별 성적을 볼 수 있는 소집단별 기록표도 준비한다. 교사는 STAD에서와 같이 전체 소집단과 학생들의 성적을 일목요연하게 게시판에 게시하고 격려하는 것이 좋다.

▷ 각 토너먼트 게임의 성적에 따른 점수기준도 미리 제시해 주어야 한다. 특히 동점이 나왔을 때나 게임에 참가한 인원수의 차이를 대비한 점수 기준도 마련해 주어야 한다. 예를 들어 어떤 테이블은 세 명이

게임을 하게 되고, 어떤 테이블은 다섯 명이 게임을 하게 된다. 지면 관계상 제시되지 않았지만 이때의 기준도 별도로 미리 제시해 주어야 하는데, 이런 경우는 학습자들에게 공정하다고 생각되는 기준을 교사가 나름대로 정해서 제시해 주면 된다.

게임의 방법

▷ 우선 한 토너먼트 게임 테이블에 네 명의 학생이 게임을 할 수 있게 하기 위해서는 학급 학생수와 소집단의 수를 잘 조절해야 한다. 만약 한 학급의 학생수가 48명이고, 네 명씩 열두 개의 소집단으로 구성되어 있다면 1-4조는 1부 리그, 5-8조는 2부 리그, 9-12조는 3부 리그로 나누어 운영하면 될 것이다. 그렇게 되면 게임을 하게 되는 테이블이 모두 열두 개가 된다. 그러므로 교사는 열두 묶음의 문제 카드, 정답지, 테이블 기록표를 준비해야 한다. 만약 출제한 문제가 그렇게 많지 않다면 한 테이블에 세 명이 게임을 할 수 있게 해서 가능한 문제를 풀 수 있는 기회를 많이 주는 방향으로 진행할 수도 있다. 이때는 1-3조가 1부 리그, 4-6조가 2부 리그, 7-9조가 3부 리그, 10-12조가 4부 리그가 될 것이다. 그 외의 학생수의 차이로 인해 발생하는 문제들은 교사가 적절히 융통성을 발휘해서 운영하면 된다.

▷ 각 조는 STAD의 경우와 같이 이전의 학력 점수 등에 따른 학습능력별로 상위, 중간, 중간, 하위의 학생으로 구성되어 있다. 각 구성원은 자신의 학습 능력에 따라 다른 조의 같은 학습 능력을 가진 학생과 게임을 하게 된다. 즉 1부리그의 예를 든다면 1조의 상위, 2조의 상위, 3조의 상위, 4조의 상위 학생이 한 테이블에 만나서 게임을 하고, 또 각조의 하위 학생 네 명이 한 테이블에서 게임을 하게 되는 것이다. 이렇게 함으로써 모든 구성원은 동등한 조건에서 게임에 임할 수 있고, 여기서 얻은 성적에 따라 다음 게임에는 상위 테이블에 출전할 수도 있고, 팀에 기여할 동등한 기회를 갖게 된다.

▷ 네 명의 학습자들이 토너먼트 테이블에 둘러앉으면 테이블 위에는 교사가 준비해 둔 문제 카드 묶음(카드 번호가 적혀 있는 면을 위로 하여)이 섞여 있고, 정답지는 가려진 상태로 놓여있고, 또한 테이블 기록표가 놓여져 있다. 누가 먼저 문제를 풀 것인지 '선(先)'을 정하면 (문제카드가 4의 배수이므로 먼저 하는 것에 대한 특혜가 없다. 그러므로 가위바위보로 먼저 할 사람을 정하든지, 아니면 눈을 감고 각각 카드를 뽑아서 카드에 적힌 수가 가장 낮은 학생을 '선'으로 정하는 등의 방법을 사용하면 된다), 오른쪽으로 1번 도전자, 2번 도전자, 3번 도전자가 된다. '선'이 결정되면 '선'은 임의의 카드를 선택하고 그 카드를 뒤집어서 카드 뒤에 있는 문제를 다른 학생들이 들을 수 있도록 읽는다. 물론 다른 학생들 모두가 문제를 정확히 이해할 수 있도록 공개한다. '선'의 권한은 자신이 선택한 문제의 답을 먼저 말할 수 있고, 틀려도 감점이 없다는 점에 있다. '선'이 생각한 답을 말한 다음, 1번 도전자부터 자신이 생각을 표현할 수 있는 기회가 주어진다. 즉 앞에서 말한 것이 정답이라 생각되거나 잘 모르겠으면 '통과'를 외치고, 틀렸다고 생각되면 '찬스'를 외치고 자신이 생각하는 답을 말하면 된다. 그러나 도전자들이 말한 답이 틀렸을 때는 1점의 감점을 당하게 된다. 2번, 3번 도전자는 '선'에서부터 앞의 도전자들 중 누구 하나가 정답을 말했다고 생각되거나 잘 모르면 '통과'를 외치고, 만약 아직 정답이 나오지 않았다고 생각하면 그때 '찬스'를 외치고, 자신이 생각한 답을 말하면 된다. 이렇게 해서 마지만 도전자 즉 3번 도전자가 정답을 확인하는 역할과 결과를 기록하는 역할을 맡는다. 이렇게 한 라운드가 끝나면 1번 도전자가 새로운 리더가 되고, 오른쪽으로 역할이 하나씩 옮겨지게 된다.

▷ 교사가 마치기 10분쯤 전에 게임의 종료를 알리면 게임이 끝나는데, 이때 네 명의 학생이 동등한 횟수만큼 '선'의 역할을 하지 못한 테이블은 그렇게 될 때까지 기다려 준다. 게임의 종료를 알리기 전에 주

어진 문제 카드를 다 사용한 테이블이 있으면, 준비해 둔 다른 문제 카드 묶음을 제공한다. 예비 문제 카드를 준비해 놓지 않으면 그 테이블의 학생들을 통제하기가 힘이 드므로 반드시 준비해 두는 것이 좋다. 게임이 끝나면 테이블 기록표에 결과를 기록 한 후 교사에게 제출한다.

TGT 게임 방법

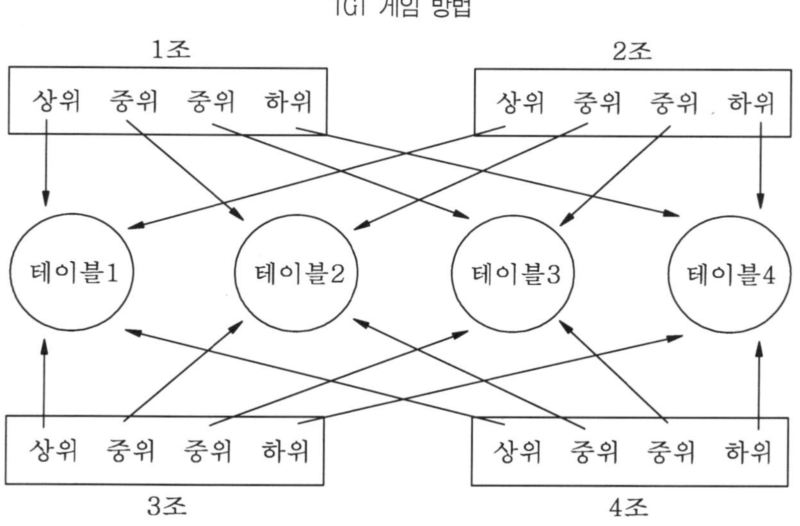

(4) 소집단 점수의 게시와 보상(team recognition)

교사는 테이블 기록표에서 나타난 순위에 따라 기준에 의해 점수를 부여하고, 소집단 성적을 산출한다. 소집단 성적을 산출하는 데에는 시간이 걸리므로 그 결과는 대부분 다음 수업을 시작하기 전에 발표하면 된다. 그리고 각 테이블에서 1위를 한 학습자는 다음 게임에서는 한 단계 오른 테이블에 임하게 되고(예를 들어 하위였다면 중위로), 2, 3위를 한 학습자는 현상유지, 하위에 머무른 학습자는 한 단계 내린 테이블에 임하게 한다. 물론 한 조의 모든 학습자가 각 테이블에서 1위를 할 수도 있고, 모두 4위를 할 수도 있다. 그러나 기본 정신은 각 게임에서의 성적을 다음 게임에 진출할 때 반영한다는 것이다.

▷ 처음 이런 수업을 시도할 때는 학습자들이 열등감 내지는 우월감을 가질 수 있으나 여러 번 게임을 하게 되면 1위도 하고, 4위도 하게 되고, 소집단에 가장 큰 공헌도 하게 되고, 소집단에 손해를 끼치기도 한다. 그러므로 학습자들은 다양한 정서적 경험을 하게 되고, 어떤 학습자도 수업에서 소외되지 않고, 소집단의 성적을 위해 열심히 협동학습을 하게 된다.[32)]

2) <ICT 활용교수법>

ICT활용 교수법은 이미 우리생활의 일부가 되어버린 인터넷과 컴퓨터 활용 기술을 접목하여 교수-학습에 있어서 그 기술을 활용하고 인터넷상에서 교사와 학생이 그들만의 새로운 공간을 함께 만들어 가는 데 큰 의미를 지니고 있다. 현재 많은 기술들이 응용되고 있으며 메일을 이용한 과제물 등은 이미 생활화되어 있다.

딱히 ICT활용 교수법의 장점과 단점을 정확히 나눌 수는 없지만 여러 가지 장점이 있다.

- 장점-교사와 학생이 함께 하는 공간을 만들 수 있다.

학생이 관심 있는 분야를 컴퓨터를 이용해 원하는 분야의 지식을 얻을 수 있다.

무엇보다 학생의 흥미와 관심을 유발하여 학습동기를 부여할 수 있다.

학생들의 창의적인 아이디어를 학습에 반영할 수 있고 수업을 능동적으로 이끌 수 있다.

- 단점-교사가 끊임없이 연구해야 하며 수업을 위한 고도의 컴퓨터 지

32) 정문성 김동일(1998). 열린교육을 위한 협동학습의 이론과 실제. 서울: 형설출판사.

식을 소유하고 있어야 한다.

지나치게 흥미 위주의 수업으로 빠질 수도 있다.

학습자가 새로운 변화만을 추구하려는 경향을 가질 수도 있다.

ICT교수법은 과거의 영어교수법과 비교한다면 획기적이라고 할 수 있다. 과거의 딱딱하던 영어공부를 이제는 컴퓨터를 이용해 생동감 있고 재미있게 진행할 수 있다는 데 큰 의미를 가지며 특히 인터넷상에서의 가상현실이나 수업현장에서 상황을 중심으로 하는 수업은 오늘날의 영어 교육의 흐름과 맥락을 같이 한다고 볼 수 있다.

2001년 11월 5일 '현장다큐 선생님'에 출연하였던 언북 중학교 송형호 선생님은 ICT교수법의 선두 주자로 현재 '즐거운 학교'라는 영어 사이트 속에 '즐거운 영어'라는 모임을 만들어 직접 학생들과 사이트를 공유하며 컴퓨터 기술을 이용해 수업에 활용하고 있다.

간단히 수업에 이용되는 기술과 지원받을 수 있는 사이트를 알아보기로 한다.

- "40인치닷컴"

영어수업 흐름도

저의 전형적인 수업 흐름도입니다.

영어교육의 중요성에 대하여

싱가포르 정부에서는 정부 차원에서 '영어 잘하기' 운동을 시행중임

http://www.sgem.org.sg/

Singlish vs English

Singlish or Singapore English can be defined as English corrupted by Singaporeans:

"Singlish is not English. It is English corrupted by Singaporeans and has become a Singapore dialect. I am not referring to accent here. Our Singaporean accent is acceptable. We do not need to fake an American or British accent. Singlish is broken, ungrammatical English sprinkled with words and phrases from local dialects and Malay which English speakers outside Singapore have difficulties in understanding."

Prime Minister Goh Chok Tong, 29 August 1999

(1) 어휘학습: 단어설명

① Flash card 이용(출판사 제공)

② Picture dictionary: 그림을 보고 해당하는 낱말을 공책에다 쓰기(10-20문항)

수행평가(1점)

③ Sound dictinary: 아래아한글에 삽입한 낱말소리 파일을 듣고 공책에다 쓰기(10-20문항)

3) GI 교육론

(1) 개 요

집단 탐구 학습모형은 집단의 일원으로서 수업활동에 적극적으로 참여하도록 유도함으로써 학생들에게 지식이나 정보를 터득하고 조직하는 방법을 가르쳐 주려는 데 근본 취지를 두고 있는 학습 형태이다.

집단 탐구모형은 1976**년 이스라엘** Tel Aviv **대학에서** Sharan**에 의해 개발되었다. 학생들은** 2-6**명 정도의 소집단으로 나누어지고 전체 학급에**

서 학습해야 할 과제를 집단 수에 맞추어 작은 단원으로 세분된다. 각 집단은 맡은 단원의 집단보고를 위해 토의를 거쳐 각 개인의 작업이나 역할을 정한다. 각 집단은 조사활동 후 전체 학급을 대상으로 발표하게 되고 교사는 각 집단의 전체 학급에 대한 기여도를 평가하게 되고, 최종학업성취에 대한 평가는 개별적 평가나 집단평가를 한다.

A. GI의 **특징**

① 학생이 ***학습활동에 대한 강한 통제력***을 행사할 수 있도록 한다.

② 학생으로 하여금 다음의 ***기회를 최대화한다***.

－관심 있는 것에 대한 탐구 질문을 할 수 있는 기회.

－넓고 다양한 정보원에게 대답을 찾을 수 있는 기회.

－그들 탐구의 내용과 과정을 함께 계획하는 기회.

－그들 개인적 경험과 지식의 관점에서 대답할 수 있는 기회.

－정보와 아이디어의 항시적 교환에 있어 동료와 상호 작용하는 기회

③ 협동학습의 기본적 특징을 공유하여 ***다양한 경험을 할 수 있다.***

B. GI의 **효과**

① 학업성취 측면에서 전통적인 수업방식보다 ***학업성취효과***가 보다 높게 나타난다.

② ***고급사고력*** 향상에 매우 효과적.

③ ***사회적 상호작용***에서 보다 효과적.

④ 개인적 활동에 대한 칭찬과 ***피드백 활동이 많다***.

(2) 수업의 절차

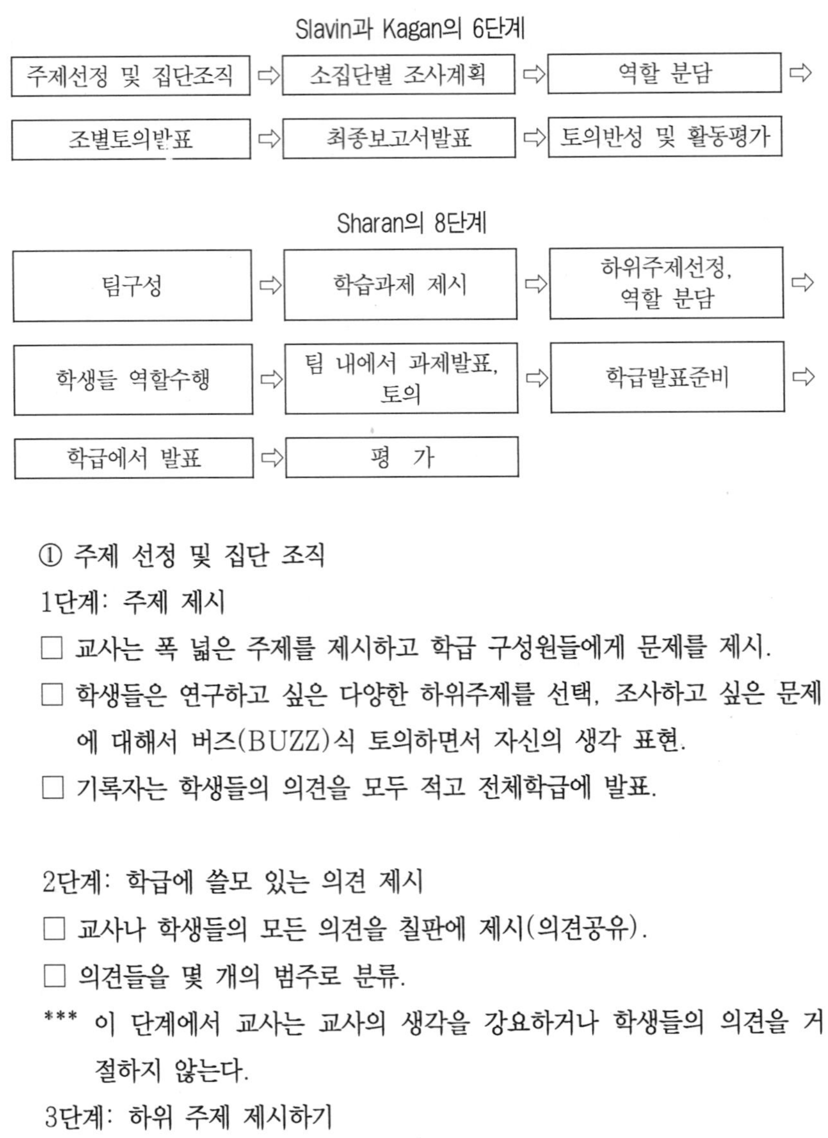

① 주제 선정 및 집단 조직

1단계: 주제 제시

□ 교사는 폭 넓은 주제를 제시하고 학급 구성원들에게 문제를 제시.

□ 학생들은 연구하고 싶은 다양한 하위주제를 선택, 조사하고 싶은 문제에 대해서 버즈(BUZZ)식 토의하면서 자신의 생각 표현.

□ 기록자는 학생들의 의견을 모두 적고 전체학급에 발표.

2단계: 학급에 쓸모 있는 의견 제시

□ 교사나 학생들의 모든 의견을 칠판에 제시(의견공유).

□ 의견들을 몇 개의 범주로 분류.

*** 이 단계에서 교사는 교사의 생각을 강요하거나 학생들의 의견을 거절하지 않는다.

3단계: 하위 주제 제시하기

□ 소집단 결성은 학생들의 흥미에 기초.

*** 집단의 학생 수에 대한 제한 필요.
*** 교사는 학생이 주제에 관한 구체적인 질문을 만들어낼 수 있도록 격려.

② 소집단별 조사계획

☐ 연구주제, 구성원의 이름, 조사하려는 내용, 자료, 역할분담(토의 진행자, 기록자, 과제탐구 분야 등).

☐ 구성원들은 조사해야 할 하위 주제의 관점을 결정.

☐ 연구문제 설정, 연구방법 결정, 조사를 실행하는 데 필요한 자료 선정.

*** 각 집단이 현실적인 계획을 세우고 모든 구성원의 아이디어가 수용되도록 도와준다.

③ 역할분담

☐ 학생들은 개인 혹은 짝끼리 정보를 수집, 분석, 평가하고 결론을 유도하며 소집단

☐ 탐구문제의 분석에 그들의 새로운 지식을 적용.

☐ 학생이 과제를 완성하면 소집단은 다시 모여 지식을 공유.

☐ 연구과정에서 발견한 것을 요약, 제시.

*** 학생이 탐구하는 기술을 도와주고 문제가 있을 때에는 탐구활동을 중단하고 탐구기술을 훈련할 기회도 주어야 한다.

④ 조별토의 발표

☐ 자료수집 및 명료화 단계로부터 집단의 연구결과를 학급에 발표하는 단계까지의 이행단계.

☐ 학생들은 정보를 모으고, 조직하고, 정보를 이해하고 통합시키기 위해 토론을 실시.

☐ 소집단별 발표준비.

*** 각 소집단이 발견한 것의 주된 아이디어를 구체화하는 것을 도와주

고 각 소집단의 발표계획을 조정해 준다.

⑤ 최종보고서 발표

☐ 발표할 때는 분명하고 간략하게.

☐ 개념설명은 칠판을 이용.

☐ 시청각 기자재 활용.

☐ 학급 구성원들과 공식적이고 적당한 논쟁.

☐ 과제의 일부를 드라마로 구성하거나 모의실험으로 준비.

☐ 흥미를 느낄 만한 퀴즈프로그램을 준비.

☐ 활기 띤 발표를 위해 사진, 그림 등을 제시.

*** 발표에 대한 기준을 제시하고 발표 후에는 발표에 대한 토론을 이끈다.

⑥ 토의반성 및 활동평가

☐ 평가방법

－수시 및 누가 평가.

－기여도 평가, 개인별 평가, 집단별 평가

☐ 평가 내용

－주제의 여러 측면에 대한 조사방법.

－지식을 새로운 문제의 해결에 적용한 방법.

－여러 자료들로부터 결론에 도달하는 방법 등.

*** 탐구의 과정에서 학생이 획득한 새로운 사실이나 개념을 평가하는 방법을 선택하고, 탐구 결과 그들이 내린 결론이 무엇인지, 어떻게 그들이 발견한 것들을 통합하였는지를 주의 깊게 살핀다.

⑦ 유의점

☐ 어떤 종류의 자료가 유용한가 알아야 한다.

☐ 자료를 찾으면서 떠오르는 질문들을 적어 둔다.

☐ 일상의 삶과 관계있고 다양한 자료를 사용하며 학생들에게 자극적인 주제를 제시해야 한다.

☐ 가능한 많은 자료를 동원하고 학생의 흥미를 자극할 수 있는 도입활동이 필요하다.

☐ 학생들에게 탐구가 어떻게 진행되고 어떻게 평가될 것인지를 정확하게 설명해 주어야 한다.

☐ 학생에게 그들이 탐구한 것과 그 결과가 무엇을 의미하는지 질문하여 주제에 대해 보다 깊은 이해를 하게 한다.

☐ 탐구활동이 잘되었는지 개선할 점은 무엇인지 스스로 질문을 한다.

(3) 과제제시 및 평가방법

① 과제제시방법

과제제시는 교사가 교재를 제시하고 학생들의 의견을 모아 몇 개의 하위과제로 분류 및 정리한다. 학생들은 자신의 흥미와 관심에 따라 하위과제들 중 하나를 선택하고 학생들은 각 집단에서 논의를 통해 세부과제를 도출해 낸다.

② 평가방법

☐ 개인일지

－자신이 조사한 내용을 자신만의 언어로 표현하고 완전하게 이해하고 있는가?

－자신이 맡은 부분뿐만 아니라 다른 팀원들이 조사한 내용도 어느 정도 이해하고 있는가?

－일지는 잘 기록하였는가?

－주제와 관련된 자료를 잘 수집하여 적절하게 사용하였는가?

－자신의 다음 활동계획이 무엇인지 명확히 알고 있는가?

□ 팀일지

-각 팀원들은 정해진 날짜, 시간, 장소에 잘 모였는가?

-각 팀원들에게 역할이 잘 분담되었는가?

-각 팀원들은 자신의 역할을 잘 수행하여 자료를 잘 조사했는가?

-각 팀원들은 조사내용을 서로서로 잘 공유했는가?

□ 팀 보고서

-팀 일지와 개인일지의 기록을 바탕으로 보고서가 작성되었는가?

-알아보기 용이하도록 내용은 잘 편집되었는가?

-주제와 일관성 있게 내용이 작성되었는가?

-보고서의 내용은 참신하고 독창적인가?

□ 팀 보고서 발표

-발표하는 자세는 바른가?

-보고서를 그대로 읽지 않고 자신의 언어로 발표하는가?

-알아듣기 쉽도록 큰 목소리로 정확한 발음으로 발표하는가?

-수업매체를 잘 활용하는가?

-질문에 잘 대처하는가?

□ 토 론

-조원들이 발표한 내용을 잘 이해하는가?

-적극적으로 토론에 참여하는가?

-발표자에게 참신한 질문을 하는가?

□ 형성평가

-교사가 직접 제출한다.

-자기 조의 주제를 제외한 다른 조의 주제들 중 같은 수의 문제를 제출하여 풀게 한다.

-모든 문항은 서술형이며 부분점수를 부여한다.

(4) 수업예시

① 주제선정 및 집단 조직

□ 문제상황 제시

-우리나라 역사에 대한 전반적인 이해를 돕는다.

□ 탐구주제의 확인 및 세분화

조선의 역사

-조선의 왕들에 대해 알아본다.

-조선의 일반 서민들의 삶을 알아본다.

-조선의 전쟁사에 대해 알아본다.

-조선을 찾은 외국인들과 그들의 조선에 대한 이야기를 찾아본다.

□ 소집단 조직

소집단 조직 및 소집단의 위치 선정

-흥미 있는 세분화된 주제에 각 학생들이 참여

-기록자, 토론 진행자, 탐구 분담

태종팀: 조선의 왕들……

세종대왕팀: 조선의 일반 서민들의 삶

영조팀: 조선의 전쟁

정조팀: 조선을 찾은 이방인들

② 소집단별 조사계획

□ 집단별 과제분석

-각 조들이 맡은 소주제를 조원들끼리 하위주제로 분석

태종팀: 조선의 왕들(초기, 중기, 후기……)

세종대왕팀: 조선의 일반 서민들의 삶(초기, 중기, 후기……)

영조팀: 조선의 전쟁(임진왜란, 병자호란……)

정조팀: 조선을 찾은 이방인들(하멜, 선교사……)

□ 탐구방법 협의

—문헌 찾기, 인터넷 검색, 토론 등

③ 역할분담

—각 조가 맡은 탐구과제의 하위주제들을 조원들에게 분담

④ 조별토의 발표

—조사 탐구의 활동 전개

—조사 자료의 발표 및 의견 정리

—발표에 대한 협의

⑤ 최종보고서 발표

—집단별 발표

—질문과 토의

⑥ 토의반성 및 활동평가

4) LT(Learning Together)

(1) 모형의 개요

LT 학습모형은 미국의 미네소타 대학의 존슨(Johnson) 교수 형제가 개발하여 흔히 존슨모형이라고 하는데, 말 그대로 "함께 하는 학습"을 말한다. 1975년에 개발된 이 모형은 ***주어진 과제를 해결하기 위하여 관련 자료에 대한 토의 과정을 통해 협동적으로 학습을 수행하는 모형***이다.

이 모형은 적용에 있어 융통성이 높으며, 학생들의 협동적 기능이 증진될 수 있으나 모형이 너무 포괄적이어서 적용에 있어서 실질적인 도움이나 안

내를 얻기가 어렵다는 것이다. 이 모형은 공동활동 기능의 교수에 대한 충분한 준비와 실천이 있어야 하고 그에 따른 교사의 노력과 시간이 필요하다.

(2) LT 모형의 구체적 절차

LT 모형의 절차는 모두 18단계이며, 이는 절차이기도 하지만 일종의 원리이기도 하다(Johnson & Johnson, 1984, 1994).

① 수업 목표를 상세화하기(specifying instructional objectives)

수업의 하기 전에 교사가 상세화해야 할 목표는 두 종류이다. 하나는 개념과 과제 분석을 통해 정확한 수업 수준과 학생의 발달 수준에 적합한 구체적인 지적 목표(academic objectives)이고, 다른 하나는 수업 중에 강조되어야 할 협력적 기능 목표(collaborative skills objectives)이다.

② 소집단 크기의 결정(deciding on the size of the group)

보통 협동 학습의 소집단 크기는 두 명에서 여섯 명이다. 소집단의 크기는 많은 요인들에 의해 결정되어야 한다. 소집단의 크기가 증가함에 따라 능력의 범위, 숙련도, 기능, 다루는 정보의 양과 과정 등이 증가한다. 소집단 크기가 클수록 그 소집단에 도움을 줄 수 있는 특별한 지식을 가지거나 재능을 가진 구성원을 보유할 수 있는 가능성은 더욱 커진다. 그러나 반면에 발표할 기회, 활동을 조직화하는 일, 합의에 이르는 일, 학습자료를 정교화하는 일, 모든 구성원이 과제에 집중하는 일은 더욱 정교한 기술을 요구하게 된다. 그러므로 교사에 의해 이러한 기능들이 잘 훈련되어져야 가능하다.

그러므로 소집단의 크기는 과제의 특성에 따라 결정되어지는 것이 보통이다. 그리고 수업 시간이 짧을수록 소집단의 크기는 작아져야 하고 특히 협동 학습을 처음 시작하는 경우에는 두세 명의 규모로 시작하여 교사나 학생이 집단 과정에 익숙해졌을 때 소집단 규모를 늘려나가는 것이 좋다. 그러나 여러 연구에 의하면 최대한 여섯 명을 넘는 경우는 비효과적인 것으로 알려져 있다. 협동 학습 집단은 소집단 구성원 모두가 자유롭게 토론에 참여할 수 있도록 충분히 작아야 하기 때문이다.

③ 학생의 소집단 배치(assigning students to group)

학생을 소집단에 배치할 때는 다음과 같은 주의가 요청된다.

한 소집단의 구성원은 가능한 이질적으로 구성되어야 한다. 이는 학생의 사고를 정교화하고, 보다 자주 정보와 설명이 교환되게 하고, 다양한 관점을 가질 수 있기 때문이다. 그 결과로 학생들의 이해가 깊어지고, 합리적 사고의 질이 깊어지며, 오랫동안 파지할 수 있는 효과가 있다.

과제 지향적 학생과 그렇지 않은 학생을 섞어서 소집단을 구성하는 것이 좋다.

학생의 선택보다는 교사가 소집단 구성원을 구성하는 것이 바람직하다. 학생을 이질적으로 구성하기 위해서는 출석 번호를 통해서 무작위로 구성하는 방법도 있고, 학생으로 하여금 함께 활동하기를 원하는 학생을 세 명씩 적게 한 다음 소외되는 학생을 확인해서 그 학생을 도와줄 수 있는 학생을 한 소집단에 배치하는 방법도 권장된다.

소집단의 운영 기간에 대해서 특별한 기준은 없으나 목표가 달성되는 데 효과적일 만큼 충분히 유지하는 것이 바람직하며 가능하면 모든 학급의 학생이 한번씩은 함께 소집단 활동을 할 수 있게 하는 것이 좋다.

④ 교실의 구성(arranging the room)

교실의 구성은 소집단 학생이 둥글게 서로 마주보고 앉을 수 있어야 하고 다른 소집단을 방해하지 않고 서로 대화를 나눌 수 있을 정도로 가까워야 한다. 또한 교사가 모든 소집단 활동에 쉽게 접근할 수 있고 학생들도 소집단들을 방해하지 않고 다닐 수 있는 공간도 만들어 두는 것이 좋다.

교사들이 흔히 하는 실수는 책상을 사각형 형태로 배치하여 학생들이 서로 마주 보지 못하게 하거나 책상을 중앙으로 모아서 작은 목소리로 대화를 나누기에 너무 멀게 배치하는 경우가 많다. 그러므로 교실의 구성은 소집단 학생들이 편안하게 관련 자료를 함께 볼 수 있고, 목소리를 높이지 않고 토론할 수 있는 환경이어야 한다.

⑤ 상호의존성을 높일 수 있는 수업 계획(planning the instructional materials to promote interdependence)

교사는 수업 중에 수업 자료의 구조화 방식을 통해서 학생의 지적인 학습 효과와 긍정적 상호의존성을 신장시킬 수 있다. 학생들이 협동적 기능에 익숙해 있을 때는 이 활동을 할 필요가 없지만 협동 학습을 처음 할 때는 매우 필요한 활동이다. 즉 소집단 구성원이 함께 살고 함께 죽는다는 학습 환경에 익숙하게 하기 위해 교사는 세 가지 방식으로 이를 훈련시킬 수 있다. 첫째는 자료의 상호의존성(materials interdependence)인데 소집단에게 한 자료만을 제공해주는 방식이다. 자료가 하나이기 때문에 학생들은 어쩔 수 없이 함께 볼 수밖에 없고 그러는 가운데 자연스럽게 협동적인 활동을 하게 된다. 학생이 협동적 활동에 익숙해지면 구성원 모두에게 자료를 나누어주는 것이 좋다. 둘째는 정보의 상호의존성(information interdependence)인데 교사가 학생에게 종합해야 할 부분적 자료들을 따로 따로 나누어주는 것이다. 소집단 구성원들은 어쩔 수 없이 끼어 맞추기 게임(Jigsaw puzzle)처럼 각자에게 주어진 자료를 모두 모아야 전체적 과제를 완성할 수 있기 때문에 협동을 하게 된다. 셋째로는 다른 소집단과의 경쟁(interdependence with other groups)을 통해서 협동을 하게 하는 방법인데 TGT(teams-games-tournament)모형이 대표적이다.

⑥ 상호의존성을 보증하는 역할 분담(assigning roles to ensure interdependence)

협동적 상호의존성은 소집단 구성원들 간의 상호보완적이고 연결된 역할 분담을 통해서 나타난다. 예컨대, 과학 수업에서 다섯 가지 역할이 학생에게 주어질 수 있다. 점검자(summerizer-checker)는 구성원들이 배우는 내용을 이해하고 있는지 관찰한다. 연구실행자(researcher-runner)는 필요한 자료를 수집하고 다른 집단과 교사와의 의사소통을 담당한다. 기록자(recorder)는 소집단의 결정과 보고서를 기록한다. 응원자(encourager)는 구성원들이 적극적으로 기여할 수 있도록 격려한다. 관찰자(observer)는 집단 과정과 협동적인 활동들을 얼마나 잘 하고 있는지 관찰한다.

⑦ 과제에 대한 설명(explaining the academic task)

학생에게 과제를 배분할 때 교사는 여러 가지 측면을 고려해야 한다.

개인 구성원 각자가 해야 할 과제가 무엇인지 분명하고 명확하게 할당하여야 한다.

수업을 함으로써 얻게 되는 결과 행동, 즉 목표를 분명하게 설명해 주고 그것과 관련된 개념이나 사전에 배웠던 관련 정보가 무엇인지 알려 주어야 한다.

관련 개념을 정의해 주고, 학생이 밟아야 할 수업 절차를 설명해 주고 적절한 예를 들어주는 것도 좋다. 아울러 이전 수업과 지금의 수업이 어떻게 다른지를 설명해 주는 것도 매우 도움이 된다.

교사가 구체적인 질문을 통해서 학생이 자신의 역할 분담에 대해 이해하고 있는지를 확인하는데 이를 통해서 과제가 효과적으로 배분되었는지, 학생이 자신의 역할을 수행할 준비가 되어 있는지를 확인한다.

⑧ 긍정적 목표 상호의존성의 구조화(structuring positive goal interdependence)

협동 학습은 소집단 구성원이 '함께 살고 함께 죽는'(sink or swim

together)학습 상황을 강조한다. 각 학생이 자기에게 주어진 분담 과제를 완수해야 할 뿐만 아니라 다른 동료들도 각자의 분담 과제를 완성해야 소집단 전체의 과제를 성공적으로 완수할 수 있다는 것을 인식해야 한다. 이를 위해 교사는 대표적으로 과제와 보상의 두 가지 구조화 방식을 사용하는 것이 좋다. 먼저 과제를 통한 방식은 구성원들에게 과제는 분담하게 하되 결과 보고서는 단일한 것으로 요구하여 모든 학생의 서명을 받게 한다든지, 임의로 한 학생을 선택해서 자신들의 과제에 대한 설명을 요구한다든지 해서 모든 구성원이 그 과제를 충분히 이해하고 수행하였는지를 점검한다. 다음으로 보상을 통한 방식은 과제를 끝낸 후에 개인적 시험을 치러서 소집단 전체 점수에 반영하거나 특정한 기준에 도달한 구성원의 수에 따라 보상하는 등의 방식을 사용한다. 이러한 방식은 구성원간에 긍정적인 목표 상호의존성을 구조화하여 학생으로 하여금 '우리의 운명은 너에게 달려 있다'와 '우리가 어떻게 너를 도울 수 있겠니?'하는 두 가지 생각을 하게 만든다.

⑨ 개별적 책무성의 구조화(structuring individual accountability)

개인 구성원이 다른 구성원들이 과제를 완성하도록 돕지 못하고, 개인에게 주어진 과제를 수행하지 못한다면 진정한 협동학습이 아니다. 개인은 자신의 과제는 물론 다른 구성원에 대한 의무와 책임이 있다. 교사는 이를 위해서 교사는 임의로 한 집단의 한 개인을 지적해서 질문을 하거나 다른 구성원의 활동을 점검하게 하거나 집단을 평가할 때 임의의 한 구성원의 성적을 사용하는 등의 방법을 통해서 개별적 책무성을 강조한다.

⑩ 집단간 협동의 구조화(structuring intergroup cooperation)

집단 내의 협동학습의 긍정적 결과는 집단 사이의 협동에서도 확장될 수 있다. 한 소집단이 자신들의 과제를 다 끝냈을 때 다른 집단의 활동을 도와줄 수 있다.

⑪ 성취의 기준 설명(explaining criteria for success)

교사는 학생이 성취해야 할 절대적 기준을 명확하게 설명해 주어야 한다. 그래서 학생이 다른 학생의 목표를 파괴하면서 자신의 목표를 달성하지 않도록 해야 한다. 또한 집단에 따라 성취 목표가 다르게 설정될 수도 있다. 또는 주간이나 월별로 목표의 점진적인 상향 조정을 하여 구체적으로 학생의 진보를 확인하도록 하는 것도 바람직하다.

⑫ 바람직한 행동의 상세화(specifying desired behavior)

협동학습 활동에서 바람직한 행동들을 학생들에게 주지시켜야 한다. '자신이 속한 소집단에 머물러 있기', '낮은 목소리로 말하기', '차례를 기다리기', '동료들의 이름을 불러 대화하기' 등과 같이 초보적인 행동 규칙에서부터, '어떻게 정답을 찾았는지 설명하기', '이전 수업에서 배운 내용을 관련시키기', '자료를 이해하고 동료들이 도출한 정답에 동의하기', '동료들을 격려하기', '동료들이 발표하는 것을 잘 듣기', '다수의 압력이 아니라 논리로 동료를 설득하기', '사람을 비판하지 말고 주장을 비판하기' 등의 규칙들이 상세하게 제시되어야 한다.

⑬ 학생의 행동을 모니터하기(monitoring students' behavior)

협동학습에서 학생이 학습활동을 하는 동안 교사는 학생이 과제를 제대로 수행하는지 제대로 협동 활동을 하는지를 알기 위해 관찰을 해야 한다. 수업 시간이 길 때에는 체계적 관찰을 하는 것이 바람직하다. 체계적인 관찰은 '집단목표에 기여하는 아이디어를 말하기', '질문하기', '느낌을 표현하기', '적극적으로 듣기', '아이디어를 지지하거나 수용하는 표현하기', '격려하기', '참여를 독려하기', '요약하기', '이해했는지 여부를 점검하기', '농담으로 긴장 풀기', '집단 활동의 방향 제시하기' 등의 점검 목록을 만들어 활용하는 것이 좋다. 때로는 학생을 관찰자로 사용할 수도 있는데 이때는 단순한 점검을 하도록 한다.

⑭ 과제 지원(providing task assistance)

교사는 학생의 활동을 모니터하면서 수업의 과정을 명확하게 하고, 할당된 과제를 완수하는 데 중요한 과정과 전략을 개관하고, 질문에 답하고, 필요한 과제 수행 기능을 가르쳐야 한다. 이때 교사는 구체적인 표현을 통해서 바람직한 행동과 긍정적 전이를 촉진시켜야 한다.

⑮ 개입을 통한 협력적 기능 가르치기(intervening to teach collaborative skills)

교사는 모니터를 하는 가운데 특별한 경우가 아니면 개입을 하지 않는 것이 좋으나 필요하다고 생각될 때는 필요한 협동 기능이 부족한 학생과 제대로 협동 활동을 하지 못하는 집단이 있을 때 이에 개입할 필요가 있다. 협동적 기능이 가르쳐질 가장 좋은 시기는 학생이 그것을 필요로 할 때이기 때문이다. 개입을 했을 때에도 최소한으로 한정하여 문제를 완전히 해결해 주지 말고 그 집단이나 개인이 스스로 해결하도록 맡겨야 한다. 학생들은 적어도 협동적 기능에 대한 필요성을 인식해야 하고, 그 기능이 아주 구체적으로 정의되어야 하며, 기능의 사용이 장려되어야 하고, 학생이 기능들을 얼마나 잘 사용하였는지 논의하는 과정이 있어야 하며, 기능이 내면화될 때까지 숙련되어야 한다.

⑯ 수업 마무리하기(providing closure to the lesson)

수업이 끝날 무렵 학생은 그들이 배우고, 이해하고, 앞으로 배울 수업에 어떻게 활용할지를 요약 정리할 수 있어야 한다. 교사는 이를 위해 수업의 요점을 요약하고, 질문을 통해 확인하고, 적절한 예를 제공하며, 학생의 최종적 질문에 대답해 주는 등 수업의 마무리를 잘 해주어야 한다.

⑰ 학생의 학습에 대한 양적·질적 평가(evaluating the quality and Quantity of students' learning)

평가 대상은 소집단 구성원이 합의해서 보고한 결과물, 개인 평가에 기초한 소집단 점수, 특정 성취 기준에 도달한 구성원의 수 등 다양하다.

협동학습에서의 평가는 절대기준평가를 적용하여야 하며 학업 성취와 함께 얼마나 협력을 잘 했는지에 대해서도 평가하는 것이 좋다.

⑱ 집단 활동에 대한 평가(assessing how well the group functioned)

집단 활동에 대한 평가는 소집단 활동은 물론 전체 학급의 활동 과정에 대해서도 평가회를 가지는 것이 좋다.

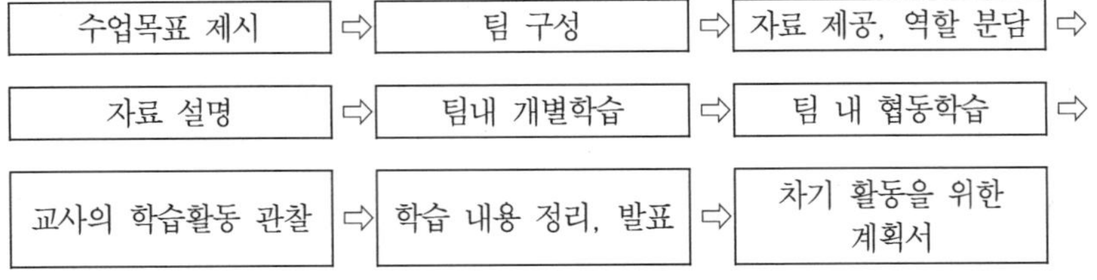

3. 과제 제시와 평가 방법

LT 모형에서는 *과제는 집단별로 부여하고, 주어진 과제를 협동적으로 수행하며, 과제를 집단으로 제출하고, 보상도 집단별로 하며, 평가도 집단별로 받지만, 시험은 개별적으로 치른다. 성적은 소속된 집단의 평균점수를 받게 되므로 자기 집단 내의 다른 학생들의 성취 정도가 개인의 성적에 영향을 미친다.* 또는 집단 평균 대신에 집단내의 모든 구성원이 정해진 수준 이상에 도달했을 때 각 집단 구성원들에게 보너스 점수를 줄 수도 있다. 이것은 학생들의 협동 행위에 대해서 보상을 해 줌으로써 협동을 격려하고 조장하기 위함이다.

교사는 학생들의 상호작용을 관찰하여 상호작용이 이루어지도록 노력해야 하는데, 이 방법은 집단토의 및 집단적 결과를 활용하여 목적뿐 만 아니라 수단의 협동을 강조하는 것이다. 이 모형은 목적과 수단의 협동을 강조하는 것으로 주요 기술은 집단 구성 기술, 동료 간의 관계 형성 기술, 사회성 기술 등이다.

LT 모형에서는 *집단의 크기를 결정하는 것이 중요한데, 집단의 적절한 크기는 과제에 대한 바람직한 과정과 결과, 학생들의 연령, 학생들의 활동 경험, 과제의 해결 가능성, 학급의 학생 수에 따라서 다양하다. 일반적으로는 대여섯 명의 이질적 소집단이 바람직하다.*

(4) LT 모형의 의의

교실에서 협동집단을 사용하는 주요 목적의 하나는 학생들에게 사회적 기능을 가르치기 위해서이다. 이 사회적 기능은 집단의 과제 해결을 돕는 데 필요하고 집단 구성원 사이의 긍정적인 관계를 형성하고 유지하는 데 필요하다. 사회적 기능을 가르치기 위한 교사들의 신중하고 의식적인 노력이 필요하다. 우선 교사는 학생들에게 사회적 기능에 대한 필요성을 인식시켜서 사회적 기능이 무엇인가에 대한 분명한 이해를 갖고서 실제의 상황을 설정하고, 사회적 기능에 대한 학습과정의 절차를 설정한다. 교사는 사회적 기능이 학생들에게 무의식적으로 발휘될 수 있을 때까지 학습 상황을 계속해서 설정해야 한다.

특히 *교사는 학생들에게 정보와 아이디어 등을 공개적으로 집단 토의 활동에 제공하도록 격려하여 학생이 자료나 자원을 공유하게 한다.* 학생들에게 수용, 지지의 표현 기능을 길러주고 협동의지, 수용, 협동적 상호작용을 하는 동안 서로 지원하도록 격려해 준다. 주기적으로 협동집단에게 신뢰하는 행동과 그 행동에 관한 질문지에 답하게 하고 그들의 협동이 앞으로 어떻게 개선될 수 있는가를 알아보게 하기 위해서 그 결과를 토의해보도록 한다.

이렇게 교사는 학습과정에서 다양한 방법으로 개개인의 학습성취 수준을 자주 확인하고 학생들로 하여금 바람직한 행동을 관찰하도록 하며, 효과적인 협동적 기능의 필요성을 인식시켜 집단학습에 대한 방향을 잡아 주어야 한다. 아울러 수업이 끝날 무렵 배운 것을 요약하고 적용 가능한 것에 대해 생각해 보게 한다. 또한 협동학습이 끝난 후 구성원 간의 토의를 통하여 협동관계를 강화하도록 한다. 학습의 효율성을 높이기 위하여 자율협동 카드, 협동학습 활동 기록지, 협동학습 관찰록 등을 현실성 있게 만들어 활용하도록 한다.

협동학습 모형을 적용함에 있어서 우리의 현장에서의 문제는 이들 협동학습 활동과 결과물에 대한 보상으로서의 점수를 성적에 어떻게 효과적으로 반영할 것인가 하는 문제이다. 개인별・집단별 적절한 평가에 의해 효과적으로 성적이 반영될 때 협동학습이 성공적으로 수행될 수 있을 것이다.

5) STAD(Student Team-Achievement Division)

(1) 개 요

1978년 Slavin에 의해 개발된 협동학습모형으로 '성취과제분담모형'이라고도 한다.

이 모형은 기본적인 지식이나 정보를 완전 학습하게 하는 데 효과적이다. 학습능력이 서로 다른 네댓 명으로 구성된 학습 팀으로 조직하게 되는데, 각 팀은 전체 학급의 축소판처럼 학습능력이 높은 학습자, 중간인 학습자, 낮은 학습자의 이질적인 학습자들로 팀을 구성한다.

교사는 매주 강의나 토론으로 새 단원을 소개한다. 각 팀은 연습문제를 짝을 지어 풀기도하고, 서로 질문하기도 하고 토의도 하면서 그 단원을 학습한다. 연습문제에 대한 해답도 주어지므로 학생들은 단순히 문제지를 채우는 것이 아니라, 개념을 이해하는 것이 목적임을 명백히 알게 된다.

학생들은 팀별로 교사가 제시한 과제를 해결하고 완성할 수 있도록 협력하며, 학습을 마치고 나면 개별적으로 시험을 본다. 개인은 각자 자기 자신의 시험점수를 받지만 과거의 평균 성적과 비교하여 향상된 정도만큼 점수만큼 팀 점수에 기여하게 된다. 각 팀원의 점수를 합산한 것이 팀 전체의 점수가 되며, 이것이 일정 기준을 만족시키면 자격을 부여받거나 다른 보상을 받으므로 기본 기능에 대한 이해력과 적응력을 향상시키고 개인별 시험에도 중점을 둔다.

이 학습모형은 집단 구성원들의 역할이 분담되지 않은 공동학습구조이면서 동시에 개인의 성취에 대해 개별적으로 보상되는 개별보상구조이다. 즉 개인의 성취에 대해 팀 점수가 가산되고 팀에게 주어지는 집단보상이 추가된 구조이다.

(2) 단계별 절차

STAD 학습은 교사의 관점에 따라(혹은 교과의 특성에 따라) 4단계, 5단계 혹은 7단계로 구성하여 실시되는데, 일반적으로 교사에 의한 지시적 수업, 연습을 위한 팀별 학습, 퀴즈, 개별 향상점수 산출, 팀 인정의 순서로 진행된다.

STAD 모형을 수업에 적용하고자 할 때는 다음과 같은 절차에 따르게 된다.

① 학습 목표의 상세화: 교사는 수업을 시작할 때 학습자가 획득하게 될 구체적인 내용 목표와 행동 목표를 결정한다.

② 수업준비: 진단평가를 실시하여 각 학습자의 수준을 확인한다.

이를 근거로 교사는 협동학습을 위한 팀의 조직, 각 학습자의 기본 점수의 부여, 학습 안내문, 학습 과제지, 퀴즈(형성평가)문제, 보상 기준과 방법 등 전반적인 수업 활동의 준비를 한다.

③ 팀 조직: STAD에서 팀은 보통 4-6명으로 구성한다. 팀은 성(性), 성적, 성격 등을 고려하여 최대한 이질적으로 구성하며, 이는 이질성이 팀 동료 간의 상호작용을 활발하게 해 주기 때문이다. 협동학습 프로그램에 들어가기 전에 재미있게 서로를 알 수 있는 기회를 제공하는 팀 꾸미기를 하는 것이 고무적이다(팀 로고, 팀 기(旗), 팀 노래 등을 준비하게 함).

④ 교사에 의한 지시적 수업(학습자료 및 학습 내용의 개요 제시): 수업이

시작되면 교사는 우선 단원의 전체 개요를 직접 교수한다. 이는 구체적 학습을 하기 이전에 전체 학습 내용의 대강을 파악하여 학습 활동의 기본 방향을 제시하여 주려는 것이다. 주로 교사에 의한 직접 교수나 강의-토의식 방법으로 진행되지만, 시청각 매체를 이용할 수 있다. 이 수업단계는 크게 도입(opening)-전개(development)-안내의 순서로 진행되는데, 도입단계(학습동기유발)에서는 학생들에게 학습해야 할 내용과 그 내용의 중요성을 얘기해주며, 수수께끼나 실생활의 문제 및 여러 가지 방법으로 학생들의 호기심을 자극시킨다. 전개단계에서는 단순 암기보다는 의미파악에 초점을 맞춘다. 많은 예들을 설명하며 질문을 하도록 하며 학생들이 주안점을 포착하게 되면 바로 다음 개념으로 넘어가면서 수업 내용을 신속하게 훑어봄으로써 추진력 있는 수업을 유지해야 한다. 안내단계에서는 모든 학생들이 문제를 해결하고 질문에 대한 답을 준비하게 한다. STAD에서 학생들은 교사의 안내에 주의를 기울이는 것이 중요한데, 교사의 안내를 잘 들어야만 퀴즈를 잘 해결할 수 있으며, 퀴즈에서의 개별 점수가 팀 점수를 올릴 수 있기 때문이다.

⑤ 소집단(team) 학습 활동: 성취과제 분담학습의 가장 큰 특징은 바로 이 팀 활동이다. 학생들은 팀을 이루어 주어진 교재를 학습지를 통해 학습하면서 연습문제를 풀며, 팀 구성원이 실수를 할 때 잘못된 개념을 정정해주며 함께 해결하는 등 적극적인 상호작용을 한다. 모든 구성원이 과제를 모두 해결할 때까지 팀 활동을 유지한다(형성평가-퀴즈-에서 100% 목표달성을 위하여 동료 간에 서로 가르치고 배운다).

⑥ 퀴즈(형성평가): 단원 수업이 끝나고 적절한 준비 시간을 준 뒤에 개인별로 퀴즈(시험)를 치르게 된다. 퀴즈는 학습자가 해결해야 할 코스의 내용과 관련된 질문으로 구성되어 있다. 팀 구성원끼리 서로 도와줄 수 없으며 일단은 개인의 점수로 계산된다. 퀴즈를 치른 후에는 옆의 학습자와 서로 교환하여 채점을 한 다음 교사가 회수한다.

⑦ 개별 향상점수와 팀 점수의 산출: STAD 모형의 가장 큰 특징은 점수계산이다. 일단 퀴즈를 치른 것으로 수업은 끝나지만, 교사는 퀴즈 점수

를 모아, 개인 향상점수와 이에 따른 팀 점수를 산출한다. 개인 향상점수는 기본점수(이전에 치른 여러 번의 퀴즈 점수의 평균)에 비교하여 얼마나 향상되었는지를 보여주는 각 개인의 향상점수이다. 향상점수의 기준은 교사가 상황에 따라 임의대로 변경할 수 있다. 향상점수 체계는 다른 소집단과의 경쟁이 아닌 자신과의 경쟁이라는 점에서 보다 바람직할 수 있다.

팀 점수는 바로 개인의 향상점수의 총합을 소집단 구성원의 수로 나누어 산출한기도 하며, 각 팀에서 지난 성적이 1위인 학생들의 형성평가를 비교하여 점수 순으로 1·2·3 등의 학생에게 각각 8·6·4점을 팀 점수로 주고, 나머지 학생들에게는 2점을 팀 점수로 환산하기도 하는 등 산출방식에 변화를 줄 수 있다(2위, 3위 학생들도 같은 식으로 비교하여 개인별 형성평가 점수를 팀 점수로 환산).

이 모형의 평가체계에는 학생들로 하여금 열심히 노력하면 얻을 수 있는 수행목표를 갖게 해준다. 누구든지 팀이 최대 점수를 얻을 수 있도록 공헌할 수 있으나 최선의 노력 없이는 불가능하다.

⑧ 팀 점수의 게시와 보상: 한 단원의 수업이 끝났을 때 최대한 빨리 점수를 발표하는 것이 효과적이다. 교사는 두 가지 방식으로 보상을 주게 되는데 하나는 우수 팀에 대한 시상이고, 또 하나는 팀 점수를 게시판에 공고하는 일이다.

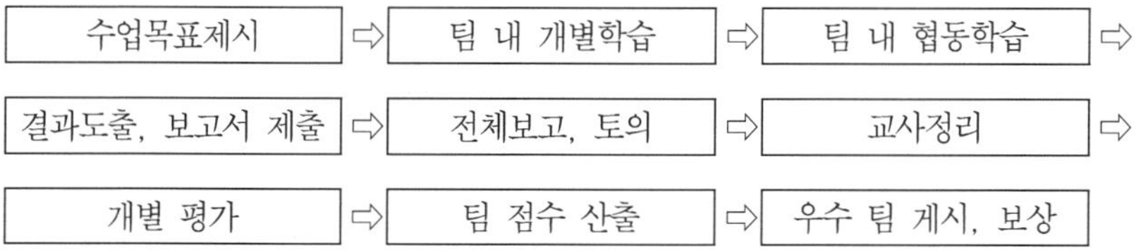

수업목표제시	⇨	팀 내 개별학습	⇨	팀 내 협동학습	⇨
결과도출, 보고서 제출	⇨	전체보고, 토의	⇨	교사정리	⇨
개별 평가	⇨	팀 점수 산출	⇨	우수 팀 게시, 보상	

(3) STAD의 적용 예

이 모형은 협동학습 모형 중 팀 경쟁학습(TAI)과 함께 가장 성공적인 실험결과를 낳고 있다. 모든 교과목에서 전통적 수업보다 효과적인 결과를 보고하고 있는데, 특히 수학과목에 효과적인 것으로 나타난다. (자료 참조)

(4) STAD모형의 의의

성취과제 분담학습 모형은 협동학습을 처음 시도할 때 가장 많이 사용되는 모형이기도 하다. 이 모형은 다음과 같은 점에서 의미를 갖는다.

첫째, 다른 모형에 비해 적용하기가 간편하여 다인 수 학급에서 적용하기가 용이하다.

둘째, 학문적 목표와 긍정적 상호의존성이라는 협동학습의 목표를 만족시킬 수 있다.

셋째, 모든 학습자는 보상 앞에 평등하다. 모든 학습자는 최고의 점수를 받을 수 있는 기회를 가지고 있다. 향상점수를 부여하기 때문에 성적이 낮은 학생도 노력 여하에 따라 팀에 기여를 크게 할 수 있다.

넷째, 수동적인 학습자가 생기지 않도록 조절하기가 용이하다. 향상점수는 개인의 동기유발과 참여의식을 높여 줄 수 있다.

다섯째, 다른 팀에 배타적인 집단 간 편파를 해결할 수 있다.

〈기본점수의 계산 예〉

퀴즈를 세 번 치렀을 경우	
최유리	85
	95
	90
총점	270
평균	90(기본점수)

〈향상점수 기준표〉

퀴즈점수	향상점수	비 고
평균점수−5점이하	0	더 잘할 거야, 힘 내!
평균점수±4점	10	평소와 비슷함, 그래도 다음엔 더 잘 할 수 있을 거야
평균점수±5~9점	20	평소 때보다 잘 했어, 훌륭하다.
10점 이상 또는 만점	30	완벽해! 네 수준을 훨씬 뛰어넘었구나.

V. 교육적 관계의 제 양상

1. 〈논어〉에 나타난 안연의 교육적 삶

안연이 탄식하면서 이르기를, '부자의 도는' 우러러 볼수록 더욱 높고, 뚫을수록 더욱 견고하며, 바라봄에 앞에 있더니 홀연히 뒤에 있도다. 夫子께서 차근차근히 사람을 잘 이끄시어 文으로써 나의 지식을 넓혀 주시고 禮로써 나의 행동을 요약하게 해주셨다. '공부를' 그만두고자 해도 그만둘 수 없어 이미 나의 재주를 다하니, '부자의 도가' 내 앞에 우뚝 서 있는 듯하다. 그리하여 그를 따르고자 하나 어디로부터 시작해야 할지 모르겠다.

(顔淵 喟然歎曰 仰之彌高 鑽之彌堅 瞻之在前 忽焉在後 夫子循循然善誘人 博我以文 約我以禮 欲罷不能 旣竭吾才 如有所立卓爾 雖欲從之 未由也已. 子罕 10.)

哀公이 공자에게 제자들 중에 가장 호학하는 제자가 누구냐고 묻자 공자가 말하기를 "안연이라는 자가 '學(배움)을 좋아하여' 노여움을 남에게 옮기지 않으며 잘못을 두 번 다시 저지르지 않았는데, 불행히도 명이 짧아 죽었습니다. 그리하여 지금은 없으니, 아직 學을 좋아한다는 자를 듣지 못하였습니다."

(哀公 問 弟子孰爲好學 孔子對曰 有顔回者好學 不遷怒 不貳過 不幸短命死矣 今也則亡 未聞好學者也. 雍也 2.)

어질다 顔回여! 한 그릇의 밥과 한 표주박의 음료로 누추한 시골에 있는 것을 딴 사람들은 그 근심을 견뎌 내지 못하는데, 안회는 그 즐거움을 변치 않으니, 어질다, 안회여!

(子曰 賢哉 回也 一簞食 一瓢飮 在陋巷 人不堪其憂 回也 不改其樂 賢哉 回也. 雍也 9.)

교육의 세계에서 형성된 공자와 안연의 이러한 인간관계의 깊이를 『논어』는 삶의 극단인 죽음과의 대비를 통해서 더욱 더 극명하게 드러내고 있다. 匡땅에서 공자가 陽虎로 오인되어 난을 당했을 당시 공자와 안연은 헤어졌다. 공자가 초조해하고 있다가 안연이 살아서 돌아오자 말하였다. "나는 네가 죽은 줄로 생각했었다." 그러자 안연이 "선생님께서 계신데 제가 어찌 감히 죽겠습니까?"

(子畏於匡 顔淵後 子曰 吾以女爲死矣 曰 子在 回何敢死. 先進 22.)

안연이 스승보다 먼저 죽음을 맞이하는 사태가 발생했다. 안연의 죽음에 대한 스승의 아픔과 회환은 『논어』의 여러 부분에 걸쳐 그려지고 있는데, 다음과 같은 공자의 탄식은 교육적 관계의 끝 가는 데를 짐작할 수 없게 한다. "아! 하늘이 나를 망하게 하였구나! 하늘이 나를 망하게 하였구나!"

(顔淵死 子曰 噫 天喪予 天喪予. 先進 8.)

2. 〈맹자〉의 방몽의 일화

맹자는 전국시대의 대표적 사상가로서 공자의 학문사상을 계승하여 인의를 제창하고 왕도정치를 행할 것을 강조한 인물로, 후대에는 아성이라 칭하여 공자와 함께 추존되고 있음은 너무도 잘 알려진 사실이다. 〈맹자〉는 사마천이 〈사기〉에서 밝혔듯이 맹자 자신이 그의 문도들과 함께 저술한 것으로 되어 있다. 본서는 원래 7편으로 엮어져 있었으나, 후한 말에 趙岐가 장구를 만들면서 각편을 상·하로 나누어 14편이 된 것인데, 이러한 체제가 지금까지 그대로 내려오고 있다.

방몽이 활쏘기를 예에게서 배워, 예의 기술을 다 배우고 생각하기를 '천하에 오직 예만이 자기보다 낫다'하여 예를 죽였다. 맹자께서 이를 평하시기를 '이 또한 예에게도 책임이 있는 것이다'. 공명의는 '마땅히 죄가 없을 듯하다' 하였으나, 박할지언정 어찌 죄가 없다 하겠는가.
(逢蒙學射於羿 盡羿之道 思天下 惟羿爲愈己 於是殺羿 孟子曰 是亦羿有罪焉 公明儀曰 宜若無罪焉 曰薄乎云爾 惡得無罪. 離婁章句下)

예는 有窮나라의 군주인 예이다. 방몽은 예의 가중이다. 예는 활쏘기를 잘하여 하나라를 찬탈하고 스스로 즉위했었는데, 뒤에 가중에게 살해당하였다. 유는 勝(나음)과 같다. 薄은 그 죄가 조금 박함을 말한 것이다.

3. 그리스 신화의 다이달로스의 일화

그리스 신화에 나오는 다이달로스(Daedalus) 이야기는 수도계가 추구하는 가치와 교육계가 추구하는 가치가 그 방향과 생리를 달리하는 것임을 짐작하는 데에 도움이 되는 내용을 담고 있다.

다이달로스는 대장장이 신인 헤파이스토스의 자손이었다. 그는 무엇인가를 발명하고 만드는 데에 특히 재주가 있었다. 인간을 각별히 사랑하여 그들에게 지식과 지혜를 전수해 주던 여신(女神) 아테네는 다이달로스를 제자로 받아들여 각종의 기술을 가르쳤다. 다이달로스는 아테네로부터 배운 것들을 활용하여 도끼나 송곳, 자 등과 같은 많은 연장들을 발명하였고, 위대한 건축물을 남겼으며, 오늘날에도 다이달로스 양식이라는 이름으로 거론되는 뛰어난 조각 작품들을 만들었다. 그는 그리스의 전설적인 장인(匠人)이자 조각가로 성장하였으며, 훗날 소크라테스조차 대화편에서 그가 만든 조각상(彫刻像)은 마치 살아 있는 것과도 같다고 칭송할 정도였다. 다이달로스는 자신의 재능에 엄청난 긍지와 자부심을 갖고 있었다.

어느 날 그의 조카인 페르딕스가 다이달로스를 찾아와 가르침을 청했으며 그는 이를 받아들여 조카를 가르쳤다. 페르딕스 역시 조상의 핏줄을 이어받아서인지 재능이 있었으며, 무엇인가를 배우는 데에 열심이었다. 그는 해변을 거닐다가 우연히 발견한 물고기의 등뼈에서 착안하여 인류 역사상 처음으로 톱을 발명하였다. 또한 페르딕스는 두 개의 막대를 이어 붙여 한쪽에는 못을 박고 반대쪽은 뾰족하게 만든 뒤에 막대를 벌려서 원을 그리는 컴퍼스(compass)를 발명하였다. 페르딕스의 재능에 놀란 아테네 사람들은 그를 찬양하였다. 어떤 이는 그의 재능이 스승 다이달로스의 그것을 넘어선다고 이야기하기도 하였다. 다이달로스는 자신과 어깨를 겨룰 자가 있다는 현실을 받아들일 수 없었으며, 더욱이 그 자가 자신이 가르친 조카 페르딕스라는 사실에 견딜 수 없을 만큼 분노했다. 그는 어느 날 조카 페르딕스를 높은 탑으로 데리고 가 탑의 창문 아래를 바라보게 했다. 그리고 페르딕스가 몸을 숙이는 순간 그를 창문 너머 아테네 광장 위로 떨어뜨려 죽이고 말았다.[33]

4. 조훈현과 이창호의 교육적 관계

이창호가 조훈현 선생님으로부터 마침내 "최고위"를 넘겨받아 타이틀 보유자가 되자 바둑계에서는, 일본의 경우 내제자(선생님 댁에서 숙식을 하며 배우는 제자)가 타이틀 보유자는커녕 일단 5단이 되면 독립을 하는 것이 관례임을 상기하면서, 이창호가 이제는 선생님 댁에서 나올 것이라고 얘기들

33) 이 이야기는 오비디우스(Publius Ovidius)의 Metamorphoses(이윤기 역, 『변신이야기』. 서울: 민음사)와 토마스 벌핀치(Thomas Bulfinch)의 Myths of Greece and Rome(이윤기 역. 『그리스와 로마의 신화』. 서울: 대원사)에 나오는 다이달로스 이야기를 관련 자료들을 중심으로 각색한 것이다.

을 하고 있었다. 그러나 이창호의 부친 이재룡 씨는 고개를 가로저었다. 아직은 아니고, 창호는 더 배워야 한다는 것이었다.

이창호가 연희동 조훈현 9단의 집에서 나온 것은 "국수"가 되고 나서였다. 선생님 댁에 들어간 지 5년 남짓이 되는 1991년 가을이었다. 조 9단은 평창동의 집을 샀고 이창호는 강남 고속버스터미널 앞에 있는 아파트를 얻어 스승과 제자는 남북으로 갈라선 것이었다. 북한산 기슭의 평창동은 경관이 좋고 무엇보다 공기가 맑아 서울에서도 대표적인 부촌으로 꼽히는 동네다. 바둑계 사람들은, 아무려면 한국 바둑계의 제일인자, 세계 바둑챔피언이 사는 집인데, 적어도 그 정도는 되어야 한다면서 조 9단의 이사를 내 일처럼 축하해 주었다.

스승과 제자가 헤어지던 날, 그 이별에 만감이 교차한 사람은 당사자들이 아니라, 이창호가 작은엄마라고 부르던 조 9단의 부인 정미화 씨였다. 지나간 5년 세월이 주마등처럼 스쳐갔다. 남편의 뒤를 이어 한국 바둑계를 이끌어갈 세계적인 천재를 키워냈다는 뿌듯함이 있었다. 가슴 벅찬 보람이었다. 그러나 저 소년은 이미 남편의 제자가 아니라 남편의 가장 무서운 적수가 되었다는 것을 생각하면 가슴 한쪽이 시려왔다. 남편의 명예와 남편의 타이틀을 빼앗아가는 소년을 위해 밥을 짓고 빨래를 해 주었으며, 대결을 하는 날이면 차에 태워 대결의 장소까지 모셔다 드리는 일을 밥 먹듯이 한 것이니 생각하면 기막힌 일이었다.

케포이필리아 (아무도 기획하지 않은 자유 중에서)

케포이필리아가 무슨 뜻인지 아는 사람은 거의 없다. 마르크스의 박사논문, 〈데모크리토스와 에피쿠로스 자연철학의 차이〉 (고병권 옮김)를 통해 유물론자들 사이에 널리 이름을 떨친 고대 그리스 철학자 에피쿠로스의 '우정의 정원'에서 유래했다는 것 정도가 우리가 아는 정보의 전부다. 처음 이름을 정할 때 정선태와 고병권이 '열나게' 찾아 헤매다 만난 이름이라고 한다. 좀 튀면서도 지적으로 보이는 명칭을 찾으려다 보니 이렇게 어이없는 일이 일어난 것이다. 연구 공간 '수유+너머'라는 이름이 그랬던 것처럼 그저 우발적으로 어떤 단어와 조우했을 뿐이다. 처음에는 모두 낯설고 어설퍼 했는데, 이제는 모두 이 이름을 사랑한다.

케포이필리아는 연구실의 지적 실험 가운데 가장 멋진 무대이다. 우선 연구실 고정회원들이 전원 참석해야 한다. 다시 말해 연구실 일반 회원이 되기 위해서는 반드시 거쳐야 하는 필수 관문이다. 한편으로는 코뮌의 공통관념을 구성하는 '앎의 장'이면서, 다른 한편 연구실의 일상과 관련된 모든 사안들이 논의되는 '열린 광장'이기도 하다. 이를테면 지식생산을 위한 고담준론에서 강좌기획 및 세미나 점검을 거쳐 월말 결산, 화장실 청소 및 주번당번에 이르기까지 연구실의 모든 활동이 총망라되는 현장인 셈이다. 그래서 결석을 자주하게 되면 눈총을 받을 뿐 아니라 연구실이 어떻게 돌아가는지 맥락을 파악하지 못해 '왕따'가 된다.

여기에서는 여러 가지 방식의 과제가 주어진다. 한편의 에세이를 쓰거나 다른 사람의 에세이를 읽고 논평을 해주거나. 쓸 것인가 논평할 것인가는 스스로 결정한다. 이때가 되면 연구실이 팽팽한 긴장감에 휩싸인다. 케포이필리아 매니저들은 온라인과 오프라인을 총동원하여 에세이 제출을 종용해대고, 쓰기로 결정한 이들은 감시와 독촉의 시선을 피해 다니기 급급하고. 그러니 논평하기로 결정한 사람들까지 덩달아 바늘방석이 된다. 때로는 '합동야자'를 하면서 함께 에세이를 작성하기도 한다. 매니저들은 협박과 회유 등 온갖 수단방법을 다 동원하지만, 그럼에도 에세이 제출 성적이 그다지 좋지는 않다. 그만큼 텍스트의 난이도가 높기도 하고, 글쓰기 자체에 대한 두려움, 혹은 결벽증을 쉽게 떨치지 못하는 측면도 있다.

이전에는 전체가 한자리에 모여 두 편 정도의 에세이 발표를 듣고 논평을 해주는 방식이었는데, 최근에는 조별토론방식으로 바뀌었다. 매니저들이 한 사람이라도 더 토론에 참여시키기 위해 묘책을 내놓은 것이다. 그래서 케포이필리아의 '에세이의 날'이 되면 1층에서 3층 요가방까지 모든 공간에서 조별 세미나가 진행되는 진풍경이 벌어진다. 조에 따라 토론이 왕성하게 이루어지기도 하고, 영 썰렁하게 끝나는 경우도 있다. 한마디로 빈부격차가 극심한 편이다. 아마 앞으로도 계속 새로운 방안들이 시도될 것이다. 케포이필리아 지도부가 한 사람이라도 더 에세이를 쓰게 하고야 말겠다며 결연한 투지를 불태우고 있는 한.

에세이 주간이 돌아올 때마다 이렇게 난리를 떨기는 해도 그걸 거치면서 많은 회원들이 쑥쑥 성장하고 있다. 전체과정을 약 2년으로 잡고 시작했는데 우리가 하는 일이 늘 그렇듯이 예상대로 될 것 같지는 않다. 기간이 더 늘어날 수도 있고, 중도에 다른 형식으로 변형될 수도 있다. 그만큼 이 프로그램은 실험적이다. 어찌 보면 과정 하나하나가 고원처럼 여겨지기도 한다. 평지와 구분되는 높이와 고밀도를 지닌 고원을 넘는다는 것은 산의 정상에 오르는 것보다 더 힘겹다. 목표도 방향도 없이 사방으로 펼쳐져 있기 때문이다. 어디서나 시작할 수 있지만, 그 어디서도 끝이 보이지 않는 1천개의 고원! 그래서 매혹적인 만큼이나 고통스럽다. 하지만 목요일마다 펼쳐지는 지식의 향연을 위해서라면 그러한 고통은 기꺼이 감내할 준비가 되어있다, 우리 모두.

위의 글에도 잘 나타나 있듯이 '케포이필리아'라는 것은 새로운 지식 공동체입니다. 여기에는 약간의 강제성이 작용하는데 그것은 다른 학문과의 만남에 대한 강제입니다. 이것은 능력의 자유를 위한 것이라고 인터뷰 때 들으셨을 겁니다.

그렇다면 이러한 '케포이필리아'라는 지식공동체 속에서 어떠한 교육계적 요소를 찾을 수 있는지 제가 생각한 한에서만 말해보겠습니다.

먼저 청학과 청교의 측면입니다. 여기서 청교와 청학은 매우 자발적인 형태로 나타납니다. 누구나 참여할 수 있고, 가르치는 사람도 될 수 있으며 동시에 배우는 사람이 될 수도 있습니다. 여기에서 일반회원이 된다는 것은 어떤 특정한 절차나 형식이 있어 거기에 맞아야만 하는 것이 아니라 그저 일정기간 배움에 대한 열정을 가지고 성실히 임하면 누구나 교육의 과정 속에 참여할 수 있다는 것이 첫 번째 특징입니다.

두 번째로 선진과 후진으로서의 교육주체와 거기에서 일어나는 상구와 하화과정에 대해 생각해보았습니다. 여기에서는 특정한 주제만을 다루는 것이 아니라 회원의 관심사라면 어느 것이든 세미나의 주제가 될 수 있습니다. 특정 주제에 대한 회원들의 학문 수준은 주제에 따라 천차만별입니다. 따라서 회원들은 선진과 후진, 상구자와 하화자의 위치에 고정되어 있는 것이 아니라 학문을 넘나들며 서로 교육의 수레바퀴를 굴립니다. 어떨 때는 선진의 위치에서 하화를 하고, 또 어떨 때는 후진의 위치에서 상구를 하는 것입니다.

여기에서 자증과 타증의 과정 또한 발견할 수 있습니다. 꼭 케포이필리아에 국한시키지 않더라도 인터뷰에서 고병권 씨는 강좌의 목적은 가르치는 것에도 있겠지만 우선 자신의 지식이나 의견을 검증받는 데에도 그 목적이 있다고 하셨습니다. 이것은 혼자서만 공부할 경우 일어날 수 없는 타증과 자증의 과정의 필요성을 언급하신 것이라고 생각합니다. 강사나 발제자는 강의나 세미나를 통해 자신의 품위를 스스로 자증함과 동시에 후진의 수준을 향상시킴으로 인해 타증을 받기에 이른다고 생각합니다. 여기에서도 고압제와 저압제의 위험은 항상 존재하는데 다양한 사람들이 서로의 의견을 나누고 토론하며 에세이를 쓰는 것을 통해 조금씩 극복해나가고 있다고 생각합니다.

케포이필리아는 inter가 아닌 trans로써의 학문 교류입니다. 이것은 어떠한 학문에 대해 이야기할 때는 그 학문 고유의 틀 속에서 논의를 해야 하지 그 두 가지를 적절히 혼합해서 이야기 하는 것은 불가능하다고 하셨습니다. 그리고 만약 그 학문과 학문의 접점에서 새로운 구조를 발견한다면 그것은 이전의 두 학문과는 별개인 학문으로서, 그 학문 고유의 틀 속에서 논의되어져야 한다는 것입니다.

제5장 현대교육학실기론 프레젠테이션

Ⅰ. 교육공간에 대한 이해

교육공간이란?

- 모든 교육 주체들이 교육의 활동을 행 할 수 있는 공간
- 모든 교육 주체들의 기회 제공의 공간

교육공간의 한계점 극복

Ⅱ. 교육의 수레바퀴 모형

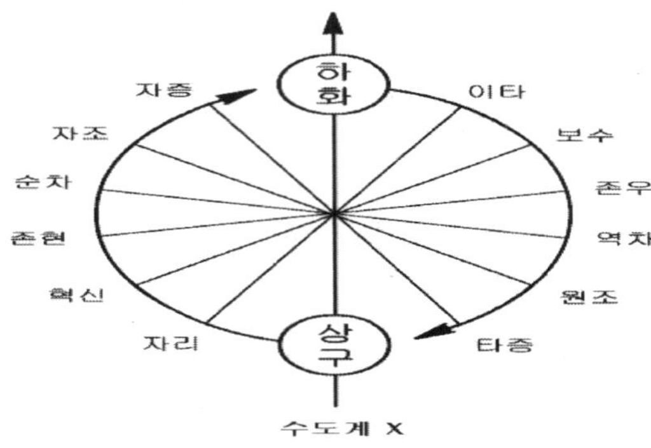

교육과 수레바퀴 비유의 상응성

수레의 본질과 물건: 교육의 본질과 수도계

수레와 수레바퀴의 차이: 품위와 교육계의 차이

수레바퀴의 요소와 관계; 교육의 요소와 관계

수레바퀴의 움직임: 교육을 통한 움직임

교육의 구조

구조: 전체와 그 전체의 안쪽을 구성하는 요소와 관계

상구교육: 자리, 혁신, 존현, 순차, 자조, 자증

하화교육: 이타, 보수, 존우, 역차, 원조, 타증

협동교육: 행위동기, 변형방향, 품차양해, 단계배열, 협동활동, 품차입증

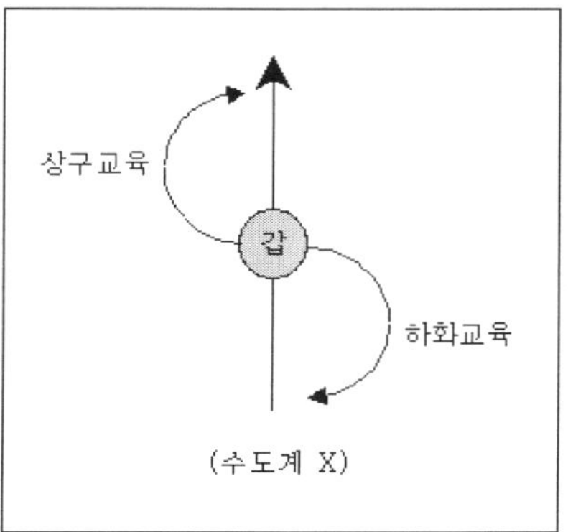

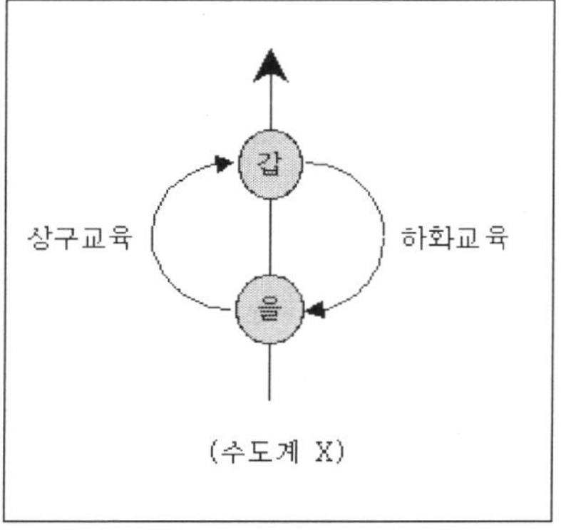

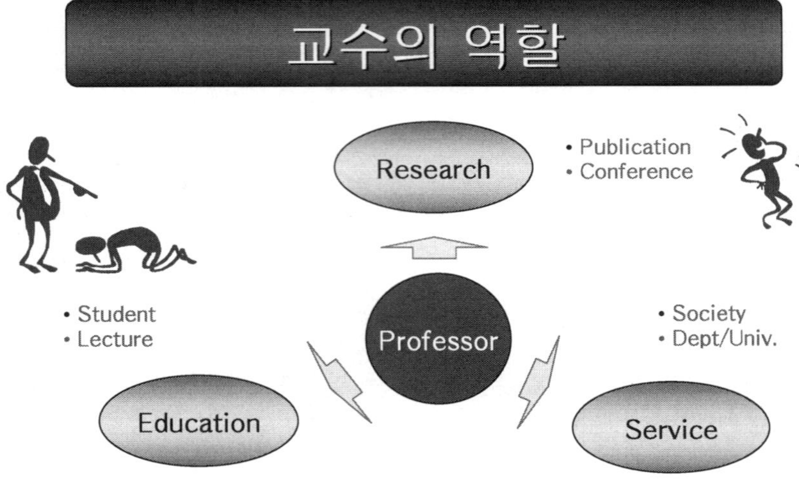

Disciplines for Education

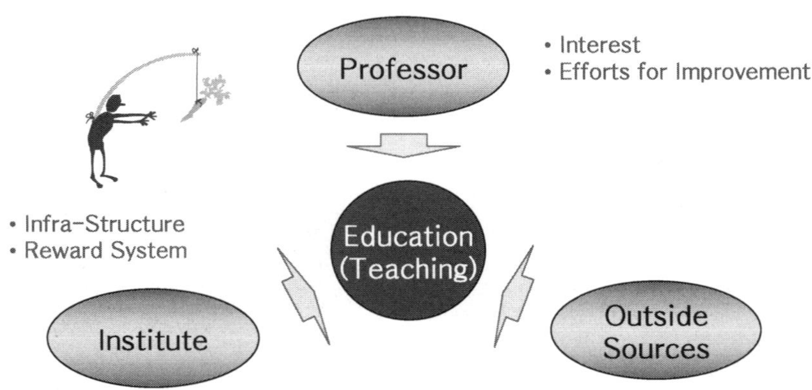

Project Management (Lecture)

Knowledge Area \ Process	Initiating	Planning	Executing	Controlling	Closing
Integration	과거 강의록 문헌 준비		강의 수행		다음 시간 강의 계획서 초안 작성
Time Management		강의 내용 정리 여담 내용 정리		일정 통제	
Cost		Handout 비용			
Quality		강의록 수정 작성 관련 자료 수집	자료 배포		자체 평가
Human-Resources		강의 도우미 이메일 확인	요약 발표자		
Communication		강의 계획서 작성			강의 요약
Risk		위험 관리 계획		분위기 전환 대책	
Procurement		필요 기자재 계획	기자재 활용		기자재 반납

Ⅲ. 발전하는 교육

우리의 교육은 발전하는 교육이어야 하며 주입식에서 탈피하여 느끼고 활동하는 교육으로 방향 전환하여야 한다. 이러한 논의는 수세기부터 이어왔으나 실천에 옮겨지지 않고 단순히 이론으로 남는 데 문제가 있다. 한국교육의 발전은 과감한 노력이 있어야 한다. 교수, 학생, 학부모, 정부의 사각형의 모델이 원활히 공조할 때 제대로 된 교육이 될 것이다.

마지막으로 수업설계 모형을 간단히 다루고 끝맺도록 하겠다.

Ⅳ. 수업설계

1. 교수설계의 의미

1) 교수설계의 목적

–교육과정이나 코스에서 목표달성을 위해 계획, 실행, 평가의 단계에 필요한 모든 수단을 제공한다.
–학습자의 변화를 일으킬 수 있는 최적의 교수방법을 결정해 나가는 과정이다.
–수업에 대한 '사전 계획성'(Kemp)인 것이다.
–최적의 교수–학습 환경 마련을 위한 것이다.

2) 교수설계의 특징

–성취하고자 하는 목적 및 방향이 뚜렷이 제시되고 있다.

—수업에서 요구되는 내적·외적 조건 및 환경을 체계적이고 합리적으로 구성·조장 해나가는 일련의 전략적 과정이다.

—수업체제의 구성요소들을 상호 의존적이고 상호 작용적으로 조직·통합시켜 단계별로 수업활동을 전개한다.

2. 교수설계의 이론적 기초

1) 체제이론—피드백, 개방체제와 폐쇄체제, 목적과 목표의 역할을 한다.

2) 학습이론—강화(reinforcement), 기억(memory), 전이(transfer), 연습(practice)

3) 커뮤니케이션이론—태도, 설득, 언어에 대한 이론, 송신자가 수신자에게 정보를 전달한다.

4) 개념적 수업모형—지식의 계열성, 학습속도 및 동기

3. 교수설계의 구성요소

1) 교수조건—교과내용의 특성, 교수목적, 제약점, 학습자 특성

2) 교수방법—조직적 전략(미시적 전략, 거시적 전략), 전달전략, 관리전략

3) 교수결과—효과성, 효율성, 매료성

4. 체제적 교수설계

—학습목표를 가장 효과적으로 달성해 나갈 수 있도록 교수체제의 모든 구성요소를 기능적으로 지적하는 절차 및 과정.

1) 딕과 케리 모형

(1) 분석단계

① 요구분석－학생의 입장에서 진술하되, 주제영역이 분명하고 구체적이어야 한다.

② 학습자 및 환경분석－이미 습득하고 있는 관련지식과 기능의 범위와 내용 등

③ 교수 분석(상황 맥락 분석, 내용분석)

① 지적기능－학습자에게 인지적 활동을 요구

② 운동기능－정신적 계획대로 신체적 동작으로 옮김

③ 언어적 정보－'말한다', '열거한다', '기술한다'

④ 태도－어떤 행동을 선택하는 것을 진술한 목표

(2) 설계 및 개발

① 성취목표의 진술

② 평가도구 설계

③ 교수전략 개발

④ 교수자료 개방

(3) 평　가

① 형성평가－일대일 평가, 소집단 평가, 현장평가, 외부 전문가 평가.

② 프로그램 수정

③ 총괄평가

2) 켐프 모형

캠프－체제 접근의 올바른 이해를 전제로 교수설계가 이루어져야 함을 강조.

① 학습요구, 목적, 우선순위/제한요소
② 주제 및 과제, 일반목표의 설정
③ 학습자 특성 분석
④ 교과내용 및 과제 분석
⑤ 학습목표
⑥ 교수-학습활동: 개별화의 원리와 상호작용의 원칙을 고려하여 참여활동 촉진한다
⑦ 자원활동: 수업주제, 목표 내용에 가장 적절한 교수-학습자료와 수업설계의 전체적 과정의 관계를 세심히 고려
⑧ 수업시행에 필요한 지원체제
⑨ 학습성과에 대한 평가-수업목표의 준거를 기준으로 평가하는 준거지향적 평가가 유용

3) 메릴의 내용요소전시이론

미시적 교수설계이론으로 교수설계 변인들 중 교수방법의 변인의 범주를 다루며, 교수방법 변인을 다루는 조직전략 중에서 미시적 전략을 다룬다.

(1) 수행내용 매트릭스

표 1. 수행×내용 매트릭스(메릴)

수행의 기준	발견				
	활용				
	기억				
		사실	개념	절차	원리

(2) 제시형

① 일차적 자료제시

표 2. 일차적 자료제시의 두 차원

	설명 Expository(E)	질문 Inquisitory(I)
일반성 Generality(G)		
사례 Instrance(eg)		

표 3. 일차적 자료제시 형태

	설명 Expository(E)	질문 Inquisitory(I)
일반성 Generality(G)	Eg '법칙'	IG '회상'
사례 Instrance(eg)	Eeg '예'	Ieg '연습'

② 이차적 자료 제시
③ 과정제시
④ 절차제시

(3) 일관성

4) 켈러의 ARCS 모형

ARCS 이론은 개인의 동기를 개발 유지시키는 데 가장 중요한 요소로 주의, 관련성, 자신감, 만족감을 지적한다.

(1) 주의

- 지각적 주의환기 전략
- 탐구적 주의환기 전략
- 다양성의 전략

(2) 관련성

- 친밀성의 전략
- 목적지향성의 전략
- 필요나 동기와의 부합성 강조의 전략

(3) 자신감

- 학습의 필요조건 제시의 전략
- 성공의 기회 제시의 전략
- 개인의 조절감 증대의 전략

(4) 만족감

- 자연적 결과강조의 전략
- 긍정적 결과 강조의 전략
- 공정성 강조의 전략

(5) ARCS 동기모델

① 정의-해결해야 할 동기문제를 분석하는 단계

② 설계-브레인스토밍을 통해 여러 가지 동기전략을 창출하고 실제로 사용될 동기 전략을 선택

③ 개발-동기목표를 달성하기 위한 구체적 자료를 개발하는 과정

5) 라이거루스의 정교화 이론

◆ 학습내용 전체의 구성 속에서 세부주제가 가지는 맥락을 학습할 수 있도록 한 것.

(1) 줌렌즈의 비유

• 전체보기－학습할 주제의 주요 요소 조망

• 부분보기－학습할 주제를 세부 어느 특정한 영역으로 정교화

• 전체와의 관계 파악하기－전체 부분과의 관계와 다른 부분과의 관계를 확인하는 단계

(2) 정수(epitome)

－가장 일반적이고 간단하면서 구체적인 아이디어나 원리(≠요약)

(3) 정교화(elaboration)

정수에서 좀더 구체적이고 자세하고 복잡한 수준으로 나아가는 것.

① 개념적 정교화－상위, 동위, 하위 개념으로 분류하여 개념조직도 작성, 가장 중요하고 근본적인 것을 선정

② 절차적 정교화－최적의 학습과정과 절차를 명세화, 계열화.

③ 이론적 정교화－교수내용이 어떤 일에 대한 원인과 결과를 나타내는 경우에 적용

(4) 정교화 이론의 교수설계

1단계	조직된 내용의 유형 선정
2단계	조직된 구조 전개
3단계	조직된 내용을 정교화 수준별로 할당
4단계	각 정교화 수준에 보조내용을 할당
5단계	각각의 학습단원에 대해 모든 내용을 할당
6단계	각각의 학습단원 안에 있는 모든 내용을 계열화
7단계	미시설계

교수매체의 다양화로 인하여 현대 교수 수업 설계는 다양하게 진행된다. 매체의 다양성은 과거에는 단순하게 페이퍼나 슬라이더로 강의 매체를 사용하여 설계하였으나 현재는 빔 프로젝트, 프리젠테이션, 실물화상기, 동영상 활용 등으로 다양성을 갖게 되었다. 이에 정보처리 능력과 수업 설계는 연관을 가질 수밖에 없게 되었다.

다변적으로 급변하게 변하는 즉 발작적 교육의 변화를 제대로 감지하는 교사가 되어야 할 것이다. 이것이 현대 교육학이 풀어야 할 당면과제라고 할 수 있다.

【저 자 약 력】

한 만 봉

⊙ 학 력 ⊙

1994. U.S.A. Midwest College (M.Div Hon, D)
2002. 고려대학교 (교육정책학 석사 - 수석장학생)
2005. 성균관대학교 대학원 박사Candidate
(교육행정학 전공)

1991. 한국세무신문사 전문취재부 기자
1995. 한국어린이선교원신학교 캠퍼스 분교장
2002. 고려교육정책학회 상임회장(학진 학회검색가능)
2002. 고구려대학교 설립추진위원회 법인이사
2003. 한주신학 학술원 설립이사(교수)
2004. U.S.A. Cohen University 정책학과 cross-appointed professor
2005. U.S.A Holy People University Campus 유학담당 지도교수
2005. PHILIPPINE PRESBYTERIAN THEOLOGICAL COLLEGE 객원교수
2005. 혜전대학 adjunct professor 교수
2005. 지방분권신문사 사장 (대표 이사)

⊙ 주요논저 ⊙

우리나라의 복지행정제도에 관한 고찰 연구(1988)
Kal Barth 의 신관 연구(1988)
한국 민중문화와 민중 신학 연구(1992)
Rein hold Niebuhr & Marx에 대한 상관관계 연구(1993)

A CHRONOLOGICAL HARMONY OF THE RESURRECTION APPEARANCES OF JESUS THE MESSIAH(1994)

북한종교의 변화 전망 연구(2002)

교육위원회와 지방의회간의 갈등 현상에 관한 연구(2001)

조선조 과거시험 방식의 정책적 분석(공동, 2005)

조선의 과거제도에 대한 정책적 연구(공동, 2005)

조선왕조 과거제도 인사정책 연구(공동, 2005)

조선왕조 과거시험주기 정책적 주장 분석연구(공동, 2005)

조선왕조 과거제도가 현대 정책에 주는 의미(공동, 2005)

과거제도 시험주기의 정책 분석연구(공동, 2005)

북한 종교지형 변천 정책 분석연구(공동, 2005)

『대학생활영어 ENGLISH LANGUAGE』(공저)

『행정경제교육』(저술)

『행정정책기획론』(저술)

『의원학』(저술)

『국회의원학』(저술)

『교육정책학』(저술)

『산학협동교육학』(저술)

『현대교육학실기론』(저술)

『현대환경행정론』(공저)

『행정사무관리론』(공저)

외 다수

⊙ 연락처 ⊙

doctor@skku.edu 010-4432-8561 041-633-8561, 633-5741, 631-2094

현대교육학실기론

- 초판 인쇄 | 2006년 8월 3일
- 초판 발행 | 2006년 8월 3일

- 지 은 이 | 한만봉
- 펴 낸 이 | 채종준
- 펴 낸 곳 | 한국학술정보㈜

경기도 파주시 교하읍 문발리 526-2
파주출판문화정보산업단지
전화 031) 908-3181(대표) · 팩스 031) 908-3189
홈페이지 http://www.kstudy.com
e-mail(출판사업팀사업부) publish@kstudy.com

- 등 록 | 제일산-115호(2000. 6. 19)
- 가 격 | 30,000원

ISBN 89-534-5476-X 93370 (Paper Book)
89-534-5477-8 98370 (e-Book)